現代史アーカイヴス

ビルマ・ハイウェイ

中国とインドをつなぐ十字路

タンミンウー
秋元由紀 訳

WHERE CHINA MEETS INDIA

Burma and the New Crossroads of Asia

Thant Myint-U

白水社

《現代史アーカイヴス》

ビルマ・ハイウェイ

中国とインドをつなぐ十字路

ソフィアに

ビルマ・ハイウェイ
中国とインドをつなぐ十字路

目次

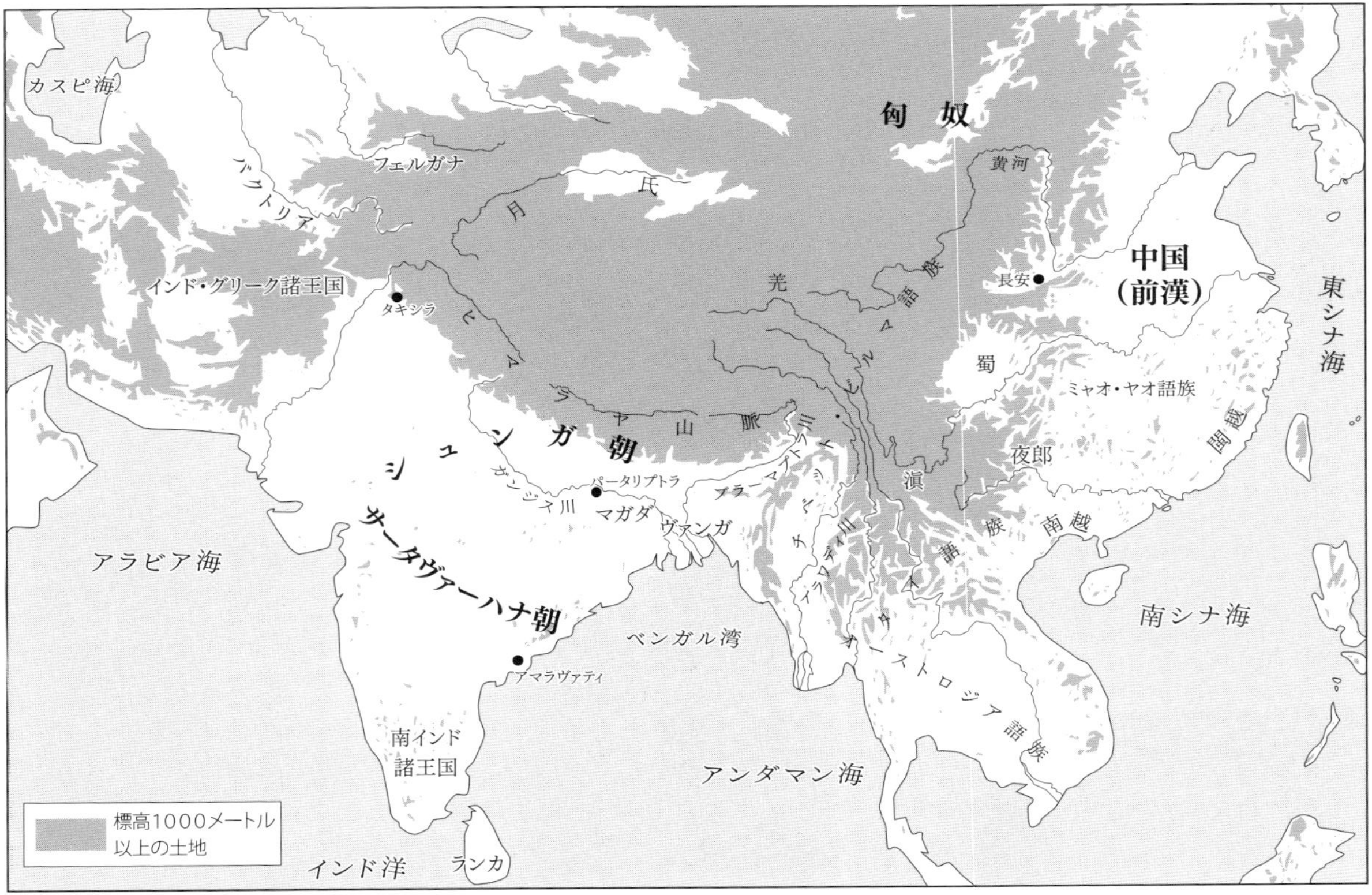

紀元前 1 世紀の中国、ビルマ、インド

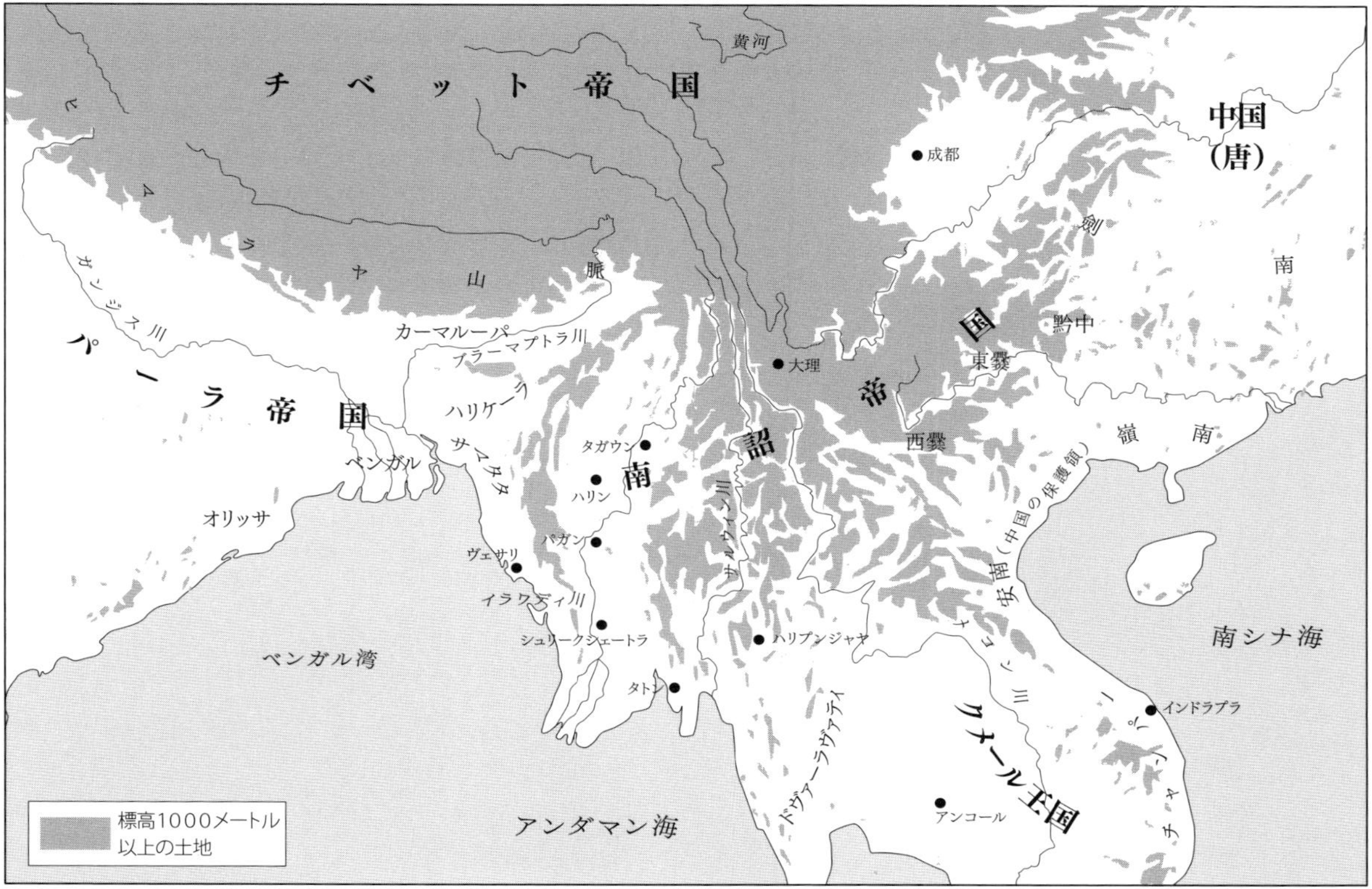

9 世紀のビルマと近隣国

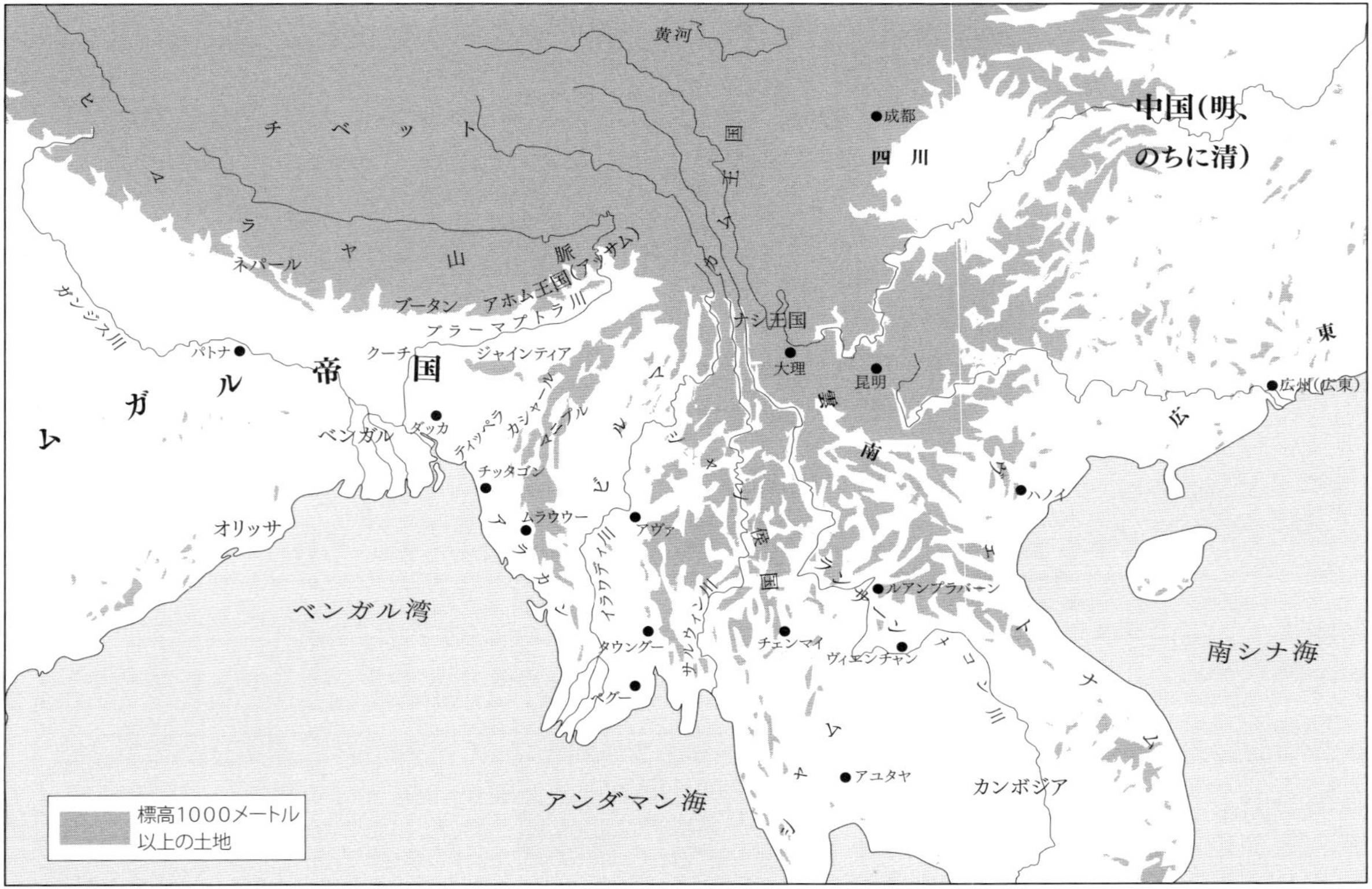

17 世紀のビルマと近隣国

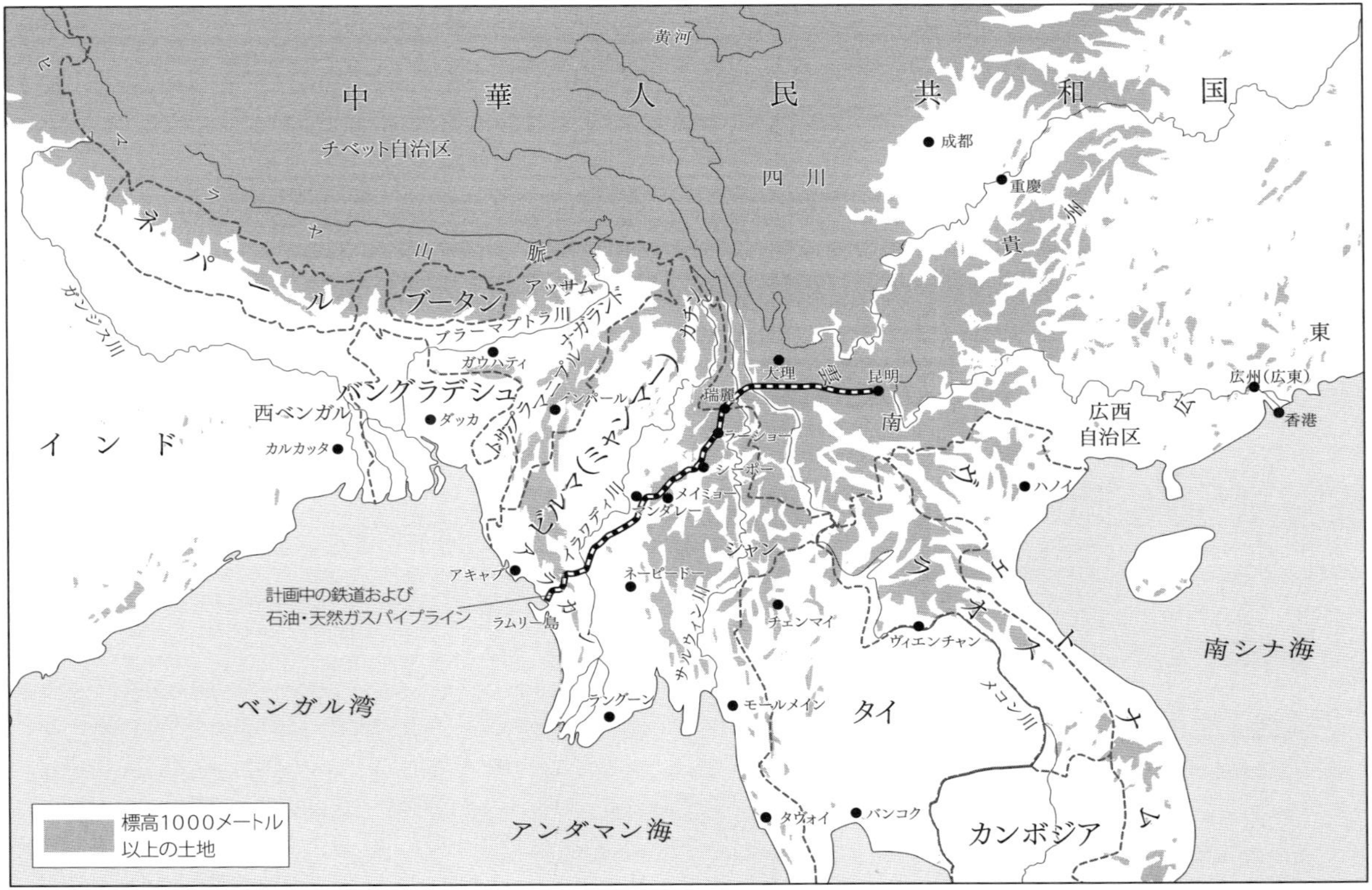

2011年のビルマと近隣国

凡例

◎原著者による注は、本文中の該当箇所に（1）（2）と番号を振り、「原注」として巻末にまとめた。

◎訳者による注は本文中の〔 〕内に割注で記した。

◎人の集団について、原文で「国民」「民族」「部族」などの区別が明示されていない場合は、原則として「〇〇人」とした。ただし、原文中のBurmanという用語については、Burmese（「ビルマ人」）と区別するため「ビルマ民族」と訳出した。

◎原注に断りがあるとおり、本書はインドとビルマの地名について、原則として歴史上の地名を使用している。日本語版でもこれに従った。主な地名は次の表に示した通りである。

	歴史上の地名	現在併用される地名
ビルマ	アキャブ	シットウェ
	タヴォイ	ダウェイ
	テナセリム	タニンダーリ
	ビルマ	ミャンマー
	メイミョー	ピンウールウィン
	モールメイン	モーラミャイン
	ラングーン	ヤンゴン
インド	カルカッタ	コルカタ
	デリー	ニューデリー
	ボンベイ	ムンバイ
	マドラス	チェンナイ

プロローグ

紀元前一二二年、中国の皇帝が特別使節団を派遣した。風聞によれば中国から南西に抜ける行路が存在するとのことで、使節団はその行路を見つける任務を負っていた。この行路は、皇帝のいる「中国」から最近発見されたばかりのインドに至り、そこからさらに遠くの見知らぬ国々につながっているということだった。

その数年前、探検家の張騫《ちょうけん》が苦難に満ちた長旅ののち、宮廷に戻ってきていた。張騫はすでに知られていた北寄りの行路をたどり、当時の世界の果てまで行ってきたのだった(1)。彼は中国の宿敵の一つ、野蛮な匈奴《きょうど》に数年間囚われたあと、広大な砂漠や荒地を越え、見たことのない異国の地にたどり着いた。帰国した張騫は、フェルガナ盆地や、のちにシルクロードとして知られるようになる道沿いのオアシスの様子、現在のアフガニスタンにあり、当時栄えていたギリシアや仏教の文明の一部でもあったバクトリアのことを語った。また、ペルシアやメソポタミアといった、さらに遠くにある謎の土地や、今のインドである身毒《しんどく》の話もした。身毒は「蒸し暑く」「住人は戦闘のときにゾウに乗る」という。これらの王国にはそれぞれ都市や筆記法があり、海を渡る商人がいた。

張騫はさらに驚くべき話もした。バクトリアの市場で、中国の蜀《しょく》地方の産物である布や竹の棒を見つけたのだ。蜀は現在の四川で、古代中国の南西の端にあった。ということは、張騫よりも前にバクトリアまで行った中国人がいたのだろうか？　そうではなかった。張騫が聞いたところによれば、蜀の品々はインドを経由して運ばれたのだという。これは新発見であり、中国から南西にインド世界に抜ける道があることを意味した。

張騫が旅した北寄りの行路は危険が多く、匈奴の支配域の縁をたどっていた。匈奴は現代のトルコ語やモンゴル語に似た言葉を話す荒々しい遊牧民だ。少し前に、対立していた月氏《げっし》の王を殺し、その頭蓋骨で杯を作っていた。南西行路があれば、中国は匈奴という脅威を避けることができる。また、インドと直接接触することができれば、中国はインドと強大な同盟を結んでこうした野蛮人たちに対抗することができるかもしれなかった。

しかし使節団はたいした成果を上げられなかった。使節団は蜀、つまり四川を出発し、何カ月もかけて南に進んだ。そそり立つ崖を登り、森の細道をたどり、トラや大蛇にも立ち向かった。武帝時代の前漢は現在の中国東部を統治下に置き、今のヴェトナムや朝鮮の大部分にも支配を広げていた。太平洋側の沿岸部はよく知られていたのである。しかし使節団は内陸の深部に入り込んでおり、異民族に囲まれ、あとどのくらい進めばインドにたどり着くのかもわからなかった。

使節団は中国文明の外縁にあった夜郎国を横断してさらに南に向かい、とうとう滇《てん》王国に着いた。滇王国はビルマにも近い現在の雲南省にあったが、それまで中国の宮廷には知られていなかった。滇の王は使節団を丁重に扱ったが、先の道には昆明という民族がいて行く手をふさいでいると言って、使節団がそれより先に進むのを禁じた。滇の王は自らの商業的独占と、すでに盛んだった地域貿易を守りたかったのかもしれない。とはいえ、滇の王は使節団に、一〇〇〇里ほど先には滇越《てんえつ》というまた別の王国があるという情報をくれた。人びとがゾウに乗るというその国には、蜀の商人がときどき密かに取引をしに行くということだった。

武帝が望んでいたのは、インドと直接関係を築き、匈奴の裏をかいて西に抜ける行路を見つけることだった。これは実現しないまま終わる。しかし武帝は滇王国に接触することで、二十世紀の終わりまでに中国をビルマとの国境にまで広げ、インドに直接至る行路の開通が見えるところまで行くという、千年越しの作業を始めたのだった。


地理というものはときに変化する。それは自然現象が原因の場合もある。前回の氷河期には海面が下がり、アジアとアメリカが現在のベーリング海を伝って陸続きになった。また数千年前には降雨パターンが変わって、湿潤気候で緑に覆われていたアフリカ北部がサハラ砂漠になり、事実上通行不可能となったためにアフリカ大陸の大半がヨーロッパ世界から切り離されてしまった。

近代になると、地理は人間の手によっても変わるようになった。十九世紀にはスエズ運河が開通して地中海とインド洋がつながり、ヨーロッパからインドへの旅程が劇的に短くなったことで、西洋がアジアやアフリカを支配するのが容易になった。ほぼ同時期には北アメリカでも大陸横断鉄道が開通し、太平洋沿岸が英語圏に組み入れられた。鉄道といえばシベリアでも横断鉄道の開通によって皇帝の権力が極東にも及ぶことになった。

地理が変わると、それまでの接触方法に代わって新しいものが使われるようになる。昨日までの他人が今日は隣人に、そして世の流れから取り残されていた地域が戦略的に重要な場所になる。人の集団が丸ごと衰退したり消えたりし、別の集団が有力になる。

数年前から、私はまさにアジアの地図を塗り替えようというさまざまな計画についての報道を目にするようになった(2)。中国からは、広大な国の内陸部をインド洋沿岸につなごうという話が出てきた。実現すれば、ビルマの高地地方を横断する幹線道路ができ、中国の辺境地帯がインド、そして温かなベンガル湾に直接通じることになる。そのベンガル湾には大きな港ができ、アフリカや中東からタンカーが積んできた石油が降ろされ、パイプラインによって数百キロ先の中国まで運ばれる。ビルマのイラワディ川の上流部分で浚渫工事を行い、中国の非常に奥まった内陸地域にも大型貨物船が行けるようにするという計画まである。

インドからも情報があり、それによればインドの野心も中国のに負けていないようだった。一九九〇年代以降、インドの歴代政府は「東方政策」をとり、海路やビルマ経由で古くからの極東との関係を再生、強化し、山やジャングルを越えて新しいつながりを作ろうとしてきた。インドは、中国が建設中であるパイプラインの起点のすぐ北に別の港を建設しようと計画している。この港は、新しくできる専用の道路と水路によって、これまで孤立してきたインド北東部につなげられる。また第二次世界大戦中に日本と戦う連合軍が巨額の費用をかけて造ったスティルウェル公路をふたたび開通させようという案まである。実現すれば、インドの最東端が中国の雲南省とつながることになる。

約千年の間、インドと中国はほとんど通行不可能なジャングル、死に至るマラリア、猛獣、またヒマラヤ山脈や、チベット高原の荒れ地などによって隔てられていた。中国とインドはまったく異なる文明として形成され、人種や言語、慣習の面でもちっとも似ていない。僧侶や宣教師、商人や外交官たちが中国からインド、あるいはインドから中国に行くには、中央アジアやアフガニスタンのオアシスの町や砂漠をラクダや馬に乗って何千キロも旅するか、船でベンガル湾を渡り、マラッカ海峡を抜けて南シナ海に出るしかなかった。最近出てきた開発計画が実現すれば、事情がすっかり変わるかもしれない。世界の経済力の中心が東洋に移ってきているなか、アジアの地理も変わりつつある。

そうした地理の変化の中心にあるのがビルマだ。私はニューヨーク市で生まれ、アメリカとイギリスで教育を受けたが、両親はビルマ人で、私もこれまでかなりの時間をビルマで過ごした。私はまた長年ビルマ史を研究してきており、地理の変化をビルマの視点から見てきた。ビルマは小さな国ではない。面積はフランスより大きい。しかし人口は六〇〇〇万にすぎず、隣の二大国の人口の合計が二五億であるのと比べるとごく小さい。東は中国、西はインドと国境を接する。デリーとボンベイ、上海と香港のちょうど真ん中に位置する[3]。ビルマは欠けていた一片なのだ。また、意外にも二十一世紀の世界の連結部でもある。国民は世界でも最貧のうちに入り、二〇一一年まで、世界でもっとも長く続いた軍事独裁政権に統治されていた。インドと中国が互いに近づくにつれ、ビルマの運命はどうなるのだろうか？

古代や中世にシルクロードが中国を中央アジアやヨーロッパにつなげたように、新たなシルクロードの出現を予想する向きもある。また、新しいグレート・ゲーム〔十九世紀から二十世紀にかけて起きた、中央アジアをめぐるイギリスとロシアの覇権争い〕が始まり、勢力を増しつつある二国が対立するようになると警告する人もいる。

前述の開発計画はまた、アジア全体でたいへんな暴力や武力紛争の時代が数十年間も続いたあと、今やっと明かされつつあるものだ。欧米ではこの一世紀のことを振り返るとき、第一次・第二次世界大戦後に冷戦が起き、冷戦後の現在には経済・環境問題やイスラーム原理主義による現実の、あるいは知覚される脅威があると考えるのが普通だ。アジアからの見方はやや異なる。アジアではまず植民地支配の到来があり、その後、一九三〇年代から八〇年代までの長期にわたって戦争や内戦が続いた[4]。日清戦争とインド・パキスタン分離独立、インドネシアやインドシナの独立戦争、ビルマの内戦、朝鮮戦争、インド・パキスタン戦争、そしてヴェトナム、ラオス、カンボジアでの戦争である。いま、成人しつつある世代というのは、植民地でもなく、（小規模の例外を除けば）戦争も起きていないアジアで育った初めての世代である。新たな競争によって二十一世紀版のナショナリズムがかき立てられ、新しいグレート・ゲームが始まる可能性もないわけではない。しかしアジアのほぼ全域で、少なくとも中産階級や政策立案にかかわるエリート層は非常に前向きで、歴史がアジアを味方しているという感覚や、来るべき繁栄のことだけを考えたいという欲求に満ちている。

ビルマに諸国の交差点が生まれるとしても、それは単に国同士が出会う場所にはならないだろう。今日の国境は歴史上のどんな国境とも異なる。いま、互いに引き寄せられようとしている中国とインドの地域は、両国内での最たる遠隔地域である。そこにはほかでは見られないほど多様な民族や言語、忘れられた王国や孤立した高地社会があり、つい最近までどちらの政府の支配も届いていなかった。そこはまた、最近の人口急増までは人口密度が低い密林地帯でもあった。十九世紀半ばには、ビルマとビルマに接するインドと中国の州や省には合わせて一二〇〇万人しか住んでいなかったと推定される。今日、同じ地域、つまりインドのアッサム州からビルマを通り中国の雲南省にかけての地域には一億五〇〇〇万人が暮らす。その隣のバングラデシュとインドの西ベンガル州にはさらに二億三〇〇〇万人、反対隣の中国の四川盆地には八〇〇〇万人、大都市重慶には三〇〇〇万人がいる。間にあった森林は、かつてはほとんど通行不可能だったが、今はほぼ消えてしまった。辺境とされていた地域がこれまでにないほど互いに接近し、新しい国が新しい隣国に出会うようになっている。

本書を書き始めた二〇〇八年から、私は上ビルマ〔マンダレーを中心としたビルマ中央部・北部地域〕から中国南西部やインド北東部にかけて広く旅した。ヒマラヤ山脈東部の山麓に沿い、息をのむほど美しいその地域では、近代世界とほとんど接触したことのない山岳部族の集落のすぐそばにできたてのショッピングモールが建ち、世界最大の民主主義国家が世界最大の共産主義国家と接する。

これは裏口から入るアジアの話である。旅はラングーンから始まる。

裏口から入るアジア

第1部

夢みるイラワディ

ラングーンよりも先に、まずシュエダゴン・パゴダがあった(1)。その起源は次のように言い伝えられている。二五世紀前、タプッサとバーリカという名の商人の兄弟がたまたまブッダに会った。ブッダがインド北部のブッダガヤで悟りを開く直前のことだった。兄弟は、全体として思うとおりにいかないことが多い人生にどう対応していくかについてブッダの教えを聞いた。そうしてブッダの初期の信者となった兄弟は、ブッダに餅とはちみつを供え、ブッダと出会ったしるしとなるものを求めた。ブッダは頭から髪の毛を八本抜いて兄弟にやった。タプッサとバーリカは出身地の下ビルマ〔ラングーンを中心としたビルマ南部地域〕に戻る途中、その八本の髪の毛を、宝石をちりばめた小箱に入れ、その小箱をのちにシュエダゴン・パゴダとなるところの奥深くに祀った。こうビルマ人は信じている。

今日、シュエダゴン・パゴダはラングーンの中心に鎮座する。ラングーンは郊外に広がる人口五〇〇万人の都市で、見渡す限り平らな地形のなか、唯一小高くなっているところにある。シュエダゴン・パゴダは巨大な黄金の建築物で、高さは約一〇〇メートル、じょうごを逆さにしたような形だ。八角形の基部の上に丸いドームがあり、その上に長い尖塔が伸びる。下部は金箔で、上部は金そのもので覆われている。パゴダ全体では六〇トン以上の金に包まれているといわれている。植民地時代、ビルマ人は「イングランド銀行中の金庫室にある金よりも多い」と言ったものだ。塔の先端部分には何千もの宝石や、二〇〇〇カラット相当のダイヤモンドがちりばめられている。考古学者も歴史学者も、シュエダゴン・パゴダがいつからあるのかについて詳しくは知らない。(現在の形で)建てられたのは十五世紀だということ、それもさらにずっと古い、少なくとも紀元後数世紀までにさかのぼる建造物の上に建てられたことはわかっている。最深部には宝物庫があるにちがいない。

シュエダゴンは昼は日光を反射し、夜は照明に照らされ、ラングーンのどこからでも見える。シュエダゴンがラングーンを圧倒しているように、宗教的な場所がこれほどまでに物理的、精神的に都市を圧倒している場所は世界にほかにあるだろうか。ラドヤード・キプリングは一八八九年に訪れたシュエダゴンのことを「黄金の謎」で、「日に照らされて燃え上がる、美しくきらめく奇跡」と言い表した。その三三年後、ラングーンに立ち寄ったサマセット・モームもシュエダゴンのことを「壮麗にそびえ立ち、魂の暗夜に急に差す希望の光のように金色に輝いていた」と思い起こしている[2]。

私がシュエダゴンに着いたのは夕暮れどきだった。巨大なグリフィンか獅子像とでも言おうか、ビルマ神話に出てくる、羽を生やした獣人の像が二体、大広場に上がる階段の下で番をしている。階段はチーク材でできていて、色は暗く滑らかだ。街路ほどの幅があり、両側には小さな売店が並び、花や線香、仏教の像などを売っていた。ビルマの出店ではほとんどの場合そうであるが、売主は女性で、近くで子どもを遊ばせている人もいた。

階段には高い天井の屋根がついていたので、上りきって初めてシュエダゴンが視界に飛び込んできた。何十もの小さな仏塔や東屋、休憩所、あらゆる形や大きさをした祭壇などが、とくに規則性もなく周りを取り囲んでいる。東屋の多くには大小の仏像が入っていて、柱は金箔か、モザイクガラスで覆われていた。大広場はまるでおとぎ話に出てくる小さな街のようだった。

ビルマでは国民の八五パーセントが仏教徒だと推定されており（残りは主にキリスト教徒とイスラーム教徒である）、仏教徒のビルマ人は一生に一度はシュエダゴンに参るのがよいとされている。私が訪れた夕方にどのくらいの人がいたかはわからないが、少なくとも数百人は確実におり、数千人がいたとしてもおかしくはない。ほとんどの人がロンジーという、男性と女性で模様と結び方が異なるサロン〔腰などに巻く布。パレオ〕のようなものと、シャツかブラウスを身につけていた。おそらく大半はラングーン在住で仕事帰りに来たのだろうが、遠くの地方から来た村人もいて、彼らのロンジーの柄はラングーンの人のよりもやや洗練度が落ち、より着古されていた。仏教の僧侶もいて、男性は錆び色の、女性は薄いピンク色の衣をまとっていた。誰もが裸足だった。それが伝統で、ビルマでは神聖な場所ではどこでも靴を脱ぐことになっている。空気はジャスミンとキンセンカの香りがし、いくつかの祭壇の前では人びとがきれいに並べられたろうそくに火をつけていた。大きめの東屋の一つに入ってみると、そこにはすでに数人がいた。長い白髪を結いあげた老婦人がぎゅっと目をつぶって、ほかの人も床にひざまずいて両手を合わせ、前にある大きな仏像を拝んでいた。私もまずひざまずき、それから頭と手を床につけた。

仏教を主として哲学、つまり幸せであるため、また人生の浮き沈みに対処する最善の方法を知るための道しるべとしてとらえる人もいる。シュエダゴンを訪れれば、ブッダの教えを思い出すこともできるし、静かに瞑想してもよいし、あるいは大忙しでストレスに満ちた一日のあとに心を落ち着かせることもできる。

しかし大半のビルマ人にとって、シュエダゴンは魔法の場所でもある。信心深い人たちは、金箔に覆われた仏塔の下には歴史上のブッダであるゴータマ・シッダールタの髪の毛が埋められているだけではなく、それよりはるか昔のブッダの聖遺物、たとえばカクサンダの杖やコーナーガマナの水通し、カッサパの衣の一片なども埋められており、こうした聖遺物によってシュエダゴンは超自然的な力を備えているのだと信じている。

シュエダゴンはまた、特別な力（永遠に年をとらない術や、透明になる術）を身につけたウェイザと呼ばれる魔法使いが宿る場所でもある。南西の一角に小さなパゴダがあり、かつての魔術師や占い師の像が飾られ、そこには目に見えないものがやってきて瞑想するのだと信じる人もいる。またイザゴーナという中世の魔術と錬金術の師を祀る東屋もあるし、「太陽と月の神殿」にある二体の仏像は、参拝した者すべての願いをかなえてくれるという。

シュエダゴンはビルマの歴史にも出てくる。北側にある「勝利の地」は人びとが成功を祈りに来るところで、その成功とは宗教的でも世俗的でもよい。ここは伝統的に、王や将軍が戦争に行く前に来る場所だったが、より最近では政治的な抗議行動を始める場所になった。一九二〇年、学生たちが脱植民地運動を始める際にこの広場を拠点としたことが、初期の例の一つだ。近くには、その学生たちの名前がビルマ語と英語だけでなく、起きたばかりだったボリシェビキ革命への期待が高かったことを示すように、ロシア語でも刻まれた碑がある。以来ずっと、抗議する者はここに集まってきた。二〇〇七年九月には数千人もの僧侶が軍事政権に反対する平和的な行進を率いた。デモは数日間続いたが、僧侶たちは毎日この「勝利の地」から出発した。しかしこのときは彼らの願いはかなえられなかった。というのは、最終的には治安部隊が迫ってきて、シュエダゴン全体を封鎖し、実力行使によってデモを終わらせたからだ。

魔術師や、ときによって抗議者もいることもあるシュエダゴンに、外国人観光客はまだ少ない。その夜、私は一人を見かけた。くつろいだ様子で、カーキのズボンとTシャツ姿で、カメラを大理石の床に置いてあぐらをかき、ビルマ人の行き来を眺めていた。私のひいき目かもしれないが、私に言わせればシュエダゴンは、メキシコのピラミッドや、カンボジアのアンコール・ワット、インドのタージ・マハルといった、私が見たことのある他国の偉大な建造物にも引けを取らない。一五八四年に帆船「タイガー」（シェイクスピアの『マクベス』に出てくる船だと言う人もいる）の船長として初めてビルマに来たイギリス人ラルフ・フィッチはシュエダゴンについて「世界中に存在するうちでもっとも美しい場所ではないだろうか」と述べた。一九六二年初めから八〇年代にかけては、ビルマで旅行をするのは難しいことで、観光も奨励されていなかった。状況は変わり、今日ビルマを訪れるのは簡単だ。しかし政府による制限が解除された代わりに、現在はビルマに行かないよう観光客に呼びかけるキャンペーンが外国で行われている。観光に行くとビルマを支配する将軍たちの財源を豊かにすることになるという理由だ。こうしたボイコット運動は、発展途上にあるビルマの観光産業に大きな打撃を与えてきたが、いずれ押し寄せるだろう観光客の波を押しとどめておく役割も果たしてきた。

暗くなってから、私は来た階段を下り、人通りの多い正面の広場に出てタクシーを拾って、「365カフェ」に向かった。

エドワードは五十代のビルマ人ビジネスマンで、がっしりした体つき、髪には白髪が混じっている。エンジニアとしてシンガポールで数年間働いたあと、故郷ラングーンに戻ってきた。ビルマ語の名前も持っていたが、彼と同じ階級や世代の人によくあるように、学校で英語の名前を付けられたのだった。ビルマ語の名前のほうは公式な場や、初めて会う人に自己紹介する際に使っていた。しかし古い友人に対しては「エドワード」で通していた（彼は昔から私の家族と親しかった）。

カフェに着くとエドワードはもう待っていた。濃い色のアロハシャツとビルマのロンジーを身につけ、ポリネシア系に近い平たい顔は日焼けして健康そうだった。私たちはビルマ語と英語の両方で話をした。エドワードは言った。「景気は悪い。帰国したのは大きなまちがいだったと思うときもある。シンガポールにとどまるか、チャンスがあったときにアメリカに行けばよかった。知ってのとおり、サンディエゴに兄弟がいるんだ。ずっと前に、職を見つけてやると言われたことがあったのに。判断を誤ったよ」

365カフェで会おうと言ったのはエドワードだった。カフェは街の中心部にあるタマダ（大統領）・ホテルの一階に入っていて、色鮮やかな外国風の内装に、偽革張りの椅子は坐り心地がよく、メニューにはサンドイッチもあればアジア風の料理もあった。一方の壁には大きなガラス窓が並んでいる。そこから見える狭い駐車場には古い日本車二台と、オレンジ味の飲料の箱を積んだ大きなトラックが止まっていた。その向こうには背の高い植え込みがあり、さらにその向こうには赤れんがの教会が建っていた。イギリスの小さな町にあるのとまったく同じような教会だった。

「きちんとしたビジネス環境なんて全然ないし」とエドワードは文句を言った。「金融制度はないも同然で、汚職もあるし、そのうえに制裁まで科されているときた！」エドワードが言っているのは、欧米政府が軍事政権に民主化改革を促すために科した制裁のことだ。それは世界でもっとも厳しい制裁のうちに入るもので、すべてのビルマ産品のアメリカへの輸出禁止や、世界銀行や国際通貨基金からのビルマへの融資の阻止、そしてビルマ企業が欧米で営業するのを実質的に不可能にする金融制裁が含まれていた。エドワードは家具を作る会社の設立から小さなホテルの経営まで、いろいろな事業に手を出してきた。「上のほうにいるやつらはそれでも儲けることができるが、その他大勢の僕たちにとってそんなことは不可能に近い。ただでさえ政府のせいでまともな生活を送るのも困難だというのに、なんで制裁なんか科すのかね？」

オーストラリアのアレクサンダー・ダウナー外相は、ビルマの政治的前進のことを、糊が坂を上るような速さだと言ったことがある。(3) 実際、ビルマからいいニュースが伝えられることはまれだ。一九八八年には大規模な民主化蜂起が鎮圧された。二年後、支配権を握っていた政権は選挙を行ったものの、反政府勢力が地滑り的勝利を収めるとその選挙結果を無視した。ビルマが新聞の一面に載ることはめったにないが、たまに載るとしたら、たいていはビルマの人権の象徴であるアウンサンスーチーの自宅軟禁の継続についてだった。二〇〇七年には新たに抗議行動が起き、アムネスティ・インターナショナルの推定によれば二〇〇〇人以上の政治囚が同年末までに刑務所に収容された。そして二〇〇八年には破滅的なサイクロン・ナルギスによって一〇万人以上が死んだ。私がエドワードと会ったのは二〇〇八年の後半、ナルギス襲来の数ヵ月後のことだった。気を落とさないでいるのは無理だった。もともと少なかった外国からの観光客はすっかり途絶えようとしており、世界的な不景気もちょうど始まったところだった。

でも、インドや中国との関係はどうなのか？ と私は訊いた。どちらの国の経済も光の速さで発展しており、不景気の間もしばらくは成長を続けそうだった。そしてそれらの経済をビルマとつなげる計画もあった。しかしエドワードは、そうしたことについてあまり考えていなかった。彼は欧米のほうに近い人だったのだ。父親も祖父もイギリスで教育を受けていたし、海外に行くといえばシンガポールとバンコクを除けばいつも欧米で、インドにも中国にも足を踏み入れたことがなかった。そしてアメリカの映画を見、英語の本を読み、子どもがアメリカの大学に行くとよいと思っていた。エドワードは世界経済の流れがアジアに移ってきていることには同意したが、それがビルマにどういう影響を及ぼすかは予想できなかった。私がラングーンで会った人の多くがエドワードと同様の反応をした。地図を見ている人はほとんどいないようだった。しかしラングーン以外の場所には、地図を見るだけでなく、地図を変えようとしている人たちがいたのだ。

一〇〇年以上前、地図を眺め、アジアの将来を思い描いていたのはイギリスだった。イギリスは一八五二年にビルマからラングーンを奪い取っていた。その後まもなく、ロンドンやカルカッタのクラブや役員室では、イラワディ川が中国の市場に裏から通じる道となるという夢が語られるようになった。当時ラングーンはシュエダゴンの隣にある小さな町にすぎなかったが、イラワディ川の支流に面し、戦略的でありえる位置にあった。イラワディ川は雪に覆われたヒマラヤ山脈に発し、数千キロ流れたあと、ラングーンの近くでベンガル湾に注ぐ。

その当時、イギリスはインドをすっかり支配下に置いていた。イギリスの東インド会社は、（今はチェンナイとしても知られる）マドラスやベンガル、ボンベイという上陸拠点から競争相手すべてを圧倒し、インドで完全な覇権を確立していた。同社はすでに中国を相手に、主にイギリス領インドのアヘンを売り、銀を買う貿易をして利益を上げていた。しかしイギリスの目に明らかだったことがある。それは、ビルマこそがインド帝国と、ろくに探検されていない広大な中国内陸部との間に横たわっているということだった。イギリスは中国に行くのに海路でシンガポールを回っていくことはできた。しかしビルマを通っていくことができれば、時間を節約し、いっそうの利益を上げることができるかもしれなかった。それから数十年の間、知られざる国境地域の地図を作成するために兵士や科学者、測量技師らが現地に送りこまれ、新しい行路を探したり、行った先で出会った辺境の王や豪族たちと同盟を組もうとしたりした。

その当時すでに、中国という誘惑は強かった。(4) 一八九〇年代、冒険家で作家のアーチバルド・ロス・カルフーンは『クリセを横切って——中国南部の国境地域の探検記　広東からマンダレーへ』（原題 *Across Chryse: Being A Journey of Exploration through the South China Borderlands From Canton to Mandalay*）や、ロンドンでベストセラーになった『変わりゆく中国』（原題 *China in Transformation*）といった本を書いていた。カルフーンは、中国は「遠からず世界の大国のうちに数えられる運命にある」と述べ、イギリスはビルマから巨大な中国に通じる道を見つけるべきだと強く主張した。また別の作家で元諜報員のH・R・ディヴィーズも同様の意見だった。「地球上のもっとも辺鄙な地域にまで鉄道が通じている今日、世界でいちばん人口の多い国であるインドと中国が鉄道でつながれずにいることは考えられない」[5]。ヴィクトリア時代のイギリス人はスケールの大きい考え方をしたので、ジャングルの上空を突っ切り、カルカッタと揚子江流域の都市を直接つなぐ「高架鉄道」を建設する話まであった。

フランス人も同じような夢を見ていた[6]。一世代前に、探検家のエルネスト・ドゥダール・ド・ラグレーとフランシス・ガルニエがサイゴンからメコン川を遡上し、中国内陸部への通行可能な行路を見つけようとしたが見つからず、ドゥダール・ド・ラグレーは過労のうえに道中で重い病気にかかって死んだ。メコン川は地図上では通路になりそうに見えるのだが、二人が実際に行ってみると、深い峡谷や危険な早瀬が支障となり、一定量以上の交通がインドシナの沿岸部から上流に向かうのは難しいことがわかったのだった。

イギリス人も物理的な困難の大きさを最終的には理解し、カルカッタから直接中国に通じる陸路を通すのは不可能だということになった。ベンガルからはブラーマプトラ川をさかのぼれば北東に数百キロ行くことができるが、その上流部分からイラワディ川の源流域、そして中国までの間には、さらに何百キロにもわたって、深い森に覆われマラリア蚊が棲む山々がそびえていた。そこに行路を通す費用は天文学的なものになってしまう。

しかしイラワディ川自体を通るのはどうだろうか？　こちらなら可能性があるように思われた。カルカッタやマドラスから船で、イギリスの手に落ちたばかりのラングーンまで行き、イラワディ川をさかのぼり、上流のどこかで荷を降ろすことはできそうだった。そこからは鉄道で中国につなげばよい。

一八八五年にイギリスがビルマ最後の王ティーボーを倒してまもなく、マンダレーから北や東に鉄道が延び、シャン高原も通るようになった。そこから中国との境までは少ししか離れていない。

フランスの探検家、アンリ・ドルレアン公はこうしたイギリスの思惑に気づき、フランスがいかに大きな獲物をイギリスに取られそうになっているのかをフランス人に知らせようとした。彼はフランスのルイ・フィリップ王の曾孫で、大のイギリス嫌いだった。ヨーロッパではイタリアの王子ヴィットーリオ・エマヌエーレと剣の決闘をしたことで有名だ（この決闘は、アンリ公がアビシニアのイタリア兵士のことを「臆病者」と呼んだことに端を発した）。アンリ王子は一八八〇年代にシベリアからシャムまで旅し、さらにアフリカに行ったあとアジアに戻り、中国、ビルマ、インドの国境地帯を旅していた。アンリ公は、世界でもっとも人口の多い二つの地域に挟まれたその一帯がいつか非常な重要性を持つようになると確信しており、そこにある戦略的な陸の架け橋、つまりビルマを握っているのがフランスではなくイギリスであることが嫌でたまらなかった。

しかしイギリスにとっても、夢を現実に変えることは予想以上に困難だった。地理的そして政治的な支障があった。イギリスの最前線は中国の辺境に近づいていたとはいえ、「中国本土《プロパー》」はまだまだ遠かった。国境の中国側には中国内陸の大都市があるわけではなく、雲南地方の未開で岩だらけの土地が広がっていた。そこから先へ行くには山や急流、パリ－ローマ間と同じ長さの深い谷を越えなければならなかった。

解決がとても難しい政治的問題もあった。中国では、血なまぐさい蜂起が繰り返されて文字どおり数千万人が死に、数世紀にわたって中国を統治した清朝が滅びかかっていた。一八五〇年代と六〇年代には、（神とキリスト、そしてキリストの「弟」としての自分を信じていた）半キリスト教徒の洪秀全《こうしゅうぜん》が率いる太平天国の乱が起き、清の支配を根底から揺るがした。同じころ、南西部ではムスリムが反乱を起こしてビルマの隣にある雲南省の支配権を奪い、そのまま国境地域を数年間掌握した。遠隔地方に対して中央政府が持つ権力は急速に弱まり、軍閥が権力者として官吏に取って代わりつつあった。ビルマが中国に通じる裏口になるのはまだ早かったのである。

二十世紀初めには、ビルマ経由で中国まで道路を通す計画は忘れられ、ラングーンは中国への裏口ではなく、イギリス領ビルマの首都として主にコメ、また材木や石油を近隣に輸出する港として発展していた[7]。そうしてラングーンは栄えた。生まれ変わったラングーンはシュエダゴンを中心として郊外に広がっていき、並木通りや湖、庭園ができた。役人や経済界のエリートの立派な邸宅も数多くあった。川に沿って南のほうにある町の中心部は近代的で、碁盤目状に整備された街路に、政府の庁舎や企業の事務所、列柱のある店やホテルが立ち、アパートが並んでいた。植民政府の指揮を執る行政官は大半がイギリス人で、貿易を支配していたのはスコットランド人だった。スチール・ブラザーズ（コメ）、ボンベイ・バマー貿易会社（材木）、バマー・オイル（石油）、イラワディ船隊会社といった当時の大企業はすべてスコットランド人が仕切っていた。そしてインド全国から数百万のインド人が新しい生活や好機を求めてラングーンに入ってきた。

イギリスは当初、ビルマが中国への裏口となることを期待していた。しかしビルマではむしろ、イギリスによる支配を通じてインドとのつながりが以前よりずっと強くなっていた。王国だったビルマは（現スリランカのセイロンのように）一個の植民地にはされず、イギリス領インドに属するものとされ、ベンガルやパンジャーブと同じくインドの一州として統治されていた。

二十世紀初めのビルマはインドよりも生活水準が高く、人口もずっと少なかった。経済が成長するにつれ、安価な労働力と企業家的、専門的な技能が必要となると、それらはすべてインドから調達された。インドからビルマへの人の流入は長い間制限されず、むしろ奨励されていた。一九二〇年代末にラングーン港の移民受け入れはニューヨークを超えて世界一にまでなり、この入移民によってラングーンはインドの都市となった。そこではビルマ人は少数派住民で、ベンガル人の学校教師やグジャラート人の銀行家、シク教徒の警察官、タミル人商人など、インド全国からの移民が混在していた。中国人もおり、数はもっと少ないながらヨーロッパ人やアメリカ人、そしてラテンアメリカ出身者までいた（チリ人の詩人パブロ・ネルーダは一九二〇年代に短い間だがラングーンに住んでいた）。ケンブリッジの政治経済学者で長年ビルマで公務に就いていたＪ・Ｓ・ファーニヴァルは、ラングーンでの国籍の混在ぶりを表す「複合社会」という言葉を考え出した。ラングーン－カルカッタ間には蒸気船が走り、飛行機の時代が始まるとラングーンはアジア全体の拠点となった。ロンドンからシドニーへの英国インペリアル航空便や、アムステルダムからジャカルタへのＫＬＭ航空便はすべてラングーンを経由した。世界水準の学校や一流の大学もあり、コスモポリタンで政治的にも活発な中産階級が生まれた。

しかしこの世界は砕け散ることになる。まず日本が侵攻し、ラングーンの空襲を含む激しい戦闘が四年間続いた。数十万人のインド人が逃げた。そして一九四八年にビルマがイギリスから独立するとすぐに内戦が始まり、ラングーンは一時期、反政府武装勢力に包囲された。とうとう一九六二年にクーデターが起き、最後に選挙で選ばれた政府が倒され、その後すぐにビルマは外界から孤立した。国内に残っていたインド人の多く、とくに専門職や実業家の階級は国外追放された。自主的な鎖国の時代が四半世紀続き、世界の中心だったラングーンは、世の流れに取り残された村のようになってしまった。老朽化したが風格のある建築物だけが、より豊かな時代があったことを示していた。

ラングーンは私にとってのアジアへの入り口だった。初めて訪れたのは一九七四年で、祖父〔元国連事務総長のウー・タン（ウ・タント）〕の葬式のときだった。当時私は八歳で、家族とニューヨークに住んでいた。ビルマはネーウィン将軍の「ビルマ式社会主義」にすっかり支配されており、孤立し貧しく、山岳地帯では政府軍が小規模の反政府武装勢力と戦っていた。その後、私はほぼ毎年ビルマに行くようになる。一、二週間だけ滞在することあれば、ラングーンなどにいる多くの親戚のところでひと夏を過ごすこともあった。

当時、つまり一九七〇年後半から八〇年代前半にかけて、ラングーンは二十世紀後半の世界からすっかり切り離されているようだった。(8) 通りには電話や自動車がほとんどなく、テレビもないに等しく（一日に二時間ほどしか放送がなかった）、スーパーマーケットなど近代的な店も何もなかった。そのころはまだイギリス領時代の町の様子が簡単に想像できた。フィッチ・スクエアのそばに大きな赤れんがの最高裁判所の建物があり、近くには聖三位一体（英国国教会）大聖堂があった。少し東にはどっしりとした構えの政府本部と、白く塗られたネオパラディオ様式の税関があった。またかつてイギリス人やスコットランド人の主婦に人気のあったおしゃれなデパート、ロウ・アンド・カンパニーが入っていた建物も朽ちながら残っていた。ジョン・ギールグッドがハムレットを演じたエンパイア劇場もあった。「インド地方で唯一のフランス人シェフ」がいることを誇った敷地の広いホテル、ミントー・マンションズは第二次大戦で破壊されてしまったが、競争相手だったストランドはまだ残っていて、数少ない訪問客を一泊二〇ドルで泊めていた。フェーヤー通りとマーチャント通りの角の近くには、ロイズや香港上海銀行、トーマス・クック、イラワディ船隊会社などが入っていたエドワード王時代の華麗な建物がいくつもあった。こうした建物や、もっと小さい、アールデコやアジアの様式が混ざった建物などが、世界でもっとも保存状態のよい植民地時代そのままの都市風景の中に残っていた。

ラングーンは大きな、がらんとした映画撮影セットのようで、そこに暮らすビルマ人たちはさながら、スターたちがセットを出たあとも残っている助演者だった。ラングーンは次の出演映画を待つ都市だった。

一九八八年にはビルマ全国で抗議行動が起き、軍事政権はもう少しで倒されそうになった。数十万人が街頭でデモをしたが、残酷なやり方で鎮圧された[9]。その後、新たな軍事政権が組織され、過酷な統治を続けたが、それまでの軍政がとっていた経済自立主義を放棄し、ためらいがちではあったが、経済と国を外界に向けて開放し始めた。一九六二年から支配権を握っていたネーウィン将軍は静かに退場し、新しい指導者としてタンシュエ将軍が自らの権力を固めていった。ビルマ式社会主義は死んだ。しかし次には何がやって来るのだろう？

一九八八年の蜂起が失敗に終わったあとに新しい政治勢力がいくつか現れた。こうした勢力は軍事支配に対する敵意を主な共通点として互いに団結していたのが、九〇年にはアウンサンスーチーが率いる国民民主連盟（ＮＬＤ）を中心にまとまるようになっていた[10]。八八年の蜂起がもっとも盛り上がっていたときに軍政は「多党選挙」を行うと約束していたのだが、九〇年にその約束を守った。反軍政運動が非常に高まり、軍政に対する報復の話も出ていたなか、軍政がなぜ選挙に踏み切ったのかはやや不可解なままだ。一般市民の怒りの大きさを過小評価したのか、あるいは選挙をしないわけにはいかないと感じたのかもしれない。軍政は、選挙によって国軍が裏から支配できる、勢力が分散した議会が生まれることを望んでいたのだろう。しかしＮＬＤが投票数の六〇パーセントを獲得するというめざましい成功を収めると、軍政は言い逃れをし、その後の道筋も示さないまま、遠慮なく批判してくる敵ＮＬＤに権力を譲ることだけは断固として拒んだ。

選挙の翌年、四十代半ばだったＮＬＤの指導者アウンサンスーチーがノーベル平和賞を受賞し、一躍国際的スターとなった。長い間オクスフォードで主婦だった彼女はビルマのナショナリスト殉難者アウンサン将軍の娘で、一九八八年の蜂起の直前にビルマに帰国後、決然として政治の舞台に上ったのだった。彼女のとった戦術はマハトマ・ガンディーとマーティン・ルーサー・キングに触発されたもので、彼女は平和的なデモによって最終的に軍の非妥協的態度が解けることを期待していた。アウンサンスーチーは「国としての一体性」を呼びかけ、「二度目の独立運動」の話をした。また軍政に対する経済制裁を求め、これはのちに欧米政府が科すことになる。同時に国軍の高官との対話も求めた。その後二〇年にわたり、彼女の支持者が何百人も投獄され、アウンサンスーチー自身も長期間の自宅軟禁に処されることになる。

アウンサンスーチーが自由の身であった時期には、大勢の人が彼女の演説を聞きに集まった。彼女は政治的自由や基本的人権の尊重の重要性について明快にわかりやすく説くのだった。私は一九八七年にアウンサンスーチーに会ったことがあった。彼女はまだオクスフォードに住んでいて、私は大学四年生だった。私たちは映画や、昔からの家族の友人たちについて話をしたのだが、居間で本に囲まれ、次男のキムが床で遊んでいるなか、彼女はすでにカリスマ性を帯び、自信に満ちているという印象を受けた。アウンサンスーチーは一九九〇年代半ばには世界的に有名な人物となり、アジアでの民主主義は西洋からの輸入品にすぎないという考え方に異議を唱える存在で、自身と自身が率いる運動と、粗野でいかがわしい専制政治とが敵対する勧善懲悪劇の主役だった。

しかし将軍たちは動じなかった。制裁が科されて欧米との関係が悪化したが、そのことによって将軍たちが方向転換の必要を感じるようなことはなかった。そうして軍政は東南アジアによくある一種の権威主義的な縁故資本主義に落ち着き、欧米との貿易を減らす一方で、アジアで経済成長中の国との貿易を増していった。遠く離れたロンドンやワシントンから来る変革しろという「要求」は意に介さなかった。

ラングーンは表面上、平常になった。少なくともある程度余裕があった人たちにとっては。二〇〇〇年代前半までに、よく整備されたホテルがいくつかでき、カフェやレストラン（「ル・プラントゥール」や「ロペラ」など）もできた。多くは改修された植民地時代のバンガローの中に造られ、イタリアや韓国など世界のいろいろな料理を出した。新しくできた国際空港はきれいで効率がよく、ガラスが多く明るくて、床も磨かれていた。新築の映画館には冷房があり、最新のハリウッド映画が上映された。ビルマ初のスーパーマーケットやショッピングモールもでき、最新の外国商品が売られていた。「50番街バー&グリル」や「ギンキ・キッズ」といったバーまででき、壁にはカート・コバーンの大きなポスターが貼られ、タイ風のつまみや生ビールを出した。衛星テレビも広く出回り、街にはインターネットカフェが次々とできていった。

とはいえ、ラングーンはまだ貧しい都市だった。自動車はたくさん走っていたが、たいていはおんぼろ車で、一九八〇年代の古い日産やトヨタといった、普通ならとうの昔に廃車の山に積まれていたようなものばかりだった。舗装道路には穴が開き、植民地時代の建物は印象的だったが、新しい建物は貧弱で質が悪そうなものが多かった。街の中心部を離れるとさらに貧しい地域があって、そこでは社会事業もほとんどなく、一日に何時間も停電していた。それは過酷な貧しさというのではなかった。物乞いやホームレスはほとんどいなかったし、人びとはほかの大都市の住民と同じような生活を送り、職場まで歩いたりバスに乗ったりし、近所の喫茶店で友人と会い、親が子どもを学校に迎えに行っていた。しかしもともと豊かで肥沃な国ビルマでは、それはだんだんと理不尽に感じられていくような貧しさだった。

そこへ悲劇が来た。

二〇〇八年五月二日、ラングーンとその西側に広がる低地を、史上最大の規模と強さのサイクロンが襲った(11)。サイクロン・ナルギスはベンガル湾を渡り、それから平らなイラワディ川デルタをゆっくりと横断した。風速が毎時二〇〇キロメートルを超える強風によって小さな村や町には海水が壁のように押し寄せた。それは二〇〇四年十二月二十六日にインドネシアのアチェに大被害をもたらしたインド洋大津波と似ていた。被害は甚大で、ビルマ史上群を抜いて最悪の自然災害となり、一〇万人以上が死亡、数百万人が家を失い、すっかり困窮した。ラングーンでは死者はほとんどなかったが、一万本以上の老木が倒れ、屋根が吹き飛ばされたり、電線が切れたりした。

数日のうちにアメリカ、イギリス、フランスの戦艦がビルマ沿岸に到着し、支援を申し出た。しかしこれら欧米の国々は長年制裁を科し、軍政に対する非難を繰り返し、反政府勢力を積極的に援助してきていたので、ビルマの軍事政権が欧米の軍隊からの支援を受け入れたがらなかったことは驚くに値しない。ブッシュ大統領とファーストレディのローラ・ブッシュのそれぞれが、サイクロン襲来から四八時間もたたないうちにあらためて軍政を強く非難したことも手伝った。ビルマ当局は数百万もの生存者を救うことよりも自分たちの安全保障上の懸念を重要視し、三週間もの間、欧米からの援助の受け入れをめぐって膠着状態が続いた。この間ビルマ人は援助を行うことができ、(インドなど)友好的な政府からの援助も、その国の軍隊が運んだものを含めてすべて受け入れられた。しかし欧米人は、もっとも必要とされていた国連の災害対応チームの人員も含めて被災地域に入ることを認められなかった。このためサイクロン被災者に届いた援助の量はわずかで、とても足りなかった。すると今度は、援助を届けるために強制的な介入をするべきとの意見が出て、外交の場で集中的に駆け引きが行われた。軍政はとうとう、自身と国連、そして東南アジア諸国連合(ASEAN)という地域連合とで援助に対応する組織をつくることに合意した。そうすることで軍政の顔を立てつつ、欧米の兵士がビルマに足を踏み入れないことが保証された。こうして数十の国連機関や国際慈善団体が食料や薬品を被災地に直接届け始めた。関係者すべてにとって幸運なことに、水系感染症によって多数の生存者が死ぬという被災の「第二波」は来なかった。

「ビルマへの支援金がこんなに少ないのはけしからん」と、長年ラングーンで働く援助関係者が私に言った。ビルマが受け取る国際援助はほかのどの発展途上国よりも少なく、一人当たり約四米ドルで、共産主義国家である隣国ラオスはその一〇倍も受け取っている。私たちは「チャトリウム・ホテル」のロビーでコーヒーを飲んでいた。「チャトリウム」は便利な場所にあり、値段も高すぎず、インターネットもよく通じるので、国連職員や、増えつつある援助関係者が好んで利用するようになっていた。ホテルの周りの木々のうち大きなものはサイクロンで倒れてしまったが、それでも外には心地よい具合に緑があった。ホテルの入り口には、午後三時から宴会場で「食料安全保障」についての会議があるという掲示があった。

彼はこう言った。「毎年数万人が、治療方法のある病気で亡くなっている。政府が専制的なのは確かだけれど、同じくらい悪い政府を持つ国は世界にたくさんあるし、そういうところにわれわれはずっと多額の人道援助を出してきた」。サイクロン被災者への援助も少なかった。被災直後は大騒ぎがあり、被災者を救うための軍事介入を求める声まで上がったのに、実際に直接支援ができるようになってみると、資金はなかなか集まらなかった。ナルギス被災者には合わせて約五億ドル相当の援助が送られたが、津波被災後のアチェの復興のためには一〇〇億ドルが寄せられていたのだ。口ではみな、ビルマでもっとも貧しい人びとへの人道支援を行うべきと言った。しかし実際には、欧米政府は概して支援をためらったのだった。

それでも二〇〇九年にはかすかな変化の兆しが見えるようになっていた。軍政は「民主化へのロードマップ」の実行に着手していた。ロードマップは入念な筋書きで、これに基づいて新しい憲法が制定され、翌年にあらためて選挙が行われる計画になっていた。国民民主連盟（ＮＬＤ）党員の多くは、新憲法は十分に民主的でなく、軍による支配を終わらせるというより正当化するものだとして、受け入れなかった。インドネシアやタイで制定されたことのある憲法と同様、ビルマの新憲法は、議会の議席の四分の一を軍に割り当てることで軍が議会で事実上の拒否権を行使できるようにしていた。大統領も間接選挙で選ばれ、安全保障に関連する省庁の支配権は軍が保持する。一般市民は日々の生活に追われていたが、政府職員や反体制派などの活動家、援助関係者や知識人、そしてラングーンで暮らし働くかなりの数の外国人の間では、こうしたことについて相当活発な議論がされるようになった。

一連の計画は、軍事支配の継続を見えにくくする試みにすぎないという見方もあった。「軍を信頼できるはずがない！ 見ていればわかるよ、軍は正当性を手に入れて永遠に権力の座に居坐りたいだけだ。われわれは今ここで主義主張を放棄するわけにはいかない、この憲法は、われわれが長年求めてきたものとは程遠い」。他方で変化のチャンスだととらえる人もいた。ある大学講師はこう言った。「文民と軍人が混ざった政府でさえ、今の純粋な軍事支配よりはましだ。ほかにどうしろと言うのか？ 革命を起こす？ 起きるわけがない！ 現実路線をとらなければ。一歩ずつでも進み、政府を広げ、新しい人材を取り込み、実際の政策に焦点を絞らなければいけない。軍の参加も必要だ。一瞬にして民主主義を獲得するようなことを夢見ていてはどこにもたどり着けない」。

ラングーンを訪れるたびに、多くの人が何度も私にこのような主張をした。外国の外交官や国連職員、まだ国内に残っていたビルマ人知識人たちがレセプションや夕食会で集まり、最近の軍政の行動や法令についていつまでも意見を述べ合った。軍政に対する不信感は天にも届くほど高かった。しかし軍政の将軍たちが六十代後半から七十代と高齢であるなか、曲がりなりにも選挙が行われ、なんらかの新しい政府が生まれるという展望だけはあったことから、何かが変わるという気配もした。

ビルマ政治の詳細についてはしきりに議論がなされていたが、私が世界全体で始まっていると感じていた、より大きな動きについての議論はずっと少なかった。遠くヨーロッパやアメリカでは「インドと中国の台頭」と、それが気候変動や雇用、そしてより一般的に世界経済や政治秩序にどう影響するかについての考察が盛んに行われていた。数百年続いた欧米による支配の時代がとうとう終わりに近づいており、欧米式とは異なる物事の優先順位のつけ方や価値観をこれまで以上に受け入れなければならなくなるという不安があった。その中で、とくに外交政策や安全保障の関係者の関心は、欧米のイスラーム世界とのもつれ合いやテロリズムの脅威のほうに向いていた。しかし実業投資家などより長期的な視野を持つ者にとっては、近代化するインド、さらには近代化する中国の台頭こそがもっとも重要な問題だった。ある夜、私はホテルの部屋で、中国とインドの経済成長が続くと世界にどのような影響があるかを解説者たちが議論するCNNの番組を見た。私は、ビルマにはどのような影響があるだろうかと考えた。そして、ラングーンでは人びとの関心が国内政治に集中していたが、それ以外の場所では、ビルマがそれまでとはすっかり異なる目で見られるようになっていることに気づいた。

ラングーン中心部の真ん中、川のそばに、ムガル通りがある。[12] 一八五八年にインド大反乱（「第一次インド独立戦争」）が鎮圧されると、最後の皇帝バハドゥール・シャー・ザファールはラングーンに流刑にされ、四年後に死ぬまでシュエダゴン・パゴダの隣の小さな家で暮らした。その後、彼の墓はスーフィーの聖地となり、修行者だけでなく、インドやパキスタン、バングラデシュの高官たちもよくここに参る。彼は廷臣や従者を数十人も連れてきたので、今日のムガル通りの店主などの多くが、自分たちはそうした廷臣の子孫なのだと言う。ムガル通りは幅が広く、川に向かって走っており、マドラサ〔イスラーム学校〕に通う、ヴェールをかけた少女や真っ白な縁なし帽子をかぶった少年がいるほか、ケバブの店やハラール〔「許容されたもの」の意。ハラール食品といえば、イスラーム法的に合法な食品のこと〕の飲食店が数軒、そしてなぜかかなりの数の視力検査医が集中している。ある朝そこを歩いていると「エディンバラで修業」という看板を掲げた小さな診療所を見つけた。診療所の医師は、若いころを過ごしたスコットランドについてどのような思い出を持っているのだろう。

ラングーンのこの地区にはインド亜大陸全域からの文化や宗教がすばらしい具合に入り混じっている。インド人人口はかつての数分の一にまで減っているので、今日残る人びとは博物館の展示物のように、かつてのインドとのつながりを示す生きた面影だ。大きなバンヤンの木があり、ヒンドゥー教の神であるハヌマーンやラーマ、女神のシータの像や絵が飾られている。少し離れたところにはムガル・シーア派のモスクのほか、スンナ派のモスクもいくつかあって、なかにはラングーン在住のベンガル人やタミル人のモスクもある。また十八世紀に建てられたアルメニア教会やジャイナ教の寺院、パルシー教の火の寺院、タントラ教の女神カーリーの寺院に、ヒンドゥー教のゾウの神ガネーシャを祭る色鮮やかな寺院もある。

ムスリム地区の中心部にはムスメア・イェシュア・シナゴーグというユダヤ教の会堂まである[13]。第二次大戦前、ラングーンには二〇〇〇人以上のユダヤ人が住んでいた（ラングーンの人口は約五〇万だった）。ソフェア、コーエン、サスーンというのが主な家系で、彼らはインドにいる同家系と同様、アシュケナジ系とセファルディム系の出身だったが、彼らのほかはほとんどがバグダードから十九世紀後半にビルマに入ってきたユダヤ人移民だった。初期の移民の名前をつけたジュダ・エゼキエル通りという道路もあったし、一九三〇年代にはデイヴィッド・ソフェアというユダヤ人がラングーンの市長を務めたこともあった。以来、約二〇人を残してほとんど全員がビルマを去り、アメリカやイスラエルなどに行ってしまったが、シナゴーグは今でも立派で、最近になって外装も一新された。

ある雨の日の午後、シナゴーグの管理人モーゼス・サミュエルズは今も残る二つのトーラー（ユダヤ教の律法、モーセ五書」を誇らしげに私に見せてくれた（数十部あったうちの大半はそれまでに密かにイスラエルに持ち出されていた）。そして私を息子のサミー・サミュエルズに紹介してくれた。サミーはニューヨークのイェシーヴァー大学を卒業し、実家に戻ってきていたのだった。

　ラングーンには古くからの中国人社会もある。彼らは最近ビルマに来た移民ではなく、二つの方向、つまり海か陸を越えてやってきた人びとの子孫だ。海路でビルマに来た中国人は、シンガポールからサンフランシスコまで世界中にいる中国人移民の一部である。中国南東部の沿海部出身で、北京語ではなく、広東語や福建語といった南部の地方語が混ざった言葉を話した。ラングーンの広東人は主に職人で、半袖のシャツを着ていたことからビルマ人から「レットー（半袖）」中国人と呼ばれた。福建人には商人が多く、「レッシェー（長袖）」中国人として知られていた。それ以上の区別をしようというビルマ人はほとんどいなかった。ほかの地域に移住した中国人と同様、ビルマでも中国人移民は勤勉で、実業家として腕がよいと見られていた。そして移民の多くが独身男性だったため、ビルマ人女性と結婚するのが普通だった。これはとくに周りが眉をひそめるような行為でもなく、結果として数世紀後にはラングーン住民の多くが家系のどこかに中国人の先祖を持つことになった。これについては一〇〇年以上も前にビルマにいたイギリスの高官がこう書いている。「東洋の混血の大半は両親の短所を受け継ぐようだが、［中国人とビルマ人との混血は］父親と母親両方のすぐれた性質を受け継いでいるようだ。つまり聡明で安定していて勤勉で、多くの面で純血のビルマ民族よりも明らかにすぐれている」[14]。しかし当時はこうした在住中国人や中国系の家族を除いては、中国のことを気にかけるラングーン住民は少なかった。学校で中国のことを教わることはなく、平均的なビルマ人にとって中国文化には謎の部分が多かった。

　今日のラングーンの街では、インド世界と中国世界が衝突しかかっているように見える。ケバブ店やヒンドゥー教寺院、ひげを生やした男性やサリーを身につけた女性がいる区域から、両国の要素が混ざった通りを一本か二本隔てると、ゆるい半ズボンをはいた男性がおり、店には中国語の看板がかけられている。チャイナタウンはインド人地区のすぐ隣にあり、そこには騒々しく混み合った飲食店やカラオケバー、福建の寺院、漢方薬店や鍼治療院、台湾や香港への格安航空券を売る店が並んでいる。ラングーンで見られる古いインド世界と中国世界の衝突は友好的でコスモポリタンなものである。しかしそれよりも新しく、ずっと大規模な衝突がぐんぐん近づいている。その衝突も友好的かもしれないが、紛争の火種を抱えていることも確かだ。

一世紀前にはイギリスの計画立案者たちが地図を見て壮大な構想を練っていたが、今は中国の計画立案者たちが同じことをしている。中国の発展は北京や上海から香港にかけての東部沿海地域に集中してきた。しかし西のほうには、貧しく、未開発のままの地域がまだたくさんある。こうした地域には漢人以外の少数民族も多く住んでいる。中国の計画立案者たちは、繁栄する東部沿海地域と比較的未開発の内陸部との格差に頭を悩ませてきた。中国に欠けているのはアメリカにとってのカリフォルニアのような、内陸の遠隔地域にも海への出口を提供するもう一つの沿岸部なのである。中国の学者は「両洋」政策というものを論じてきた[15]。一つ目の海は太平洋である。二つ目の海がインド洋というわけだ。彼らはビルマが中国のカリフォルニアとなるとまでは言わなかったが、ビルマをベンガル湾とその先に至る橋だと見ていることは明らかだった。

中国の学者は「マラッカ・ディレンマ」についても書いている[16]。中国は輸入する石油への依存度が高く、現在そのうち約八〇パーセントがシンガポールに近いマラッカ海峡を通る。マラッカ海峡は世界でもっとも通過船舶数が多い海上交通路の一つで、いちばん狭いところでは幅が二・七キロしかない。中国の戦略家からすればマラッカ海峡は天然の難所で、未来の敵はここで外国から中国へのエネルギー資源の供給を断つことができてしまう。マラッカ海峡に代わるルートを見つけなければならない。ここでもビルマが鍵となる。

ラングーンには、中国の劇的な南進を示すものはまだほとんど見られない。二〇〇八年、タイからビルマに向かう飛行機で、私の席の周りに北京語を話す中年男性の団体がいた。彼らは互いの写真を撮ったり、免税品カタログを見たりし（一人は腕時計を買っていた。私は機内で腕時計を買う人を初めて見た）、無料の飲み物を飲んでつまみを食べていた。数時間後、私は宿泊先のホテルで、その団体が中国北部、ロシア国境に近い旧満洲の都市ハルビンからの高級代表団だということを知った。ホテルの入り口には「黒竜江省副省長御一行様歓迎」と書かれた大きな横断幕が掲げられていて、一行はホテルのレセプションのところで談笑したり煙草を吸ったりして休憩していた。この一行を別にすると、中国からの訪問客を目にしたことはほとんどなかった。新聞でこのような高官や実業家の訪問についての記事を見るくらいだった。

しかし中国の計画は机上の空論ではない[17]。一九九〇年代前半に、ビルマ‐中国間の国境貿易が数十年ぶりに再開した。以来、一〇〇万から二〇〇万人の中国人がビルマの北部や北東部に一時滞在あるいは永住するようになった。中国企業がビルマ経済の大部分を支配するようになり、小さな店から大規模な鉱山や建設企業までを中国人が所有あるいは経営している。中国国境の町をイラワディ川流域やその先まで結ぶ道路も建設された。そしてさらに壮大な計画が進行中だ。かつてイギリスが夢見たことの逆で、中国は自国とビルマ沿岸部とを高速鉄道で結び、中国内陸部にある工場から中国製品を直接インド洋に運ぶ案を出している。ビルマ北部には巨大な水力発電ダムが建設中で、完成すれば有名な中国の三峡ダムと同量の電力を生産することになるが、そのほとんどが中国に輸出される。そしてもっとも重要な事業として、石油と天然ガスを中国に運ぶパイプラインの建設が最近始まった。これで数年内に、ビルマ沖で新しく見つかった天然ガスと、中東やアフリカからの石油が中国の雲南省に運ばれるようになる。こうした動きはマラッカ海峡が抱えるリスクに対する戦略的な防衛策であり、このままいけば歴史上初めて、中国の政治的影響力がインド洋にまで達することになるかもしれない。

中国の動きは、アジアで台頭しつつあるもう片方の勢力、インドの官僚や政治家を心配させている。インドは最初の数年間はビルマの民主化運動勢力を全力で支援したが、軍政に対する中国の影響力拡大に危機感を覚え、一九九〇年代半ばに方向転換した。アメリカやイギリスが制裁を科したことによって欧米はビルマをめぐる競争から実質的に脱落していたが、アメリカ政府にとってもイギリス政府にとってもビルマはとくに重要ではなく、その競争に負けてもあまり損をしなかった。しかしインドにとっては、ビルマが中国に支配されることのコストは受け入れられないほど高かったため、インド政府はビルマへのアクセスや影響力をめぐって中国政府と競うようになった。

ビルマにいる人の多くにとって、インドはある意味で中国よりもずっと親しみのある場所だ。これは宗教面での古くからのつながりによるところが大きい。私のおばの一人は高齢だが、一生かけて貯めたお金のかなりを費やして、インドで仏教の巡礼の旅をした。まずカルカッタに飛び、ほかの多くの巡礼者と一緒にバスに乗って、ビハールにあるブッダの誕生や悟り、教えに関連する聖地を訪れた。そのような巡礼をすることはおばにとって一生の夢だった。インドには中国にはない自然な、あるいは少なくとも歴史的な引力がある。しかし、その力が今後も重大な要素であり続けるかはわからない。インド政府も道路建設や新規の投資をビルマに約束しており、インドのビルマとの貿易もかなり拡大したが、中国の影響力とは比べものにならない。今のところ、中国政府の推進力のほうが強い。

その喫茶店は一九二〇年代に建てられた古いアールデコ調のオフィスビルの一階にあった。隣は本屋で、オバマ大統領の『マイ・ドリーム』のビルマ語訳や、ファリード・ザカリアの『アメリカ後の世界』、トーマス・フリードマンの『グリーン革命――温暖化、フラット化、人口過密化する世界』を宣伝する広告版が外に出ていた。店の前の歩道では男性がＤＶＤを売っていた。ＤＶＤは折りたたみテーブルの上に種類別にきちんと整理されており、その隣では女性が、地面に敷いた汚い毛布の上に古い『ライフ』誌や『ナショナル・ジオグラフィック』誌を積んで売っていた。道を通る、今にも壊れそうなバスからはディーゼルのにおいがし、店に置かれた二つの大きな籠にはシャン高原から届いたばかりのリンゴが入れてあり、その香りもときどき漂ってきた。リンゴは一つ約五〇セントだった。

　私は昔からの友人たちに会いに来ていた。ラングーンに住む男性はみなそうだが、友人たちもイングランドのプレミアリーグ・サッカーに熱中しており、店の奥にあるテレビでやっていたアーセナル対マンチェスター・シティの試合のほうにときどき目をやっていた。しばらくしてから私はビルマのインドや中国との関係を話題に出した。友人たちは、中国がビルマの政府に対しても経済に対しても影響力を増していることは確かだが、両国が今どのような効果をもたらしているかを正確に言い表すのは難しいと言った。友人の一人は学者だった。彼はこう言った。「いろいろな計画のことは私も読んでいるが、ラングーンでは何も変わっていない。ラングーンにはいまだに満足な電気や水道さえないんだ！　インドと中国の間に位置していることはビルマのためになるはずで、そうなってほしいが、まずは自分たちで解決しなければならない問題があまりにも多い」

　どちらからも遠く離れていることと、ビルマが長期にわたって孤立していたせいで、アジアの両端で起きている重大な変化はラングーンではまだ強くは感じられていなかった。国内にいるインド人の存在は植民地時代の名残のようなもので、世界的なソフトウェア企業やブッカー賞〔イギリスの文学賞〕受賞作家を持つ現代のインドからはかけ離れていた。またラングーンの中国人社会も過去のディアスポラと結びついていて、超大国として台頭しつつある隣国とはほとんど関係がなかった。それでもビルマは今はまだ国内問題に専念することもできるが、内向きになるという、以前はいつでもできたことが、もうすぐできなくなるのではないかと私は感じた。新しい中国や新しいインドの力やエネルギーが、今は海岸から遠いところで起きている大波のようであっても、良かれ悪しかれ、最後にはビルマに迫ってくるのは避けられないように思われた。

しかし、みながマンダレーのことを口にした。「マンダレーは中国の町みたいだ」と言うのだ。私には信じがたいことだった。私は何度もマンダレーに行ったことがあり、最近では二〇〇四年に訪れた。マンダレーはビルマ最後の王がいた都で、とにかく静かなところだ。しかし「どんなに変わったか信じられないと思うよ、中国に乗っ取られてしまった」と言われた。私はもともとマンダレーに行く予定にしていた。二週間かけてマンダレーからかつて「ビルマ公路」と呼ばれた道をたどり、シャン高原を通って中国国境に向かう。

パウポー

少年時代、休暇に家族でビルマを訪れると、私たちはよくラングーンから列車でマンダレーまで行った。乗ったのは古いディーゼル列車で、木の椅子は硬く、風を入れるために窓は開け放してあった。窓からは遠くの村が見えた。村々は密集する高い木からなる島のようで、竹や木でできた小さな家は通り過ぎる私たちからはほとんど見えず、ただ畑のあちこちに濃い緑のかたまりがあって村だということがわかった。停車駅では、色あせたロンジーをつけた男性や女性が、窓越しに食べ物やお茶を売りに集まってきた。私たちは、バナナの葉に載せたビリヤニ〔スパイスの効いたコメ料理の一種。南・東南アジアなどで食べられる〕といった軽食を買うこともあった。内陸のマンダレーまでの約七〇〇キロを行くのに少なくとも一四時間はかかったが、私たちがいつも乗っていた列車は「マンダレー・エクスプレス」という名前だったので、もっと長くかかる列車もあったのだろう。

今回、というのは二〇〇九年の初めのことだが、私は新しくできた民間航空会社の一つ、マンダレー航空の小型プロペラ機を使った。搭乗するとき、制服姿の軍人二人がすでに前のほうの席におり、その隣には仏教の僧侶が坐っているのに気づいた。ビルマの旅の世界では軍人と僧侶は特権階級で、必ずアップグレードをしてもらえる。その便には少なくとも数人の中国人が乗っていたほか（北京語を話していたのでわかった)、二十代のビルマ人女性も乗っていた。彼女は髪を青く染めてミニスカートをはいていたが、かなり保守的な服装をする人がまだ多いビルマでは変わった光景だった。ほかの乗客はビジネスマンのようで、アタッシュケースを持っていた。飛行中はみな静かで、しゃれた栗色の制服を着た客室乗務員が、政府が発行する『ニュー・ライト・オブ・ミャンマー』紙を配り、小さなサンドイッチと、小さなプラスチックのコップに注いだコカコーラかスプライトを勧めてくれた。

ビルマはかなり大きな国で、フランスとイギリスを合わせたほどの面積がある。飛行機からはイラワディ・デルタの水田がだんだんと見えなくなり、まず森に覆われた丘陵が、次に上ビルマらしいサバンナとやぶ地が見えてきた。

五〇分ほどで無事にマンダレー国際空港に着陸した。「国際空港」というのは野心の表明であるようだった。広いターミナルはがらんとしていて空っぽの店が並んでいた。手荷物受取のベルトコンベアは三つもあったが、客は私を含めて二十数人しかいない。頭上の掲示板には、その日は私が乗ってきた便以外の離着陸情報は載っていなかった。荷物が出てくるのを待っている間に、飛行機で見た中国人男性たちはジョニー・ウォーカー黒ラベルの大きな木箱とゴルフクラブ二セットを引き取り、迎えに来ていた黒いトヨタのランドクルーザーに乗り込むと、乾いてほこりっぽい風景の中に走り去っていった。

初めのうち、マンダレーはやはり以前と変わっていないように見えた。空港から私はタクシーで静かな住宅街にある小さなホテルに行き、そこから古い城壁に沿って長い散歩に出た。マンダレーは平野にあり、西にはイラワディ川、東にはシャン高原がある。王宮自体は第二次世界大戦中に破壊されたが、立派な城壁がまだ残っている。四辺がそれぞれ約二キロの完全な正方形で、幅の広い堀に囲まれ、その外側には白塗りされた舗道に大樹が並んでいる。前回来たときには堀端に「国民の要望」(たとえば

「内的および外的破壊分子を粉砕せよ」というものや、私の気に入っている「否定的な考えを持つ者に抵抗せよ」など）がビルマ語と英語で書かれた大きな赤い看板があったのを覚えているが、今は緑に覆い隠されていた。

堀の一角の近くに巨大なチェス盤が置かれていて、私が通ったときにはちょっとした人だかりができ、みんな坐ったり立ったりして試合を見ていた。自動車や自転車タクシーが数台、そばの道路をとろとろと走り、近くには古い家々が、それぞれ異なる破損状態にあった。比較的新しそうに見える飲食店や店もあった。赤れんがのメソディスト教会や、もっと大きな英国国教会も前と変わっていないようだった。英国国教会は、一八六〇年代にミンドン王が息子のうち何人かを教育のために送ったところだ。色黒で筋肉質の男性が二人ほど、上半身裸でキックボクシング用の短パンをはいてジョギングをしていた。しばらくあとには盛大な行列が通った。先頭を走る平台型トラックの荷台には小さな男の子が三人、王子の格好をしてちょこんと坐っていた。次のトラックには伝統音楽の演奏者が十数人乗って、管楽器や太鼓の音が拡声器から流れていた。彼らは（私の推定では）僧院に向かっていた。王子たちはその僧院で得度式をして、数日か数週間、見習い僧となるのだろう。仏教徒のビルマ人男子なら誰でも通る道だ。王子たちのあとには親や家族、友人が乗った車が十数台続き、ゆっくりと進んでいった。

すぐ北、数キロ離れたところにあるマンダレー・ヒルという丘はマンダレーそのものよりも古い。高さは約二三〇メートルで、周りの平らな地形から円錐のようにそびえ、一七二九段ある木の階段を上がれば頂上に着く。途中にはいくつもの広場や東屋があり、そこにはパゴダや僧院、静かに祈り瞑想する場がある。女性たちが小さなテーブルを出して、あまたある仏像へのお供え用の花や小旗を売っている。インド風のサモサといった塩辛い食べ物や、数少ない観光客が買えるような絵葉書も売っている。「炎の木」が血のように赤い花をつけ、休憩所には絵が飾られている。主に十九世紀のもので、なかには仏教のいろいろな地獄の残虐さがよくわかるように、釜ゆでにされたりサボテンのように棘のある木に登らされたりする人びとの姿が漫画風に描かれているものもあった。

マンダレーの周りにはマンダレー・ヒルのほかにも、車で一日で行ける史跡や聖地がたくさんある。マンダレーは、数百年間にわたって歴代王朝の中心部であった地域に建てられたからだ。初期のビルマ史にははっきりしない点が多い。[1] しかし最近の考古学的研究から、マンダレーを含むイラワディ中流域にはかなり前から継続的に人が住んでおり、上ビルマの住人は紀元前二〇〇〇年に早くも銅を青銅に加工し、コメを作りニワトリやブタを家畜にしていたことがわかっている。これは世界でもっとも早いうちに入る。紀元前五世紀ごろには初期の鉄器生産の徴候が表れ、その数世紀後には上ビルマの乾燥した土地で初めて灌漑が試みられた。大きな集落や、壁に囲まれた小さな町ができ、次いで初期の王朝が生まれた。マンダレーからイラワディ川を三〇〇キロほど下ったところには、川の曲がりに沿ってパガン（バガンとも書かれる）の遺跡がある。そこには文字どおり数千もの寺院が残っており、砂漠のような土地に広く散らばっている。

この地域は多方面から影響を受けたが、紀元後の千年間を通して今の雲南省がある北方からの影響が強かった。中国は、遅くとも（ヨーロッパの暗黒時代とおおよそ重なる）唐代が始まるころまでにはイラワディ川沿いの諸王国のことを知っており、唐代の記録には、九世紀初めにビルマからの音楽団が唐の宮廷を訪れ、「雄羊の勝利」や「孔雀王」という曲を演奏したとある。唐の人は異国風のものに通じていて、南洋の肌の黒い小人や、トルコや日本の美しい踊り子、それに遠いビルマからの一風変わった演奏団といった珍しいものを好んだ。

こうした中国との早くからのつながりも重要ではあったが、ビルマ文明を加速、変化させたのはインドから伝わった知識だった。今日、私たちの多くは飛行機に乗ったり自動車で長い距離を移動したりしたことはあっても、船で遠くに行ったことはないので、昔は船で行くほうが陸路よりもずっと楽で速い場合が多かったことを忘れがちだ。つい最近まで、ビルマ中央部から陸路で中国の大都市に行くには数カ月もかかり、徒歩かラバに乗って、骨の折れる、しばしば死の危険もある旅をしなければならなかった。インドへの陸路も同じくらい困難だった。しかしインドには海を越えて行くこともでき、海路ならインド東部の活気ある港まで短時間で簡単に着くことができた。ビルマはまさにベンガルやオリッサ、コロマンデル海岸などの港から、数学や天文学、王政の概念、さらには仏教といった新しい考えや技術革新を積極的に取り入れたのだった。今日でも、ビルマ語で大学を意味する「テッカドー」という言葉は、現在のスワット渓谷にあったタキシラという、とうの昔に消えてしまった古代都市の名前から来ている。そこは、今はタリバンの活動の温床となっているが、かつてはギリシア文化や仏教の学問の中心地だった。

初期のビルマ王国の国境が現在のビルマの国境とはまったく異なることを知っておくことも重要だ。今日、地図上ではインドとビルマ、中国は国境を接している。しかしイギリス支配が始まるまで、インドと中国それぞれの権力中枢の間に広がる高地地方はどの国の支配下にも入ったことがなかった。ビルマの王国も小さく、その周りには数千キロにわたり、どの国にも属さない民族が暮らす土地が広がっていた。それらは小さな領主国や部族で、上位の権力に忠誠を誓ってなどいなかった。

知識をもたらすインドとつながっていることで、ビルマの王たちはそうした高地地方の無学な競争相手より有利になった。また、自分の国がより広い世界の一部であるという感覚を持つこともできた。十九世紀には、インドからの影響がなくなってイギリスの植民地主義が到来した。その後、独立したビルマは長い間孤立していた。ビルマがふたたび開きはじめたいま、ビルマを外の広い世界につなぐ主な連結部となるのはインドではなく、中国なのだろうか？

私は昔からの家族の友人と会った。彼は五十代の教師で、やつれて年齢よりも老けて見えた。顔は色黒でしわが刻まれ、目は薄茶色、古い貴族の家系の出で、先祖はビルマ最後の王の宮廷に勤めていた。生まれてからほぼずっと、貧しい生活を送ってきた。教師としては月に三〇ドルの収入があったが、それを補うために物理と化学の個人教授をして、もう一〇〇ドルほどを稼いでいた。彼は堀のすぐそばのごく小さな家に住んでいた。私が着いたときには一人の生徒を教えていて、二人は外の木陰に置いた木製の台にあぐらをかいていた。数分後に生徒が去ると、私たちは中に入り、茶を飲みビスケットをつまみながら話をした。床は踏み固められた土で、近代的な器具は電気扇風機と壊れたテレビしかなかった。本棚には読み古したビルマ語や英語のペーパーバックがいっぱいで、その多くは背表紙をマスキングテープで張り合わせてあった。

私がマンダレーにいる中国人について尋ねると、友人は、中国人の移入によっていろいろなことが変わり、店の数や経済活動は増えたが、もとからいたビルマ人は、自分を含めて生活がよくなったとは少しも思えず、仲間はずれにされたように感じていると言った。

中国人が入ってきてビルマ人の居場所がなくなった。中国人以外で街の中心部に住む経済的余裕がある人はほとんどいない。中国人は土地を買い、もとからあった建物を壊し、塀に囲まれた邸宅を建てた。溶け込もうという気はないのだ。

私も空港から来るときに、彼の言う巨大な新築住居を目にしていた。高い塀に囲まれ、その塀の多くにはまだ光る新しい有刺鉄線が巻き付けてあった。門から、きれいに手入れされた芝生に立派そうな衛星放送受信機があるのが見えた家もあった。

来た当初は貧しい中国人もいる。通りで麺の売店をするところから始める人もいる。それでもよく働き、上昇していく。しかし大半の中国人は最初から有利な立場にいて、金や人づてがあり、自分たちの銀行や人脈を通じて簡単に融資を受けることができる。でも問題は中国人自身ではなく、

私たちにとって競争の場が平等でないことなんだ。

余裕のある中国人は子どもを英語で教える学校に通わせる、と友人は言った。そこではビルマ人の教師もビルマ語で話すことは許されない。私もビルマの雑誌でそういう学校の広告を見たことがあった。一つは「ケンブリッジ・ヤング・ラーナーズ・プログラム」というものだった。もう一つは「プライド国際教育センター（ＰＩＥＣ）」で、「ＰＩＥＣは私たちを成功に導く！　シンガポール式シラバス」という宣伝文句がついていた。学校の写真の隣にキプリングのモーグリ〔ラドヤード・キプリングの小説『ジャングルブック』に登場する主人公の少年〕の漫画風の絵があった。友人は「私たち自身はとても子どもをそんな学校にやるお金がない」と言った。彼は中国人をとがめることはなかったが、教育システム全体が不公平だと感じていた。私は一八七〇年代にビルマを訪れたイギリス人の感想を思い出した。「街の商業地区には富があふれているが、中国人やムガル人に握られており、王も彼らに干渉するのを恐れていた。ビルマ民族が安全に金持ちになることはできなかった」

マンダレーには、ラングーンになかったある種のエネルギーがあった。マンダレー・ヒルを離れ、かつての商業地区に近づくと、店々は活気に満ちていた。多色のジープが走り回り、ラングーンでは禁止

されているスクーターやオートバイがそこら中を走っていた。道行く人の多くは北インド系の、もう少しで中東系や地中海系ともいえる顔つきをしていた。民族の種類は全般的に驚くほど多様で、私には朝鮮系に見える人や、南欧寄りの人、オーストラリアの先住民としてもとおりそうな二人組もいた。白い手袋をはめた警察官が交通整理をしていた。漆塗《うるし》りの日傘を持った仏教の尼僧の一団や、鮮やかなオレンジ色のターバンをしたシク教徒がいた。中世のおとぎ話から出てきたような年老いたしわだらけの隠者もいて、すり切れたコーヒー色の衣をまとい、貧相な白いひげを生やしていた。

主な市場は混んでいて汚かった。十九世紀半ば、マンダレーができたころ、ここは雲南省から来たラバの隊商が好んで泊まった場所だった。彼らは銀や絹を持ってきて、代わりにビルマ産の綿を持ち帰るのだった。そして二十世紀初頭にはイタリア人の建築家によって屋根のある美しい市場が建てられた。装飾を凝らした建造物で、戦争や火事もくぐり抜けたのに、一九九〇年代に取り壊され、代わりに見苦しいコンクリートの建物ができた。中にはほこりっぽい売店や小さな店が入っている。

わき道では行商人が鍋やフライパン、新鮮な野菜を売っていた。ゴールデン・ライオン・ワイヤ&ケーブル、アジア金属会社、ミャンマー木材塗装といった名前の、建設資材を山と積んだ店が何列もあった。また小さな屋台が四つ横に並び、コンドームやビニール人形、漢方媚薬など、さまざまな性具を売っていた。一部はくたびれた段ボールに入っていたが、その段ボールにはなぜかハリー・トルーマンの写真が付いているものもあった。

CDやDVDを売る店もたくさんあった。一つをのぞいてみると、ビルマや欧米の音楽に加えて僧侶の講話が置かれた大きなコーナーがあった。ビルマ仏教の中心地であるマンダレーや、川向こうのザガインなど付近の町には今も大きな僧院が多い。(私も以前訪れたことがある) ザガインでいちばん大きな僧院には研修所や研究センターのほか、一〇〇床ある病院まで造られていた。もちろん伝統的な説法や瞑想用の講堂もある。このような大きな僧院を率いる僧院長のなかには、スーパーモデルならぬスーパー僧侶のようになり、ビルマ全国や在外ビルマ人の間で知られ、世界中を飛び回り、説法や講話のＣＤを出している人がいる。テレビにもよく出ている。一度、空港でそんな僧侶の一人を見たことがある。支持者たちにまるで王族かのように歓迎されていて、居合わせた乗客や空港職員までもが興奮してあいさつをしに集まっていた。

街は古い商業地区から七八番通りを中心に南に数キロ広がっていた。かつてこの辺には職人や工芸家、銀細工師や青銅細工師が集まっていた。[2] なかには十八世紀に起きた戦争のときにシャム宮廷から捕虜として連れてこられた人たちの子孫もいた。いま、一帯は中国人地区になっていた。職人のいる気配はない。七八番通りは四車線道路に変身していて、新しい造成地やビルの建設現場が入り乱れ、赤いほこりが舞い上がり、トラックやバスががたがたと通り過ぎていった。私の記憶では一九八〇年代には小さな木造の店が並んでいたところに、今は数階建てのビルがいくつも建っていて、そのほとんどには窓もなく、正面玄関は青いガラス張りだったので中はかなり暑くなっていたにちがいない。こうしたビルの一つに「グレート・ウォール・ホテル」があった。私の泊まっていたホテルと異なり、この大きなホテルには欧米人観光客はおらず、案内板の多くが中国語で書かれていた。カウンターの後ろに数人の受付係がいて、宿泊料は一泊二二ドルで、特典としてロビーわきにある「足マッサージセンター」で無料の「足マッサージ」が受けられると教えてくれた。通りの向かいには中国東方航空の立看板があって、近く昆明－マンダレー間に週三便の直行便が就航すると宣伝していた。立看板は区画全体の長さがあり、その裏では地面に大きな穴が掘られていた。商業地区の先には倉庫や小さい工場が、車で四五分かかる空港の近くまで連なっていた。マンダレーは、言われていたほどには「中国の町」にはなっていなかった。しかし、拡大中の中国の存在がラングーンでよりもずっとはっきりと見てとれることは確かだった。

新しいショッピングセンターが三つもあった。ショッピングセンターなどというものは数年前までビルマのどこにもなかったのである。うち一つは数階建てで、全館空調のうえ、エスカレーターがあった。最上階には、衣服店やフードコートの隣に「ネット・アディクト」というインターネット・カフェがあり、そこで私はメールを受信し、最近のニュースを読むことができた。一階には品ぞろえがよく、明るい照明のスーパーマーケットがあった。大半の人が電気や水道がない生活を送り、買い物といえば屋外の市場に行く国で、このような店は珍しかった。スーパーはアメリカやイギリスにある普通のスーパーと変わらず、いろいろなブランドのシリアルや缶詰スープ、新鮮な肉や野菜の大きな売り場のほか、写真の多いファッション誌や本が置いてある一角まであった。しかし、アメリカやイギリスのスーパーと異なり、僧侶用の衣がきれいにたたまれ、小さなかごに入れられて売られてもいた。僧侶たち自身が衣を買いにくるわけではないが（僧侶はお金を扱ってはいけないことになっているし、そもそもショッピングセンターに来るなどもってのほかだ）、僧院に寄進をしたい一般信者が買うのだった。私がいたときも誰かが衣とダイエットコークの六缶パックを買っていった。

そのスーパーマーケットの隣の小さなカフェで、私はマンダレーに昔から住む中国人の一人と会う約束をしていた。中国人の両親を持ちビルマで生まれた彼は細身で、話し方は穏やか、べっこうの眼鏡をかけていた。私とは遠い親戚にあたる。彼は医師で、一九六七年の反中国人暴動のときにはラングーンにいた。彼は中国人に対する反動が起きるのを恐れていた。

マンダレーでは少なくとも三分の一が中国人だと思う。「マンダレーの人口は約一〇〇万人である。」二〇年前には人口のせいぜい五パーセントだったが、私たちの家は何世代も前からここにいた。親しいビルマ人の友人や親戚もいるし、この国が大好きだ。最近やってきた中国人は国境の町や、雲南省の奥のほうから来ている。もっと遠くの、南の福建省や江西省が出身の人も多いが、彼らは昔とちがって海ではなく陸を渡ってくる。小さい工場の多くは彼らが所有するもので、砂糖や鍋やフライパンといった、ごく基本的なものを生産している。

彼は、ロボットや超音速飛行機を造るような工場は一つもないのだと言うようににやりとした。

ほかには木材の切り出しや採鉱にかかわっている人も多い。中国内陸部から来た新参者、とくに正規の手続きを経て来ている人たちは、私たちとあまりかかわろうとはしない。ビルマ人とはなおさらのことだ。

私たちはカプチーノを注文した。私たちは頼まなかったが、店の「今日のおすすめ」は「アイスコーヒーとブルーベリーチーズケーキ」で、二ドルした。

マンダレーでもっとも有力な実業家は今でもビルマ人で、中国人ではない。たとえば、一人はマンダレーにある大病院を二つとも所有している。インド人の実業家で有力なのも何人かいる。マールワーリ人やパンジャーブ人、南インド出身のタミル人などで、彼らの家族も一〇〇年以上前からここにいる。でもそれは変わっていくだろう。中国内部から金がどんどん入ってきている。それに中国から新しく来た実業家たちはもののやり方をよく心得ている、それもここのやり方が今では向こうのやり方とほとんど同じだからだ。中国人は、中国人とビルマ人は「パウポー」、つまり共通の先祖を持つ親類どうしのようだと言いたがる。でも中国人側が善良な親戚として振る舞っているかに私は自信がない。何か事件が起きて、ビルマ人たちが私たちに反発するようになるのではないか心配だ。

私たちが頼んだカプチーノでさえ、マンダレーに住む一般のビルマ人にとっては高すぎただろう。二ドルというのはおおよそビルマの平均賃金の額で、教師の友人の稼ぎはそれよりも多いとはいえ、こんな新しいカフェに入るのは非常なぜいたくであるはずだ。新しいマンダレーは不平等な場所で、中国人移民がピラミッドの頂点に立っていた。

マンダレーはまた、古いものと新しいものが混ざった場所だった。その夜、私はホテルに歩いて帰る途中で明るい照明のついた携帯電話店を通り過ぎた。中では中国人客たちが最新機種をじっくりと眺めていた。しかし、ほんの数メートルも進むと舗装道路が土の道路に変わり、今が二十一世紀であることを示すものは、ろうそくをともした木造の家々の間に消えてなくなった。外の井戸のそばで若い女性が濡れたサローンを胸元で結んで水浴びをし、近くには野良犬が数匹いた。

マンダレーで行われている開発は、中国のどの中規模都市でも行われている開発に比べればごく小規模なものだった。マンダレーにできたようなショッピングセンターが中国では文字どおり毎日のように建設されていた。それでも、マンダレーでの開発は中国国内の開発の延長で、丘を越えて押し寄せてきたものだともいえた。中国からこぼれ出てくるものはビルマやマンダレーにとっては巨大な波のような効果を持った。欧米政府による制裁や、民間で呼びかけられたボイコット運動の結果、欧米企業がビルマにまったくなく、ビルマ経済も悪い状態にあったので、その波の効果はさらに増していた。ビルマには「スターバックス」も「マクドナルド」もなければ、アップル社のパソコンを売る店も、「シェラトン・ホテル」も、「シェル」のガソリンスタンドもなかった。競争相手となるビルマ企業もなかった。中国の進出は本質的にはちっとも悪くなかった。しかし中国はいわば真空空間に入ってきたので、かつては小王国の誇り高い都で、のちにイギリス領インドの都市になったここマンダレーが、中国で起きている世界最大の産業革命の前哨地に変えられつつあったのである。中国は不平等社会の創出を手伝っていた。その結果がどうなるのかは全然わからなかった。

マンダレーは植民地主義に対する抵抗の一環で建てられたのだった。[3] 一八五〇年代、二度のイギリス・ビルマ戦争で痛手を受けたのち、ビルマの最後から二番目の統治者ミンドン王は腹ちがいの兄弟から力ずくで王位を奪った。ミンドンは王国のうちイギリスに取られなかった部分を近代化し、そうすることで独立を保とうという野心を持っていた。彼は学生をインドやヨーロッパに留学させ、蒸気船を輸入し、初の近代的な工場を建て、電信線を引き、ビルマ式モールス信号まで開発した。また職業軍の創設や古い政府の制度の改革を試み、封建領主による支配を廃止して、有給の官僚を置くための一歩を踏み出した。使節団が西洋に送られ、友好条約の締結を求めた。どれも、ムハンマド・アリー下のエジプトや明治時代の日本、そしてモンクット王（『王様と私』の王）時代の隣国シャム（現タイ）で行われたこととよく似ていた。

ミンドンはイギリス嫌いではなかったが、改革によって国をヨーロッパの侵攻から守りたいと思っていた。即位してからまもなく、ミンドンは新しい都マンダレーを建設することに決めて大臣たちを仰天させた。大臣たちは十数キロ南の旧都アマラプラですっかり落ち着いていたからだ。都を移すことにしたのは軍事的な決定でもあった。アマラプラはイラワディ川に面しているのに対し、マンダレーとなる予定の場所は川から約三キロ内陸にあり、イギリスの砲艦の射程のすぐ外側にあった。堀と、土で固めた強固な城壁もイギリスの包囲攻撃を防ぐために造られたのだったが、この城壁は約一世紀後の砲撃や空襲にも耐えた。

近代化の王ミンドンは伝統の王ミンドンでもあった。敬虔な仏教徒で、仏教の絶大な後援者でもあったミンドンは、僧院の支援やパゴダの建立、国際仏教会議の開催や、それをきっかけとした古文書の整理など、数えきれない功徳を積んだ王としてビルマ人の記憶に残っている。ミンドンはビルマ王の義務である儀式を慎重に執り行い、宮廷での服装や儀礼にも西洋風の近代性はまったくなかった。マンダレーもビルマ固有の伝統をもっとも忠実に体現するものとして、昔からの慣習に従って設計された。その伝統がヴィクトリア時代を生き延びることを願ってのことだった。

しかしそうはいかなかった。一八八五年、イギリスの遠征隊がビルマ王国を属国にし、予想外に強健だったゲリラ的抵抗を打ち負かし、古くからの王政を廃止した。[4]ラングーンがビルマ全体の都となり、商業的中心にもなった。マンダレーは時代に取り残され、とくに戦略的重要性を持たない町になってしまった。城壁の内側はフォート・ダファリンという名前をつけられ、イギリスの小さな駐屯地と「上ビルマクラブ」が入った。一世代のうちに、古くからの貴族階級は衰退し、代わりにイギリスの裁判官、徴税官、警視らが彼らの職に就いた。

ジョージ・オーウェルは一九二〇年代初めにマンダレーに住んでいた。[5]彼はイートン校を出たてで、帝国警察に入ったばかりだった。オーウェルは付近で活動する犯罪集団の情報を集めるのが仕事で（ビルマはインド帝国のなかでもっとも犯罪率が高かった。宗教教育の消滅が原因だという人も、ビルマ人の「強情な性質」が原因だという人もいた）、マンダレーのことをどちらかといえば不愉快な場所だと言い切ったのは有名だ。「ほこりっぽく、耐えがたいほど暑い。主な産物が五つあり、どれもPで始まる」、つまりパゴダ（pagodas）、ならず者（pariahs）、ブタ（pigs）、聖職者（priests）、売春婦（prostitutes）というのだ。同時期のマンダレー住人にハーバート・レジナルド・ロビンソン大尉という、「マンダレーでもっとも評判の悪いイギリス人」なる人物がいた(6)。彼とオーウェルは友達だった。ロビンソンは元軍人だったがアヘン中毒になり、出家することもあった。アヘンを吸って恍惚となると、宇宙の秘密がわかったと思い込むのだが、あとで思い出すことがなかなかできなかった。あるときはアヘンを吸って得た洞察をその場で書きとめたが、翌朝に見てみると「バナナというものは偉大だが皮のほうが偉大だ」と書いてあった。のちに生活に事欠くようになったロビンソンは死のうとして頭を撃ったが、目が見えなくなっただけだった。最後にはイギリスに戻り、王立盲人擁護協会のマッサージ学校で訓練を受け直し、トゥーティングで理学療法士として生涯を終えた。

今日、ミンドンのマンダレーもジョージ・オーウェルやロビンソン大尉のマンダレーもほとんど残っていない。一九四二年四月四日、日本の爆撃機がこの古都を真っ黒な廃墟にしてしまった。日本はその三カ月前、アジア大陸に対する全般的な攻撃の一環でビルマに侵攻していた。イギリスは山を越えてじりじりとインドに退却することを余儀なくされた。『タイム』誌や『ライフ』誌の出版人で、当時はビルマで記者だったヘンリー・ルースの妻クレア・ブースは、空襲の二日後にマンダレーを訪れ、こう書いた。

どの家も焼け落ちたか、まだ炎を上げたりくすぶっていたりしていた。れんがやしっくい、ねじ曲がったブリキ屋根の間に二〇〇〇もの死体があり、ひどい悪臭を発していた。焼け跡の小道にある、煙ですすけたゾウの石像だけが「マンダレーへの道」を見守るなか、ハゲタカや、腐肉を食べる鳥が頭上を旋回していた。死体が路上に横たわり、また焼失を免れた城塞の周りの堀の静かな緑色の水に、腐ったリンゴのように浮いていた(7)。

イギリスは抵抗せずにマンダレーを離れたが、三年後、スリム司令官率いる第一四軍が日本の激しい抵抗に遭いながらも戻ってきた。第一四軍はイギリス人とインド人、グルカ、アフリカ人兵士の混合隊で、アフリカ人部隊のなかにはのちにウガンダの専制君主となるイディ・アミンや、未来のバラク・オバマ大統領の祖父がいた。連合軍の空軍部隊が日本軍を傷めつけ、その間に第一四軍の三つの部隊がマンダレーを包囲し、通りを一本また一本と攻めていった。必死になった日本軍の狙撃手はイギリス軍士官の頭をまっすぐねらった。

ビルマの独立後、マンダレーは部分的に再建された。しかしネーウィン将軍の「ビルマ式社会主義」のもとでマンダレーは、ラングーンと同じように、急速に改悪された。開発らしい開発もされず、インフラ整備も進まず、マンダレーの大部分は低層の木造建物や質の悪い未舗装道路ばかりで、巨大な農村集落のような様相を呈してきた。私が初めて訪れた一九八〇年代には、マンダレーはすっかり見放されたように見えた。立派な堀にはスイレンがぎっしり生え、道には古い車や第二次大戦時代のウィリス社製ジープも走ってはいたが、歩く僧侶のほうがずっと多かった。タクシーはなく、どこかに行くには何キロも歩くか、（今はない）馬車を雇うことも多かった。鉄分を多く含むほこりで覆われて街は赤っぽい色合いになっていた。同じころ、大火が続けて二度もマンダレーを襲い、数千の家や店、そして残り少なかった建築遺産が焼失した。

その後、一九九〇年代前半に、マンダレーの軍指導者たちはかつての王宮をもとの場所に復元することを思いついた。王宮は巨大な壁に囲まれた、一片が約二キロの正方形の中にあって、一つの建物ではなく、東屋などの建物の密集体だった。それぞれの建物に謁見の間や、王その他の王族の私的な部屋が入っていた。ほとんどの建物はチークなど暗色の木材でできていて、込み入った彫刻が施され、装飾を凝らした屋根は何層にも重なり、内部は金箔や漆、ペルシアじゅうたんやガラスのモザイクで飾られていた。君主の居所であることを示すものがあらゆるところにあり、ミンドンやその後継者ティーボーの時代には、王宮内には多くの男女がいて、絹の着物とビロードの靴を身につけ、細い小道や庭などを歩き回っていたのだろう。十九世紀に訪問したイギリス人は「集まった貴族たちは鮮やかな色の着物をまとい、背の高い丸帽子をかぶって、王を前に、風に吹かれるチューリップのように坐っていた」と述べた(8)。別の一人は、王との謁見の様子を次のように描いた。

ここで王は玉座に着いている。巨大なチーク材の柱が暗色の屋根を支え、王子や大臣が前の床にひれ伏し、わきからは笛や太鼓の音楽が奏でられ、遠くには青黒い山々がそびえる。王はおとぎ話に出てくる森の王様のようだ。

軍事独裁下では将軍の気まぐれがすぐに現実のものとなるので、王宮の復元は二年ほどで完成した。しかし本物の王宮はチーク材で造られていたのが、復元ではコンクリートに赤や金色のペンキを塗ったものになった。そうした理由は理解できた。コンクリートのほうが木よりも長持ちするからだ。一つひとつの構造も忠実に復元された。しかし、全体的な印象は残念なものだった。コンクリート製で、人気も奇抜な内装もないと、もとの王宮が持っていた浮世離れして風変わりな性質が少しも感じられなかった。奥の、大きめの東屋の中に博物館のようなものがあって、古い王族の服がガラスケースに展示されているほか、堅苦しい肖像画や、消滅した宮廷の王子や大臣の写真が並んでいた。かつての王宮の再建は、植民地時代以前のビルマを強調する新しい傾向の始まりとなった。ほかの古い王宮も再建されたり、各地の町で昔の王の像が建立されたりし、考古学的発見も盛んに発表されるようになった。

そうした傾向をふまえると、二〇〇〇年代前半に軍政が伝統的慣習に従って新しい都を、それもマンダレーから数百キロ南の、かつてのビルマ王国の中心地域に建設しようと決めたのは自然なことだったのかもしれない。建設は二〇〇四年ごろから休まず続き、今では（二〇一〇年にもまだ完成していなかった議事堂など）巨大な公共の建物のほか、広大な閲兵場や、数多くの庁舎、文字どおり数百区画にも及ぶ公務員宿舎、政府高官の私邸、ショッピングセンター、庭園、（スコットランド人が貿易を仕切っていたころからビルマのいたるところにあった）ゴルフ場、そして動物園まである。

軍政最高権力者のタンシュエ将軍にとって、（ミンドン王が、王国年代記の中で「マンダレーの創始者」と呼ばれているように）新しい都の創設者として記録に残るということが重要な動機だったことはほぼ確実だろう。動機はほかにもあったと思われる。新都建設の理由として公表されたのは、ビルマ語で単に「王都」という意味の新首都ネーピードーが、ラングーンよりも地理的に交通の便がよいというものだった。これはたしかにそうだ。ネーピードーはラングーンとマンダレーのちょうど中間にあり、不穏なシャン高原や、北や東の国境地域にもすぐに行ける。新しい道路ができたので、ネーピードーからはビルマ各地に行きやすい。またネーピードーは沿岸から遠い。軍政がアメリカによる海からの侵攻の可能性を恐れていることは過小評価できないのである。最後に、ネーピードーは反乱が起きても影響を受けないところにある。欧米のメディアはネーピードーのことをよく、ビルマの「ジャングルの首都」とか、神秘性を高めるために「ジャングルの隠れ家」などと書く。実際はまったくそんなものではない。ネーピードーは農地だったところにあり、一帯は暑くてほこりっぽいが、ネーピードーの域内には植民地時代の鉄道と木材の町、ピンマナーも入るのである。

首都移転はなんの前触れもなく起きた。二〇〇五年十一月六日の朝、全省庁の職員がただ荷物をまとめてラングーンを去った。彼らもつい前日に指示されたのだった。それまで、新しい行政区域が建設中だという噂はあったが、それ以上の情報はなかった。中国政府でさえ不意打ちを食らうかたちになった。新首都の建設は軍事政権の排外主義的傾向を示し、移転が急だったことは政権の秘密主義を印象づけた。そして軍政は、中国に事前に通知しなかったことで、中国政府の意向にかかわらず、自分たちはビルマを中国の属国だとは見ていないことを知らせた。中国側は、欧米が制裁を科している間はとくに、ビルマ政権のことを付き合いやすく便利な仲間だと思っていたかもしれないが、それは誤りだったことに気づくことになる。

今日、ビルマ政府と中国政府の関係は少なくとも表面上はよいが、いつもそうだったわけではない。一九四〇年代後半から五〇年代、ビルマの指導者たちは生まれたばかりの中華人民共和国になんとか取り入ろうとし、ビルマは東側諸国以外で新しい共産主義国家の中国を承認した最初の国となった。これはイデオロギー上の好みによるというよりは（当時のビルマ政府には左翼傾向の者も多かった）、数十年も続いた内戦を経て再生した中国という巨人のすぐ隣にいるという弱みを自然と感じ取った結果だった。両国間には国境があるといっても植民地時代に恣意的に画定されたものだったし、中国製の地図にはビルマ北部や東部のかなりの地域が中国領土として示されていた。

一九四九年、敗北した蔣介石の国民党軍の大部分は海を越えて台湾に退却したが、一部はビルマを中国奪還の拠点にしようとして密かにビルマに入った。ビルマ政府は中国政府の機嫌を損ねることを恐れ、国民党の基地を攻撃し、そのために軍隊を増強した。当時は中国もビルマの機嫌を取る政策をとっており、両政府とも国境地域での問題が友好関係を妨げないように取り計らった。一九六〇年にビルマ軍と中国人民解放軍は国境沿いで合同作戦を始めることまでし、それ以降、中国国民党は深刻な脅威ではなくなった。

しかし、一九六〇年代にビルマとその隣の大国との関係は劇的に悪化した。(9) 同年代半ば、文化大革命が始まっていた中国では、共産主義過激派がアジアのほかの地域で共産主義反乱が起きるのを助けようと積極的に動いていた。ビルマではすでに国産の共産主義反乱勢力が生まれて相当な勢力になっていたが、彼らの立場はまだ弱く、現実的には武装闘争で勝利できる見込みはなかった。中国の過激派はこれをなんとかしたかった。ビルマ共産党は、中国で起きていたのをまねた血みどろの内部粛清を行ったあと、毛沢東主義の集団になり変わった。国境のすぐ向こう側には中国で訓練された指導者たちが控えていた。このころ、ラングーンにあった中国大使館が問題を起こし始めた。大使館はラングーンにある中国語学校への資金提供を認められていたのだが、それらの学校が、生徒をビルマ在住の紅衛兵に仕立て上げるため、毛沢東主義のカリキュラムに基づいて教え始めたのである。同時に中国大使館職員が『毛沢東語録』などのプロパガンダを公然と配布するようになった。これでビルマ政府との間だけでなく、ビルマ国民全体との間でも緊張が高まった。

一九六七年六月、中国人生徒らがビルマ人教師を襲ったという話が広まると、暴動が発生した。三日間にわたり、ラングーン中で中国人やその財産が暴徒に攻撃された。中国人学校や中国情報センター、一般人の家や店が燃やされた。中国人援助関係者が一人、ナイフで刺された。数千人が中国大使館そのものを襲撃しようとしたが、政府軍の発砲により追い返され、九人がけがをした。マシンガンで武装した警備隊が出動して初めて人びとは街頭から引き揚げた。

中国はすぐに反応した。北京のビルマ大使館前には三〇万人以上の中国人の大群衆が集まり、大雨のなか、プラカードを持ってビルマの「ファシスト」軍政の打倒を呼びかけた。より重要な動きとして、中国はビルマ共産党軍への支援を増やし、一九六八年には同軍の大部隊が雲南省から国境を越え、ビルマ東部の高地の広い範囲を奪い取った。この部隊は表向きは在外のビルマ人共産主義者が率いていたが、実際には中国人が指揮していた。これは中国からの侵略にほかならなかった。共産党軍は一時、マンダレーに迫ったが、ビルマ軍の粘り強い抵抗によってやっと止められた。ビルマ政府と共産党勢力との戦いはその後二〇年続き、とくに現地の民間人に多大な犠牲を強いた。七〇年代後半に中国の政治情勢が変わると、中国政府は初めてビルマ共産党への支援を弱めた。それから両国は現実路線をとるようになり、関係は少しずつ改善していった。八〇年代半ばには貿易を再開しようということになり、中国から企業の視察団がマンダレーに到着し、商機を探った。以来、両国の関係、とくに経済関係は急速に深まった。しかし、過去の影は残ったままだった。

マンダレーに来たばかりの中国人たちは起業家で、最近の好機を利用しようとしていた。マンダレーにいる間、私は彼らをいたるところで目にした。高めの店で買い物をしたり、街中にある中華料理屋で大人数で食事をしていたりしていた。夜には（少なくとも男性は）七八番通りの近くに増えてきたカラオケバーやマッサージパーラーをよく訪れた。ビルマ人と中国人を見分けるのは必ずしも簡単ではない。ビルマ人は傾向として中国人よりも色黒で、目はより丸く、彫りも深く、また鼻はより細いか高いこともあった。しかしほとんど変わらないこともあり、どちらの国にも実に多様な見かけの人がいる。それでも新参の中国人を見分けるのは簡単だった。彼らは（ビルマで生まれ育った中国人の多くとは異なり）ビルマのロンジーを身につけず、現代の中国人らしく緩めの洋服を着ていた。

私は友人の職場で偶然、そんな中国人の一人と会った。友人は小規模の貿易会社を経営しており、その中国人男性はビジネスマンで、ベージュのサファリスーツを着て、にこにことお辞儀をしながらちょうど会社を出るところだった。彼は英語を少し話し、マンダレーにはまだ数カ月しかいないが、将来性を見込んで興奮していると言った。彼は、新しい道路やこれからできる鉄道によって両国関係はこれまでになかったほど親密になり、商業関係も発展し、協力も強まるだろうと話した。彼はある工場に投資することを検討していて(どのような工場かは言わなかった)、以前はビルマ産の材木や宝石の輸入にかかわっていた。「今は中国・ビルマ関係にとってある種の黄金時代です」と彼は言った。

彼の自信は、歴史が味方しているという感覚に由来していた。また、中国のやり方のほうがすぐれていることが証明されたという感覚にも。ごく最近、マンダレーに「孔子学院」が設立された。ビルマにはほかにも数ヵ所にあるが、語学講座のほか、中国についての講座を開いている。欧米の観測筋がビルマの貧困や失政を見て、当然欧米のやり方をすれば解決できると考えたように、中国も当然中国のやり方をすれば解決できると考えたのだ。私はマンダレー近郊にある十九世紀の中国寺院の壁に彫られていた言葉を思い出した。それは今もあると思うが、こういうものだ。「周縁の野蛮人でさえも啓蒙されることがある(10)」

中国人や中国からの投資の大規模な流入は、一世紀前に起きたインドからの同規模の(あるいはもっと大きかったかもしれない)流入と似ている部分が多い。中国人はビルマでひどく必要とされている資金や技術をもたらしており、急速に発展している隣国との関係を強めることでビルマが恩恵を受ける可能性は高い。世界最大の成長エンジンの隣にいることはビルマにとって大きな福音となりうる。二十世紀初めのインド人移民の多くと同様、二十一世紀初めの中国人移民はビルマのことを好機の地と見ていた。彼らは偉い戦略家や政治家ではなかった。多くは裕福から程遠く、自分たちの知っている唯一の方法で生活を向上させようとしていた。しかし現地のビルマ人住民が抱く反感は強く、なんらかの反撃があまり遠くない将来に起きる可能性もあった。インド人は植民地支配という体制に守られながらビルマに来た。そして今中国人が入ってきているビルマは、独立はしたものの政治的自由を欠いていた。ビルマの人びとは、起きていることを受け入れ、好機を待つという選択肢しかないと感じていた。

マンダレーを中心として半径が七〇〇マイル〔約一一二〇キロ〕ほどの円を描いてみよう。その円の中には、西はバングラデシュからインドの高地地方であるアッサム、西ベンガル、オリッサそしてビハールが入る。北と東は中国の雲南省や四川省やチベットの一部、南はラオスのほとんどとタイが入る。円の中には六億人以上が暮らす。地球上の人口の十分の一近くである。そしてマンダレーを中心としたこの世界に住む人のほぼ全員が貧しい。円には、サハラ以南のアフリカにいるのと同じ数の貧しい人びとがいるのである。しかしそこにはさまざまな動きがあり、エネルギーも満ちていて、いつまでもこのままとは限らない。少なくとも中国では貧困の割合は急速に小さくなっているし、経済活動も活発だ。この丸い世界のすぐ外側にはデリーと北京があるが、ここマンダレーで優勢なのは明らかに中国の影響力だった。

二〇一〇年が始まったころには、例の石油・天然ガスパイプラインや、関連する幹線道路と鉄道網の工事がすでに始まっていた。パイプラインはマンダレーのすぐ近くを通り、海に向かう。表面上、ビルマはますます東のほうに引き寄せられているようだった。中国の将来を見通している人からすれば、まもなく地図は永遠に変わる。しかしビルマ政府は、現政権はどうなのか? 欧米の報道では、ビルマ政府は中国政府のご機嫌取り、中国からの人や物資の洪水を喜んで受け入れる属国政権として描かれがちだ。しかし、ビルマと中国との関係はそれよりもはるかに複雑なのである。

ビルマ・ロード

マンダレーの西にはイラワディ川がある。東に行くと石灰岩の広大な台地が急に盛り上がり、一五〇〇キロ離れた揚子江や中国中央部の諸省までずっと続く。

私は運転手つきの車を借りた。車はおんぼろの一九八〇年代のホンダ、運転手は若い男性で、白のレーシンググローブをはめ、道中ずっとビルマのラップ音楽をかけていた。ビルマでラップ音楽が大流行していることを私はそれまで知らなかった。私自身、大学生だった一九八〇年代後半以降は新しい音楽を聴くことがほとんどなくなっていたので、そもそも欧米のラップ音楽さえ全然聴き慣れておらず、そのラップ音楽を味わうことも、よさを判断することもあまりできなかった。その後、私は喫茶店やレストランなどでもビルマのラップ音楽を耳にすることになり、たいへん人気があることはわかった。有名なスターのコンサートには数百、ときには数千もの若者が集まっていた。

数キロ走ってマンダレーのほこりっぽい街中を離れ、葉の多い並木のあるでこぼこ道に乗った。小さな村や開けた畑など、収穫直後の茶色く、焼かれた田舎の景色を通り過ぎた。まもなく上りに差しかかった。目的地のメイミョーまではたったの七〇キロだったが、石灰岩の崖を一〇〇〇メートル以上も登らなければならなかった。道はくねくねと曲がり、二〇分ほどして振り返ると、イラワディ川がつくる広大な平原がはるか遠くに見えた。マンダレーや周辺に散らばる数十の小さな町と、数えきれない、そしてここからはごく小さくしか見えないパゴダの金色が午後の日差しを反射しているのも見えた。メイミョーまでの中間地点に「二一マイル」という面白味のない名の展望台があって、ビルマ人家族が車を止め、この壮大な風景を背に互いの写真を撮っていた。

マルコ・ポーロはビルマに行かなかったが、人づてにビルマのことを聞き、この地域を「人も住居も見あたらず（…）かなりの数の象と一角獣とほかの野獣の棲む険しい山地と巨大な森」と説明した。低地ビルマは消え、代わりに松の木や赤い西洋ツツジ、羽振りのよさそうな農園や白い柵が現れた。暑さと湿気もなくなり、青い空に涼しい風が出てきた。

「カンダクレイグ・ホテル」は十数年前に来たときとまったく同じように見えた。堂々としたチューダー様式の家に砂利の車寄せがあり、敷地内はきれいに手入れされていて、百年前の様子ともあまり変わっていなかっただろう。当時ここはホテルではなく、スコットランドの大手木材企業、ボンベイ・バーマー貿易会社から出張してくる（男性）社員たちの「チャマリー」と呼ばれる独身寮だった。

優雅な引き戸や観葉植物があり、チーク材の大きな階段を上がると二階には寝室が六部屋あった。一階には片側に食堂があり、反対側に小さなバーがあった。（バーから）外に出るとよく整備されたテニスコートがあり、あとで中年のビルマ人男性四人が白を着てダブルスの試合をしているのを見かけた。私の寝室は巨大で、マンハッタンでなら狭いアパートとして成り立ちそうなほどの広さがあり、あまり魅力的でない新しい木製家具と暖炉、錆びついた浴室に、古くてきしむベッドがあった。近代的な設備はなく、二十一世紀どころか、テレビなど二十世紀後半のものも何もなかった。非常に静かで、開け放した窓からは、頭上に高く伸びる木の葉がさらさらいう音しか聞こえなかった。客は私一人だけだった。

早めに着いたので、荷物を少し解いてから、三キロほど離れた町の中心に徒歩で向かった。私はかつての「公園通り」を歩いて行った。曲がり道で、高い松の木が陰をつくり、私は昔の所有者が「オークハースト」「ラネラ」「イーストリッジ」「ペンジル」などと名づけた邸宅を通り過ぎた。表札からまだ読み取れる名前もあった。ほかはあとでメイミョーの古い地図で調べてわかった。それらの邸宅はどれもとても豪華で、赤れんがが多く、なんとなくチューダー風のもあり、一エーカー〔約四〇〇〇平方メートル〕かそれ以上の敷地に建っていた。よく手入れされ、芝生も最近刈ったばかりのところもあったが、何年も人が住んでいないような荒れた状態のところもあった。

一〇〇年前にイギリス人の作家がこう書いている。「ここの気候は平野部のビルマ民族には合わないが、北インド出身者やグルカ、ヨーロッパ人といった、服装や住居に適切な配慮をする者たちはここではすばらしく健康だ」。私は（少なくとも家系上は）ビルマ民族だが、晴天で気温も摂氏二〇度未満という涼しさの気候は私にとっても申し分なかった。イギリス人たちはメイミョーで故郷の様子を再現しようと骨を折ったが、ユーカリの木やブーゲンビリア、ホテルの壁を上る小さなトカゲなど、ここがイギリスではないことを示すものがあらゆるところにあった。メイミョーは、本物のイギリスのような場所というよりは、たとえば北米やオーストラリア、ニュージーランドといった場所にもある、イギリスらしさを輸入しようという試みがされた場所というほうが合っているようだった。

私の歩く道のすぐ近くに、一九三一年にイギリス陸軍のヘンリー・モーズヘッド大佐が何者かに殺された場所があった。モーズヘッド大佐はフランスとワジリスタンで従軍し、初期のエヴェレスト遠征にも参加していた。一九三一年にはインド測量局長としてビルマで勤めていた。メイミョーでの休暇中のある日、モーズヘッドは早朝にポニーに乗って出かけた。約一時間後、ポニーだけが血だらけで戻ってきた。直ちに捜索が始まり、インド兵やドグラ兵、マドラス工兵からなる大部隊が付近の森に送り込まれた。やっと見つかったモーズヘッド大佐の遺体には銃痕が二つあった。盗賊による犯行も疑われたが、真相は謎のままだ。モーズヘッドはジェフリー・アーチャーの最近の小説『遥かなる未踏峰』に登場する。最終章ではメイミョーで、謎の暗殺者ではなく妻の秘密の「パキスタン人の愛人」によって殺される。

私は「クラドック・コート」、続いて「クロクストン」を通り過ぎた。両方とも今はホテルになっていたが、「クロクストン」のほうは昔、「カンダクレイグ」を建てたのと同じボンベイ・バマー貿易会社の「家族用休暇所」だった。私は当時の写真を見たことがある。準正装の晩餐会や、金髪の子どもたちがいろいろな格好をして仮装パーティーに出ている様子などが写っていた。メイミョー・ジムカーナ・クラブではポロなどのスポーツ大会や、アマチュアによる芝居、そしてハイシーズンには毎晩のようにパーティーが催された。「クロクストン」の前に立つと、ごく小柄なインド人風の男性が生垣の手入れをしているほかには誰もおらず、私は当時のことを、マーチャント－アイヴォリー映画に出てくるようなきらびやかな世界としてではなく、実生活として容易に想像することができた。準正装の晩餐会のあと、木の階段を上り、錆びついた浴室と寝心地の悪いベッドにたどり着くのだ。

イギリスはビルマそのものにはあまり関心がなかったが、インドの東側を見張るのに地理的に重要な位置にあると認識していた(1)。一八二〇年代、侵略的なビルマ帝国がアッサムとマニプル(今日のインド「北東部」)を奪ってベンガルにまで迫り、イギリス自体の領地拡大を脅かした。イギリスは当初、知らずに巻き込まれたのだったが、次第に、イラワディ流域と周辺の高地を支配することがインドの防衛に不可欠だと考えるようになった。ビルマは中国だけでなく、当時サイゴンからメコン川をさかのぼってきていたフランスに対する緩衝地帯でもあったのである。

ビルマは金儲けをする場所でもあった。低地地方のコメやチーク材、石油に加え、ここ高地地方にもタングステン、銀、銅、亜鉛など数多くの天然資源があり、開発を待っていた。貿易を支配していたのはスコットランド人だったが、利益を求めて世界中から人がやってきた。そのなかにハーバート・フーヴァーがいた。彼はアメリカの大統領になる二〇年ほど前、国際採鉱会社の有望な社員としてビルマに到着したのだった。若い家族を連れ、一時期はメイミョーに住んでいたことさえあった彼は、中国国境近くで見つかったばかりの銀山で儲けるために自分の会社を設立した。ビルマ人のことを「アジアで唯一、本当に満ち足りていて陽気な民族」と書き表した。そして何百万ドルも稼いだ。

植民地時代以前、インドと中国は地形と人口分布が原因で互いに遠く離れていた。アジアの二大文明の間に広がる空間には山やジャングルがあり、人はほとんど住んでいなかった。しかし二十世紀になるころには状況が変わり始めていた。人口が増え、以前は誰もいなかったところに人が住むようになった。そして科学技術の進歩により、かつて通行不可能だった地帯が征服されていった。植民地時代に入っても、イギリスには長い間、ビルマを中国の裏口にしようという戦略的、経済的な動機がなかった。しかし一九三〇年代、包囲された中国国民党政府に日本軍が東側から接近すると状況は一変し、ビルマの戦略的位置が全世界の目に明らかになった。連合国は、インドと中国をつなぎ中国軍への供給を続けるためにまず「ビルマ公路」、次に「スティルウェル公路」を建設することになる。(2) 現在、まさにこれらの道路の再建が進んでいるが、建設の理由は以前とかなり異なる。

中国にとって、中国からメイミョーを通りビルマ中央部の平野に抜ける行路というのは以前から一定の重要性を持っていた。古代以来、ビルマは琥珀《こはく》や翡翠《ひすい》など貴重な商品の生産地だった。そしてビルマ最後の王朝時代には大量の綿や茶も中国の市場に出回るようになった。茶はメイミョーのすぐ北東にある丘陵地帯が原産で、国境を越えて茶を輸出することは地元経済の重要な一部だった。十九世紀初めにビルマの大臣が、中国にも茶があるというイギリスの主張を「そんなはずはない」とはねつけたくらいだ。侵略してくる勢力もこの行路を使った。十三世紀にはモンゴル人が通ったし、十七世紀には明の最後の皇帝を捕えて処刑するために送られた漢人と満洲人の大軍も来た。満洲（清）は一七〇〇年代にも一度ならず四度も攻め入ってきたが、その都度、活力に満ちたビルマ軍に撃退された。[3]

イギリスがビルマを支配していた時代には、中国は内戦や各地の軍事指導者の争いの渦にのみ込まれて内向きになっていた。しかし、一九三〇年代に日本軍が中国の東部沿岸を駆け抜けていくと、中国にとってだけでなく、日本の拡大に抵抗するすべての勢力にとってビルマの軍事的価値が高まった。ビルマは一夜にして、インドを日本から守るあらゆる計画に欠くことのできない一部になった。アメリカにとってビルマは中国へのアクセスを保持し、蔣介石の軍を支援し続けるために重要だった。そして日本にとってビルマはインドそしてアジア支配への踏切板となる可能性を秘めていた。

一九三〇年代、日本軍は満洲から香港まで、中国の沿岸部全体を侵略した。[4] 一九三七年、数カ月の激しい戦闘を経て、二〇万人以上の日本帝国軍兵士と海軍の航空機が（欧米の租界を除く）上海を攻略し、一九三七年末には当時首都だった南京も落とされ、三〇万人もの中国人男女や子どもが殺されることになった。産業の中心地だった武漢や、南部沿岸の諸都市の陥落が続いた。蔣介石は政府を揚子江中流域の重慶に移し、根強く防衛を続けた。まもなく中国は、蔣介石の国民党軍と毛沢東の共産党軍の両方が、日本軍の師団を二〇も抑え込むことになる。アメリカ政府は、枢軸国との戦争が迫るにつれ、中国になんとか戦い続けてほしいと望むようになっていた。しかしもはや、中国の港を通じて援助をするのは不可能だった。ラングーン経由の裏口を使うのが唯一の選択肢となり、そうしてビルマ公路が生まれた。

アメリカの戦争物資はラングーンからトラックと列車両方でマンダレーまで送られたあと、メイミョーから丘陵地帯を越えてイギリス領ビルマの鉄道の最東端であるラーショーまで運ばれた。ビルマ公路はラーショーと、約八〇〇キロ先の中国支配下の昆明をつないだのである。この道路は文字どおり猛スピードで造られ、二〇万人の中国人労働者がシャベル、ときには素手で、丘や山を掘り進んだ。途中で少なくとも二〇〇〇人が死んだ。しかし一九三八年には、それまでは未舗装の小道やジャングルの峡谷でしかなかったところに、軍用トラックが通れる道路ができた。

すると別の方角から戦争がビルマに到来した。一九四一年十二月以降、日本軍はマニラやジャカルタ、シンガポールなどで電撃的な征服を繰り返し、東南アジアのほぼ全域を制圧した。ビルマ公路を断つことを最重要課題としていた日本は、タイからビルマに侵攻し、ラングーンを奪取したあとの一九四二年三月にこれを達成した。不意を突かれ、ほとんど備えていなかったイギリスは北への長い退却を始めた。

四月五日には、アメリカ軍の司令官、ジョゼフ・スティルウェル、別名「ヴィネガー・ジョー」がメイミョーで蔣介石と会った。(5) 前述のルース夫人は、『ライフ』誌の特集でスティルウェルをインタビューするためそこにいた。イギリス側はキルトを着けた兵士にバグパイプを吹かせ、蔣介石と、ウェルズリー大学を出た蔣介石夫人、別名「ドラゴン・レイディ」を歓迎した。そのころ、中国の第五、六、六六軍が抗日戦に加わるためにビルマに入ってきていたが、まもなく五万人が死ぬことになる。革新的だが結局満足に機能しなかった連合国の取り決めにより、スティルウェルは（少なくとも理論的には）中国軍部隊の指揮も任されていて、蔣介石の参謀長に任命されていた。アメリカの報道機関はすぐに「中国の騎兵隊がビルマでジャップの機甲部隊に完勝」「ヒロヒト、気をつけろ！」などという熱烈な見出しの記事を出した。しかし、数日内にマンダレーも敵の手に落ち、イギリスは総退却を始めた。メイミョーとラーショーも侵略され、ビルマ公路は消えた。

極東の帝国のすべてがあっという間に崩壊したことはイギリスの威信にとって屈辱的な打撃だった。すぐにビルマと、それに続いてマラヤとシンガポールを再征服するための計画が練られた。しかしインド−ビルマ国境地帯の地形が厳しいことから、インドから陸路でビルマに侵攻することが可能だと考える者は少なく、イギリス軍の司令官のほとんどは水陸両方からラングーンを攻めるほうを支持した。一八二四年にビルマ王の軍隊を不意打ちにした、東インド会社によるラングーン上陸を再現することになる。しかしこれはアメリカ軍の飛行機や海上輸送力がなければ不可能に近かったので、ウィンストン・チャーチルは連合国の支援を要求した。しかしアメリカは興味を示さなかった。ローズヴェルト本人は独立を望むインドには同情的ではあったが、ビルマ人のことは痛烈に批判し、チャーチルにこう述べた。

私はビルマもビルマ人も前から好きではありませんでした！　イギリスのみなさんはこの五〇年間、ビルマ人を相手にたいへんな目に遭ってきたはずです（中略）。やつらをみなフライパンに入れて出られないようにし、ぐつぐつと煮込んでやりたいものです。[6]

アメリカ政府にとって重要だったのはビルマそのものの解放ではなく、ビルマ公路の再開だった。アメリカは太平洋で日本と戦っており、中国に戦争を続けさせることが最大の関心事だった。アメリカ軍のパイロットが「ハンプ越え」をする、つまりカルカッタから東部ヒマラヤを越えて雲南まで飛ぶようになっていたので、蔣介石の軍は完全には孤立していなかった。しかし、これはきわめて危険な航路だったうえ、ラングーン経由で運ぶのよりもずっと少ない量の物資しか運ぶことができなかった。このため陸路の輸送ルートが緊急に必要だったのだが、アメリカはそのためにラングーンを奪還するつもりはなかった。それよりも、アッサムのレドからビルマの北部を横断して雲南に至る新しい道路を建設したかったのだ。アッサムはまだしっかりとイギリスに握られており、ビルマ国境近くを鉄道が走っていた。しかしそこから中国までは密林や山が延々と続いていた。

というわけで、一八カ月の間、数千人の民間人と兵士が昼夜を問わず働き、豪雨の中、虫の大群やヒル、死に至る病気と闘いながら、のちにレド公路あるいはスティルウェル公路として知られるようになる道路を建設した。スティルウェル公路はヒマラヤ山麓の縁を回り、インドと中国をふたたび直接結んだ。建設に従事した兵士の大半はアフリカ系アメリカ人で、彼らがこの過酷で割の悪い作業をさせられたのには、白人の上官が、アフリカ系アメリカ人は生まれつき「夜間視力」を持っているので暗いジャングルの中でも働けると考えていたことも関係していた。彼らはおそらく、その人里離れた丘陵地帯に初めて入ったアフリカ系の人びとで、初めて入ったアメリカ人のうちにも入っていただろう。現地で暮らすナガの部族民たちはしばらく、アメリカ人はみな黒人なのだと思い込んでいた。

この間、スリム司令官のすぐれた指導のもと、イギリスの第一四軍がマニプルから東に進んだ。(7)一九四三年八月にローズヴェルトとチャーチルが行ったケベック会談では、ビルマ公路の再開は承認されたものの、ビルマにふたたび侵攻するという具体的な合意はなかった。ところが、四四年に日本のほうがビルマ－インド国境沿いで大規模な攻撃を開始した。スリムは、大惨事につながったかもしれなかったこの動きを逆手に取り、日本の補給線が機能していない間に日本軍を粉砕してマニプルの首都インパールを防衛し、さらに日本軍を追撃してチンドウィン川、続いてイラワディ川の向こうに追いやった。マンダレーは包囲され、そして奪取された。メイミョーも、グルカ兵大隊とウェールズ連隊の一部による夜明けの急襲で奪還された。日本軍は退却する前に、イギリスのビルマ知事の避暑用別荘だったメイミョーの政府庁舎を破壊するという余計なことをした。

スティルウェル公路は完成しビルマ公路も再開したが、インドを中国に初めてつなぐ（今のところ唯一の）この道路はすぐに不要になってしまった。一九四五年五月、第一七インド師団が抵抗を受けずにラングーンに入り、三カ月後には広島と長崎に原爆が落とされた。日本の帝国はなくなった。

イギリスは終戦後三年たたないうちにビルマを去った。インドが独立してしまうと、東の緩衝地帯としてのビルマは戦略的価値を失ったのである。戦争によって経済は大打撃を受け、主要なインフラもすっかり荒廃していた。マラヤやシンガポール、香港のほうが将来的に利益を出せそうだった。それでもイギリスは、ある要素さえなければビルマに残り経済の再建を助けただろう。その要素とは、なんとしてでもイギリスを追い出そうと決意している強力で急進的なナショナリズム運動だった。これには共産主義者も入っていた。共産主義者以外の多くはもともと日本と手を組んでいたが、最後に抗日に回ったのだった。ビルマには武器があふれ、若いナショナリストたちは武装し、戦う用意ができていた。国内だけでなく、インドやパキスタンなどでも大問題を抱えていたイギリスには、ビルマでの反乱と戦う余裕などなかった。またインドの新首相パンディット・ジャワハルラール・ネルーは、ビルマでナショナリストによる反乱が起きてもインド軍は鎮圧を助けないと明言していた。そこで一九四八年一月四日、クレメント・アトリー率いるイギリスの労働党内閣はビルマを独立共和国にするという賢明な選択をした。すぐにビルマでは内戦が始まり、一二年後には軍事政権が権力を掌握する。数十年にわたる軍事支配の始まりだった。

一九六〇年代までに、インド、ビルマ、中国はすべて内向きになった。スティルウェル公路もジャングルに戻ってしまった。ビルマ公路も、ビルマ−中国国境が事実上閉鎖されたので、どこにも通じなくなった。その後半世紀近くたってから、アジアで成長中の新しい経済勢力によってよみがえることになる。

「カンダクレイグ・ホテル」からメイミョーの町の中心部までは歩いて三〇分ほどかかった。町に入るとまず、かつてアメリカン・バプテスト教会が運営していた赤れんがの病院があり、次に英国国教会があった。教会の中には大きな飾り板があって、そこにはこう書かれていた。

神の栄光のために　そして第一〇グルカ連隊　元第一ビルマ・ライフル連隊に捧ぐ　この安らぎの場は彼らの戦友、親戚、そして友人からの贈呈

壁にはほかにも、ダーラム軽歩兵連隊、デューク・オブ・ウェリントン連隊、国境警備連隊などのイギリス軍連隊そしてイギリス空軍の記章入りの小さめの飾り板があった。教会の裏では教区民たちが、その日の午後に教会で開く茶会の準備をしていた。そのうちの一人、ゆるい帽子をかぶりサンダルを履いた小柄な男性が、教会は一九一二年に建てられたのだと教えてくれた。彼によれば、今でも毎週日曜日の礼拝に七〇人ほどが来るとのことだった。ほとんどはビルマ人だが、イギリス系ビルマ人やイギリス系インド人なども多いと彼は言った。彼自身はアイルランド人とインド人を祖先に持っているそうだった。

教会はモールと呼ばれる長さ約一・六キロの目抜き通りのいちばん端にあった。私はイギリス時代のモールの絵葉書を見たことがあった。それには背の低い木造の店兼住居や馬車、そして中央に時計塔があったが、今日のモールもほとんど同じに見えた。ただ人がずっと多く、もとの店の背後に新しく、もっと高い建物がいくつか立っていた。「パーセル時計塔」という時計塔もまだあったし、小型の馬車や、「小間物類」と書かれた、少なくとも一世紀前からあるにちがいない看板もあった。そうした光景

がほこりっぽい通りや建物と合わさって、メイミョー中心部には西部劇にでも出てきそうな雰囲気があった。

モールの反対側には大きなスンナ派のモスクがあった。道行く人びとの容姿は実にさまざまで、バンコクやジャカルタで感じるような東南アジアらしさはまったくなく、北部インド人やネパール人、中国人やビルマ人が多い、北方らしさがあった。ここにいるネパール人は、イギリス時代にこの地に駐留させられたグルカ兵の子孫である場合と、ヒマラヤ地方からアッサムそしてビルマにまで広がる一般的なネパール人ディアスポラの一員である場合とがあった。またメイミョーは、かつてビルマにかなり多くいたユーラシア人が退職後に住む場所として好んだことから、ヨーロッパ系の顔つきの人もいた。

メイミョーはイチゴの生産地として有名で（町はずれに畑があった）、かごに入れられたたくさんのイチゴのほかにリンゴなど、果物といえばマンゴーやパパイヤ、ドリアンという国ではあまり見かけない果物が売られていた。牛乳屋の前には「健康のために毎日牛乳を飲もう」という看板が出ていた。ビルマ人は普通牛乳を飲まないので、ネパール人が経営するこの店も珍しい存在だった。時間は正午の少し前で、大勢の人が店で買い物をしたり、通りを歩いたり、スクーターや自転車に乗っていたりしていた。アイアンクロスの「アルパイン・ツアー」を宣伝する広告版もあった。アイアンクロスというのはビルマでもっとも有名な（ヘビーメタル）バンドで、アルパインというのはボトル入り飲料水を売る地元の企業なので、その企業がアイアンクロスのツアーを主催するということだろう。屋台ではインスタントコーヒーや洗剤などの小袋が売られ、通りの一角ではインド人が数人、ファクス機の上の部分らしいものの周りに集まって何やらこそこそと相談していた。こちらのほうは見慣れた光景だった。部品を売り、また売り、修理し、もう一度売るというのはビルマ中の町の経済に欠かせない要素なのだ。メイミョーは、少なくともここモールから見た限りでは比較的繁栄している様子ではあったが、生活の糧がない人びともたくさんいた。小さな浮浪児が二人ほど、その辺を歩き回って物乞いをしていた。またヒマラヤ地方の顔立ちをした女性たちが、汚れてすり切れた民族衣装を着て道端に坐り、子どもをあやしていた。

二時間ほどうろうろしたあと、私はホテルに戻ることにした。歩くのはやめて、時計塔のところまで行って馬車に乗り込んだ。内側は淡い青色で、御者は自分はパターン人で、先祖は現在のパキスタン－アフガニスタン国境地域の出身だと話してくれた。石畳の道にひづめの音が鳴り、まもなく私は「カンダクレイグ」のバルコニーに戻っていた。受付には、夕食をホテルでとりたいと伝えてあった。二〇年前に来たときには、植民地時代からそこで働いていたインド系キリスト教徒のバーナード氏がまだ「カンダクレイグ」の切り盛りをしていて、食堂ではローストビーフとヨークシャー・プディングが出されたのだった。しかし今、バーナード氏はとうに亡くなり、ビルマ人スタッフにはカレーとご飯という簡単な食事しか出せなかった。私は夕暮れどきに、町のモスクから聞こえる礼拝への呼びかけを聞きながら早い夕食をとった。

二日目になってやっと、メイミョーで最近行われた開発の産物に気づいた。町の北、「カンダクレイグ」とは離れたところに、いくつか新しいホテルができていた。一つは「ガヴァナーズ・ハウス」といって、イギリスのビルマ知事が「暑い季節」に住んでいた政府庁舎を復元したもので、「一九二〇～三〇年代の伝説的な魅力と華麗さをよみがえらせた」と宣伝されていた。丘の上にあり、ちょうど客が誰もいなかったので、私はスタッフに頼んで中を見せてもらった。復元はよくできており、完成してからまだ一、二年しかたっていないのに、使い込まれ、年月を経たような見かけになっていた。昔の白黒写真が額に入れて飾ってあり、もとの政府庁舎では別の目的で使われていたであろう大部屋が今は屋内プールになっていた。ロビーには、ハーコート・バトラー卿やチャールズ・インズ卿など歴代ビルマ知事の実物大の人形が、フロックコートとシルクハット姿で立っていて、そのすぐそばには、荒々しい顔つきをした日本軍兵士が銃剣を持ってかがんでいた。のちに私が話をしたビルマ人たちによればそこはお化け屋敷で、年老いたイギリス人男性の幽霊が夜中に廊下を歩き回るという噂があるので行かないようにしている人が多いとのことだった。

その近くには今風のカフェ（「ゴールデン・トライアングル」）があって、おいしいコーヒーが飲めた。ビルマ初のコーヒー農園で作られたコーヒーもあった。町の中心部からさらに離れたところには、マンダレーの中国人の邸宅にやや似た、ほかより大きく新しい家や、「週末のスパ・パッケージ」を売りものにする「リゾート」ホテルがあった。メイミョーは、その気候が体によいということで裕福なビルマ人、つまり軍の高官や実業家が好んで来るようになっていて、映画スターたちもよくここで撮影をしていた。休暇に遊びに来る人たちに大人気なのは植物園だった。そこには人口湖があり、花や木が植えられた草の斜面を小道が縫っていた。約五〇ヘクタールの敷地には三〇〇種類のランを含む何百もの種類の草花があるとのことだった。イギリスのキューガーデンズをモデルとして造られ、二十世紀初めにアイルランド人のアマチュア植物学者、シャーロット・ウィーラー・カフ夫人が設計したのだった。建設作業は第一次大戦時に連れてこられたトルコ人捕虜が行った。

メイミョーでの最終日は日曜日で、町のすぐ外にある国軍士官学校（ＤＳＡ）の学生が休みの日だった。その日はいたるところに彼らの姿があった。みな、よくアイロンがけされた深緑の制服を着、磨き上げられた靴を履き、髪はクルーカットにしたやせたティーンエージャーで、多くは小ぶりの黒いアタッシュケースを持ち、靴裏の金属片を鳴らして歩いて行った。私は彼らが散髪したり、写真館で写真を撮ってもらったりしているのを見かけた。長距離電話をさせてくれる店には、実家に電話をする学生が並んでいた。行商人が路上で売っている軍用道具一式（とくに靴磨きクリーム）を見ている学生もいた。映画館に行く者もいた。私が昼食をとった中華料理店にも数人がいて、談笑していた。店には「士官候補生には絶対に（絶対に）飲酒を認めない」という掲示がしてあったので、最近何か規律上の問題があったのかもしれない。しかし彼らは礼儀正しく堂々とし、休日を楽しんでいるようだった。

ビルマ最高の養成機関である巨大な国軍士官学校（ＤＳＡ）は、ウェストポイント〔アメリカの陸軍士官学校〕[8]やサンドハースト〔イギリスの王立陸軍士官学校〕のビルマ版のようなもので、大学卒業と同等の学位を得られる。ＤＳＡはたとえば「アクメ・インダストリーズ」社本部など、アメリカの郊外にある会社の建物群のような外見で、手入れされた芝生に、よく磨かれたコンクリートやガラスの建物が並ぶ。正面には鋼鉄と御影石でできた立派な門があり、「将来のエリートを養成する」と（英語で）書かれた標識が出ている。少なくともビルマ軍の士官からすると、何があろうと自分たちの居場所はなくならないということだろう。

ビルマの軍事政権は世界でもっとも長く続いている軍事独裁政権だ。また独特の孤立主義国家でもあり、一九六二年に最後に選挙で選ばれた政府をクーデターで倒して以来、何度か名前を変えて続いてきた。初期には、ネーウィン将軍率いる将校たちは「革命評議会」という組織をつくり、「ビルマ式社会主義」の実行を指揮して、外界とのつながりをほとんど断ち、インド人中産階級を国外追放し、大半の企業を国営化した。これは大失敗に終わり、アジアの他地域が急成長を始めていたころ、ビルマはひどく後れを取った。一九七五年には東側諸国の憲法に基づいた新憲法ができ、ビルマは「社会主義共和国」になった。ネーウィン将軍は退役したものの「党議長」として指導権をしっかりと握り続け、ただ、極端に排外主義的な政策だけ放棄した。一九八八年の蜂起が失敗に終わると、社会主義のまねごとはすべて止み、憲法も停止され、新しい軍事政権が形成された。この軍政の名前は初め「国家法秩序回復評議会」（略称は、スターリンのＳＭＥＲＳＨ《スマーシュ》にも負けないジェームズ・ボンド風のＳＬＯＲＣ《スローク》）だったが、のちに少しだけ上品な「国家平和発展評議会（SPDC）」に変わった。

数十年に及んだ孤立主義をゆるめ始めたのは、このSLORC／SPDC政権だった。一九六二年以来ビルマの圧制者だったネーウィン将軍は少しずつ忘れられていった（彼はのちに権力をすっかり失い、事実上の自宅軟禁に処され、二〇〇二年に死ぬことになる）。ネーウィンに代わった軍政にはアメリカやイギリスで軍事訓練を受けた将校もおり、彼らは市場をより重視する欧米寄りのやり方をとにかく試してみたい気持ちが強かった。彼らは民主主義者ではなかった。しかし、以前の破滅的だった経済政策からは離れたかったのである。

国の財政は危機的状況にあった。外貨準備はないに等しく、主にタイ企業へ森林伐採権を売り渡すなど、天然資源の安売りをしてやっと破綻を免れた。しかしまもなく貿易や投資の規制がゆるめられ、新規投資がアメリカやヨーロッパの企業だけでなく地域内からもどっと入ってきた。数十年ぶりに観光も奨励されるようになり、いたるところにホテルができた。外国企業が所有するものもあれば地元の起業家が始めたものもあった。当時は一九九〇年前半、「アジアの虎」のことがよく話題に上り、インドやヴェトナムなど、繁栄の度合いがビルマと変わらなかった国々が国際社会との経済関係を自由化していたところだった。

ところがその後、事態は行き詰まった。政府の政策が一因だった。自由市場経済への移行が中途半端だったのだ。しかしそれよりも重大だったのは、上に立つ将軍たちが自国の市民を信用していなかったということだろう。市民のなかには海外で教育を受けた者もいたが、彼らに対する不信感はとくに強かったかもしれない。これはたとえば韓国やインドネシアなどアジアの他地域の軍事政権が、経済政策について軍人ではないテクノクラートの助言に従っていたのと非常に対照的だった。加えて欧米で、ビルマとのあらゆる商取引をやめるべきと呼びかけるボイコット運動が起きたことも大きな原因だった。アメリカやヨーロッパでは多くの人がビルマで生まれたばかりの民主化運動への支持を示したがっていて、なかにはあまり証拠や論理もないまま、ボイコットこそが軍政に圧力をかけるもっともよい方法なのだと主張する者もいた。まさにその軍政が、ためらいがちとはいえ、自らとった孤立主義を止めようとし始めていたのに、である。一九九〇年代半ばには、進出しかけていた数少ない欧米企業も撤退を始め、投資しそうだった者たちもビルマを避けるようになっていた。勢いがなくなりかけていた一九九七年には、アメリカ政府がアメリカ企業によるビルマへの新規投資を正式に禁止し、アジア経済危機も起きた。これで外からの金の流れは干上がった。

中国からのを除いては。ビルマの中国との関係は一九八〇年代に改善し始めていたのだが、急速に強化されていった。数十年ぶりに国境が開かれた。また中国政府は一九九〇年代初め、軍用その他の物資購入のために融資をした。その額は一〇億ドルを優に超えると推定される。中国の財界は国民民主連盟（NLD）のことや、ビルマが民主主義統治に近づいているかなどをまったく気にかけていなかった。アジア金融危機で中国も打撃を受けていたが、中国のビルマとの貿易関係は拡大を続けた。

欧米が長く続いていたビルマとの軍事関係を断ち、ラングーン沖にアメリカの戦艦が現れるなどするなか、ビルマにとって中国政府からの心理的な支援も大きな支えとなった。直ちに民主主義に移行しろという美辞麗句を欧米が叫べば叫ぶほど、中国が変わらず友好関係を明言し、「ミャンマーの内政には干渉しない」と約束してくれることがビルマにとってますます重要になった。イギリス政府やアメリカ政府が国連で軍政を難詰する度合いに反比例するように、中国による庇護が軍政の外交政策に欠かせないものになった。

軍政にとって中国の親善はありがたかった。しかし軍政の将校たちは、中国が支援した共産党勢力（正規の中国軍兵士も含まれていたという意見もある）と戦うことにほとんど一生をかけ、部下や仲間が何百人も死ぬのを見てきた世代でもあった。また一九九〇年代の軍政には欧米で訓練を受け、アメリカでの心温まる思い出を持っていた将校も数人いた。そんな彼らは心の中では何かがおかしいと感じていた。中国はより密接な経済統合を目的としてビルマとの友好関係を求めていた。しかし軍政のほうは防御策を講じ始めた。

恐怖というのは言い過ぎだとしても、中国についての不安感はビルマ人の世界観に深く染み込んでいる。中国というと昔侵略されたことが想起されるのである。学校に通う子どもはみな、「中国から逃げた王様」のことを学ぶ。中世の統治者で、中国による襲撃が差し迫っていることを恐れ、都を捨てた王のことだ。また十八世紀にビルマ王国が満洲の侵略を防いだときのことも歌や詩で誉めたたえられている。中国からの侵略のうち主なものは漢人ではなくモンゴル人や満洲人が率いたのだが、ビルマ人がそうした区別をすることはめったにない。中国や中国文化に対する特別な反感はない。反感を持つことは相手を熟知していることの裏返しだが、ビルマ人は中国を熟知しているわけではない。むしろ、勢力も人口も拡大中で、内戦や国内政治がこれまで何度も、南西隣の小国ビルマを荒らしてきた国のそばにいることの危険を感じているのである。

一九九〇年代を通して、欧米との関係改善は望めそうになかった。(9)一九九〇年の選挙結果が人びとの記憶に新しかった。一九九五年、アウンサンスーチーが数年ぶりに自宅軟禁から解放され、国民民主連盟（NLD）に権力を渡すようあらためて軍政に求めた。これは聞き入れられないのだが、欧米では軍政を悪者として厳しく罰するよう求める市民のキャンペーンが始まり、関係改善の可能性がかなり小さくなってしまった。他方で中国はいっそうの支援や武器販売の拡大を申し出、より密接な関係づくりに向けた壮大な計画をいろいろと提案していた。

軍政はバランスを立て直そうとして、まずインドに助けを求めた。インドは初めアメリカと同様に民主化勢力を積極的に支持していたが、このころに政策を転換し始めていた。冷えきっていた関係が温まり、一九九五年には両国の軍隊が、国境のビルマ側に潜む反インド政府武装勢力を排除するため「ゴールデンバード作戦」という合同演習をするほどまでになった。こうして軍同士の関係が強化された。貿易も相当増えたが、中国との貿易とはかなり性質が異なっていた。ビルマは中国に対して多額の公式貿易赤字を出していた。ビルマは消費財のほとんどを中国から輸入し、材木や翡翠などの宝石を輸出していたのだが、輸出品の大半が不正貿易品だったのだ。ヘロインも密輸出していた。しかしビルマはインドに対しては大幅な貿易黒字を出していたうえ、起業家や市場に通じた農家がインド市場向けに豆（インド料理のダールの材料）の栽培を始め、二〇〇〇年代初めには一〇億ドル相当を輸出するようになっていた。

軍政は東南アジア諸国連合（ASEAN）の加盟国であるタイやマレーシア、シンガポール、インドネシアなど、東や南東の近隣国にも頼った。これらの国のなかには中国がビルマでやりたい放題していることを懸念し、よりよいバランスを求める国もあった。ビルマもASEANへの加入を望み、認められた。ビルマのほうは、ASEANに加盟することで投資が大幅に増えることを期待していたし、ASEANのほうは、ビルマ軍政が民主化勢力と最低でも妥協に至ることを期待していた。そうすれば欧米が自分たちにかけてくる圧力が軽減されるというのが主な理由だった。しかしアジア経済危機のせいでビルマの願いはかなわなかった。またASEANの願いのほうもかなわなかった、というのは軍政にとって妥協、それもアウンサンスーチーとの交渉に基づいた妥協というのは不必要で、潜在的に危険をはらむもの、つまり肯定的側面がごく小さく、否定的側面のほうがずっと大きいものだったからだ。

そこへビルマがエネルギー輸出大国になる見込みが出てきた。ビルマは、アラビアやペルシアで石油が見つかる前は主要な石油生産国だった。ＢＰ（ブリティッシュ・ペトロリアム）の前身はビルマで石油を採掘していたバマー・オイル社だったのだ。しかし一九五〇年代には大半の油田が底をつき、ネーウィン将軍の孤立主義政府は外国企業を招いて試掘させるなどということをしなかった。一九九〇年代に状況が変わり、数年のうちに、石油ではないが相当な量の天然ガスがビルマ沖で見つかった。そしてさらに莫大な量が埋蔵されている可能性もわかった。確認埋蔵量は約一〇兆立方フィートだが、九〇兆立方フィートが埋蔵されているという推定もあり、それが本当ならビルマの天然ガス埋蔵量は世界で一〇番目に多いことになる。これは何千億ドルにも相当する量だ。

大手石油会社がビルマの天然ガス開発に名乗りを上げ、利益にあずかろうとした。タイが初めての買い手となり、フランスのトタルがガス田の一つから丘陵地帯を越えてバンコクの近くに至るパイプラインを建設した。ガスはそこで発電に使われた。こうしてビルマ軍政はタイへの天然ガスの輸出により二〇〇六年には年間二〇億ドル以上の歳入を得るようになっていた。その後、最初に見つかったガス田の西にあるもっと大きなガス田をめぐり激しい競争があった。インドや韓国の企業を含むコンソーシアムがつくられ、このガス田開発にかかわることになったが、当初ガスの輸出先は決められていなかったのである。

コンソーシアムのうち韓国の企業は、ガスを液化して世界各地の買い手に売れるようにしたかった。インドの企業は、海に面していないインド北東部かバングラデシュを経由してカルカッタまでのパイプラインを建設したかった。中国も雲南省までのパイプライン建設を望んでいた。水面下での交渉が数年間続いた。ビルマは韓国かインドの提案を支持しそうに見えた。こうしたなか、二〇〇六年一月にアメリカとイギリスが、軍政の人権侵害状況を強く非難し、アウンサンスーチーとの対話を求める決議案を国連安全保障理事会に提出した。採択されればビルマについて初の安保理決議になるということで、ビルマ政府はこれを簡単に無視できなかった。そこへ中国が介入し、拒否権を発動した。二カ月後、懸案の天然ガスはパイプラインによって中国に輸出されることになったとの報道が出始めた。

しかし、国際社会でのビルマの立ち位置は完全に固まったわけではなかった。ビルマに中国の属国になってほしいとは誰も望んでいなかったし、国の支配者層には中国よりも欧米のほうにずっと強い個人的なつながりを持つ者も多かった。教育のある階級は広く英語を話したが、私が知るビルマ人で中国語を話す人はいなかった。人びとはアメリカの映画を観て、お金があれば子どもをアメリカかイギリスかオーストラリアの学校や大学に通わせたいと思っていた。英語圏の各地に親戚がいる人も多かった。

二〇〇八年後半から〇九年にかけて、アメリカ政府とビルマ軍政はともに関係改善に向けた一歩を踏み出した。実はこの動きはサイクロン・ナルギス後の危機が絶頂に達していたころに始まっていた。当時、アメリカからの援助物資を載せた最初の飛行機がラングーンの空港に着いたのだが、その飛行機にはアメリカの政府援助機関の代表だけでなく、太平洋軍司令官のトマス・キーティング海軍大将も乗っていた。キーティングはおそらく、第二次大戦後にビルマに足を踏み入れた初めてのアメリカ軍関係者だっただろう。アメリカ側、とくに軍は、中国の影響力が増大していること、そして過去二〇年で自分たちの影響力がどこまで縮小したかに気づいていた。

新しく発足したオバマ政権は、ビルマ当局との「関与」を通じて、「制裁」の継続を補完していくと表明した。その後まもなくビルマ軍政は一〇〇人以上の政治囚を釈放し、アメリカ政府高官がアウンサンスーチーと会うことを認めた。アメリカ政府も、地域サミットの場でオバマ大統領がビルマの首相と握手するなどの小さな行為でこれに報いた。中国との関係が一つの分岐点に近づくにつれ、ビルマ軍政はアメリカとの関係正常化が可能なのか、それにはどのような条件がつくのかに関心があった。しかし最終的には、双方が抱いた期待の差が大きすぎて埋められず、合意に至ろうという決意も弱すぎた。アメリカ政府としては、軍政がアウンサンスーチーと実質的な対話を始めないままでは制裁をゆるめ始めることさえ難しかったのだが、アウンサンスーチーとの対話こそ、おそらく軍政がもっともやりたくないことだっただろう。

「ビルマと中国の不均衡な関係を是正するのにインドがそれほど使えないのはわかっている」と、元ビルマ軍士官の一人は私に言った。

アメリカ政府との関係を改善したいとは思うが、アメリカが「体制転換」（彼は「レジーム・チェンジ」という英語のフレーズを使った）だけを求めてくる限り、交渉の余地は本当にない。アメリカは「アウンサンスーチーを釈放しろ、これをしろ、あれをしろ、そうしたら互いの関係をどう改善しようか、制裁をどうゆるめようかを考える」と言う。われわれは制裁を好ましく思ってはいないが、あっても我慢できる。つまりわれわれは、漠然とした約束と引き換えに危険な譲歩をしろと言われているのだ。よその国ならこんなことに応じるのかもしれないが、ビルマはそうはいかない。

欧米が相対的に衰退していることがよく誇張される。衰退したといっても欧米はほかよりもずっと裕福で、大学は一流だし、アメリカ軍に匹敵する軍隊はどこにもない。しかしアジアのこの小さいながらも戦略的な地域では、欧米後の世界がほかのどこよりもはっきりと見えるのかもしれない。メイミョーの町を歩いていると、欧米はむしろ思い出のような、何かとても遠くのものに感じられる。制裁やボイコットのせいで本来入っていたはずの欧米からの投資や援助がない間に、欧米以外の勢力がこの町をかたち作った。その結果、稼ぐべき金や、対応するべき恐怖、促進するべき関係はアジア内、しかもすぐ近くに見出されるようになったのだ。

そしてこのアジア内世界では、中国との関係がもっとも重要である。インドも東南アジア諸国も、中国が約束し、かつ実現できるものと競争するほどの力をまだ持っていない。マンダレーから、そしてメイミョーからでさえ、インドは中国と同じくらいしか離れていないのに、現代のインドからの影響はないも同然だ。ビルマの指導部は中国に不信感を持ち、防御策を講じようとしているにもかかわらず、ビルマは中国の経済的軌道に引き寄せられている。この傾向はこのまま続くのだろうか？ インドが地域内で中国と「バランスをとる国」になる日は来るのだろうか？ 軍政にふたたび関与しようというアメリカの試みは成果を出すのだろうか？ 遠くからだと、中国とインドがビルマとのつながりやビルマを超えてのつながりを見つけたいと公言しているのは至極当然のことで、問題はどちらのほうが腕が立つかということだけのように見える。しかしメイミョーにいると、これは中国政府とインド政府だけの話ではなく、間にいるビルマが持つ恐れや望みも将来を決める重大な要素となることがよくわかった。

そして事態をさらに複雑にすることに、ビルマで内戦が続いているという問題がある。

日暮れの王

私は「カンダクレイグ・ホテル」のスタッフに、東にある小さな町シーポーまで行きたいので車と運転手を手配してくれと頼んであった。車でシーポーに行くには、中国に至る道を通ることになる。列車で行くことも考えたのだが、ビルマの列車旅は時間がかかり、当てにならず、暑くて息苦しいか、凍えそうなくらい冷房が効いている。とはいえメイミョーからシーポーまで列車で行くと、かつて有名だったゴッテイ峡谷を渡る。ペンシルヴェニア・スチール社が一〇〇年前に建てた鉄橋が密林の谷に架かっているところだ。心惹かれたが、最終的には車からのほうがいろいろ見られるだろうと考えた。

翌朝、一九六〇年代ものの黒いメルセデスが現れた。運転手はインド系に見える男性で、髪を後ろになでつけていた。料金は一万チャット（約一〇ドル）ということで落ち着いた。車は古かったが坐り心地は十分よかった。今度はラップ音楽もなかった。メイミョー近郊の田舎は美しく、大きな木が生え、起伏のある地形で、空気も新鮮で涼しかった。私たちはインド系のカトリック修道女が数人、道を歩いているのを追い越した。また北インド系らしい女性も多く見かけた。きりっとした顔立ちで、ズボンに丈の長いブラウスを着て、道端の売店の番をしていた。ネパール系ヒンドゥー教の寺院まであった（あとになって、この一帯にかなり大きなネパール人集落があることを知った）。祭りでもあるのか、男性や女性がネパールの正装をして歩き回っていた。私たちはムスリム一家がやっているハラールのレストランで朝食をとった。大きなポスターが二枚あり、一枚はメッカので、もう一枚はネオクラシック様式の柱のある地中海風の別荘に、赤いスポーツカーが車寄せに止まっている風景だった。ここから中国までは車で一日もかからないが、中国風の何かを示すようなものは何もなかった。むしろ、人びとの顔つきなど、ここがかつてイギリス領インドだったことを思い出させるものばかりあった。

一時間ほどでゴッテイ峡谷に着いた。深く、ぎざぎざした谷が土地にざっくりと切れ目を入れたようなところで、私たちは曲がりくねった二車線の道路を何キロもかけて谷底までゆっくりと下った。いくつものヘアピンカーブを通り、やっと細い川に架かる木の橋を渡ったと思うと、今度は上りだ。川床は標高約六〇〇メートルで、周りの丘陵はそれよりも三〇〇から六〇〇メートル高かった。道沿いの常緑樹林にはバナナの木が数本ずつ混ざっていた。車やスクーターのほか一八輪のタンクローリーも走り、地域ごとの守り神を祀る小さな神殿には切りたての花と線香が供えられていて、道行く車両の運転手がことに危険な急カーブを通る際の安全を祈れるようになっていた。川からは、遠くに例の巨大な鉄橋が見えた。私たちは「ビルマ本土《プロパー》」〔ビルマの中央平野部とデルタを中心とする領域。主にビルマ民族が居住するこの領域は植民地時代に「管区ビルマ」と名づけられ、イギリスの直接統治下に置かれた。一方、シャンやカチンなどの諸民族が居住する周縁の丘陵・山岳地帯は「辺境地域」として間接統治下に置かれた〕を離れ、シャン高原に入っていた。シャン人が住むこの地域では数十年もの間、小規模な戦争が続き、牧歌的だった土地が荒廃していた。

ビルマの歴史や諸民族の分布、将来の展望を理解するのにビルマの地理は重要だ。ビルマの核となる部分は長く平らなイラワディ流域で、上流域からデルタ地域、そしてベンガル湾まで千数百キロも延びている。イラワディ流域の面積は国全体の半分近くで、国の人口の三分の二が暮らす。そこは「ビルマ民族」と呼ばれる多数派の仏教徒ビルマ人の出身地でもある。その西や北からヒマラヤ山脈に連なる山々には、ナガやカチンといった民族が暮らしている。彼らは主にキリスト教徒である。東にはシャン高原という、イギリスと同じくらいの面積の台地があり、そこにも丘や山、平原がある。この台地で支配的な民族がシャン人で、彼らは仏教徒でもある。シャンはビルマでビルマ人に次いで人口の多い民族だが、台地にはほかにも数十の民族がいて、たとえば標高の高い地域にはワ人やパラウン人が住んでいる。

植民地時代以前、現在の中国国境付近にいた地元の支配者たちは、ビルマの王だけでなく、もっと遠くにある中国の皇帝にも忠誠を誓っていた。今日でも数えきれないほどの言語が使われているこの地域では、この数十年で小規模の民族主義の発露が積み重なり、国としての地位あるいは民族自決を求める動きが次々と生まれている。

ビルマの人口は六〇〇〇万人前後だといわれている。ビルマに何人が住んでいるのか、多様な民族集団に何人が属しているのか、そもそも民族をどのように分類するのか、はっきりとわかる人は誰もいない。政治的紛争や武力紛争が起きているなかでは誰でも、自分の立場に応じて特定の集団にいる人数を多めに言ったり少なめに言ったりする。加えて、植民地政府は一〇年ごとにインド全土で人口調査をしていたのだが、ビルマでは一九三一年を最後に包括的な人口調査は一度も行われていない。独立後に何度か人口調査はあったが包括的なものではなかった。内戦が起きていて、戦闘地の近くにいる住民をきちんと数えることができなかったからだ。

六〇〇〇万人のうち、ビルマ人やシャン人、その他の民族がそれぞれ何人ずついるのかを明らかにするのはなおのこと難しい。答えようがないともいえる。私は両親も祖父母も全員がビルマ人で、全員が仏教徒でビルマ語を母語とする。どちらも、ビルマ人であることを示す重要な特徴だ。しかし話はそこで終わらない。私の曾祖父母やもっと前の先祖にはインドや中国から来た人もいたし、仏教もムスリムもいたし、中国に近い地域出身のシャン人や、また別の主要民族でイラワディ・デルタから来たモン人もいた。しかし仮にいま人口調査が行われれば、私は現代のやや人工的な分類に従って単に「ビルマ民族」と記載されるだろう。

それにビルマでの民族性は、少なくともある程度は選択によるものだ。複数の言葉を話す人も多いし、名前も二つ以上持っていることも多い。たとえばビルマの名前とシャンか中国の名前、といった具合だ。宗教は、それによって結婚相手が制限される場合もあるし、所属民族が特定される場合もあるが、ヒンドゥー教と仏教、そして中国の宗教的信仰や慣習の間には絶対的な区別があるわけではなく、明確に区別されやすいのはイスラーム教とキリスト教だけである。

ビルマでは昔も今も、性別に基づく厳しい制約もないし、自分の所属する集団に入っていない相手と結婚することもとくに制限されない。両親の希望による制限はあるかもしれないが、慣例による禁止やタブーによるものはない。インド人、中国人、ヨーロッパ人といった外国からの移民は昔から圧倒的に男性で、現地の女性と結婚する人も多いが、その子どもたちは通常、現地の社会に溶け込んでいく。独自の小規模コミュニティが形成されることもある。以前はアルメニア人、日本人（長崎出身の浪人）、ポルトガル人、そして十八世紀に乗っ取られたフランス軍艦の乗組員の子孫までがそれぞれコミュニティをつくっていたが、少なくともイラワディ川流域では、みなビルマといううるつぼに溶け込んでいった。

山間部では事情が異なった。(1)地形が険しいので、そこにある地域社会は互いに切り離されていることが多く、数キロ四方の中にも数多くの言語や服装、慣習が存在することがあった。私が旅していた地域は、世界でももっとも民族多様性が豊富な地域の一つかもしれない。ここではいろいろなところから来た民族系統と言語系統が混ざり合い、文字どおり数十もの固有の言語と数百もの方言が使われている。それらの言語は、相互関係のない複数の言語群に属し、英語とエストニア語くらいに異なるのである。

アジアの反対の端にあるコーカサスと同様、ここはバベルの塔ならぬバベルの山のような場所で、権力を中央に集めようとする動きに常に反発してきた。

初期のビルマ史がはっきりしないのと同様、シャンの初期の歴史にも不明点が多い(2)。シャンの年代記には遠い昔のことが書いてあるが、「ビルマ人」や「シャン人」がいつどこで個別の民族として現れたのかはよくわかっていない。彼らの書いたものとして残っているのは中世後期のものが最古である。それ以前については、この地域に住む厄介な集団のことに言及する中国の記録があるだけだ。この記録によれば、その人びとはシナモンを栽培し、翡翠を掘り出し、刺青を入れ、サルの皮を鎧《よろい》として身につけていた。一部は人食い人種でもあった。

ビルマ語の「シャン」はタイの旧名「シャム」と同じ言葉である。ビルマ語で「シャン」と呼ばれる人びとは、自らのことを「タイ」と呼ぶ。その民族名「タイ」は国名「タイ」の変形である。中国には、ビルマにもっとも近い地域に「ダイ」と呼ばれる少数民族がいて、ほぼ同じ言葉を話す。細かい点はさらにわかりにくいのだが、重要なのは、国名の「タイ」、民族名の「タイ」「ダイ」「シャン」はどれも、きわめてよく似た言語と、(言語が民族の定義を助けるという限りでは)同系統の人びとを指す言葉であるということだ。彼らは互いが使う言語を必ずしも理解できるわけではないが、それらの言語は互いに非常に近い、少なくともスペイン語、イタリア語、フランス語などのロマンス系言語同士と同じくらい近い関係にある。バンコクで話されるタイ語や、それとはやや異なるラオスのラオ語などがそうである。ビルマの一部地方で話されるシャン語の方言には、タイ北部の一部で話されるタイ語とほとんど同じものがあるし、中国で使われるダイ語と同じものもある。

シャンの年代記によれば、千年以上前、クンルンとクンライという二人の兄弟が天から下りてきて、ある高地地方の谷の王になった。彼らの息子たちは周辺地域で首長となり、その子孫はヴェトナム北部のダー川流域から現インドはアッサムのブラーマプトラ川流域までの広大な地域を支配するようになった。シャンはゆっくりと勢力を拡大し、中世にはビルマ中央部のパガンや雲南の大理《ターリー》、カンボジアのアンコールといった古い帝国を脅かした。十四世紀にはシャン（タイ）の首長たちの力は南に伸び、のちにタイとして知られるようになるタイ人の国、現在のバンコクのほうにまで達していた。

　シャン人による支配は一時期、東南アジア大陸部の広い地域に及んでいた。しかしシャン人は真の統一性を保つことができず、一つの王国ではなく、数十の小さな藩王国に分かれていた。ビルマの権力に服しビルマ王と密接な同盟を組むこともあれば、一定の進貢をするだけで距離を保っていたこともあった。藩主のなかには中国の皇帝に進貢し、代わりに望ましい地位を与えられた者もいた。彼らは中間に立つ人びとで、自分の立ち位置を測り、より強大な権力をうまく利用し、遠方と武器や知識などの取引をしながら利益を得ていた。

　シャン藩王国の支配者たちは自らをサオパー、つまり「天の支配者」と称した。サオパーはビルマ語では「ソーブワー」となる。ビルマ王国はサオパーのうちより重要な者をネーウィンバイン、つまり「日暮れの王」と名づけた。藩王たちは息子たちをビルマ王国の都アヴァ、のちにマンダレーに送って教育を受けさせ、娘たちを数十人もの妃や妾を持つビルマ王に差し出した。こうしてビルマの王族と多くのシャンの藩王家、とくに「ビルマ本土《プロパー》」に近い地域の藩王家との間には堅い文化的なつながりができていった。シャンの宮廷はアヴァにあるビルマ王の宮廷の縮小版のようになった。

　イギリスがビルマに入ってきたころには、東の丘陵地帯にはこうした藩王国が数十も散らばっていた。シーポーはその一つだった。

川から僧院に至る通りがシーポーのメインストリートで、数十の店が並んでいた。レストランもいくつかあり、客が屋内だけでなく屋外にもいて、木陰に出された小さなプラスチックの腰かけに坐って何か飲んだりたばこを吸ったりしゃべったりしていた。ビリヤード台が何台か置いてあるところもあった。もっとお金がある人のためにはドータワディ・テニスクラブというところがあったが（ドータワディというのはシーポーの古い名称で、インドに由来する）、そこにはただテニスコートと、がたついた木のベンチが置いてあるだけだった。ある売店では海賊版のDVDが一枚一ドルほどで売られていて、店の前には『ハート・ロッカー』や『天使と悪魔』を宣伝する小さな看板があった。

シーポーは一六三六年に築かれ、十九世紀後半に訪れたイギリス人たちは、数十年間も茂ったジャングルに埋もれていた古い城壁と掘の跡をまだ見分けることができた(3)。今はもう、とくに古いものは何も残っていなかった。町の中心部をかたち作る小さな建物はほとんどが木造で、竹と藁ぶき屋根だけででできているのもあり、間に合わせで造られたように見えた。私はめったに金槌を手にしないし、近代的な家がどのように造られるかほとんど見当もつかないが、シーポーの単純な建造物を見ていると、これならおそらく私にも建てられるだろうという気がした。

通りの端のほうには映画館があって、これも小さかった。高さは三メートルもなかっただろう。それに入口が道よりも低いところにあったので、まるで半地下にある壕のようだった。中には部屋が一つあるだけで、入口で券が売られていた。正面のドアが開け放されていたので、スクリーンの前に並んだ座席が見えた。二十世紀前半の、サイレント映画の伴奏用にピアノが置いてあるような映画館がこんな感じだったのではないかと思うようなところだった。映画館のすぐ先には町で唯一の本屋があって、国民民主連盟（NLD）の支部も兼ねていた。本屋といっても実際は屋台のようなもので、手前のほうに英語の本が何十冊か並べられ、奥にはビルマ語の本がたくさんあって、買うことも借りることもできた。ビルマ人は熱心な読書家で、この本屋に置いてある数多くのビルマ語の小説や評伝、現代社会についての本はどれも、いちばん安い紙に印刷され、マスキングテープらしいもので張り合わせてあったが、よく読まれた形跡があった。英語の本の中にはジョージ・オーウェルの『ビルマの日々』（ペンギン社刊のペーパーバック版）のほか、ビルマの旅行ガイドをコピーしたのをホチキスで止めたものも数冊あった。たまに来る観光客のためなのだろう。

シーポーに滞在した数日間、私はほぼ毎度の食事を同じレストランでとった。それは町でいちばん大きなレストランで、といってもそれほど大きくはないのだが、メインストリートが中国に向かう道路に合流する角にあった。風通しがよく、私が毎回坐った角のテーブルからは、シーポーにしては交通量の多い交差点を見渡すことができた。レストランの向かいには背の高い標識があって、ラングーンやマンダレーなど各地への距離が、マイルとファーロング〔「ハロン」とも〕両方で書かれていた。メートル法ではなくヤード・ポンド法が公式に使用される国は世界で三つしかないが、ビルマもその一つだ（残りはアメリカとリベリアである）。

そのレストランを見つけたのは最初の夜で、裕福な中年イタリア人の団体の後ろを歩いていたときだった。彼らはビルマ人のガイドを連れていた。ガイドは若い女性で、流暢らしいイタリア語で彼らと話をしていた。ちょうど日が暮れたばかりで、私は彼女が一行をどこに連れて行くのかに興味があった。一行はまず一軒のレストランで止まった。そこは、私も宿泊先のゲストハウスに勧められたので夕食をとろうと思っていたところだった。しかしなぜか閉まっていたので、イタリア人たちは歩き続け、私も数メートル間をあけてついて行った。私はロンジーをつけてゴムサンダルを履いていたので、シーポーの住人のように見えた。イタリア人一行には、もしかすると政府のスパイだと思われたかもしれない。数分歩いて角のレストランに着くと、私は彼らの隣の、道路に面したテーブルについた。食事中、彼らの話はすべて聞こえた。私はイタリア語ができないので、彼らの言っていることはわからなかったが、笑顔や手の仕草から推測するに、食べ物がおいしいと何度もガイドを褒めているようだった。ときどき、大木の幹の部分を載せた巨大なトラックが外を通って、小さな店はそのたびに揺れた。トラックはほんの数時間行ったところにある中国国境に向かっていた。

シーポーは、二十世紀の暴力や騒動にほとんど影響を受けない平穏な場所のように見えた。しかし見かけで判断してはいけない。第二次大戦中には日本、中国、イギリス、そしてアメリカの兵士までもがこの町を通って行った。そして一九六〇年代初め以来、シーポー周辺は広い範囲で、複雑にからみ合う武力紛争の波に飲み込まれ、ビルマ軍は自治権や独立を求めるシャンの軍や、「ビルマ人民共和国」の建国をめざす共産党勢力と戦ってきた。シーポーが遅れているのには理由があり、その理由とは戦争が数十年も続いたことである。ここから徒歩で一日もかからないところには今も反政府武装勢力が支配する村々があった。現在は停戦協定が締結され、シーポーとその周辺は一応平和になり、たまに観光客が来て名所を訪れる分には問題がなかった。内戦はおそらく最終章に差しかかっていた。しかしまだ終わってはいない。中国とその拡大する影響力は、内戦を終了させるのに貢献するのだろうか？　それとも新たな暴力の波を起こす方に加担するのだろうか？　内戦は、民族のアイデンティティとナショナリズムという、互いに競合する観念に関連していた。また、ビルマの植民地時代にも原因があった。

イギリスはビルマで二つの対照的な統治方法を用いた。低地地方である「ビルマ本土《プロパー》」、つまりイラワディ川流域やそれに続く沿岸部では、イギリスは直接統治を行った。王政を廃止し、貴族や各地の有力一族も排除して、代わりにイギリス政府の公務員と現地採用の事務員を置いた。一九二〇年代からは「ビルマ本土」に代議制統治の導入を始めた。複数の政党が活躍し、定期的に選挙が行われた（投票権は非常に限られていたが）。当初、議会はごく限定的な権力しか持たなかったが、一九三五年に承認された憲法で、「ビルマ本土」にいる人びとは、内政のかなりの分野について決定権を持つ政府を選べるようになった。これはインドでの改革に続くものだった。独立するころには、ビルマの低地地方は、紛糾することも多い政党政治や議会政治について相当の経験を積んでいた。

高地地方の扱いはまったく異なるものだった。イギリスはもとからいた世襲の藩主の一部（植民支配を拒否した者）を排除したが、ほかは残し、一部の藩主の権力を強化した。またビルマ以外の植民地と同様、地元の長や役人が仕切っていたやや秩序に欠ける行政を合理化し、体系化した。二十世紀には、シャン侯国は三四人の「ソーブワー」のもとに組織されていて、そのソーブワーたちは厳格な「優先順位」に従って序列が決まっていた。また山岳部には東のワや北のカチンなど、山奥の部族の長がいた。彼らはソーブワーより位が低かったが、イギリスは（忠誠と、歳入の一部と引き換えに）彼らの権力保持を認めたので、彼らの多くは以前と同じように営みを続けることができた。そのうちにキリスト教の宣教師が学校を建て、さまざまな部族のほとんどすべてを改宗させた。改宗したのはビルマ人と同じように信心深い仏教徒であるシャン人ではなく、精霊信仰をしていた山岳民族だった。経済開発はほとんどなかった。新しい道路もほとんどできず、マンダレーからラーショーまで鉄道が一本引かれただけだった。それでも、ビルマの低地地方が左翼政治やナショナリズムが渦巻いて騒然とした状態だったのに対し、高地地方はほぼ全域が平和だった。

イギリスは、いまや圧倒的にキリスト教徒が多くなった高地地方の人びとをよく信用し、彼らをインド軍や警察に登用した。逆にビルマ人は排除されていた。つまりビルマの多様な人びとは植民地時代を通じてそれぞれ大きく異なる経験をしたのである。彼らはビルマが独立するころには互いに強い不信感を抱くようになっていた。その後、ビルマでは内戦が始まることになる。

シーポーに初めてイギリス人が現れたのは一八八六年だった。マンダレー陥落の直後のことで、イギリス軍の政治担当官はシャンの藩王たちの忠誠を確保したがっていた。シーポーの当時のソーブワーはサオクンセンという男だった。彼はその数年前に、イギリスによる征服の少し前から始まっていた政治混乱とビルマ王国の重税を避けるためにまずタイに、さらにラングーンに逃れていた。しかし彼は時代の流れを読み取って帰国し、ふたたび藩主となって、ソーブワーとして初めて、新しい植民地支配者に服従を約束した。当時イギリスは、予想外の強さを持つ反英ゲリラ（ビルマの王子や偽の王子たちが率いていた）と戦っていたので、同盟者がいることがとにかくありがたかった。イギリスはサオクンセンの権力を付近の三つの小侯国にまで拡張した。サオクンセンはその後まもなくロンドンに招かれて女王にも会った。

サオクンセンの後継者は息子のサオケーだった。サオケーはマンダレーの宮廷で教育を受け、のちにイギリスにも留学し、帰るころには二つの世界を知る男になり、シーポーという小さな町に閉じ込められるのをあまり幸せと感じなくなっていた。彼はヨーロッパ人やアメリカ人の客に対し、自分のほかはほとんど誰も英語を話せないところで、「イギリスの商店経営者にも不十分な収入」で暮らさなければいけないことがみじめだと話した。彼はターバンをつけ、ぴったりとした上着に幅広のズボンというシャンの服装をしていたが、靴は伝統的なビロードの履き物ではなく、イギリス製のブローグ靴を履いていた。一九〇五年にはハーバート・フーヴァーが訪れた(4)。フーヴァーは採鉱会社の社員として、付近にある銀山の開発にあたりソーブワーの支援を求めに来たのだった。フーヴァーは、サオケーの住居は一種の「木造の建物」で、「ニューヨーク州のロングアイランドを思い出させる」装飾が施されていたと言い表した。また、若い藩主サオケーのことを、東洋と西洋に挟まれ、イギリスの権力者たち以外の外部の人間と英語で会話できることだけに喜びを感じる悲劇の人物だと見ていた。

一九二八年にサオケーが死ぬと、息子のサオオーンチャが引き継いだ。サオオーンチャはイギリスのラグビー校と、オクスフォード大学のブレーズノーズ・カレッジで教育を受けていた。このころには主要なシャン藩主のほとんどがイギリスで教育を受けており、彼らはビルマに唯一残った真の貴族となっていた。イギリス人と結婚することもあり、ビルマ独立後に著名な外交官や学者になった者もいた。彼らを監督していたイギリス人は一人残らずソーブワーたちやその家族、そしてシャン諸州一般に魅了され、シャン諸州のことを、起伏のある地形と過ごしやすい気候から、「東洋のスイス」「アジアのアルカディア」と呼んだ。

しかし国境のすぐ向こう側では、中国が戦争と共産主義革命のただ中にあった。数万人が死に、さらに数万人が家を失った。中国は岐路に立っていた。そして歴史は繰り返すもので、中国での重大な変化はビルマをも一変させることになる。

一九四八年にビルマを離れたイギリスは、ほんの十年前まで学生によるナショナリズム運動の過激な非主流派にいた男たちの手にビルマを残していった。彼らはほぼ全員が仏教徒で（少なくとも仏教徒として育っていて）ビルマ民族だった。彼らは日本の侵略以前はとくに重要ではなかったのだが、戦争によって社会が急進的になったのを好機ととらえ、まず日本と協力し、のちの一九四五年三月に抗日に回り、逮捕され売国奴として絞首刑になるのを間一髪のところで免れた。彼らのなかにはアウンサンスーチーの父、アウンサンもいた。彼らは一般市民から非常に人気で、まだ二十代後半から三十代前半だったにもかかわらず、年上の政治家よりもずっと優れていて、年上の政治家のほうが大胆さが足りないというので非難された。アウンサンと彼の仲間の多くは一九四七年に射殺され、その暗殺計画の真相は今も解明されていない。しかし残った急進派の元学生たちが、独立後最初の政府を組織した。彼らはビルマをイギリス連邦から離脱させ、二十世紀を通じてあまり愉快でない道に引き入れることになる。

イギリス側には、独立したビルマでのシャンその他の少数民族の運命を心配していた人もいた。彼らは高地地方をビルマから切り離し、イギリスの直轄植民地にすることを提案した。現地で任務についていたイギリス人たちはタイ国境沿いのカレン人など、一貫して日本軍と戦い、しばしばたいへん勇敢な行為に出た山岳民族のことをとくに気に入っていたのである。一九四六年、非ビルマ民族居住地域の将来について勧告を出すための委員会が設置された。委員たちは、中国国境沿いの山に住み、ことに近づきにくい「野生のワ」の代表にも意見を訊いた。公式の報告書にはそのときの会話が記録されている。

「外部の人びとと提携したいか」

「われわれは誰とも手を組みたくない。これまで完全に独立していたからだ」

「ワ州の将来がどのようなものであってほしいか」

「将来のことは考えたことがない。なぜならわれわれは野生の人びとだからだ。行政の将来のことは考えたことがない。自分たちのことしか考えない」

「教育や衣服、うまい食べ物、しっかりとした家、病院などをほしくないのか」

「われわれは非常に野生的なので、そんなものをありがたく思わない(5)」

シャンなどほかの少数民族はワよりもはるかに洗練された代表者を出した。彼らはビルマの中央政府の精力的な政治家と会談し、ビルマ連邦への参加について合意に至った。この合意により、高地地方には一定の自治権と、国政レベルの選挙への参加が認められることになった。民族間の平等と、包括的な民主主義も約束された。

　しかしビルマはまもなく内戦でずたずたになった[6]。イギリスがビルマを離れた途端に武力紛争が始まったと言ってよい。当初は民族間の紛争ではなく、元学生の政治家が支配するビルマ軍と、競争関係にあった元学生の急進派が率いるビルマ共産党勢力との戦いだった。しかしまもなくこの内戦には、かつてイギリスに忠誠を誓っていたカレン人から、当時の東パキスタン国境沿いに独立国家の設立を求めていたイスラームのムジャヒディン戦士まで、ありとあらゆる派閥や反乱軍や武装勢力がかかわるようになる。独立からたった一二カ月後の一九四九年初めには、新生ビルマ政府は崩壊寸前のようになり、ラングーンもようやく押さえている状態だった。イラワディ川流域のほかの地域には反乱軍や各地の武装勢力の陣地が入り混じっていた。

　当初、シャン諸州は幸運なことにこの内戦にはかかわっていなかった。ところが、以前に何度もあったように、中国国内の動乱が国境を越えて押し寄せてきた。一九四九年末には、蔣介石の軍が毛沢東率いる共産党勢力の絶大な破壊力を前に大敗を喫し、退却を始めていた。一部は海峡を越えて台湾にたどり着いた。しかし、沿岸から切り離され、南西の雲南まで行ってそこから丘陵を越えてビルマに入った者たちもいた。それは昔から使われてきた手段だった。一六六一年に満洲が中国を侵略したとき、明朝の残存者たちは永暦帝に率いられ、当時のビルマの都アヴァに逃げてきた。ビルマ王は初めは彼らを保護したものの、中国からの大軍が恐るべき将軍呉三桂《ごさんけい》に率いられて現れると、すぐに考えを変えた。永暦帝は引き渡され、呉三桂自身によって弓の糸で絞殺された。

　今回、中国から退却してくる勢力はビルマに入る許可を得ようとはせず、実際そのような許可は出なかった。彼らは中国国境近くにとどまり、内々にアメリカの中央情報機関（CIA）と（反共産右翼だった）タイ政府の支援を受けていた。蔣介石と、彼を支援するアメリカ政府は中国の奪還しか眼中になく、ビルマ国内に基地を置けばうまくいくだろうと考えていた。まもなく中国国民党はビルマ国内で広大な土地を手に入れた。そこには台湾へ、また台湾から人や貨物を運ぶための滑走路まで造られた。ビルマ側は激怒した。国連に助けを求めたがだめだった。ビルマ軍が攻撃を始めた。こうしてシャン州東部は戦場と化した。

シャン州東部はその後数十年も戦場のままだった。CIAとタイ軍による支援は一九六〇年代を通して続いた。そのころまでには中国から来た戦士たちも現地に馴染んでいた。台湾に移った者もいたが、シャン人などの現地女性と結婚し、定住した者も多かった。こうした定住者たちがアヘンやヘロインの密輸ネットワークの中心となり、そのネットワークはどんどん拡大した。[7] 一九六〇年代後半から七〇年代にかけて、中国人とシャン人の混血クンサー（張奇夫）や、中国国境近くのコーカン地区出身のローシンハン（羅星漢）といった、私設軍を持つ有力者が国際手配されるような麻薬王として台頭し、ビルマ軍と戦うだけでなく、「黄金の三角地帯」として知られるようになる地域の支配権をめぐり互いにも争った。

そのころにはシャン人自身も反乱に加わっていた。ビルマ独立前、シャンのソーブワーたちは新しくできる「ビルマ連邦」に参加することに合意していた。合意の条件としてシャン側は一定の自治権と、決定的に重要なこととして、十年後に連邦から分離する権利を保持していた。しばらくの間はこれで問題なかった。シャンのエリートたちは議員や大臣、尊敬される学者や専門家として活躍し、ビルマ国家の重要な一部だった。ヤンフエのソーブワーは（多分に儀礼的な地位だったが）ビルマの初代大統領となり、別のソーブワーは長年外務大臣を務めたほどだ。しかし、故郷シャン州の情勢は悪化していた。中国国民党との戦闘によってシャン丘陵は軍事化し、兵士が民間人を虐待するようになった。また左翼政治勢力が新たに生まれ、古い貴族階級の権威を脅かした。そこへ一九六二年のクーデターが起きた。

ソーブワーたちは逮捕された。当時のシーポーのソーブワーで、アメリカで教育を受けたサオチャーセンは今も行方がわかっていない。国外に出たソーブワー家もいる（彼らはそのまま海外で生活を続けている）。逆に、生まれたばかりのシャン民族反政府武装勢力を指揮するようになった人もいる。各地に民兵組織ができ、常に同盟相手を変えながら増殖していたが、それらはみな、ヴェトナム戦争時代のアメリカへの麻薬密輸によって資金を得ていたのだった。

一九七〇年代には中国政府が戦闘に直接かかわるようになり、復活したビルマ共産党勢力を公然と、かつ積極的に支援した。「解放地域」は国境に接していたので、中国は武器や弾薬だけでなく「志願兵」も提供し、ありとあらゆる後方支援を行った。共産党勢力の猛攻撃を食い止めるため、アメリカ政府も密かにビルマへの支援を拡大し、数十のヘリコプターや輸送機を提供したり、ビルマ軍兵士や諜報官をアメリカで訓練したりした。戦闘は激しいこともあった。民間人数万人が家を破壊され、住みかを失った。一九七九年から八〇年にかけて行われた「征服王」作戦では、反乱軍を粉砕しようとサルウィン川を渡ったビルマ軍が、霜に覆われた高山でたいへんな抵抗に遭い、五〇〇〇人もの死傷者を出した。

一万五〇〇〇人の兵士を持った共産党勢力は反撃し、シャン州のムセーとモンヤンを奪取した。当時中国はビルマ政府との関係を修復しようとしていたが、「国同士の友好関係」は「党から党への支援」、つまりビルマの反逆勢力への支援とは別であると主張した。軍事支出がビルマ政府予算の三分の一を占め、ただでさえほとんどない外貨準備がさらに減っていた。

最終的にはビルマ軍が優勢になった。血なまぐさい作戦を何度か経たのちの一九八〇年後半、ビルマ政府軍は残っていた反乱軍拠点をなんとか打ち破り、中国国境に達した。これは中国で鄧小平による改革が進められていたころのことで、雲南の党関係者や生まれたばかりの財界がビルマ市場に目をつけていた。まもなく国境の中国側には数百の工場が建てられ、ビルマの消費者向けに特化した品物を生産するようになった。それまで、ラングーンやマンダレーに出回る消費財の大半はタイから密輸されたものだった。これが、中国が域内外の競争相手を出し抜いたことで変わっていった。

一九八九年三月にはビルマ共産党そのものが崩壊し、半世紀にわたった武装闘争が終わった。コーカンの町にいた部隊が漢人の司令官彭家声《ほうかせい》に率いられ謀反を起こしたことが終わりの始まりだった。彭家声は麻薬取引に深くかかわっており、マルクス主義者というよりは傭兵に近かった。謀反は数日のうちに広がり、彭家声らは四月中旬には共産党の本部とラジオ放送局を乗っ取った。ビルマ軍は迅速に反応した。軍政の情報局を仕切っていたキンニュン将軍は、アヘン王ローシンハンと、バイセクシュアルの女将軍オリーブ・ヤン（揚金秀）に協力を求めた。ともに国境地方出身の漢人である二人の尽力により、ビルマ軍とすべての元共産党民兵組織との間で停戦合意が結ばれた。これはちょうどベルリンの壁が倒れ、ソヴィエト連邦が崩壊しかけているときだったので、国際的にはほとんど注目されなかった。しかしこの停戦は、世界でもっとも長かったといえる内戦の終了の先触れとなったのである。ビルマ各地のさまざまな民族の武装勢力も、ほとんどが一九九〇年半ばまでに停戦に合意した。

戦争は終わったが、平和ではまったくなかった。ビルマ軍の指導者は停戦を持ちかけた際、丘陵地帯の開発も約束した。しかし欧米の制裁が強まり、国連や世界銀行からの援助が止められると、その約束を守るのが難しくなった。中国の商人や実業家、エンジニアたちが続々とビルマに入ってきたのはこうした文脈のなかでのことだった。

シーポーの町からすぐのところに美しいサカンダー宮殿がある。シーポーの藩王が一九一〇年代に建てたクリーム色の邸宅で、今は放棄され、庭には草木がどうしようもなく生い茂っていた。町の中心部にもっと近いところには、より最近建てられた宮殿がある。といってもただのイギリス風の立派な家だが、サカンダー宮殿よりは少しだけ保全状態がよい。門は施錠され、人が住んでいる気配はない。最近まで、最後のソーブワーの親戚が観光客の訪問を受け入れていたのだが、彼は二〇〇六年にシャンの反政府勢力がいっせいに取り締まられた際に逮捕された。

シーポーは長年シャン貴族文化の中心地だったところで、イギリス支配下でもビルマ王国の多くの古い伝統や儀式を守っていた。しかし今、シーポーにすぐそれとわかるシャン文化の名残は見られない。看板はすべてビルマ語で書かれ、私が会った人のほとんどが訛りのないビルマ語を話した。また、みながビルマのロンジーか、中国製の洋服を身につけていた。シャン男性の伝統的な服装である、綿製の紺や茶色の幅広ズボンを履いている人はどこにもいなかった。

町はずれには古いボージョー・パゴダがある。毎年三月には、パゴダに祭られている四体の神聖な仏像が持ち出され、大勢の人に崇められ、金箔が張り直される。これはソーブワーの時代にはシャン文化とシャンに対する愛国心を祝う祭りでもあったのだが、今はそうではない。同じような話はたくさんある。一九九〇年代初め、シーポーよりずっと大きな藩王国だったケントゥンの町で、昔からあった宮殿が完全に取り壊されてしまった。このような行為は、まったく不必要な文化的破壊行為だとしか言いようがない。(8)

停戦合意を結んだことで、軍政は少なくとも短期的には、総力的な軍事行動でなんでも解決するわけにはいかなくなった。しかし停戦したからといって、長らく抱いてきたビルマ統一という大望を諦めたのではなかった。それどころかビルマ軍の指導部は、統合のゆるい連合国家の一部として少数民族居住地域に自治を認める連邦制という国のあり方自体にたいへんな嫌悪感を抱いていた。軍人として訓練されてきた彼らにとって、ビルマが民族ごとに分裂することは現実の脅威であり、考えられる最悪の悪夢だった。そのようなことがあれば、外国による介入や植民地支配の再開につながる。連邦制の採用、つまり自治権の要求に対して少しでも妥協するということは、そのような事態を自ら招くことである。このような考え方をする彼らにとって、停戦は戦術上の退却にすぎなかった。

軍政は停戦を、ビルマ国家の限界を可能な限り広げ、地方経済を中央とつなぎ、多数派ビルマ人の文化圏を拡大する機会とも見ていた。彼らの目から見ると、こうした要素はすべて互いに関係していた。道路をもっと造り、貿易を促進すれば、ビルマ以外の民族のアイデンティティは消えていくだろう。「ビルマ化」を通じて、安定した国家を築くのだ。

こうした考え方の裏には長い歴史があった。ビルマ語は、もともと話されていたイラワディ川中流域から、セイロンの非常に保守的な上座部仏教に由来するビルマ仏教の流派とともに、数世紀かけて広がった。古い年代記に出てくるカンヤン人やピュー人、テッ人などは、進化するビルマ民族文化に吸収されていき、もはや存在しない。十八世紀にビルマ王国は、ラングーン周辺の古いモン語王国を併合し、モン人も縮小を続ける少数民族となった。ビルマ文化の辺境というものがあり、軍事政権はこの辺境を国のいちばん端まで広げたいと望んでいた。

しかし今はその辺境の向こう側に中国がいた。新しい道路の開通によって、辺境地域に対するビルマの軍事的そして経済的な支配は容易になっていたが、同時に反対側から入ってくる権力、金、そして影響への歯止めも解かれたのだった。一つの辺境が別の辺境に倒れ込んでいた。

シーポーで私が泊まったゲストハウスは、国境近くのコーカン地方から来た中国人男性が所有していた。コーカンはビルマ側にある山がちな地域だが、そこに住む人びとは数世紀前に移り住んだ中国人の子孫である。数代にわたって彼らは隊商のラバ使いだった。現在、彼らはマンダレーから中国への道路を往復する自動車やトラックの会社を経営していた。男性は、自身の小帝国の一部となったゲストハウスをうまく営んでいた。建て増しによってまずまずの規模になっていたこのゲストハウスは、部屋は清潔で、活力のつく朝食が出され、ビールは冷えており、おもしろそうな場所に行くのも手伝ってくれるので、欧米人のバックパッカーたちが満足して泊まれるようになっていた。

シーポーでの最後の日、私は宿泊先で会った三十代後半の男性と話をした。小柄で色白な彼は野球帽をかぶり、革ジャケットを着ていた。シーポー出身で、シャンとカチンの混じった家系に生まれたのだった。父親は中国人商人と取引をしていた実業家で、息子にはビルマ語とシャン語に加え、幼いころから北京語も学ばせた。男性は学校を出てから奨学金を得て、すぐ隣にある中国の雲南省で勉強し、そこでしばらく働いてからビルマに戻った。現在はマンダレーに店を持ち、繁盛していた。店で売るための電子機器を仕入れに、定期的に中国に行くとのことだった。この男性は成功していた。彼にとって中国は問題や脅威ではなく、チャンスなのだった。そして彼は、ある意味では部分的に中国人になってもいた。雲南訛りだが流暢な中国語を話したし、彼が言うに、公式の書類を持っていなくても問題なく国境を越え、中国国内を移動できた。またビルマ語とシャン語の名前に加え、中国語の名前さえ持つようになってもいた。「マンダレーではロンジーを着け、ビルマの音楽を聴いてくつろげる。シーポーではシャン人の友人に会い、シャン語でしゃべる。中国では、中国人は私のことを生粋の中国人だと思っている」

このような辺境地域には、複数の面を持つ多民族社会をうまく渡り歩き、必要に応じて異なるアイデンティティを使い分けるのに長けた人びとや民族がいた。ビルマ人は中国人のことを自分たちとは異質だと決めつけがちなのに対し、シャン人のように長い順応の歴史を持っている人びともいた。遠くからだと、ビルマは中国とインドをつなぐ一片にすぎず、それほど重要ではないように見える。しかし近くで見ると、ビルマ人自身やビルマの軍事支配者が持つ恐れや望み、それも遠い昔だけでなく最近の出来事にも根差した恐れや望みが重要性を持つのは明らかだった。そして今、新たな要素が事をさらに複雑にしている。中間に立っているのはビルマ人だけではなかったからだ。間に立つビルマ人もまた、それぞれのやり方で変わりゆく環境をかたち作り、それに順応する地域内の多くの民族が混在する中にいるのだった。停戦や国境の新たな開通を受け、とても不思議な状況が展開していた。そこには重複する民族性や新しい政治、それまでいなかった軍閥があった。そしてアジアの将来への手がかりもあるのかもしれなかった。

新しいフロンティア

シーポーの北にはカチン丘陵があって、チベットに達するまで八〇〇キロ近く延びている。私は以前に一度、カチン独立軍（ＫＩＡ）が支配する地域に行ったことがあった。一九九一年のクリスマスのころで、当時はビルマ軍とＫＩＡとの戦争がまだ本格的に続いていた。私はカバーをかけたトラックの荷台に乗ってこっそりと、合法とはいえない方法で、中国から向かったのだった。当時私は二十五歳の大学院生で、ＫＩＡ支配地域に行くためにいろいろな危険を冒したのだが、今ならおそらくそのようなことはしないと思う。そのとき私はパスポートやクレジットカードのほか、身分を示す物すべてを言われるままにカチン人の案内役に渡した。私は、案内役たちがそれらを無造作に一軒の家に置いて鍵をかけるのを見ていたのだが、自力でその家を見つけることは一〇〇万年たっても無理だというのが自分でもわかっていた。

当時、中国のほとんどの地域では観光客の立ち入りが禁止されていたが、私はカチン丘陵に行き着くまでにそうした「立入禁止区域」を二つほど通る必要があった。検問で引っかかったら、自分はビルマ人の商人で、数日間だけ中国を訪れているのだと言えと指示されていた。当地の身分証明書も作ってもらってあった。気をもむ道中だったが数日後、ＫＩＡが本部を置いていたパジャウに着いた。竹できた小屋や木造の家が雑然とした集落をつくり、尾根に沿って延びていた。片側は中国、反対側はビルマである。

カチン人は敬虔なキリスト教徒で、バプテストやカトリックが主だ。それからの数日間、私はジャングルで鍛えられた緑の迷彩服姿の戦士やその妻子と一緒にクリスマスのお祝いに参加し、賛美歌を聴き、キリスト降誕劇を見た。私が会った士官たちは、自分たちが求めているのは国家として独立することではなく、差別の撤廃と、一定の自治権だと言った。彼らはまた闘争で失われてしまった命についても感情的に話したが、次にどう動けばよいかははっきりわかっていなかった。しかし、中国ですでに起きていた変化のことはよく知っていた。

私はカチンの案内役と一緒に付近の丘を歩いた。どこに行っても風景はすばらしく、草木の繁茂する谷間や水晶のように澄んだ小川が、高くそびえる山に囲まれていた。寒さが厳しく、私はイギリスから持ってきた暖かい服ではなく、そこら中に潜んでいるスパイに見つからずにすむよう（案内役に言われるまま）ＫＩＡの制服に中国軍の上着を着ていたので、とくに夜は凍えそうだった。ある丘の上からはミッチーナが見えた。ミッチーナはこの地域で最大の町で、ビルマ軍の基地がある。遠くにはメーカ川とマリカ川が合流し、川幅の広いイラワディ川の源をかたち作るところも見えた。三週間の滞在中、ある日はポニーに乗って、古くからの中国への国境通過点であるバーモのほうまで行ってみた。西にはカチン勢力の主な収入源でもある有名なパカンの翡翠鉱山があった。大きな翡翠の原石が、含有する翡翠の価値を見積もるために割ってあるのを、私も見せてもらった。

ＫＩＡは広大な面積を支配していたが、何百キロも北のほうには、あまりにも山奥でビルマ軍もカチン勢力も行けないような場所があるという。私はパジャウの小屋にいるだけですでに自分の世界の果てに来たような気がしていたが、そうしたさらに遠くの、ヒマラヤの端にある土地や、そこに住む、どの政府の支配域にも入っていない人びとのことをよく考えた。そこには石弓で狩りをし、ビルマ語よりチベット語のほうに似た言葉を話すラワンという小さな部族の社会もあった。ラワンはたいへんな貧困のなかで暮らしていて、塩さえもが貴重な品物で、塩を得るために谷に残る数少ないトラを狩る。その皮や体の部位は、氷に覆われた峠をたまに越えてくる無節操な中国人商人が買っていく。

最北部地域にはタロン人も住んでいる。タロンはアジア大陸部で唯一知られているピグミーの残存者で、男性は身長約一五〇センチ、女性はそれよりも数センチ低い。イギリス人植物学者のフランク・キングドン゠ウォードは一九三四年、ランの採集中にタロンの村人と会い、彼らのことを失礼にも「自然界で失敗に終わった実験の一つ」と言い表した。[1] 今日、ビルマにタロンは数十人しか残っておらず、「純血」はそのうちの数人だけかもしれないといわれている。

私がカチン領域を訪れてからまもない一九九三年、数千人の兵士を有するKIAは政府軍との停戦に合意した。その後、KIA指導部は山を下り、ライザに新しい本部を設けた。小さな村だったライザは、すぐに活気のある国境の町になった。KIAは武器の保持を認められた。しかし彼らの支配地域の地位は中途半端なままで、恒久的な和平協定はこれまでのところ結ばれていない。ビルマ軍も遠くにいるわけではなく、ビルマ軍の大隊もKIAの大隊もそこここに駐留している。しかし政治面での進展がなくても商業に影響はなく、とくに中国との国境を越えての取引が盛んになった。停戦以後は、翡翠の採掘や道路通行料の徴収、絶え間ない木材の切り出しによってどの派閥の有力者も同等に安楽でいることができた。ビルマ側とカチン側の両方が、ますます大きくなる中国の存在と結びつき、新しい政治経済が出現したのである。

今回の旅では、私は北のカチン丘陵に向かうのではなく、ビルマ公路に沿ってさらに東に行った。そこは一九六〇年代以降、停戦合意が結ばれる八〇年代後半から九〇年代初めにかけてまでの四半世紀の間、ビルマの内戦地域の中心部だった。内戦に参加していた武装勢力のなかには、ビルマからの分離を求めるシャンの民族主義者もいれば、アヘン王が率いる勢力や、いろいろ交じっている勢力もあった。また政府寄りの武装勢力もあれば反政府のもあり、時と懐具合によって立場を変えるものもあった。加えてビルマ共産党の軍もいて、中国との国境ぎりぎりのところに基地を置いていた。カチン丘陵と同様、この地域、つまりシャン諸州の北部と東部での戦闘も今は止まっていた。ただ、ここにも安定というものはなく、武装集団の数が多い分、情勢がより複雑だった。

この地域の主な町はラーショーだった。中国国境から百数十キロのところにあり、シーポーよりずっと大きく、かつての英国ビルマ鉄道の終点でもあった。ラーショーはビルマ公路があったころにはその途中にある町として有名で、アメリカ軍が日本を相手に果敢に戦う様子があまり正確にではないとはいえ描かれたジョン・ウェイン主演の叙事詩的映画『フライング・タイガー』にも出てくる。ティーンエージャーのころは、マンダレーを訪れては遠い親戚がいるというラーショーに行ってみようかと考えたものだが、結局一度も行かなかった。当時ラーショーはものすごく遠い場所だった。列車では長時間かかるし、軍の士官や麻薬王以外で車で行く人はほとんどいなかった。ラーショーの周辺やその奥の丘陵地帯は共産主義の反乱軍やシャン州軍などの反政府勢力、アヘン密輸にかかわる民兵組織が支配していた。ラーショーの町にはビルマ軍の駐屯地があったが、町を出て草木の緑が多い田舎に数キロ入ると、ビルマ軍の地域司令官の力はほとんど及ばなかった。

シーポーからラーショーまでは「相乗りタクシー」を使い、よく舗装された道路を飛ばして行った。中国人家族と一緒で、私が前に、中年の女性と幼い子ども二人が後ろに乗った。三人はマンダレーに三日間遊びに行ったあと、ラーショーの家に帰るところだった。女性は色白でこぎれいな身なりをし、ビルマ語は少し話せたが、つっかえながらで訛りもひどかった。彼女は運転手に丁寧なシャン語で話し、運転手は三人と笑い話をしたり、子どもたちをからかったりしていた。女性は、マンダレーでは親戚に会ったり買い物を少ししたりしたと言った。私はマンダレーのショッピングモールやスーパーマーケットを思い出し、彼女がそこで商品を眺めているところを想像した。トランクには彼らのスーツケースが数個と、大きなプラスチック製の飛行機が入っていて、私は小さなかばんに入れた自分の荷物をその横になんとか押し込んだのだった。子どもたちはおとなしく、行儀もよくて、トレーナーや半ズボンという洋風の服装をしていた。途中、「ザ・パンダ」というレストランで少し休んだ。女性は、自分と夫は一〇年前に雲南から来たのだと言った。ビルマに行けば生活を向上させ、子どもたちによりよい将来をつくり出せるチャンスがあると判断したのだった。彼女の夫は実業家で、「ものを売ったり買ったりしている」とのことだった。私は自分の知っている一九九〇年代の雲南のことを思い起こした。そのころ雲南はまだ孤立した未開の地だった。しかしこの家族はもっと洗練されていて、当時ほど殺伐としていない世界から来たように見えた。

ラーショーに着くと、それまで私がビルマで見たことがないほど中国的な世界に入ったことがすぐにわかった。ちょうど春節の直後で、車で進むにつれ、どの通りにも塀で囲まれた敷地に家が建ち、その家々には赤い旗が飾られ、中国語で黄色く「新年おめでとう」と書かれているのが見えた。タクシーはこうした敷地の一つに入り、庭と低い木に囲まれたこじんまりした平家の前に止まった。外には子どもの三輪車が出ていて、ガラスの引き戸のすぐ内側でテレビがついているのが見えた。年配の男性と、もっと若い女性がにこにこしながら三人を出迎え、子どもを抱き締め、荷物を運ぶのを手伝った。

そこからタクシーは学校と病院、政府のテレコムセンターのそばを通った。どれも、幅が広く整備の行き届いた並木通りに建っていた。教会もいくつかあった。シャン人はビルマ人と同様、圧倒的に仏教徒が多いが、ラーショーにはカチン人もたくさんいるのだった。赤れんがのカチン・バプテスト教会もあり、外には飾り付けられたクリスマスツリーがあった。カトリックの教会もあった。二十世紀前半、この地域では宣教師が活動していた。とくにカトリックが活発で、一九三〇年代にはイタリア人宣教師の一団がラーショーを拠点にしていた。次第に修道女も加わるようになり、学校や寄宿舎、保育園や診療所も運営した。彼らはラーショーから、東にあるサルウィン川を越えて当時まだ誰も踏査していなかった山間部に危険を承知で入って行き、さらに中国にも行った。彼らは軍事支配下でも活躍した。ローマ教皇庁は一九七五年、ラーショーをサレジオ会の担当下に置き、九〇年にはビルマ人のチャールズ・ボー司祭が新設されたラーショー司教区の最初の司教になった。

これらの教会やパゴダ、仏教の僧院を除いては、ラーショーには一九七〇年代にまでさかのぼることのできる建物はほとんどなかった。これは一九八八年に大火災が起きたせいでもある。二十世紀に起きた火災としては世界でも最悪のうちに入るだろう。当時ラーショーの人口は約二〇万人だった。初めは台所での小さな火事だったのが、二時間もたたないうちに二〇〇〇もの家屋に燃え広がった。ラーショーの建物は、たとえばニューヨークの建物とは異なり、焼失したものの多くは燃えやすい小さな木造家屋や店舗だった。それを差し引いてもこの火災は異例の威力で、一一三人が死亡、数万人がけがをしたり家を失ったりした。

私が着いた日は雨で、この数年にできた町の新しい中心部は泥にまみれ、あまりきれいには見えなかった。道の状態も悪く、ごみが散らばり、誰かが収集するあてもない。市場の辺りには脆そうなコンクリートの二階建てがたくさん建っていて、それぞれに十数の店が入り、安い中国製品や古着を売っていた。ある店はいろいろな化粧品を売っていて、「ジンロン美白クリーム」の大きな広告があった。ジンロンというのは中国のブランドだったが、もっと聞きなじみのあるブランドも美白クリームを生産しており、たとえばノグゼマのは京都からカラチまで、アジア全域に出回っている。アジアではどこでもそうだが、ビルマでもとくに女性は色白なのがよいとされており、こうして新しく出回るようになったメラニン抑制軟膏は大の人気商品だった。

化粧品店のすぐ外に、ぼろぼろの民族衣装をまとった女性が幼い子どもを二人連れて、ごく少額の汚れた紙幣を数えていた。全部でもおそらく一ドル相当にも満たなかっただろうが、彼女はそれで何を買おうかと辺りを見回した。化粧品店で売られている物はどれも彼女が持っている額の数倍はしただろうが、店の前の路上にはずっと安い品物を売る行商人がいた。女性は染みのついたTシャツを、それからビャクダンの一片を見て（ビャクダンの皮をすりおろしてペーストにしたものは伝統的に日焼け止めとして使われる）、よく吟味した挙げ句、何も買わずに去って行った。

ラーショーの町に入ってくるときに、私は国連世界食糧計画（ＷＦＰ）の白いトヨタ・ランドクルーザーを数台見かけた。ＷＦＰは災害地や戦争の惨禍を被った地域での緊急食糧援助を専門に行う団体だ。ＷＦＰはラーショーに現地事務所を置いていて、付近で事業を行うことを軍事政権から認められていた。国際援助機関（とそこに資金を提供する欧米政府）がビルマで人道援助を行おうとするのも、当局が外部からの援助が自分たちを通さずに直接届けられることを認めるのも、最近まではあまりなかった。二〇年前、ユニセフ（国連児童基金）のビルマ担当ディレクターが、ビルマの子どもたちを「知られざる緊急事態」が見舞っている、もっとも貧しい人びとを助けるのに民主化を待たなくてもよいはずだ、と主張したことがあった。(2) 彼の訴えはほぼ無視された。当時、そしてその後もずっと、欧米政府は制裁の効果が出ることを期待してビルマに援助をいっさい出さなかったし、ビルマ軍も外国人（とくに欧米人）が地方部の反政府勢力の支配域近くをうろつくのをよしとしなかったのである。

従来とは異なる見方が主流になるまでには時間がかかった。ビルマでの人道的ニーズがいかに深刻かについての理解が深まるにつれ、欧州その他の政府に対し、政治的懸念を優先するあまりビルマのもっとも貧しい人びとをないがしろにするべきではないという働きかけが行われた。ビルマの人口六〇〇〇万のうち三分の一が一日一ドル以下の生活を送っており、少なくとももう三分の一も、それより少し収入が多いだけだった。数百万人が栄養失調で、数百万人の子どもが発育不良だった。ビルマ以外の国が同様の状況に置かれていたら、欧米からずっと多くの支援を受け取っていただろう。

ビルマ政権は開発援助というものに常に好意的だったが、彼らの考える開発援助は主に大型の事業、たとえば新しい道路、新しい橋、新しい学校、新しい病院などを造成するためだった。彼らは、「人道援助」は「人道的介入」と密接に関連していて、受け入れれば浴びたくもない注目を浴びることにつながるのではないかと懸念していた。しかし彼らもまた問題の深さを知るようになり、時間がたつにつれ、WFPといった団体にも慣れ、立ち入り禁止にしていた地域にそうした団体が入るのを認めるようになった。国連の調査によれば、ビルマ全土に極度に貧しい人びとがいたが、もっとも貧しいなかにラーショーの東の丘陵地帯にいる諸部族がいた。以前は戦場だったその地域は、今は中国にとってのビルマへの玄関のようなところだ。

以前は中国の状況のほうがビルマのよりも深刻だった。一九三〇年代にはビルマの一人当たりGDPは中国の二倍だった。中国は六〇年代にビルマに追いつき、今日では中国の一人当たりGDPはビルマの六倍である。欧米からの貿易や投資がないなか、ビルマの発展の推力となっていたのは中国だった。欧米はビルマに制裁を科していた関係で、この地域への関与は人道援助の提供だけにほぼ限られていた。しかし中国は何も制限されず、インフラ開発に投資し、道路やダムを建設し、チークの森を伐採し、翡翠を採掘し、自国製の消費財を売った。結果、現地の住民が就ける職はほとんど生まれず、ますます不平等な社会がつくられていた。

軍政にとって、ラーショーの自慢は町はずれに建てられた、ラングーンのシュエダゴン・パゴダのレプリカだった。見かけはまったく同じだったが、シュエダゴンよりも小さく、周りにはなんの仏塔も神殿もなく、中も空だった。内側は洞穴のようになっていて、煌々《こうこう》と明かりがついていた。床にはラグが敷きつめられ、壁にはビルマ各地の有名な仏教建造物のフレスコ画が飾ってあった。どれも単純な描き方で色使いも鮮やか、保育園の壁に描かれていそうな絵のようだった。フレスコ画の並びの最後にはすべての絵の一覧表が額に入れてあって、それによれば描かれているのはビルマの「偉大な宗教建築物」ということだった。中世のパガン朝時代に建てられたもの、その後のアヴァ時代に建てられたもの、といった具合に時系列に整理され、現在の軍事政権が建てたものがもっとも多くなっていた。要するに、現政府はこれまでのどの支配者よりも仏教を支援していると示したいのだった。

このことはほかの場所でも強調されていた。パゴタのさらに内側にはブッダの人生のさまざまな場面が展示されていた。ここまではパゴダや僧院によくある展示だが、いちばん奥に金色に輝く大きな仏像が一〇体ほど並んでいた。立派な仏像で、それぞれの前には小さな敷物が置かれ、参拝者が祈りを捧げることができるようにしてあった。また、それぞれの仏像の下のところには軍政の有力な将軍とその妻の名前も書かれていて、夫婦がその像を寄進したのだろうということがわかった。寄進にあたって将軍たちは連れだってこのパゴダを訪れ、盛大な式典を行い、それがテレビで放送され、彼らの信心が広く公開されたのだろう。彼らにとって仏像を寄進することは、来世をよくするために功徳を積むことでもあった。

ラーショーにレプリカが建てられたのは、壮大な国家構築事業の一環だともいえた。スターリン時代のロシアにおいてすべてのソヴィエト社会主義共和国にオペラハウスがなければならなかったのと同じで、現代のビルマではどこの遠隔の町にもシュエダゴンのレプリカを建てることが軍政の野心だったのだ。それは「ビルマ」仏教を周縁の少数民族居住地域に輸出する努力の一部でもあり、国家を背負うもの網を全国に拡げていく努力の一部でもあった。

ラーショーのレプリカはまた、勝利に近いところまでいった戦争の記念碑のようなものでもあった。ラーショーは数十年にわたる反政府勢力の掃討作戦の中心地だった。ビルマを率いる将軍たちは、その間に起きたむごい戦闘で数多くの同僚や部下を亡くしていた。ビルマの外では誰も聞いたことのない戦闘も、彼らの心には深く刻まれているのである。彼らは、シャン丘陵が文字どおり無政府状態にあった三〇年前の状況と、ほとんど銃声の聞こえない今日とのちがいを、誰よりもよくわかっているのかもしれない。かつて包囲されていたここラーショーを見下ろす丘の尾根筋にも、彼らの民族としての自意識と反共産主義を象徴するものがあった。ラーショーの新しいパゴダの名前はヤンタインアウン、つまり大まかに訳せば「われわれはすべての戦いに勝つ」というのだ。

ラーショーのある盆地は標高八〇〇メートル以上ある。かつてはとても栄えていたところだ。イギリス支配が始まる前、ラーショーの一帯にはビルマ王の権威がよく行き届いており、ビルマ人の知事が近くの丘の上の砦を拠点に幅を利かせていた。当時は隊商が中国内陸部の都市からマンダレーまで旅するのに数週間から数カ月かかり、ラーショーは重要な中継地点だった。そのころこの辺の市場には茶や銀が豊富に出回っていた。十九世紀半ばにはそこにアヘンも加わった。アヘンの原料となるケシはこの地域の原産ではなく、大昔に西ヨーロッパから持ち込まれたものだ。ヨーロッパではローマ時代から自生していた。八世紀にアラブ人がアジアに持ち込み、千年後にはイギリスがインドでアヘンを収穫するようになり、需要が拡大中だった中国に輸出を始めていた。アヘンがビルマに現れたのもこのころで、表向きは禁止されていたが、たいていは黙認されていた。

イギリスがラーショーに初めて入った一八八〇年代には、一帯はすっかり荒廃していた。高地部族の反乱や攻撃が何年も続いた結果だった。それでもラーショーが地方政府を置くのに適しているのは歴然としていたため、植民支配者側はラーショーを「北部シャン諸州」の本部にした。ラーショーには「北部シャン諸州監督官」が駐在し、インド兵と軍警察の駐屯地もあった。監督官は通常、若いイギリス人で、平和を保つほか、監督下の首長たちが問題を起こさないようにし、税を納めさせ、ときどき中国国境にユニオンジャックを掲げるのが仕事だった。

二十世紀前半のラーショーは辺境の町としてはあまり重要ではなかった。(3) 中国までは百数十キロあり、未舗装の道路が一本走っているだけだった。静かな辺境だった。アフガニスタン国境沿いのインドの北西辺境は威勢のいい騎兵隊による突撃やグレート・ゲームの陰謀などを想像させるのに対し、インド帝国の東の辺境であるここはある種の行き止まりで、向こう側に大した脅威もなく、ただラバの隊商がときどき通り、貧しい部族民がいるだけだった。

これが日本との戦争で変わり、ラーショーはビルマ公路上の戦略的な位置を占めるようになった。日本軍は一九四二年四月にラーショーを奪ったが、連合国軍の総力を挙げての反撃を受け、三年後にはイギリス軍の手に落ちていたビルマ北部からマンダレーまで退却することになり、途中でラーショーを通った。周辺にいた中国軍は、アメリカのミシシッピ州オクスフォード出身のダニエル・サルタン中将の指揮下にあった。サルタンはまず、ラーショーから北西に約三五キロのところにある重要なボールドウィン銀・鉛山を押さえた。ここは日本軍が戦争で必要とする鉛をすべて供給できるほどの大きな鉱山だった。それからアメリカ軍はラーショーを空爆し、イギリス・インド軍が一九四五年四月にラーショーを取り戻した。その後すぐにラーショーとその周辺は外部世界から忘れられてしまった。

ビルマ公路ができて七〇年後の今になって、ラーショー周辺は中国にとってふたたび重要になっている。まもなく、ラーショーには中国が輸入する石油の二〇パーセントを運ぶパイプラインと、ヨーロッパ向けの物資を運ぶ新しい鉄道が通る予定だ。近くで戦闘が再開するようなことがあれば大変なことになる。今日ラーショーにはビルマ軍の北東軍管区司令部があり、司令官は少将で、付近にいる多数の武装勢力との関係を維持する任務を負っている。もし新たに軍事作戦が行われるとすれば、それはラーショーから始まるだろう。

ビルマ軍と停戦に合意するにあたり、民族武装勢力の指導者のなかには妥協を期待した者もいた。以前はビルマからの独立を主張していた者も多かった。しかしいま彼らは、自分たちが欲しいのは、すべての市民に平等な権利があり、一定の自治権が認められる「連邦制の」政府だけだと言った。しかし、ビルマ軍指導部が「連邦制」という考え方を受け入れようとしたことは一度もなかった。彼らにとって連邦制とは、弱さと脆さを招き、最終的には国の分裂につながるものだった。

連邦制をとったらこの国は一〇年のうちに崩壊してしまう。地図を見てごらん! この国は小さい。なぜ一〇〇個のかけらに分かれたままでいなければいけない? 統一性を武力によってつくり上げなければならなかった国はたくさんある。そうすることでのみ、われわれも生き延びられるのだ。そうしなければ中国にのみ込まれてしまう。外国人はわれわれを批判するだろうが、彼らは偽善者だ。彼らだってみな同じことをしてきたのだ。

こう私に言ったのは、最近退役した陸軍大佐で、色黒で革のような顔に、大きな手をしていた。淡い青のシャツに古いロンジーを身につけていたが、彼が迷彩服姿で部隊を率いて丘を越えていくのも容易に想像できた。彼は、内戦は民族間のちがいを認めることを通じてではなく、同化によって終わると考えていた。道路網や鉄道網が国を一つにまとめるだろう。貿易や、統一された教育制度を通じて、時間がかかるかもしれないが、地域ごとの差異は少しずつ消えるだろう。

ビルマ軍が敵に対してとった政策は、欧米政府が軍事政権に対してとった政策とは対照的だった。欧米政府は、経済制裁を科し外交面で孤立させてビルマ軍政を遠ざけることによって、そのうち軍政が考えを変えることを期待した。しかしそうはならなかった。ビルマ軍のほうはまったく異なる戦術に出た。彼らはかつての敵を祝い、「わが国の民族の指導者」と呼んだ。大都市に連れて行き、それまで持っていなかった物欲を抱かせ、金持ちにさせた。商業取引を、非合法なものまでも積極的に奨励した。将軍たちは、こうすることで反政府勢力の戦闘組織としての力が衰えるということをわかっていた。こうしてビルマ軍は二〇一〇年には、停戦合意が結ばれたころと比べるとずっと強い立場に立っていた。

二〇〇八年憲法のもとでは、地方政府にも一定の権力が委ねられ、それぞれが一部は選挙による立法機関を持つ。これは連邦制度からは程遠く、地方政府の本当の権力はかなり限定されるが、真の自決権を求めて戦ってきた少数民族指導者への小さな譲歩だった。

ビルマ軍政はまた、以前は敵だった武装集団に対し、組織の将来についてある提案をした。軍部を「国境警備隊」に編成し直せというのである。国境警備隊は部分的にビルマ軍が統率し、最終的にはビルマ軍の指揮下に入る。つまり国境警備隊としての再編は、ビルマ軍との少なくとも部分的な統合を意味した。しかしこれを受け入れればうまい取引が待っており、指導者にも新体制内での地位が約束される。比較的小さな武装集団はこの提案を受け入れた。ほかは今のところ受け入れていない。

この二〇年間で生まれたのは戦争でも平和でもない奇妙な中間点で、そこは今でも暴力を操る男たちが支配している。(4) まるで領主同士が競い合う中世のような世界で、遠方の権力者に忠誠を誓う者もおり、反目と忠誠が複雑にからみ合っている。そこでは近代国家というものは遠い未来の話にすぎない。

ラーショーの南東にはワ州連合軍（UWSA）の領域がある。UWSAは三万以上の兵士数を誇り、機甲部隊や砲兵隊に加え地対空ミサイルまで持つ。かつてワは、ラワンのように近づくのがとても難しい民族だった。一九三〇年代になっても、イギリス支配はワの山の砦に完全には及んでいなかった。イギリスはワを「おとなしいワ」と「野生のワ」に分けた。「野生のワ」のほうは衣服を（ほとんど）身につけず、首狩りをするので評判が悪く、高い山の尾根伝いに掘った土の穴に暮らしていた。しかし今日、ワはビルマ–中国国境地域で重要な役割を果たしている。UWSAはタリバンと同じ兵士数を持ち、支配領域はベルギーよりも広く、民間の軍隊としては世界で最大のうちに入る。一九九〇年代には、ワは世界最大のヘロイン生産者であり密輸業者であったが、最近では覚醒剤の生産や取引も始め、ちょっとした国家並みの資金を稼いでいる。

より重要なのは、ワ人の居住地域はもはや遠隔地ではなく、超大国として台頭しつつある中国の縁であるということだ。ビルマ軍との停戦合意のもと、ワは武装と自治権を認められている。ビルマからワ領域に入るには検問があり、ビルマ軍の兵士は通れない。しかし中国との間には境がない。ラーショーから二時間のところにあるワ領域に向かうと、未舗装の道が途中で中国の幹線道路に変わる。ワ領域の大部分は中国の電力網に入っていて、インターネットや携帯電話さえも中国のネットワークに組み入れられている。スマートフォンの一種「ブラックベリー」も、ラングーンでは使えないがワ地域では使える。ワの指導者は主に中国で生まれたワで（中国にもワという少数民族がいる）、中国語の名前を持ち、子どもを中国の学校にやる。彼らは金持ちで、そうとはわからない国境の向こうの中国地方当局から、目立たないが継続的な支援を受けている。つまりそこにはビルマの地理の見事な反転図がある。遠隔地だったところが今は新しい中心の近くになっていた。山中の泥だらけの村落だったところが、かつてシンガポールのライバルだったラングーンよりも近代的なのである。

ＵＷＳＡの領域よりもさらに不可思議なのが、南にあるモンラーの町だ[5]。メコン川沿いにあり、隣はラオスである。ここはかつて共産主義反乱軍の基地だったが、一九九〇年代に変身し、中国人向けのいかがわしい観光地になった。カジノや異性装者のキャバレー、二四時間営業のレストランやナイトクラブ、アジア全域そしてロシアやウクライナからも集めた女性が売り物の売春宿がある。公式には、モンラー周辺はシャン州第四特別区と呼ばれている。指導者の林明賢《りんめいけん》は、文化大革命のころは過激派の紅衛兵で、ビルマの共産主義反乱に「有志」として加わり、「第八一五戦区」の司令官にまでなった。停戦後も自分の民兵組織を保持し、自分に合った仕事を見つけて熱心に働いた。二〇〇〇年代初めには、毎日数千人もの中国人が国境を越えてモンラーを訪れるようになり、金もどんどん入ってきていた。

林明賢は自分の領土を見下ろす崖の上にマイアミビーチ風のパステルカラーの大邸宅を建てた。中国人やビルマ人のＶＩＰがモンラーを訪れると、巨大なカジノホールに迎えた。賭博台が一〇〇台以上もあるところもあった。ラングーンの街を走っているのはポンコツ車だったが、ここではぴかぴかのＳＵＶの新車だった。彼は売春を奨励したが取り締まりも行い、専用の地区を設け、定期的な健康診断を義務づけた。ロシア人女性は現地女性よりも五割も高いといわれていた。林はまた、麻薬密輸にかかわっていたのは昔の話だというのを示すために「反麻薬博物館」を建てたが、これも鮮やかなピンク色だった。モンラーもワ地域と同様、遠隔地だったところが中国とのつながりを通じて急に小さな中心地になった、「不思議の国のアリス」のような世界だった。

しかし、中国の上層部のなかには不満を抱く者もいた。指揮下にある何百人もの公務員が公的資金を流用し、林明賢の賭博場で使って（しばしば負けて）いたのである。数千万ドルから場合によっては数億ドルもの金がモンラーに流れ込んでおり、その大半が違法だった（中国政府の金でもあった）。そして共産党高官の娘が週末にモンラーに遊びに行き二五万ドルをすると、中国政府はついに行動を起こすことにした。

二〇〇五年一月、人民解放軍が国境を越えてモンラーに入り（「青い矢作戦」）、カジノを閉鎖し、国境も封鎖した。しかし元共産主義過激派の林は目覚ましい起業家精神でこの危機をチャンスに変え、経営するカジノをオンライン仕様にした。二〇〇七年までに林は近くに数十のカジノを新しく建て、すべてに高速でインターネットに接続するカメラを入れた。そうすることでいまや中国にいる者なら誰でもネット上で一〇〇万ドルまで賭けることができるのである。かつてビルマの遠隔地だった場所に足を踏み入れることもない。

中国は、このように深い亀裂が入って不信に満ち、暴力という長い伝統がある世界を通ってビルマに入っていったのだった。そこで権力を持つのは、武装勢力の司令官や実業家、民族集団の指導者、それに軍人がすべて組み合わさった者ばかりだった。一九八〇年代に国境が初めて開かれたとき、それまでとは異なる中国の存在をまず示したのは、ラーショーを経由しマンダレーに流れ込んだ安い中国製品だった。それから木材の切り出しが途方もない規模で始まった。ビルマ北部と東部の森林が無残に伐採され、毎日何百台ものトラックがチークその他の堅木の巨大な丸太を積んで、それらを待つ中国の製材所に運んだ。カチン丘陵の翡翠鉱山も中国を引きつけた。ビルマ産の翡翠はすでに何世紀も前から中国で高く評価されていたのだが、戦闘が終了すると、それまでよりもずっと大量の翡翠が雲南を通り香港その他の市場に運ばれるようになった。また、長らく黄金の三角地帯の主要産物であったヘロインも取引され、九〇年代にはビルマ産のヘロインが中国で増える中毒者の需要を満たしていた。二〇〇〇年代初めには、国境貿易は毎年数十億ドル相当にまでなっていた。二〇一〇年から一一年にかけて、ビルマから中国への翡翠の輸出額は四〇億ドル以上だった。

国境のビルマ側に中国人が所有・経営する広大な農園も新たにできており、多くはゴムを栽培している。ほかにも、ゴムやサトウキビ、キャッサバ、パイナップルを栽培する数百ヘクタール規模の農園もある。これは中国人の実業家がビルマの地元当局から土地を「借りる」のである。もとからいたビルマ人、カチン人、シャン人などの小規模農民は土地を明けわたすほかなく、最低限の補償金しか得られない。これまでに何千人が土地を追われたかは誰にもわからない。

ほかの消費財もある。中国人は、ローマ人のようになんでも食すことで悪名高い。風変わりであればあるほどよく、きわめて希少な動物に薬効や媚薬的効果を見出す。ビルマの森林には、ユキヒョウやサイなど絶滅の危機にある動物が数多く生息していた。今ではそれらがすべて狩猟の対象となり、国境の向こう側でいらいらしながら待つ客のもとへと送られている。ニューヨークの自然保護活動家アラン・ラビノウィッツはビルマに生存するトラを保護しようと何年も前から奔走し、最北部の広大な面積の土地を保護区域に指定するよう政府を説得するなど、一定程度の成功を収めている。しかし、どんなによい計画でもそれを実行するのは不可能に近い。密猟をすることになる者の収入と、中国側の買い手が示す金額とに大きな差があるからだ。ここでもモンラーは重要な中心地になっている。野生生物の違法取引問題に取り組むＴＲＡＦＦＩＣという国際ネットワークが二〇一〇年に報告書を出した[6]。それによれば、モンラーの市場ではウンピョウの皮、ゾウの皮の部分、生きたクマから抽出された胆汁、生きたハッカン、その他多くの絶滅の危機にある動物の部位が売られていた。見つかったトラの部位には全身の皮や骨、足、ペニス、そして歯があった。中国人客は自分の欲しいものか、中国で転売するためのものをモンラーに買いにくる。特製品の一つには健康増進に効くという「トラ骨酒」というのがあり、小瓶一本で八八ドルだった。電話でも注文でき、国境の中国側の打洛《タールオ》という町まで配達してくれる。

女性も商品になっている。中国では一九七八年以来、都市部の夫婦は子どもを一人しか持ってはいけない。これは人口を抑制するための厳格な政策だが、効果を出している。ただ、ほとんどの夫婦が男の子を望み、唯一の子どもとして女の子を持つよりは中絶することを選ぶことが多かった。このため、「一人っ子政策」が始まってから一世代後のいま、中国の男性の数は女性よりも四〇〇〇万人も多くなった。つまり、四〇〇〇万人もの男性が、結婚するなら海外で妻を見つけなければならない。これがビルマでは、女性の中国への不法な人身取引の急増につながった[7]（ビルマでは中国のように男子が好まれるということはない）。被害に遭う少女や女性はしばしば中国の貧しい村に暮らす男性に売られる。男性にとって、二万〜四万人民元（約三〇〇〇〜六〇〇〇ドル）という値段は、中国人女性と結婚するために払わなければならない額と比べればずっと安い。売られる女性たちは通常、中国で就職するのだと騙されて連れて行かれる。なんとか逃げ出した女性も何人かいる。

しかしこれらの動きはどれも、いま練られている新しい計画に比べると規模が小さい。もっとも重要な計画は、工業化する中国が外からもっとも必要としているもの、つまりエネルギーに関係するものだ。

たとえば、もうすぐできるパイプラインが石油と天然ガスをビルマから中国に運ぶ。ビルマには大河もある。ヒマラヤやチベットにある源流からベンガル湾に注ぐイラワディ川と、とくにサルウィン川だ。どちらにもダムは建設されておらず、サルウィンのほうはダムのない川としては世界でもっとも長い。流域には多様な動植物が生息するが、その実態についての調査は始まったばかりだ。しかしこの状態は長く続かないだろう。この数年で中国の国有企業がビルマ政権と交渉し、九〇億ドルをかけて七・一ギガワットの巨大な発電所をサルウィン川に建設することで合意した[8]。また、ミッチーナのすぐ北でイラワディ川にダムを建設するという事業もすでに始まっている。建設のため一万人ほどの中国人労働者が現場に到着し、木造の家を並べた専用のキャンプで暮らしている。リルウィン川の下流にダムを建てる計画もある。これらすべてが実現すれば、二〇ギガワット以上の電力が提供されることになる。それがどのくらいの電力かというと、今日ビルマはその十分の一以下しか消費していない。二〇ギガワットというのはタイ全土で使われている電力とほぼ同じだ。生産される電力の一部はビルマで使われるが、ほとんどは中国に輸出されることになっている。世界銀行が出資するならダム建設にあたり包括的な環境影響調査が義務づけられるが、欧米政府は世銀がビルマで活動することを認めていない。ビルマが電力を非常に必要としており、これらのダムがその電力を供給するだろうこと（もっと小さなダムがすでに発電している）、そして電力の輸出が将来の重要な収入源になることに疑いの余地はない。しかし今のままでは、建設予定地周辺だけでなく下流の環境にも甚大な影響が出て、イラワディ川やサルウィン川に頼って生活している数千万もの人びとに打撃となる可能性が高い。

ラーショーにあるグアンイン寺院はビルマで最大の中国寺院である。グアンインとは中国の慈悲の神様で、大乗仏教でいう観音菩薩の中国版だ。祝日だったので寺院にはたくさんの家族連れが来ていて、多くは伝統的な中国の布製の靴を履き、歩き回っていた。僧侶や見習い僧もいて、彼らは頭を剃っていたが、衣はビルマで見慣れた茶色のではなく、濃い青灰色の中国のを着ていた。本殿までの長い石段の途中には広場がいくつかあった。屋根が何層にもなっている本殿には巨人な観音像が三体あり、線香やろうそくが供えられ、中国人の男女が目をぎゅっとつぶって祈っていた。暗い色の煙の細い筋が上っていた。わきには先祖の館があり、参拝客は自分の先祖に供え物をすることができた。壁には孫悟空の物語を伝える大きな絵があった。

外に出て石段を下ると、広場の一つに小さな観覧車があった。子どもがそこら中を駆け回り、男の子の多くはおもちゃのピストルを持っていた。女の子のなかにはピンク色のお姫様風の服を着ている子もいた。親は、子どもにはジェラートを買い与え、自分たちはサトウキビジュースを飲んでいた。スイカはみなが食べていた。九歳か十歳くらいであろう見習い僧の男の子もときどき走り回っていたが、おもちゃのピストルは持っていなかった。あまりうるさくすると僧侶がやってきて静かにしかりつけた。より裕福な参拝客はカメラを持っていて、シャン丘陵の緑を背景に家族の写真を撮っていた。

寺院から私はタクシーに乗り、マンダレーで連絡先を教えてもらった中国人実業家に会うために町の中心に向かった。彼はラーショーに住んでいるのではなかったが、プラスチック工場の建設を監督するため二週間ほど滞在しているのだった。「欧米の制裁が永遠に続くといいと思うよ」と言う彼は、背が低く小太りで、丸くつるりとした顔をしていた。日が暮れかけるなか、私たちは小さなレストランでジョニーウォーカーをロックで飲み、小さな漆の器に盛られたローストピーナッツをつまんでいた。

もちろん制裁が続くのはいいことだとは思わないが、われわれにとっては大助かりなんだ。いまラーショーには随分たくさんの中国人がいる。ここにも孔子学院を開こうという話もある。政府はそれを認めるだろうと思う。なぜかって、それはビルマの政治的発展のためになるからだ。ビルマにはまだしばらく民主主義は必要ない。でも政府を改善する必要はある。それには孔子の考えが役に立つはずだ。

男性は遠く中国内陸部の湖北省出身で、明らかにビルマを遅れている場所だと思っていたが、同時に潜在力に富んでいるとも考えていた。別れ際に彼はこう言った。「ここには結構長いこといるんだが、君たちビルマ人には同情する。こんなはずじゃないんだよね」

超大国として台頭する中国は、数十年続いた戦争が終わるように裏で取り計らい、インフラを建設し、経済発展のために投資し、ビルマを二十一世紀に連れて行くような、信頼できる隣国になるのだろうか？　それとも、強力な略奪者として、環境や、個人や地域社会の権利に配慮せず、手の届く範囲にあるものすべてをつかみ取っていくのだろうか？　ビルマのように貧しい国にとって、世界経済を牽引する中国の隣にいるというのは大きな利点となるべきことだが、果たしてそうなっているのだろうか？　世界中で中国の影響力がこれまで以上に強く感じられるようになっている今、ビルマは炭鉱のカナリアのような存在だった。

私が数年前に地図を見ていたときには、中国とインドがビルマへの、そしてビルマを越える新しいつながりを見つけようとしているというのは至極当然な動きに見えた。しかしビルマ国内の状況は複雑で、ビルマ自身も中国やインドと同じくらい将来の方向性に影響を及ぼしているのだった。欧米の制裁によってビルマ軍政はかつてないほど中国政府に接近し、中国の実業界にとって並はずれて特権の多い環境をつくり出した。ビルマ政府が中国と組んだのは戦術上の動きだったが、その関係は今後もずっと続き、ビルマは中国への原材料輸出国となるほかないのだろうか？　加えて、ここ辺境地域の状況はきわめて複雑だった。中国が新規インフラ開発のために数十億ドルを注ぎ込み始めたとはいえ、複数の武装集団がおり、停戦したとはいってもいつまで続くかはわからない。中国はビルマ政治の世界をうまく渡り、利用することができるのだろうか？

アメリカの姿もちらほら見える。ビルマ政府と話し合おうというアメリカ政府の試みは今のところ結果を出していない。オバマ大統領は就任後まもなく、中国政府と新たなパートナーシップを組もうと呼びかけたが、二〇一〇年になると現在の超大国アメリカと台頭する超大国中国は互いに身構え、協力というより、競い合う方向に向かっていた。アメリカの政策立案者にとってビルマの優先順位は低かったので、アメリカ政府でなく中国政府のほうがビルマをめぐる環境をかたち作っているのは驚くべきことではなかったかもしれない。今後状況が変わるかもしれないが、今のところビルマは、アジア地域でアメリカの影響力が衰退していることをもっともよく示す例であるようだ。

インドはどうだろうか？ ビルマのインドとの貿易は、中国との貿易ほど急速にではないが拡大していた。しかし、インドとの貿易は中国との貿易と性質がまったく異なり、一〇億ドル相当になる豆類の輸出と、インド製の薬品その他の商品の輸入が主だった。また対インド貿易はラングーン経由で行われ、長い陸の国境を越えての貿易ではなかった。両政府は両国をつなぐ道路の改善や、インドがビルマのアラカン沿岸に新しく港を造ることについて協議したことはある。しかし二〇一〇年までにそうした協議に進展は見られず、インド・ビルマ関係にビルマ・中国関係ほどの勢いがないのは明らかだった。この原因はのちほど検証する。

もっとも重要なのはまさに中国だった。中国の動機は私にはまだ謎だった。私は国境の向こう側に広がる雲南省の古い歴史は少し知っていたが、本で読んだ華やかでロマンチックな歴史物語と、辺境越しに流れ込んでくる侵略的な資本主義との整合性を自分の心の中でとるのは難しかった。

ラーショーからは、高速道路といえるくらいのいい道が丘の間を縫ってムセーにつながっていた。この道路はアジア・ワールドという会社が建設し、通行料金を取っていた。アジア・ワールドを所有するのは、一九七〇年代のラーショーのアヘン王、ほかならぬローシンハンの義理の息子だった。道中には何カ所も検問があった。新しくできた農園で育てられたスイカを積んだトラックが何台も、スピードを出して東に向かっていた。ムセーは中国との国境上にある町で、国境のビルマ側には緑の屋根をした大きな倉庫や税関の建物があり、中国側には、中国の都会のしるしである近代的なオフィスタワーや高層ホテルがあった。しかし、私にとってムセーは終点だった。国境を越える許可を得ていなかったので、いったんラングーンに戻り、北京に飛んで、そこから今いるビルマ－中国国境の反対側に行かなければならない。まずは中国の南西端にある雲南省を旅し、二〇年近く前に訪れたことのある場所や、前から見てみたかったところに行く。忘れられた王国や失われた文明の地が、中国をビルマとその先につなぐ道の出発点になっているのだ。

未開の南西部
第2部

マラッカ・ディレンマ

紀元前四世紀、アレクサンダー大王が彼の知る世界の征服に出ようとしていたころ、秦《しん》の恵文《けいぶん》王もまた領土を広げ、現在に至るまで拡大を続けることになる帝国の基礎を築いていた[1]。中国は戦国時代にあった。まだ統一されておらず、秦のほかにもいくつか国があり、覇権を求めて絶えず争っていた。秦は黄河のすぐ北、ゴビ砂漠の隣のほこりっぽい乾燥地帯にあった。そこから南、現在は四川省があるところには、秦とはまったく異なる言語や慣習を持つ蜀《しょく》があった。蜀は土地が肥沃で豊かでもあった。恵文王の主な目的は東方の国々を征服することだったが、先に蜀を取り込めば戦略上優位に立てるとの助言を受けていた。ただし秦と蜀との間には岩がちな山があり、石弓部隊が通れる道もなかったので、恵文王は何か巧妙な手を使う必要があった。

恵文王は策略を思いついた。秦はすでに蜀と外交関係を持っており、蜀の指導者に妻にするための女性を贈っていた。中国の年代記によれば、当時の蜀の指導者は最北部出身の異性装者と激しい恋に落ち、その異性装者が死ぬと悲しみにくれた。秦はこの指導者のことを欲張りで好色のばか者だと見ていた。また、蜀政権内部に不和があるという情報も得ていた。恵文王は蜀の動揺をチャンスと見て、石でできた牛の像を作らせ、秦を訪れた蜀の使節団が通る道に置かせた。そして牛の近くに金の塊を置き、牛が（年代記によれば）金の糞をしたように見せた。計画はうまくいった。まもなく蜀の指導者は金の糞のことを聞きつけ、その不思議な牛を数頭分けてくれと頼んできた。恵文王は、喜んで贈りたいが、牛は壊れやすく運搬に注意を要するので、まずは山越えのために特別な道路を建設する必要があると答えた。蜀の指導者はこれに応じ、結果、「石牛道」ができた。往古の工学技術としては驚くべき偉業で、山肌に穴を開けて垂直に立てられた太い柱の上に、大きな木の厚板が並べられたものだった。道路が完成するとすぐに秦は蜀に攻め入り征服した。それは中華帝国誕生への第一歩であり、南西の知られざる異国の地への拡張としても重大なものだった。

一九七〇年後半、中国共産党は厳しい政治的統制を維持しながら経済を自由化するという一連の大型改革に取りかかった。[2] これにより市場の力が解き放たれ、中国は世界の経済大国の一つになっていく。党の指導者だった鄧小平の権力が増大するなか、農村部での日常生活と経済活動の根底にあった人民公社制度が終わり、村人は故郷を離れ、どこに出稼ぎに行ってもよくなった。また外資を呼び込むために経済特区が新しく設置された。これらはすべて、広範な飢饉、根深い貧困、そして個人の自由がほとんどない状態を生んだそれまでの数十年の政策からの思い切った転換だった。一九九〇年代初めに保守派が改革への反対を強めると、鄧小平は、中国が市場経済への新たな取り組みを続けることの重要性を強調し、国民に「金持ちになることはすばらしい」と説いた。そして改革への努力をあらためて奨励し、いまや三〇年も続く比類のない成長への道を開いた。

こうした改革の結果はよく知られている。[3] とくに輸出向けの製造業は急成長した。輸出に支えられ、公式統計によれば中国の経済成長率は一九九〇年代初め以来、最近の不況時も含めて毎年八～一五パーセントである。二〇一〇年末には中国は日本を抜き、アメリカに次ぐ世界第二位の経済大国になった。

外貨準備高は二兆ドルを優に超えており、これは群を抜いて世界最大である。一人当たりのGDPはこの二〇年で一二倍になった。公式の貧困ライン以下の生活を送るのは、一九七八年には人口の六四パーセントだったが、現在は人口の一〇パーセントだけに減った。平均寿命も延び、半世紀前には非識字率が八〇パーセントだったのが今では識字率が九〇パーセントに迫ろうとしている。

文字どおり何億もの人が農村部から、拡大を続ける大都市、とくに沿海部の都市に移り住んでいる。移住の規模としては人類の歴史上最大である。これにより、都市部の住人が人口に占める割合が一八パーセントから三九パーセントに増えた。一九七八年には、中国全域で電話を持っているのは二〇〇〇人に一人、テレビを持っているのは三〇〇〇人に一人だった。二〇一一年には全中国人の八三パーセントが電話を持ち、三分の一以上がインターネットを使っていた。これらを支えるのが、世界最速の列車や数十もの一流の空港、丸ごと取り壊されてから再建された都市といった、インフラ整備面での計り知れない業績である。鄧小平が改革を始めたころ、上海には二〇階以上あるビルが三棟しかなかったが、今日では二〇〇〇棟以上ある。誰も経験したことのない規模と勢いを持った産業革命によって、中国に暮らす一三億人の人生が大きく変わってきている。

私は長い間、中国に魅力を感じてきた。子どものころタイに住んでいた時期があり、当時は家族で東南アジアを旅行した。シンガポールやペナンなどでは、中国文化は現地の生活から決してなくならない要素だった。在外中国人の世界がそこにあった。現在、世界には中国から移住した人が六〇〇〇万人以上いる。つい最近まで、在外中国人はほとんどが中国沿海部の出身だった。たとえば中国系アメリカ人はほぼ全員の先祖が（広州と香港の近くにある）珠江デルタの一地区の出身である。これは、ヨーロッパの外に暮らすヨーロッパ人が全員ノルウェーかポルトガルの出身であるようなものだ。私はタイで暮らしながら、このような中国人ディアスポラの文化、たとえば食べ物、話し言葉、人びとの顔つきなどをよく知るようになったが、本国に住むおびただしい数の人びとについてはまったく知らないままだった。しかし当時、中国では文化大革命が終わりかけ、鄧小平の改革が始まろうとしているところだったので、観光客として訪れるような機会はなかった。

私はアメリカの大学で中国史や中国政治についての講義をたくさん取り、北京語の集中講座も受けた。初めて中国本土に行ったのは一九九一年、ビルマ国境に行く途中に雲南に寄ったときだった。北京など沿岸部の大都市を初めて訪れたのは二〇〇〇年代初めだった。当時、中国ではすでに超高速で開発が進んでいた。二〇〇九年にふたたび訪れたときには変化の速度がさらに増していて、私もほかのみなと同様、起きている変化に感銘を受けるばかりだった。

まず、北京空港のターミナルが新しくなっていた。広々として、恐ろしく効率がよく、入管の係員があまりにも礼儀正しく穏やかな話し方をするので、私は彼女が仕事で質問をしているのか、ただ話しかけてくれたのかわからなかった。「滞在は長いのですか」「出身はどちらですか」「中国は初めてですか」「よい滞在を！」といった具合だった。ターミナルは二〇〇八年の北京オリンピックに合わせて建てられたのだが、ロンドンのヒースロー空港にある五つのターミナルすべてを合わせたよりも大きく、『コンデナスト・トラベラー』誌に「世界でもっともよい空港」に選ばれたこともあった。オリンピックに際し、会場づくりや関連インフラなどのために全体で三〇〇億ドル以上が費やされていた。その印象的なデザインから「鳥の巣」として知られる国家体育場は九万人を収容できる。外側のからみ合った骨格の部分には四万二〇〇〇トンもの鉄鋼が使われ、内側の「膜」は二重のプラスチック製で雨や風を通さず、紫外線も除去する。近くにある国家水泳センターは半透明な立方体で、大きな泡が互いにくっついているような表面になっている。また国家大劇院はガラスとチタンでできた卵型の建築物で、水に囲まれている。北京での最初の朝、私は道幅が広く非の打ちどころのない舗装道路をひたすら歩いた。大きな広場を横切り、次々と現れるショッピングモールやオフィスビルを過ぎる。すべてが計画どおりに実行されたものに見え、整然とし、そそり立つ巨大な建築物の間を走る車や道行く人びとが小さく見えた。

北京は中国世界の端に位置する。南には、たくさんの異なる地方語を話す人びとがいる。(4) 地方語といってもフランス語とスペイン語ほど異なるので、ほとんど別の言語といえるのだが、それらを話す人びとは黄河流域から、パリ・カイロ間の距離と同じ、約三二〇〇キロ離れたヴェトナムやビルマまでの間に暮らしている。北京から百数十キロ北に行けばゴビ砂漠と万里の長城があり、その向こう側にはモンゴルの草原が広がる。そこから北極圏やエーゲ海にまで届く弧の中には、モンゴル語とトルコ語を話す人びとが暮らしている(ちなみにこの二つの言語は非常に近い関係にある)。

北京は古い都市でもある。(5) 初めてこの地に都を置いたのは北から中国を征服したモンゴル人だった。彼らを追い出した明朝の皇帝たちも同じ地域から統治を行うことを決め、十五世紀初めに北京を開いた。以来、数回の短い中断はあったが、北京はほぼ一貫して中国の首都だった。これまでの数世紀間、広大な帝国や共和国の行政の中枢であり続け、世界でもっとも人口の多い都市でもあった。今日、北京市の面積はニューヨーク都市圏の面積とほぼ同じで、そこに約二二〇〇万人が暮らす。

しかし北京には、そこが古い場所であることや、自然に発達し成長してきたことを感じさせるものがほとんどない。むしろ、設計されてできた空間であるという感覚や、郷愁を抱かずただ将来を楽しみに待つという感覚のほうが圧倒的である。私のホテルの近くに金融地区があって、そこにはゴールドマン・サックスやUBSなどの外資企業から、中華人民銀行など中国の組織まで、一〇〇〇以上の企業のオフィスがあった。鉄鋼とガラスでできたビルがまるでパレードのように並んでいる。マンハッタンやロンドン中心部と異なり、現代風のものと古いものが交じっているのではない。一九五〇年代に北京では多くの地区で建物が取り壊され、木陰のある中庭や石畳の路地の代わりにソヴィエト風の灰色の四角いビルが立ち、幅の広い荘重な大通りができた。この二〇年の間にもさらに多くの建物が取り壊された。近いうちに、十数年以上前からあるものはほぼすっかりなくなってしまうだろう。

北京の主な繁華街は王府井で、ニューヨークの五番街やロンドンのボンド・ストリートに相当する。中国の都市というと普通は大勢の人で混み合い、狭い通りでみなが押し合いへし合いしているというイメージがある。しかし王府井は歩行者専用になっていて、混雑もなく、幅の広い道を身なりのよい買い物客がぶらぶら歩いている。数百年もの間、王府井は壮麗な邸宅が並ぶ通りだった。しかし今日では、ショッピングモールやデパートが勢ぞろいしている。「世貿天階《ザ・プレイス》」の前には「マンゴー」や「フレンチコネクション」の広告が出ていて、巨大な屋外画面にファッションショーの映像が流れていた。隣は高級ショッピングモールで、「グッチ」「コーチ」「マーク・ジェイコブス」などが入っていた。片側には小吃街があり、食べ物を売る屋台が整然と並ぶ。中国のいろいろなおやつもあれば、「蚕の串焼き」や「ヒトデのサメ油揚げ」のような少し変わった食べ物もあった。そこまで冒険的でない人のためには「マクドナルド」や（ファストフード店としては中国で突出して人気の）「ケンタッキー・フライド・チキン」がある。その日はひんやりした春の日だったが、王府井を歩く女性の多くは日傘を差していた。ここでも、真っ白な肌は美人の重要な要件だとされていた。

南には天安門広場があった。今でも毛沢東の肖像が広場を見下ろすように掲げられている。天安門広場は一九五〇年代前半に、人民解放軍の主な閲兵場にするため拡大された。六〇年代後半には、熱情的な数十万人がみな同じ人民服を着てここに集まり、赤い毛沢東語録を熱狂的に振りかざしながら、主席が古い既存の体制に対する「文化革命」を呼びかけるのを聞きに集まった。一九八九年には、同じだけの規模の群衆が今度は民主化を求めて集まったが、戦車や自動小銃によって粉砕された。

北京での二日目、少し時間が空いたので、私は紫禁城から天安門広場を隔てた向かいにある毛主席紀念堂に行った。そこには毛沢東の遺体が安置されている。映画館のように入り口で入場券を買い、大勢の中国人が黙ってぞろぞろと歩くのに交じって進んだ。たくさんの花束や花輪が飾られた大きなホールに入ると、そこから少人数ずつ、もっと小さい、暗くした部屋に案内された。ほんの一メートルほど離れたところに主席本人が、青白くこわばった姿で横たわっていた。私の隣の女性は感極まったのか、静かに涙を流していた。各々が数秒間ずつだけ見たあと、出口を通り、明るい日が注ぐ外に送り出された。

北京には過去が選択的に保存されている。まず、天安門広場と紀念堂には毛沢東の肖像が掲げられている（私が中国で彼の肖像を目にしたのはそこでだけだった）。古い城壁の一部が保存され、再建までされた部分もある。また十九世紀から二十世紀初めの「正しい」中国人作家の家は博物館になっている。紫禁城そのものもある。からし色の瓦屋根に朱色の壁を持つ紫禁城は、かつての天子たちが住んだ広大な宮殿群で、過去の「封建的な」抑圧を思い起こさせるものだが、他方で中国の帝国的な偉大さに対する誇りのしるしでもあるのかもしれない。北京にはまた、中国文明がいかに古いかを証明したいという願望も存在する。ほかのどの文明よりも古いと考えたがる人もいるくらいだ。王府井の端に「オリエンタル・プラザ」という、「都市の中の都市」と呼ばれるところがある。複数のショッピング施設とハイアット系のホテルが入っているのだが、ここが建設中だった数年前、目のいい北京大学の大学院生が建設現場の横を通り、ほこりっぽい地面に木炭の黒い染みのようなものがあるのに気づいた。そこを掘ってみると、動物の骨のかけらと、いくつかの石器が見つかった。今日それらは、発見現場に建てられた小さな博物館のガラスケースに展示されている。その隣には、色黒だが中国人らしい顔つきの女性の実物大の像があって、女性は上半身裸で毛皮の腰巻をつけ、赤ん坊をあやしている。もらったパンフレットにはこう書いてあった。「王府井での古人類学的遺物の発見は、国際的な大都市の中心での古人類学的発見としては世界初である」

中国国営テレビは二〇〇六年十一月、「大国の台頭」という番組を一二回に分けて放送した(6)。番組は中国人歴史学者チームによる調査に基づき、「大国」となった国々の歴史を概説するものだった。中国では、超大国になりたいという願望を外に見せることは決してなかったのだが、この放送はそうした姿勢の変化を表すものだと理解された。その二年前、胡錦濤《こきんとう》国家主席が「平和的な台頭」という言葉を使ったことがあったが、それでさえ一部には挑発的すぎると受け止められていた。番組は十五世紀のポルトガルの話で始まり、現在のアメリカの話で終わった。ドラマチックな音楽を背景に、ナレーターが低い声で、ドイツと日本が犯した過ちを批判し、イギリスが海外貿易を確保するために海軍をつくったことなど、手本にするべき戦略のことを語った。危険な賭けに出たスペインのイサベル女王や、「国家の統一を守る」ために努力したエイブラハム・リンカンが称賛された。この歴史学者チームは調査結果を共産党政治局に報告したともいわれていた。

中国の経済力は世界の市場をかたち作るようになっていた。これは国の安全保障にも関係してきた。中国は伝統的に大陸国家であり、十九世紀のアヘン戦争時には、清朝の海軍はイギリスの戦艦にまったくかなわず、清はイギリスに香港を割譲し、西洋との貿易を受け入れなければならなくなった。中国は一四三三年に鄭和《ていわ》が率いる巨大艦隊がマラッカ海峡を通りインド洋を回ったとき以来、外洋海軍を持ったことがなかった。そのころ、万里の長城付近ではエセン・タイシが率いるモンゴル系オイラト勢力が中国の防衛を圧倒していた。こうした内陸での事態に対応しなければならなかった中国は、海のほうを振り返ることはなかった。一四九七年から九九年にかけて、ヴァスコ・ダ・ガマが喜望峰を回り、その後五〇〇年もの間、まずポルトガル、次いでオランダ、フランス、イギリス、最後にアメリカという西洋勢力がアジア海域を支配し続けることになる。二十一世紀の中国はなんとしても海に出たかった。しかし冷戦終了以来、ハワイに司令部があるアメリカ太平洋軍が、日本海からペルシア湾までの海上交通路を支配していた。増大する中国の力がその状況を変えるだろうか？　少なくともアメリカは、そのことを次第に懸念するようになっていた。

私が北京に行く直前、中国南東部沖でアメリカ海軍艦インペカブルと、中国船五隻との間で変わった事件があった。アメリカは中国潜水艦の監視を強めており（インペカブルは潜水艦を探知する軍艦である）、それが中国側を怒らせたのだった。五隻の中国船は危険な距離まで接近し、中国国旗を掲げ、インペカブルにその海域を離れるよう要求した。インペカブルが放水して中国船を遠ざけようとすると、中国船の船員らは服を脱いで下着姿になり（おそらくそのほうが放水によく耐えられるからだろう）、接近を続けた。アメリカ国防省は中国船の行為を嫌がらせだと主張した。中国側は謝罪しなかった。『チャイナ・デイリー』紙には、中国海軍の副提督がインペカブルのことを、悪事をはたらくスパイ船だと言ったと書かれていた。「前科のある男が、家族が住む家の門の前をうろついているようなものだ」[7]。中国のダンウェイというウェブサイトはその上をいき、インペカブルのことを「007の映画に出てくる、世界征服を企てる悪者が乗っていそうだ」と述べた。

インドも、中国が軍事超大国になる可能性を懸念していた。インドと中国との関係はよくない状態が数十年間続いており、ヒマラヤ地方を通る一九〇〇キロの国境はいまだ画定されていない。中国は、インド北東部のアルナーチャル・プラデーシュ州は「南チベット」であり中国の一部だと主張し、インド政府がダライ・ラマとチベット亡命政府を受け入れていることに長年憤慨してきた。中国は二〇〇万人以上、インドは一〇〇万人以上の兵士を有する軍隊を持ち、両国とも核兵器を保有する。

アメリカが中国の西太平洋での目論見のほうを懸念していたのに対し、インドは当然のことながらインド洋のほうに注目していた。私は中国で、デリーにある「政策研究センター」の戦略研究家、ブラーマ・チェラニー教授によるコメントが『ガーディアン』紙の電子版に載っていたのを読んだ。それは次のようなものだった(8)。

　中国はアジアでの覇権国になることをめざしており、アジアが多極化するか一極化するかはインド洋で何が起きるかにかかってくるだろう。現在、インド洋には勢力の空白があり、中国はそこをねらっている。

最近の『タイム』誌の特集に「ビルマ——新しいグレート・ゲーム」というのがあった。十九世紀から二十世紀初めにかけて、ロシア帝国とイギリス帝国が中央アジアでの覇権を争ったのがもともとのグレート・ゲームである。グレート・ゲームは「スパイ合戦」とも呼ばれたが、分析筋によれば、同じようなことがインド洋について始まろうとしている。インドと中国が影響力をつけようとして張り合っているらしいことは確かだ。中国は、インド周辺の国々、つまりパキスタン、スリランカ、バングラデシュ、ネパール、そしてもちろんビルマで盛んに商業関係を育み、インフラ開発をしていた。かつての「大国《グレート・パワーズ》」がそうだったように、貿易のあとに軍事力がやってくることは十分にありうる。中国がアメリカに代わって西太平洋の主な海軍勢力となり、インド洋でも自らを軍事的そして経済的な存在として確立するのは時間の問題だとする意見もある。

　私はこの地域を研究する中国人に、このような考え方をどう思うか尋ねてみた。彼は、当然かもしれないが、素っ気なかった。

今は一九一四年のヨーロッパとはちがう。われわれは西洋が経験した競争と戦争を再現する必要はない。中国はまだ貧しい国であり、インドも貧しい国だ。ネパールやバングラデシュなどの近隣国もすべて貧しい。どの国も開発を必要としている。競争ではなく、協力することを考えなくてはならない。

もっと率直な言い方をする人もいた。[9] ある中国人の友人は「アメリカは中国を自分の下にとどめておきたいだけだ」と言った。この友人はロンドンに留学し、今は大手多国籍企業で働いていた。背が高く、ジーンズをはいて、ラルフ・ローレンのライムグリーン色のセーターを着た彼は五十歳なのに若々しく見えた。私たちは三里屯にある「中8楼」という流行のレストランで夕食をとっていた。三里屯は北京中心部の西にある地区で、一九九〇年代以来、ナイトクラブが密集していた（そしてオリンピック前に一掃されるまでは、ミニスカート姿のモンゴルやロシア出身の女性がよくいるところだった）。並木のある通りに「パディ・オシェア」「Qバー」「アポセカリー」など多くのバーのほか、レストランやカフェがあり、歩道にテーブルと白いプラスチックの椅子を出しているところもあった。「中8楼」は雲南料理が専門で、メニューにはきのこ料理がいくつもあった。店内は明るく照らされ騒々しく、客には中国人と欧米人がいて、ほとんどが高そうな服を着ていた。

友人は「ポルチーニ茸のフライ、エビ添え」を食べながら、アメリカは中国のことを勝手に決めつけ、将来の敵として中傷し、そうした見方に沿って計画を立て、日本その他の太平洋国家との関係を固め、インドにもより接近し、台湾に最新の武器を売っているのだと論じた。アメリカは世界中に艦隊や基地を維持し、外国に侵攻し、その防衛費はアメリカ以外の国すべての防衛費を合わせたのと同じ額である。友人は、いったいなぜアメリカが中国をより危険な勢力だと見ることができるのかがわからないと言った。

北京で会ったほかの人たちも同じ意見だった。アメリカ軍は二〇〇九年、防衛や国土安全保障のために七三八〇億ドルを費やした。中国の軍事予算の推定額には幅があるが、六九五億ドルから一五〇〇億ドルとされている。みな、中国が誰かにとって脅威となりうるという考えに困惑し、中国は「平和的な台頭」だけを望んでいるのだと反論した。私は鄧小平が共産党に「能力を隠して、時が来るまで待て」と忠告したという、中国でよく知られている話を持ち出した。今ではないとしても、たとえば一〇年後、その能力が隠されなくてもよくなったときに何が起きるのかを、多くの国が懸念している、と。すると彼らは、新たな帝国主義が生まれることはないと言った。中国国民の生活向上が望まれているだけで、そのために世界中の市場や政府との関係を強化する必要があるのなら、中国はそうするだろう。世界はそれに合わせるしかない。


中国の海外での野望についての真実が何であるにせよ、二〇〇〇年代後半に中国指導部が、それまでの躍進を持続できるのかを非常に心配していたことも確かだ。二〇〇八年の世界的な不況でも中国経済は欧米ほど打撃を受けなかったので、中国はほかのどこよりも将来有望かもしれないという感覚はむしろ強まるようだった。しかし水面下には、はびこる官僚の腐敗や基本的な輸出依存、いまや力を失ったアメリカ市場など、大きな問題が潜んでいた。このほかに重大な懸念事項が二つあった。

一つは、富裕層と貧困層、そして繁栄する東部沿海部といまだに貧しい内陸農村部との格差が大きく、拡大さえしていることだった[10]。中国の一人当たりGDPを省ごとに見てみると格差の実態がよくわかる。省や市、経済特区のなかでは香港が群を抜いて一位で、一人当たり四万四〇〇〇ドルだった。国の平均は六〇〇〇ドルである。一人当たりの収入が四万四〇〇〇ドルというのは、アメリカなどほかの多くの産業国とほぼ同列だ。次が北京や上海など東部沿海部にある大都市で、そこの一人当たりGDPは一万八〇〇〇ドルと、香港の半分以下ではあるものの、世界標準よりはずっと高く、ポーランドやハンガリーとだいたい並ぶ。同じく東部沿海にある広東省も一万ドルで、ブラジルとほぼ同じである。

これが内陸に行くと数字ががらりと変わる。まず、中国の中心に近い陝西省などでは一人当たりの収入が全国平均に近く、エジプトやグアテマラに匹敵する。そのあとには非常に貧しい省が並ぶ。これらはすべて西部や南西部に集中している。雲南省は一人当たりGDPが約三四〇〇ドルで、下から三番目（最下位は隣の貴州省）、ヴェトナムやフィリピンとだいたい同じである。

中国には東と西とで収入に大きな差がある。同じ国の中にアメリカに引けを取らないほどの繁栄がある一方で、東南アジアの貧しい農業国家と変わらないところもある。中国政府の戦略家にとってはこの貧富の差、東部沿海と内陸との格差を小さくすることが最優先課題なのである。彼らは地図を見て、海から遠いこと、そして国際貿易に容易に参入できないことが南西部の貧困の大きな原因の一つだという結論に達した。外国からの投資の約九〇パーセントが沿海部の都市に集中していた。急成長していたのはこれらの都市だ。今後の開発は、貧しい地域を東部沿海地域により効率的につなげるため、空港や道路などインフラを新たに整備するものでなければならなかった。

しかし沿海部と内陸部の格差を緩和するにはもう一つ方法があるようだった。それは中国を「二つの海岸を持つ」国家にすることだった。中国では一九九九年に「西部大開発戦略」が正式に始まったが、これに関連して、ビルマを経由してインド洋に達しようという構想があった。もともとは学者が主張し、のちに政策立案者が支持するようになったものだ。西部を開発するにはインフラ整備への巨額の投資が必要で、すでにこの一〇年間に数百億ドルが費やされた。インド洋に簡単に出られるようになるのが望ましいという点では誰もが合意した。問題はそれをどう実現するかだった。とにかくまずはビルマ軍政を仲間に加える必要があった。

中国が抱えていた二つ目の問題は、社会・経済的に急速に変化するなかで、国の民族多様性にどう対処していくかということだった。遠くからだと中国社会は巨大な一枚岩のように見える。大半の人は、チベットが中国の西の端にあることは知っているだろう。また北西部に暮らすウイグル人のことや、最近ムスリムのウイグル人と多数派の漢人との間で暴力的な衝突があったことを聞いたり読んだりしたことがあるかもしれない。しかし、中国の民族模様の複雑さや、中国の政策立案者が国の多種多様な民族集団の統合をいかに重要視しているかを本当に理解している部外者はほとんどいない。漢人というのは基本的に、多数ある中国語の地方語のうちの一つ（あるいは二つ以上）を話し、自分たちを古代の漢朝あるいはそれ以前から続く中国という伝統の一部と見なす人びとのことである。しかし中国には、中国語とはまったく異なる言葉を話し、中国以外の伝統にアイデンティティを見出す少数民族もたくさんいる。こうした少数民族は全人口の七パーセントを占める。たいして多くないように思えるが、それでも人数にすると一億人で、フランスとスペインの人口の合計と同じだ。また中国では半分以上の地域で、これらの少数民族が多数派であるか、多数派に近い割合を占めている。

中国最西部には新疆があり、莫大な量の石油と天然ガスが埋蔵されている。また広大なチベット高原にはチベット「自治区」だけなく、青海と、甘粛省、四川省、雲南省に併合されたものの歴史的にチベット語を話す地域が入る。南西の雲南省と隣接する広西などの少数民族地域には、欧米ではほとんどの人が聞いたことがない、ナシやイ、ダイといった非漢人が四〇〇〇万人住む。

中国の指導者たちは、今日中国である地域が、軍閥や各地の軍司令官にばらばらに率いられていた、あるいは中国人ではない独立した支配者の統治下にあった、そんな時代が現在の国民の記憶に残っていることをわかっている。民族が原因で分裂するという脅威に対し、中国の指導者は時代によって異なる対処方法をとってきたが、この数十年はほかの問題に対するのとほぼ同じ、経済成長を持続させるという対処方法をとっている。雇用が増え、よい職も増えれば、そのほかの問題も扱いやすくなり、そのうち消えていく。そのなかで、ビルマは中国でもっとも少数民族が集中する雲南省の隣にあるため、中国政府の対ビルマ政策は何よりもまず、それによって雲南経済の発展が促進されることを大前提としてきた。インド洋への進出に加え、ここでもビルマ軍政を相手にする必要があった。

チェスはインドで発明され、ヨーロッパに伝えられた。しかし中国では昔から室内ゲームといえばウェイチというものだ。欧米では日本語名の「ゴ」として知られている。碁では、相手の駒を自分の駒で囲ったほうが勝ちとなる。中国がビルマ公路を通って南西に向かう直接のきっかけとなったのは中国国内の諸問題であるようだった。しかし中国は、「気がつかないうちに」アフリカを獲得したヨーロッパのように、いつのまにかインドの東側を、そして世界の海上交通路を支配するようになるのだろうか？

中国はこの二〇年で、ビルマ政府にとって最大の友好国そして支援国になった[11]。中国は飛行機や戦車などの軍用品を数億ドル分も提供し、外交面でも、国連その他の大事な場でビルマをかばってきた。二国間の貿易は過去最大にまで拡大し、公式の数字によればいまや年間二〇億ドルに上る。密輸も含めた実際の数字はもっとずっと大きいにちがいない。各種投資も増えるなか、今日ビルマ経済は中国経済と近代以来もっとも密接に関連している。中国の党幹部や将校、大臣や地方の高官が頻繁にビルマに行くし、ビルマ軍の上層部が中国の都市を訪れるのも国営メディアによく出る。

中国の対ビルマ政策は、経済制裁や外交上の非難ばかりのアメリカやヨーロッパの対ビルマ政策とはこれ以上ないほどに異なるが、これはそう驚くべきことではない。中国政府が欧米のように民主主義の推進を重要視することになるとは考えにくい。また、冷戦中は欧米と中国の立場が逆だったことも覚えておくに値する。冷戦中、とくに一九六〇年代後半から七〇年代にかけてビルマ軍政といちばん親密な関係にあったのはアメリカ政府で、軍事訓練を行ったり、当時の独裁者ネーウィン将軍をワシントンに迎えたりしていた（ネーウィンはホワイトハウスでリンドン・ジョンソン大統領に会ったあと、ハワイのマウイ島でゴルフ三昧の一週間を過ごした）。当時の中国はといえば、ビルマの将軍たちを「ファシスト」として非難し、制裁や批判を通じてだけでなく、ビルマの共産主義反乱軍を全面的に支援して、軍政の転覆を積極的に企てていた。それは中国が東南アジア全域で共産主義運動を支援していた時期のことだった。鄧小平や彼と同じ考えを持った改革派に権力が集まるようになって初めて、海外での革命ではなく国内の経済発展に焦点が絞られるようになったのである。そうして毛沢東思想の輸出が終わり、市場の探求が始まった。人権が問題にされたことはなかった。

中国版の産業革命が加速するにつれ、成長を続けるのに必要な燃料となる天然資源もますます求められるようになった。本来なら発展した国々が新しい中国製品の大口の買い手となったのだろうが、中国が将来のエネルギーや鉱物資源の供給を確保するためにねらいを定めたのは主により貧しい国々だった（オーストラリアのように、天然資源が豊富な富裕国もいくつかあった）。中国企業はアフリカ各地の、長年旧宗主国の領域だった地の多くで、鉱山の買収や道路建設などのために何十億ドルも注ぎ込んでいる。その際、欧米が援助する際によく条件とされる「よい統治」やジェンダーの平等化などは話題に上りさえしない。

しかし、ビルマはただの外国ではない。中国が新たに貿易を始めたほかの国々とちがって、ビルマは中国の南西側の重要な位置を占め、中国で少数民族がもっとも密集する地域の隣にある。国境というものは簡単に不明確になる。中国政府の指導者にとって、いたるところに市場を確保することはきわめて重要なことである。しかしそれよりもさらに重要なのは、国内、とくに少数民族居住地域の安定を確保することだった。

中国は、欧米の対ビルマ政策を偽善的で自滅的だと考えている。欧米政府は自分たちの利益になるときにはビルマと同等か、ビルマよりも専制的な国家を支持するから偽善的、そして制裁やボイコットによって本来保持できていたはずの影響力を失っているので自滅的というわけだ。しかし、だからといって中国政府がアメリカやヨーロッパのやり方を変えようとするわけではない。たしかに中国には欧米による制裁の解除を望んでいる一面もある。ビルマが国際市場とつながって今より繁栄すれば国の安定につながり、それが長期的には中国にとってもよいと考えるからだ。しかし中国は、欧米の制裁（とそれに関連するボイコット運動）によって競争相手が不在となることで自国の財界が非常に有利な立場に置かれていることもよくわかっている。わざわざ競争相手を引き入れることがあるだろうか？

しかしこうした実際的な考えの裏にはもっと哲学的な世界観もある。欧米では、最近のイラクやアフガニスタンでの経験を経てもなお、外国の、たとえば内戦や抑圧的政府などの問題は、国際的な支援を正しい方法で行えば解決できるという考え方が強い。しかし中国は遠方の状況に口を出すことなどめったにしてこなかったし、自分たちが「外国による干渉」と呼ぶものの効き目を欧米ほど信じていない。ある中国人の分析家は私にこう言った。「ビルマは問題を抱えているが、われわれもみな問題を抱えたことがあり、その都度自力で解決しなければならなかった。放っておくほうがいい。少し前の中国を見てごらん。当時、もし外国政府が中国に指図しようとしていても、中国はまったく助からなかっただろう」。こうした確固たる信念が、より利己的な動機とうまく合わさっていた。

私は、中国政府の少なくとも一部はこの見方に確信を持っておらず、より父権主義的な態度に傾いているのではないかと感じることがあった。ビルマはほかの国とは異なるのではないか？　なんらかの支援を必要としているのではないか？　二〇〇七年、ラングーンで起きた僧侶主導の抗議行動がしばらく国際ニュースを席巻していたころ、中国は落ち着かなかった。当時、ある中国人ジャーナリストは私にこう言った。「中国の指導者たちは、このビルマという問題の解決策を今度こそ見つけたいと思っている」。しかし抗議行動に関するニュースは次第にテレビ画面から消え、何事もなかったかのような日常が戻った。

その日常が新しい次元に入ろうとしていた。二〇〇七年の中国は、一九八〇年代にビルマに近寄った中国ではなくなっていたのである。直近の世界的金融危機で欧米の経済は打撃を受けたが、中国は比較的無傷で、それまで以上に自信に満ちていた。銀行には金がたっぷりあり、すさまじい勢いで原材料を買いまくっていた。ビルマとの経済関係にもいっそう力が入れられるようになった。

二〇一〇年初めには、中国南西部をビルマ経由でベンガル湾につなぐ石油・天然ガスパイプラインの建設工事が始まっていた。マンダレーから先は瑞麗《ルイリー》を通り、雲南から広西自治区に向かい、巨大都市重慶に至る。この三カ所は「西部大開発戦略」の対象となっていた。つまりパイプラインは、同じく進んでいたイラワディ川やサルウィン川での大規模水力発電事業と同様、中国が産業化をさらに加速させるのに必要なエネルギーを確保するためのものだった。パイプラインには戦略的な側面もあり、胡錦濤国家主席が二〇〇三年に「マラッカ・ディレンマ」と呼んだ問題に対する解決策の一部でもあった。中国の石油の需要は増える一方だが、アフリカや中東から輸入する石油は現在、すべてマラッカ海峡とシンガポールを経由する。中国の戦略家たちは、マラッカ海峡での海賊による攻撃も懸念してはいたが、それよりも危惧していたのは、将来アメリカやインドとの間で紛争が起きた場合、敵がほんの数隻の軍艦をマラッカ海峡に出すだけで、中国にとって不可欠の石油の供給が簡単に止まってしまうということだった。ビルマを通る供給路があれば、このディレンマから抜け出すことができる。

中国にとっての問題は、ビルマ国内の情勢があまり安定していないことだった。ビルマでは定期的な選挙の実施を規定する新しい憲法がまもなく施行される予定だったが、全体的な政治的和解はまだとても実現しそうになかった。そして中国政府、とくに安全保障関係者は、ビルマの北部と東部の大部分がビルマ軍ではない武装勢力の支配下にあることを誰よりもよく知っていた。中国政府にとっては腹立たしいことに、二〇〇九年にビルマ軍政はそうした集団の一つに電撃攻撃を加え、結果数万人の漢人が国境を越えて中国に逃げてきた。将来が見えないままのビルマに、中国は本気でそれほどの戦略的重点を置くというのだろうか？　国際的な信望がかかっていることも言うまでもない。しかし気に留めない中国人分析家もいた。一人は私にこう言った。「中国が近隣国の心配をするとしたら、それはビルマではなくパキスタンになる。ビルマの状況のほうがずっとましだ」

概して、実際的な動機がいくつか合わさって中国の対ビルマ政策をかたち作っているようだ。中国が抱える国内問題は、ビルマが海につながる橋になればある程度は解決される。また、欧米がビルマから撤退している状態を利用し、ついでにインドの東側への影響力を増したいと考える向きが、少なくとも中国政府の一部にあった。しかし、実際的な動機だけでなく歴史に基づく動機もあった。その歴史とは、これまですっかり見過ごされてきたらしい、中国の南西辺境の歴史である。

中国は台頭しつつある超大国というよりは、再出現しつつある超大国だとする見方がある。中国は一八〇〇年代までの数世紀にわたり世界一の経済大国で（ムガル帝国が最大だった可能性もあるが）、おそらく技術面でももっとも発達していた。この見方によれば、いま起きているのは単に昔の状態への復帰だということになる。中国人は自分たちのことをよく、青銅器時代初期の王朝から何千年も脈々と続く無類の伝統を受け継ぐ者だとする。彼らが継承するのは世界有数の文明の一つ、あるいは世界でももっともすぐれた文明で、野蛮人に侵略されたり、もっと最近では恥ずべきことに西洋に支配されたりして一時的に優越性を失ったことはあるが、今はその正当な地位を回復する途上にあるというのだ。

しかし中国は、実際には地理的に固定された実体ではない。今日の中国と中華人民共和国の国境は二十世紀につくられたものであり、それまでの中国とは必ずしも一致しないことを覚えておく必要がある。辺境地域の歴史はこれまで見過ごされがちだったが、今ふたたび重要性を増しているようだ。

中国文明は黄河流域の、現在の北京や、今のモンゴルが広がる平野から遠くないところで始まった。[12]一万年前だろうか、そこでキビなどが初めて栽培された。最初期の中国の文字が現れたのはその吹きさらしの乾燥地帯でのことで、神託に使う骨、将来を占うために熱されてひびの入った亀の骨に書かれていた。紀元前三世紀に秦の始皇帝が中国世界を統一したとき、その世界はまだ比較的小さく、もともとの本拠だった黄河流域からは拡大したとはいえ、現在の中国のせいぜい四分の一ほどの大きさしかなかった。

中国語と中国文化がその後黄河流域の中心地からどう広がったのか正確なことはわかっていない。[13]すぐれた農業技術を持っていたことが重要な要因の一つだったと考えられている。高度な農業は人口の増加につながる。中国語を話す人びとが寒く乾燥した北部から、まず揚子江流域へ、そこからさらに南へ、現在の中国南部の蒸し暑いジャングルのほうにまでたえず移り住むようになっていたのかもしれない。こうした地域に以前から暮らしていた人びとは中国語とはすっかり異なる言語を使っていた。なかには現代のタイ語、カンボジア語、ヴェトナム語の原型となる（あるいはそれらに非常に近い）言語もあった。たとえば今日の上海周辺にあった呉では、現代のタイ語やビルマのシャン語に似た言葉を話していたらしい。[14]そして現在の香港の近くにあった越では、ヴェトナム語に似たオーストロアジア語族の言葉を使っていた。[15]越は南シナ海沿いの商業中心地で、遠くアフリカから輸入された象牙やアラビアからの乳香を取引していた。中国人は越人のことを、バナナの葉を皿の代わりにし、マラリア蚊のいる沼地に住む変わった異国人だと見ていた。

最盛期には、古代中国の支配域は現中国の長い沿岸部を含む東半分のほぼ全域に及んでいた。これは紀元後初めの数百年間のことで、ローマ帝国の時代とほぼ重なる。各地の王や王族、部族社会は次第に政治的に結合し、文化的にも言語的にも統合されていった。たとえば越だったところは以後中国のすべての王朝の一部であり続け、そこにいた人は越人としてのアイデンティティを最終的に失った。もともとあった言語も少しずつ消え、広東語や福建語など中国語の地方語に取って代わられたが、これらの地方語は、長期にわたって接触のあった、今は途絶えた土着言語の影響を受けたのである。漢帝国の最南端に位置したヴェトナムだけが(千年にわたる中国支配ののち)ふたたび独立し、以来その独立を断固として守っている。

南西のビルマやチベットの方面にはまた別の辺境の歴史がある。揚子江流域は沿岸の上海の近くから数百キロもうねうねと延び、宜昌《イーチャン》の先の大峡谷に至る。さらに先にはかつて蜀があった四川盆地があり、現在はそこに八〇〇〇万以上の中国人が暮らす。石牛道ができてから新しく中国の一部になったこの地には、気候がより厳しい黄河や渭水《ウェイシュイ》の流域から移民が流入し、麻や銅、鉄鉱石、塩の生産地として有名になった。ここも以後のすべての中華帝国に含まれてきた。

しかし四川から先はだんだんと山が高くなり、間に谷を挟みながら、最終的にはチベットとビルマに至る。この地方も、国境がなかなか定まらなかった点では中国南部と同じだが、四川や中国南部が中世には中国に完全に吸収されていたのに対し、フランスの三倍の面積を持つ中国南西部の大部分は二十世紀に入ってもまだ、中国の実質的な支配圏の外にあった。南西部の広い地域にとって、この一〇〇年間の歴史は戦争と共産主義支配の歴史というだけでなく、「中国本土《プロパー》」への統合の歴史でもあったのである。

同じような統合が、ビルマの国境地域で今も進行中だといえる。ビルマからすれば、不可抗力を持つ中国がビルマにどっと入ってきて覇権を取ろうとしているように見える。少し離れたところからだと、中国のビルマ軍政との関係は、中国の北朝鮮やスーダンなどビルマ以外の「ならず者」国家との関係と一緒くたにされ、不吉そうで不気味なものととらえられるか、インドとの新しいグレート・ゲームという文脈に置かれることが多い。中国国内の事情や、中国・ビルマ関係に実際に影響を与えている動きはほとんど理解されていない。そして中国の辺境の歴史や雲南の状況となると、すっかり無視されている。

北京から雲南省の省都昆明までは、中国の内陸部や次第に高くなる山々を越えて、飛行機で三時間かかる。雲南省はビルマの隣にあり、面積も人口もほとんど同じで、中国のベンガル湾への進出に鍵となる場所である。私は一九九〇年代初めに雲南を訪れたことがあったので、様子が少しわかっていた。私はまた、雲南では独立王国や高地地方の首長たちが長い間中国の支配を受け入れなかったことも知っていた。中国のビルマや周辺地域に対する政策に、雲南は今どのような影響を与えているのだろうか？私はそれぞれの断片を組み合わせてパズルを完成させたかった。

雲の南

雲南は何世紀もの間、アメリカの「未開の西部」ならぬ中国の「未開の南西部」だった。そこははみ出し者や極悪人、風変わりな宗教の分派の地で、移り住んできた漢人はマスケット銃を手に、弓と矢を持つ部族民や、野蛮な異国人と戦った。密林に覆われた山々には恐ろしい動物がうようよし、急流や何百メートルもの高さの崖が地を刻み、当たると死ぬ毒気が漂うといわれ、もっとも頑健な辺境開拓民以外は寄りつかなかった。中国人は現地人を「熟番」と「生番」で区別した。熟番のほうは中国式のものやり方がすぐれていることを認めるようになり、中国語を学び、自分たちも中国人になる方向に進んでいた。しかし雲南には、近代に入ってしばらくしても、生番のなかでももっとも未開の人びとが多く、奇怪な性的慣習を持ち、あらゆる帝国主義的権威に敵意を抱いていた。その奥にはさらになじみのない緬《めん》王国つまりビルマがあり、さらにその向こうには西の海があった。

今日の雲南は中国の一省で、面積は約三九万平方キロ（ドイツより少し大きい）、人口は五〇〇〇万人に達しようとしている。天然資源が豊富で、人口密度は比較的低く、中国でもっとも少数民族が集中している。雲南省の住民の四〇パーセント近くが非漢人である。イラワディ川、メコン川、揚子江と珠江はどれもチベット高原から雲南を通って流れる。したがって雲南省の潜在的な水力発電能力はかなり大きく、これが現在、論議を呼びながらも急速に開発されつつある。雲南はまた、タバコや花卉《かき》、アルミニウム、鉛、亜鉛、すずの中国最大の生産地でもある。十三世紀に訪れたマルコ・ポーロは、雲南が塩の産地であることに言及した。雲南は塩のほか銀、のちにはアヘンの産地として知られるようになった。また茶や、最近ではコーヒーの産地としても有名だ。コーヒーは一〇〇年前にフランス人宣教師がヴェトナムから持ち込んだ。ネスレとマックスウェル・ハウスが雲南のコーヒーを輸出用に買い始めており、スターバックスは中国にある五〇〇以上の店舗で新しく「雲南ブレンド」を出すようになった。初期の漢人移住者を怖がらせた暗い森はほとんどが伐採されたが、雲南は今でも自然がとても美しい場所で、東には丘陵地帯があり、西にある山間の谷や青緑色の湖、冠雪した山々はチベットにつながる、ヒマラヤ山脈の縁にあたる。

昆明は雲南省の省都で、私が中国で初めて行ったところだった。一九九一年のことで、カチン丘陵にある反政府勢力の支配地域に行く途中に寄ったのだった。そのときは冬で、「永遠の春の都」としても知られる昆明の気温はそれほど低くなかったが、空はどんよりと曇り、朝靄を通して大きな建設現場や新しい高層ビルが、ほとんど誰もいない広い大通りに沿ってところどころにあるのが見えた。蒸し暑く騒々しいバンコクから来たので、当時の昆明は整然として清潔で特徴がないように思えた。黒い布靴を履いた人びとが自転車に乗り、公園のベンチでは年老いた男女がおしゃべりに興じ、道には背の低い木が等間隔で植えられ、よく手入れがしてあった。西洋人はほとんどおらず、英語を話す人に会った覚えがない。

昆明は多彩で豊かな歴史を持つ都市だった。[1] 二十世紀初め、ヨーロッパのアジアへの影響力が最大だったころ、イギリスとフランスが昆明へのアクセスと影響力を競い合い、フランスはハノイの近くに持っていた港ハイフォンから昆明まで鉄道を通した。一九三〇年代に日本が中国に侵攻すると、沿岸部から何千人もの難民が遠くこの地にまで流れ込んだ。難民の多くは専門家や実業家で、日本の空襲がないところで再建しようと、工場を解体したのを全部持ってきた人もいた。大学も丸ごと昆明に疎開してきたので、それまでは辺境の町だった昆明に国際的な空気が漂うようになった。またラングーンやカルカッタからの物資や、戦争でひと儲けしようという者やスパイが、ビルマ公路を通じて入ってきた。抗日戦で任務に就いていたアメリカ軍の航空隊員もいれば、戦略諜報局（ＯＳＳ。ＣＩＡの前身）の第一〇一分遣隊の特殊作戦員で、ホー・チミン率いる対日ゲリラのヴェトミンと接触するため昆明からヴェトナム高地まで歩いた者もいた。それが一九四九年、中国で新しく生まれた共産主義政権のもと、外部との関係がすべて断たれ、その後四半世紀以上も隔離状態が続くことになる。

　今の昆明には、昔の様子がわかるものはほとんど残っていない。寺院や教会、モスクが少しは残ってはいるが、ほかはほぼすべて、向こう見ずに近代化を急ぐなかで取り壊されてしまった。私が一九九一年に訪れたときにはかつての街並みの一部がそのままになっていたが、九〇年代半ばには開発の速度が増していた。武成路《ウーチョンルー》という古い繁華街には木造の家屋や店舗が並んでいたが取り壊された。また金碧《チンピー》路《ルー》沿いには、二十世紀初めの、多くはフランス領インドシナ様式でゆったりとした造りのすばらしい建物がそろっていたのだが、これも解体され、カトリックの古い聖堂だけが残された。

　私が再訪した二〇〇九年には、昆明は中国の他地域と同様、見ちがえるほど変わっていた。混雑してうるさく、団地やショッピングモールや交通渋滞があってにぎわっていた。道行く人のなかには、ミニスカートにロングブーツをはいた女性や、ダークスーツか黒の革ジャケットを着た男性など、驚くほど現代風の格好をした人が交じっていた。

　私のホテルは、複数のショッピングモールが並ぶ広い中央広場から遠くない、交通量の多い交差点の角にあった。私の部屋は一八階にあり、大きな窓からは下のほうのネオンが見えた。そこまではどこのホテルでも同じだが、ここには湯の入ったポットが置いてあり（中国の人たちは湯を好んで飲む）、テレビには中国語のチャンネルしかなかった。ビルマと異なり、中国の地方のホテルではCNNなど英語の衛星放送ニュースが見られない場合が多い。私は数分の間、中国のゲーム番組にチャンネルを合わせた。女性や子どもがスーパーマーケットの中を走り回り、大急ぎで品物を見つけてはカートに入れていた。

近くの数部屋には多人数の家族連れが泊まっているようだった。彼らは部屋のドアを開け放しにして、廊下越しに互いに大きな声で話していた。初め私は彼らがチェックアウトするところで、飛行機か列車に乗り遅れそうなので怒鳴っているのかと思った。しかし、すぐにそうではないことに気づいた。この大家族はその階の一帯を家族専用の大部屋のようにして使っていて、部屋の外の廊下も自分の家のように歩き回り、大声で話すのはいつもどおりのことだったのだ。私はエレベーターに行く途中、彼らの部屋をのぞいてみると、さまざまな年齢の人たちがベッドやソファに坐り、男性は下着姿で、麺をすすりながらテレビを見ていた。以後数週間、私は行く先々で同じような光景を目にすることになる。

朝にはホテルの一階で大きなビュッフェ形式の朝食サービスがあった。男性が数十人いたが女性は少なく（宿泊客の大半は省内の他地域から来ているビジネスマンなのだとあとで聞いた）、熱いスープをすすり、豚まんやゆで卵をがつがつと食べていた。温めた牛乳に砂糖を入れて飲んでいる人もいた。窓のない部屋だったが明るく電気がつけられ、コリント式風の柱があるネオクラシック様式のような内装で、「アメージング・グレース」が低音量で流れていた。ホテルの土産物屋では翡翠が売られていた。私にはビルマ産であることがわかっていた。

外に出ると、年配の女性たちが売春婦の電話番号が書かれた紙を事務的に配っていた。そしてさすがは中国のタバコの都、誰もがタバコを吸っていた。ホテルの中ではどこでも、エレベーターの中でさえも吸っていた。通りでは男性が数人ずつで吸っていて、みなの頭上に煙が立ち上っていた。プラスチックのフィルターにタバコを付ける人が多く、それを二本の指ではなく、アヘンを吸うパイプのように持つ人もいた。

いたるところに店があり、人が買い物をし、主な通りにはショッピングセンターが並んでいた。映画館の一つでは『トランスフォーマー2』が上映されていて、近くには一区画全体を占める工事現場があり、目隠しを兼ねて立てられた看板によれば、そこには住宅と「IMAX複合映画館」が入る「メガコンプレックス」ができるとのことだった。看板にはジョージ・ソロスの写真も載っていて、太字で「さらなる詳細反映国際的ビジネススタイル」と英語で書いてあった。

少し離れたところにある、高いビルが連なる大通りに石造りの家があった。日本と戦うアメリカ軍のスティルウェル司令官が蔣介石と会ったのがここだった。単純に「石の家（石房子）」と呼ばれていて、一階にはレストランが入っていた。入口の横には英語で「おいしい料理で知られる」と書いてある。わきには小さな池のある庭があって、十数人の老いた男女が池の周りのベンチに坐り、話もせず、午後の日光を浴びていた。七十は超えているように見える人が多く、だとすると彼らは石の家の全盛期のころにも昆明にいて、もしかしたらスティルウェルと蔣介石大元帥を窓からのぞき見したかもしれない。この家には一九四〇年代、共産主義者が勝利したあともしばらく政府が本部を置いていたのだが、当時昆明には未舗装の道路が数本あるだけだった。それが今では石の家の隣にはガラスと鉄筋のショッピングモールができていた。一階には「ゼニア」「ラルフ・ローレン」「モンブラン」が入っていて、外には「エリザベス・アーデン」と「ディオール」の大きな看板が出ていた。

その夜、香港から昆明に来ていた友人とホテルで飲んだ。彼はこう言った。

多くの人がつい三〇年前まで、戦争や文化大革命のせいでどんなにたいへんな生活を送っていたかを忘れてはいけない。老人は過去を忘れたがり、若者はいま君が目にしている安定と発展以外のことは何も知らない。第二次大戦から四半世紀がたった一九六〇年代の欧米に少し似ているのだろうか。当時の若い世代も、身の回りの状況がどんなに悪くなりうるかを全然わかっていなかった。

昆明にはまた、漢人以外の人がいる明らかなしるしはほとんどなかった。雲南にはかつて多くのムスリムが住んでいたが、私が見た唯一の「モスク」は、子ども向けの衣服や玩具を売る「ディズニー・ミッキーマウス」という店が入ったビルの最上階にあった。スカルキャップをつけたムスリムの男性も何人かいた。また通りでトルコ系中央アジア人風のわし鼻の人を見かけることもあった。ほかにも、モンゴル時代に建設されたモスクを再建したものなど、いくつかモスクがあると教えてもらったが、大半は町はずれにあるとのことだった。

古着屋で売られている服のように、多様な素材をうまく組み合わせて着ている人が多かった。かつてみなが着ていた人民服は、ほとんど誰も着ていなかった。革のカウボーイハットが人気らしく、かぶっている人を見かけた。また、着古されたヨーロッパ風のスーツをまとい、まるで一九三〇年代の放浪者のように見える男性もいた。路上でリンゴを売っていた年老いた男性は、色あせていたがそれでも上品な紺のスーツを着て、昔の映画スターのように髪を後ろになでつけていた。このほか、それほど優雅でない服装をした女性の一団がいて、彼女たちはその肌の色の濃さと縮れた髪の毛から、ビルマに近い丘陵地帯から来たワ部族ではないかと私は思った。彼女たちは、アメリカの西部開拓時代にドッジシティ〔アメリカのカンザス州にある町。西部開拓時代に辺境の町だったことで知られる〕を訪れたネイティブ・アメリカンのように、昆明の街中では野生的に見えた。

そこここに、今とはちがう時代を思い起こさせるものがあった。空港からの道には、昔風の変わった服装をした人たちの巨大な銅像が立っていた。また、ある通りで見た観光客向けの掲示板には、ビルマやタイのようにサローンをつけた女性の絵があった。私のホテルのロビーにも巨大な壁画があって、色の黒い先住民が羽の付いた頭飾りをつけ、原始時代風の太鼓を叩いていた。その奥では上半身裸の女性が踊り、男性も女性も頑丈でたくましそうに描かれていた。こうしたものはどこか別の国の政治史を示そうとしているのではなく、観光客に対し、その光景が見て楽しく、わくわくさせられる中国の知られざる一面であることを示そうとしているのだった。アメリカ人がハワイに着くと花輪を渡されて、アメリカにいながらにしてどこか異国風のところに来たことを知らされるのに似ている。

二〇〇〇年前に中華帝国の勢力が初めてこの地方に乗り込んできたとき、雲南は彼らにとって未知の国だった(2)。雲南は、中国に吸収される前の四川文化と強いつながりを持っており、北方の、黄河屈曲部沿いやさらに遠くのトルコやスキタイの大草原にいた放牧民とも接触していた可能性が高い。また逆方向の、現在のビルマ、タイ、ヴェトナム、ラオスとも重要な関係があった。紀元前の最後の数世紀には、今の昆明の近くにある滇池沿岸で青銅器文明が栄えていて、互いによく似た装飾用銅鼓などの青銅器が雲南省を始め、東南アジア大陸部各地で出土している。地位のある男性は、銀が貨幣として使用される前はアジアの大部分で重要な通貨だった貝殻でいっぱいの入れ物とともに埋葬された。その貝はインド洋のモルディヴから、ベンガル湾とビルマを経由して持ち込まれたのだった。

初期の中国－雲南間貿易では、野蛮人の奴隷や、雲南が名産地として知られていた小型の馬と、四川で作られた鉄器や鉄製の武器が取引されていた。中国南西地方の人びとについて書かれた中国の古典

『史記　西南夷列伝』によれば、昆明周辺に住む人びとは靡莫《びばく》という諸国連合に入っていて、その靡莫は千数百キロ以上先の今のインド国境のほうまで広がっていた。靡莫の人びとは髪の毛を丸い形に結うといわれていた（十九世紀後半まではビルマの男性もそうしていた）。南西地方の社会は軍事社会で、厳格な階級制度があり、指導者たちはアジア内陸部のステップ世界にいるほかの騎馬民族社会の指導者と接触していたが、その接触方法についてはほとんどわかっていない[3]。

漢の最盛期には、中国はずっと北のほうに本拠を置きつつも、南西地方の指導者を引き入れるか打ち破るかして、ビルマ国境までの間に軍隊の拠点となる「郡」を置いた[4]。これは完全な征服ではなく、現地の指導者が多数いるなかではたいした権威を示せなかった。この地域に通じる道路は初め「五尺道」と呼ばれたが、のちに（改修されて）以前よりやや威圧感があり、悪意の感じられる「西南夷道」と呼ばれるようになった。これはローマ人がイギリスを支配していたころのことである。そしてイギリスに来たローマ人と同様、雲南に来た中国人も、すぐれた技術や武勇、ぜいたくな生活様式などで現地民を威圧し、影響を与えたことだろう。しかし三世紀に漢が滅びると中国は南西地方から完全に撤退し、そこには新たに、中国系ではない独立国家が現れるようになる。イギリスでアングロ・サクソン人が初めて王国を築いてから約一〇〇年後、雲南には新しい王国、南詔《なんしょう》が生まれた。南詔は九世紀には中世世界でもっとも強力な帝国の一つになるまで発展した。

十三世紀に昆明周辺を訪れたマルコ・ポーロは、そこが中国文明の外にあり、アジアの他地域と強いつながりを持つ場所であることを認識していた[5]。彼は一帯の主な都市のことを「カラヤン」と呼び、それについてこう書いた。「大きく、気品のある都市で、多くの商人や職人がいる。人びとはいろいろ雑多で、サラセン人や偶像崇拝者だけでなく、ネストリウス派キリスト教徒もいる」。当時、ネストリウス派は中央アジアに広がっており、中国の西方にあった契丹《きったん》人の国、西遼《せいりょう》の国教でもあった。その指導者、耶律大石《やりつたいせき》は、いつの日かイスラームを征服するといわれた「東洋のキリスト教国君主」プレスター・ジョンの伝説のもととなった人物である。マルコ・ポーロは、カラヤンの人びとは「フランス人と同じように馬に乗り」、中国人のように「小麦のパン」は食べず、「米は食べる。そして米からいろいろな物を作る」と述べた。

マルコ・ポーロはモンゴルによる征服の波に乗って雲南にやってきたのだった。モンゴルは雲南地方の支配者を制圧し、昆明周辺の地域全体を広大なモンゴル帝国に併合した。当時、モンゴル帝国はポーランドから日本海まで広がっていた。こうして雲南の支配階級のかなりの部分が世襲によってトルコ系やモンゴル系になっていった。一〇〇年後に中国に明朝が現れてモンゴルを追放すると、雲南も明の支配下に入った。昆明が明軍の基地および一帯の都として建設されたのはそのとき、つまり十五世紀初めのことだった。これが雲南での本格的な中国支配の始まりだった。

中国による支配が始まったものの、その地域はまだ中国とはいえなかった。雲南の漢人人口はごく小さかったが、その後、昆明だけでなく今日の「南西部」全域で漢人人口が急増していく。数世紀後にアメリカで生まれる辺境とそう変わらず、ここにも辺境がつくり出され、先住民や部族の社会がある中に軍隊が駐留し、開拓者の町ができて拡大していった。

原住民のなかにヤオ人がいた(6)。彼らはもともと黄河のすぐ南、現在の中国の中央部に住んでいた。しかし十二世紀にはこの地域（現代の湖南省）はまだ辺境地域で、ヤオ人は次第に増える漢人によって南に押し出されていった。その漢人も多くがモンゴルの侵攻から逃げてきた難民だった。ヤオ人と、移り住んできた中国人とは頻繁に武力で衝突した。中国人は密林だったところを伐採して集約的な稲作を行い、木材も切り出していた。以前はたくさんいたゾウは死ぬか、南西に逃げて行った。ヤオの指導者のなかには中国に引き入れられ、中国語で原住民の長を意味する「土司《どし》」として認められた者もいた。明帝国は記録上は揚子江からビルマまでずっと広がっていたようだったが、実際には支配力は弱く、陣地といっても強化された防御柵くらいしかないところも多かった。土司が統治するか、「生番」野蛮人が住む地域が広い範囲を占めていた。

これは少しずつ変わっていく。ヨーロッパがアメリカの植民地化を始める前の数十年間で、中国は南西部の植民地化を加速させていた。のちの中国の年代記によれば、ヤオ人は、現在の広西チワン族自治区にある大藤峡で最後の抵抗をした。ヤオ人は侯大苟《こうだいこう》として知られる指導者のもと、「県や郡を襲い、破壊し、山々や谷間に現れ、また消えていった」。侯大苟には懸賞金がかけられたが捕まらず、中国の軍事を司る兵部の長官は、侯大苟を相手にすることを次のように説明した。「甘やかされた子どもを相手にするようだ。寛容にすればするほど大声で泣き叫ぶ。血が出るまで鞭で打たなければ泣きやまない」。侯大苟の司令部には一六万人もの兵士が差し向けられた。中国が勝利した。一六〇〇人の捕虜が生け捕りにされ、ほかに七三〇〇人が斬首された。

南西部の中国への編入は清時代にさらに進んだ。雍正帝《ようせい》は「首領を体制に組み入れる」政策をとり、大規模で残虐なやり方で非漢人居住地域の統合を図った。国の「長い鞭でも打つことはできなかった」地域をなくすことが目的だった。土司との同盟も部分的に廃止され、土司たちの領域は新しい県にされた。自治をしていたヤオの民兵組織も強制的に解散させられた。

ミャオという原住民もいた。一七二六年の雷公山の戦いでは一万人以上のミャオ人が首をはねられ、四〇万人以上が餓死したといわれている。さらに一七九七年には、ブユというまた別の民族が中国支配に抵抗しようとして、数千人が焼かれるか斬首されるかして死んだ。アメリカのフロリダ州でセミノールという先住民の指導者ビリー・ボーレッグスがアメリカ軍に対して最後の戦いを挑んでいた一八八五年、ミャオ人の張秀眉《ちょうしゅうび》が大規模な反乱を起こし、一時的に貴州の東部と南部の全域を支配下に入れた。一八七二年にとうとう敗れると、数えきれないほどのミャオ人が虐殺された。こうした反乱は二十世紀に入っても続いていく。今でも中国にはミャオ人が一〇〇〇万人、ヤオ人が四〇〇〇万人もいる。これはスウェーデンにいるスウェーデン人や、デンマークにいるデンマーク人の数とほぼ同じなのだが、漢人の人口に比べればほとんど無意味なほど小さく、外からはほとんど見えない。

　十九世紀には、数十万人の漢人入植者が雲南に向けて南西に下ってきた。入植者の多くは寒く乾燥した北部の出身で、現在の北京語の基盤となる北方の言葉を話していた。今日、広東語や福建語など中国南東沿海部で話される地方語は北京語使用者にほとんど通じず、これらの言語が大昔に枝分かれしたことがわかる。しかし、現代の北京で話される言葉と雲南で話される言葉に構造面で大きなちがいはなく、ロンドンとニューヨークの英語のように、主に発音が異なるという程度である。

　生まれたばかりの辺境はたえず動いていた。雲南でも原住民による反乱や蜂起が起きることになる。(7) 雲南は中国にとって、ロシアにとってのシベリアのように入植者が定住でき経済的な好機がある一方で、政治的な厄介者を追放する先にもなった。追放された一人に明時代の著名な学者で詩人の楊慎《ようしん》がいた。彼は一五二四年の大礼の儀（嘉靖《かせい》帝の尊号をめぐる論争）に関与して雲南に流刑にされ、そこで三〇年を過ごした。彼は雲南の文人たちに温かく迎えられ、新しい居所についての記述をたくさん残した。とくに「点苍山志」という随筆が有名で、楊慎はその中で雲南辺境について次のような解釈をした。

　中国人は真に国際的な民族であり、全人類、全世界の継承者である。漢人は帝国内の民族の一つにすぎず、帝国にはさまざまな種類の民族が含まれる。雲南だけでも非漢人の民族が二〇以上いる。そうした民族も漢人の支配を受け入れる限り、中国人である。(8)

十九世紀末から二十世紀初めにかけて、中国がインドのほうに拡大するのではなく、インドが中国のほうに向かって拡大していた時期があった。もちろんインドはイギリスの支配下にあったのだが、インドがこの動きの一要因だったことは確かである。当時ビルマはインド帝国の一部として確立されており、ジャンムー丘陵出身のドグラやパンジャーブ出身のジャートやシク教徒、ネパールのグルカなどの部隊含む英印軍が雲南省の縁に前哨地を置いていた。またラングーンとカルカッタに拠点を置くグジャラート、タミル、マールワーリなどのインドの商人のネットワークが中国への貿易ルートを探っていた。イギリス領インドはチベットのことを「影響力の及ぶ圏内」だと考えており、雲南西部も、拡大していく領域の一部だと見ていた。当時、中国政府は雲南のほぼ全域で権力をほとんど確立できておらず、現地の世襲支配者や軍閥に長期にわたって支配権をすっかり奪われることもあった。

　こうした地方の軍事指導者のなかでもっとも重要なのは竜雲《りゅううん》で、彼は一九二七年から一九四五年まで雲南を支配した。[9] そのころの中国は、蔣介石率いる国民党勢力と毛沢東率いる共産党勢力、さらに各地方の武装勢力の間で分裂していて無法状態だった。それは軍閥の時代だった。山東省では「狗肉将軍」と呼ばれた張宗昌《ちょうそうしょう》が支配権を握った。彼は夏に犬肉を好んで食べたのでその名がついた。身長が一八〇センチを優に超える大男で、中国人、韓国人、日本人、フランス人、ロシア人、さらには当時の記者によれば「自称アメリカ人の取り乱した女性」までを妾として侍らせていた。[10] また満洲は、「少帥」(「大帥」の息子だったため)と呼ばれたモルヒネ中毒者、張学良の個人領と化していた。張学良はのちに、抗日のため毛沢東の共産主義勢力に合流させようと蔣介石を拉致した西安事件で有名になる。張学良は逮捕され、その後半世紀を拘束下で過ごしたのちにハワイに移り、二〇〇一年に百歳で死んだ。ほかにも多彩な人物がたくさんいた。伝統的な教育を受けたので「秀才将軍」と呼ばれた湖北の呉佩孚《ごはいふ》や、自分は中国のオリヴァー・クロムウェルだとうぬぼれていたメソディスト派の「基督将軍」馮玉祥《ひょうぎょくしょう》などである。

雲南を率いた軍人、竜雲は眼鏡をかけ、片目は見えず、細い顔をした独裁者だった。漢人ではなかったが、「黒イ人」という特権階級の出だった。黒イ人は雲南で有力な少数民族の一つで、中世の南詔時代にまでさかのぼる。竜雲は一九二七年から、蔣介石に追われた四五年末まで雲南を支配した。一〇万人の兵士を有する軍隊や、独自の通貨まで持っていた。戦争のためにアメリカから送られた援助が雲南を通るのを認めたが、そのうちの相当部分を私的に流用していた。また世界最大規模のアヘン栽培を仕切ってもいた。

竜雲は反対勢力をほとんど容認しなかったが、昆明に来た数多くの学者には相当程度の学問の自由を認めた。一九三九年には、ヨーロッパからユダヤ人一〇万人を雲南に移住させる計画に前向きな姿勢を示した[11]。しかしドイツ側の支援者が、計画は立派だが「非現実的すぎる」と判断したので実現しなかった。

竜雲は一九四九年に失脚し香港に流されるが、中国で共産党勢力が支配権を握ると帰国し、中国人民政治協商会議で役職に就いた。二人の息子はアメリカに移住し、ワシントンDCとマサチューセッツ州ケンブリッジで長年レストラン業をしていた。このころ人民解放軍は最後まで残っていた国民党や地方将軍の抵抗勢力を打ち破っていた。その後、中国政府の支配力はビルマ－雲南辺境全域にやっと及ぶようになる。辺境の向こう側にあるのはもはやイギリス領インド帝国ではなく、新しい独立国家ビルマで、そこではまもなく内戦が始まろうとしていた。

漢人は伝統的に南西地方の先住民族のことを下に見てきた[12]。十九世紀には「彼らの文字はミミズがからみ合っているようで、まったく意味不明だ」と述べた者もいた。また「信じられない悪臭がする」

「オオカミのように生肉を食し、獰猛な性質である」と言った者もいた。しかし共産主義者たちはそうした考え方を変えなければならなかった。一九三〇年代半ば、毛沢東は追いつめられた共産党軍を率いて、壊滅されそうになっていた沿岸部から内陸部まで一〇〇〇キロ以上も徒歩で移動する「長征」を始めた。彼らは当時優勢だった国民党軍にずっと追われ、一勢力としてのまとまりを危うく失うところだった。この過程で共産党勢力は、雲南など、漢人が少数派であるか、まったくいない多くの地域を通った。彼らは非漢人の助けを必要とし、非漢人のことを、革命に協力してくれる「弟分」と見なすようになった。革命が成功すると、共産党は国民性についてスターリン的な考えを採用し、多様な非漢人を単一で包括的な方法で分類する「民族識別工作」を始めた。理論上は、非漢人はそれぞれ別個の民族と見なされ、程度の異なる自治権を認められた。しかし実際にはほとんどの民族が共産党下の新体制と、中央政府による過去最大限の支配を受け入れるほかになかった。

当初は、雲南などにいる少数民族に対しては慎重な対応がとられた[13]。雲南の大部分は中国の権力中枢から遠く離れていた。一九五〇年には昆明からビルマ国境まで行くには一カ月もかかった。マラリアも蔓延し、雲南西部にはごく少数の漢人しか住んでいなかった。そこに「自治区」や、国境地域の民兵組織ができ、共産党は種や農業器具を配ったり、市場や道路の改修をしたりして地元の支持を得ようとした。一九五一年には少数民族に訓練を施す中央民族学院を設立した。しかし五三年になっても、明や清の時代と変わらず、土司が力を持っていた。また山間部では、それまで中国の支配を受けたことがなかった地域に人民解放軍の部隊が入ると激しい抵抗を受けることがよくあった。

しかしその後、直接統治が強められた[14]。一九五七年には左傾化があり、土着の首長たちはそれまで持っていた特権をすべて失った。少数民族の特別扱いもなくなり、彼らだけが自治を認められることもないと通告された。「みなが社会主義の道を一緒に歩まなければならない」というわけである。大規模な土地制度改革が始まり、雲南省全域で住民は新しくできた共同体に加入するよう指示された。このころ中国では、工業生産を復活させ、農業を集産化する大躍進政策がとられていた。これが経済的大混乱や飢饉、そして中国全土での数百万人、場合によっては数千万人もの死を引き起こすことになる。雲南も大きな打撃を受けた。土着の首長たちの多くが、当時は開かれた場所として知られ、比較的近代化されていたビルマに逃げた。

そこに文化大革命が続いた。(15) 一九六〇年代半ばには「地方民族主義」とされるものが攻撃の的となり、伝統的な服装をしていれば誰でも罰金を科された。民族の祭りは禁止されるか、政治集会に変えられた。たとえば先住民のペー人の「绕三灵《ラオサンリン》」は精霊を祭る三日間の祭りなのだが、「たえず読まれる三つの論文の祭り」に変えられ、毎日、毛沢東の論文が集団で読み上げられた。このころ、中国各地で数十万の人が死んだ。雲南だけでも推定五〇万人が拘束され、七〇〇〇人近くが「強制自殺」の犠牲者となった。

きわめて暴力的な事件も起きた。主流文化と少しでも異なるとされれば中傷され攻撃を受けたのである。雲南にも広まっている地域があったイスラーム教も対象となった。中国全域でモスクが極端な嫌がらせの標的になり、ムスリムはブタを育て豚肉を食べなければ殺すと脅された。

昆明から遠くない沙甸《シャテイエン》という町では、地元住民が反撃に出た。(16) 沙甸の住民は、先祖がフビライ・ハーン指揮下のモンゴル人やトルコ人の警備隊について雲南に入ってきたときからの伝統で、蹄鉄工や武器製造に従事していた。沙甸は多くのイスラーム学者を出し、コーランの中国語訳が初めて書かれたのもここだった。文化大革命の末期だった一九七五年、沙甸の男たちは自家製の銃を持ってムスリムの準軍事部隊を組織し、同じく組織されていた漢人からなる民兵組織と戦った。戦いを終わらせるため警察官が送り込まれたが殺された。ついに同年七月、人民解放軍の複数の連隊が、重砲隊や空軍の支援を得ながら沙甸を攻撃した。沙甸は破壊され、子どもを含む男女が二〇〇〇人近く殺されたと考えられている。これが文化大革命中に起きた唯一の少数民族による蜂起だった。

数年後、中国が外部に対して門戸開放を始めるころには、雲南には少数民族による抵抗が起きそうな兆候はなかった。ただ、なんらかの変化に対する抗しがたい欲求だけがあった。


昆明にいた数日の間、私は地元の大学で開かれていたビルマについてのセミナーに出席した。私はアメリカやヨーロッパでも、ビルマについての多数のセミナーに参加してきたが、だいたいどこでもテーマは「ビルマでの民主主義の行方」に関するものである。しかし昆明のセミナーでは、具体的な政策目標が先にあってそれを達成するための方法を議論するのではなく、ビルマで実際に何が起きているかを把握し、理解しようとすることに重きが置かれていた。中国人学者のなかにはビルマ語が上手な人もいて、ビルマ軍と各武装組織との関係から国境貿易まで、具体的な問題の詳細をよく知っていた。彼らは現場に近いところにいたのだ。

大学は町はずれにあり、木が多く静かで、立派な講堂があり、学生が自転車に乗って行き交っていた。少なくとも見かけ上はアメリカのニューイングランド地方の大学のキャンパスとあまり変わらなかった。中国の中心部が侵略してきた日本に握られていたとき、竜雲はまさにここで、難民として雲南に来た知識人に研究をさせたり、教鞭を執らせたりしたのだった。私が会った学者はみなきわめて親切で、私やほかの参加者に何度も食事をごちそうしてくれた。そうした席では、料理の品数も多く、マオタイ酒の乾杯が何度も繰り返された。彼らはおもしろく、もったいぶらず、自分のことを冗談の種にしてよく笑った。セミナーにはこの大学に通うビルマ人学生も何人かいた。彼らはさまざまな民族の出身で、全員が奨学金を得ていて、流暢な中国語を話した。自分の置かれた状況にやや圧倒されているようで、勉学や将来についてそっと私に相談してきたりした。

私は学内見学ツアーに参加し、伝統的な中国の様式の古い建物を見せてもらった。大学内でもっとも古いのは石の壁に傾斜した屋根が付いている建物で、何世紀も前に科挙の受験用に建てられたということだった。中には房のような小部屋が並んでいて、それぞれの中に、絹を重ねた着物を着て黒い帽子をかぶった中国人受験生の実物大のマネキンが木の机に着いていた。科挙を受ける者は何日間もここに隔離され、答案を作成したのだった。小部屋には小さな寝台と、子ども用ほどに小さい便器もあった。

ある夜、私は近くにある「サルヴァドール」という流行のレストランに行った。メニューにはケサディーヤ〔トウモロコシ粉の生地にチーズなどを包んだメキシコ料理〕やファラフェル〔ヒヨコ豆などから作る揚げもの。中東料理〕のほか、上質なコーヒーもあった。欧米人の観光客や、数は多くないが昆明に住んでいる外国人に人気のある店だった。私が会った学生の一人はこう言った。

雲南は、人がいろいろな面倒なことから離れる、競争の激しい東部から離れるために来るような場所です。私もそうですが、大学に行くために雲南に来て、そのまま住みつく人も多い。物価も安いし、人も親切だし、お金を儲けなければいけないという圧力も全然ありません。とてものんびりしています。

そうのんびりしていない人もいた。昆明での最終日、私は政府所有の大企業と関係のある実業家と会った。四十代前半のがっちりした体つきの男性で、黒い髪の毛は濃く、眼鏡をかけていた。中国北東部の北京に近い天津の出身だったが、今は昆明に落ち着いていた。彼は雲南の将来について楽観的で、雲南がビルマを含むアジアの他地域との結びつきを強めていることに興奮していた。「雲南政府はとても明確な開発戦略を持っています。雲南は、中国の南アジアや東南アジアへの出入り口にさせられるでしょう」。私がそれまで聞いたなかでもっとも率直な説明だった。

雲南政府のねらいは二つあった(17)。一つは、国内全体の生活水準を上げることだった。もう一つは、雲南地域に暮らす少数民族が満足し、中国の経済成長の恩恵を受けていると感じるようにしておくことだった。この実業家が言うに、昔から雲南の主な問題は、中国の最南西部にあり、大きな港から遠く離れているというその地理的な位置にあった。中国政府はこの問題を解決するため、南方へのつながりを拡大すると同時に、中国沿海部への輸送網も改善しようと考えていた。雲南をカンボジアやラオス、ヴェトナム、タイ、ビルマと、さらに西のバングラデシュとインドと結ぶためのいろいろな計画も練られていた。どの計画でも、インフラ整備に何十億ドルも投資されることになる。そしてどの計画でも、雲南が地域の新しい中枢になることになっていた。

計画の重要な一部に鉄道があった。高速鉄道が昆明から上海までの二〇〇〇キロ近くをつなぎ、これまで孤立していたこの地域を中国経済により強く結びつけることになる。また昆明を起点に既存の鉄道が改良され、新しい線路の敷設も行われる。一本は南西に向かい、ビルマ国境の瑞麗《ルイリー》を通ってラングーンに達する。また支線が直接海に向かい、ラムリー島の近くまで延びる。こちらもいつかは高速化され、全線で時速一九〇キロを出せることが期待されている(昆明はラングーンからも上海からもほぼ同距離である)。さらに別の線が昆明から南に向かい、ラオスの首都ヴィエンチャンを通ってバンコクに至る。トンネルも建設されるので、かつては近づけなかった山がちな地形を列車が通れるようになる。二〇〇億ドル以上が費やされる計画だ。東南アジアとの関係はすでに急速に発展しており、二〇一〇年には、中国と東南アジアとの貿易は年間三〇〇〇億ドルに近づいていた。しかし、そのほとんどは海路で運ばれていた。また、ビルマやラオス、タイからの貨物は、間にある山を越えてトラックで運ぶしかなかった。鉄道が通れば、運送にかかる時間も費用もずっと少なくなるだろう。

雲南が進めているのは道路や鉄道の建設だけではなかった。雲南はタバコや鉄鋼などの地場産業の開発にも積極的だった。現在の輸出先はビルマだけだったが、将来的には南方の国々への主要な輸出国になろうとしていた。ビルマから延びてくるパイプラインの一部は昆明近郊の安寧が終点である。そこには三四億ドルかけて、一日に二二万バレルを処理することができる石油精製所が建設中である。二〇一三年に完成する。

観光も大きな呼びものになるだろう。雲南は自然がとても美しいところで、年間を通じて気候が温暖なので、外国人だけでなく中国人に対しても、中国国内でありながら手つかずの自然が残る異国風な観光地として売り込まれていた。先の実業家はこう言った。「人は休暇に、たとえば妻かガールフレンドと一緒にここに来て、雲南について好印象を持つでしょう。そうなるとまた雲南に来たくなり、投資もしたくなるというものです」。

こうした計画は健全に見えたが、そう簡単に実現できるのかはわからなかった。これまでのところは計画どおりに進んでいるようだったが、障壁が現れるかもしれないことも容易に予想できた。

私が中国にいたとき、蔣介石が国民党政府を置いていた重慶で大きなスキャンダルが発覚していた(18)。重慶は中国の都市の例に漏れず、マンハッタンにも負けないくらい高層ビルが林立し、驚異的な変身を遂げていた。重慶は雲南省には入っていないが、そのすぐ北にあり、揚子江を見下ろす急な崖の上にある。人口は三〇〇〇万で、理論的には世界最大の都市であるが、それはたくさんの衛星都市を含む周辺の地域が重慶の都市圏に数えられているからだ。いずれにしても巨大都市であることには変わりなく、中国の指導者の多くは、重慶がこれからさらに数十億ドルの投資を呼び込み、いつかは上海に匹敵する都市になることを期待している。ところが二〇〇九年末、五ヵ月に及ぶ警察の特別捜査の末、地方政府の最上部にも届く巨大な犯罪ネットワークの存在が明らかになった。

　この事件で数十人が逮捕されたが、なかにはなんと公安副局長だった文強《ぶんきょう》もいた。彼は重慶中の犯罪組織の指導者を保護する代わりに一五〇〇万ドルもの賄賂を受け取っていたとされた。捜査のため管轄外から二万五〇〇〇人の警察官が動員され、違法武器製造工場に踏み込み、二〇〇〇点近くの火器を押収した。犯罪集団と共産党両方の指導者が汚職や不正な金儲けに関与し、「マリオット・ホテル」の地下にあった「ホワイトハウス・クラブ」などで賭博場や売春宿を経営していたのだった。また「重慶のゴッドマザー」と呼ばれた謝才萍《しゃさいへい》は五十代の女性で、公安副局長の弟の妻だった。彼女は若い男一六人を愛人として囲い、逮捕されるまで、フェラーリやランボルギーニを何台も乗り回していた。

　昆明にはそんなスキャンダルはなかった。しかし雲南でも深刻な汚職が問題になっていないとは思えない。なんといっても、国境の向こうのビルマには元反乱勢力の軍隊や、とても清潔とはいえない軍事政権、数十億ドル規模の麻薬産業、そして人間から宝石まで実に多様な禁輸品の密輸業界があるのだ。中国のように大きな国では、中央当局が望むとおりの厳しい監視を維持することは不可能なのだと、私は昆明で聞いていた。地方の政府関係者や実業家はしばしば好き勝手にやり、そのためにどう立ち回ればよいかも知っていた。これでは犯罪集団が繁栄するわけである。

　もう一つの大きな問題は、最近の開発が現地の環境に相当な悪影響を及ぼしていることだった。これは雲南だけでなく、中国のほかの多くの地域でもいえることだった。二〇一〇年に雲南は史上最悪の旱魃を経験することになる[19]。八〇〇万人の飲料水が不足し、数十億ドル分の収穫物が台無しになった。この旱魃は地球温暖化が原因だった可能性もあるが、農村部での大規模な森林伐採も少なくとも一因だったのではないかと考える人が多かった。ビルマに近い地域では、この三〇年間で森林の九五パーセント以上が伐採され、木がなくなった土地の大部分はゴム農園に変わった（ゴムの木は大量の水を吸らことで知られている)。巨大なダムが一因だった可能性もある。その年はビルマやラオス、タイでも前例のない旱魃が起きたので、各国の国民や政府は、流域国として彼らが持つ権利や、雲南省での上流域の管理状況をより入念に検討するようになった。中国でも環境問題への意識が高まっていた。今後、雲南で森林伐採や環境を破壊するダム建設を行うことについて簡単には合意を得られなくなるだろう。

私はこうした問題についても尋ねてみたが、先の実業家の楽観は変わらなかった。「なんとかなりますよ!」と彼は言った。そして私がインドに関する計画のことを尋ねると、彼はますます興奮して、自身の「南のシルクロード」構想を説明してくれた[20]。現在、中国・インド間の貿易総額はそう多くもない六〇〇億ドルほどで、大半が海路、シンガポールとマラッカ海峡を経由する。しかし「ビルマを横断する道路ができれば、昆明からカルカッタまで、一〇日ではなく三日か四日で行けることになります!鉄道があれば四八時間で!」。通りを少し行ったところでは、七二階建てのツインタワービルの建設が始まっていた。完成すれば雲南で最大のビルとなり、五つ星ホテルに「娯楽・レジャー施設」や「一級のオフィス空間」が入る計画だった。「サウス・アジア・ゲート」という名称で、ビルマやインド、さらにその向こうとの貿易を行う昆明の商業センターとなる予定だった。

その実業家は、インドとの将来の関係を貿易という点に絞って見ていた。インドは現在、中国に対して大赤字を出している。輸出品は主に中国にある精製所向けの鉄鉱石その他の原材料だった。中国のほうは製品を輸出していた。雲南は莫大な恩恵を受ける立場にいた。少なくともこの実業家にとっては、地政学的な動きや、始まりつつあるインドとのグレート・ゲームといったことは関係がなく、金の動きだけが重要だった。「雲南は今は貧しいけれど、それは変わりますよ、あっという間に」

古代そして中世の雲南は、中国の王朝を北方のチベットと、あるいはインドやビルマその他の南西方の地域とつなぐ、ある種の交差点のような場所だった。いま、雲南はふたたび中継地点になろうとしていたが、今度はただの交差点ではなく、中国にとって絶対に必要な一地点になろうとしているのだった。雲南の古い文化や文明は将来に影響するのだろうか？　私は昆明から、雲南最後の独立王国の都、大理《ターリー》に向かった。

ガンダーラ

私は以前にも一度、大理《ターリー》を訪れたことがあった。一九九二年のことで、昆明と中国・ビルマ国境に行ったのと同じときだった。当時、観光というものが始まったばかりだった雲南には「立ち入り禁止」区域がたくさんあったが、大理はその数年前から開かれていて、すでにバックパッカーが集まるところになっていた。とはいえ、宿泊先を選ぶ余地はまだほとんどなく、二、三軒の「ゲストハウス」が外国人用に指定されていた。単純なコンクリートの建物が中庭を囲うように建てられていて、それぞれに番号が付いていたが名前はなかった。それなりに清潔で、壁には何もなく、木製のベッドに薄いマットレスが敷かれていた。値段もとても安かった（一泊数ドルだった）。そうした宿泊環境の簡素さによって、自分があまり人の来ない、世界の観光産業にまだ組み込まれていないところに来たという感覚がさらに強まったものだ。民間の食堂がいくつかあって、そこではアジアの他地域でもバックパッカーが集まる場所によくある料理、たとえばバナナ入りパンケーキやラッシー、オムレツに冷えたビールなどが出された。私は開店したばかりの「指圧」クリニックに行ってみたところ、巨大な手をした口のきけない大男からものすごく痛いマッサージを受けた。

町はとても美しく、初冬のモンタナ州かコロラド州の小さな町のようで、乾燥して寒く、真っ青な広い空の下に雪に覆われた山々があり、小さな通りや家々が余計に小さく見えた。中国人観光客を見た覚えはないが、防寒着を着てハイキングブーツを履いた欧米人が数人（それにおそらく唯一のビルマ人だった私）と、日本人も数人いた。そこにいた日本人はほかではなかなか見かけないタイプで、冒険的で好奇心旺盛だった。私はぼさぼさの長髪の日本人が二人、厚地の外套を着込んでフェルトブーツを履き、日に焼けて楽しそうに、バックパッカーが集まる食堂に入っていくのを見た。二人は周りに溶け込もうと一生懸命だった。ほとんどチベット人のように見えたこの二人は、おそらくもっと北のほうで、何日もかけて徒歩か馬での旅でもしたのだろうと私は推測した。

当時、私は昆明から下関《シアクアン》を経由して大理に行ったのだった。下関は一帯の都市で、洱海《アルハイ》湖という広い湖の南端にあった。「旧市街」である大理は数キロ北、同じ湖の西岸にあった。私は最初の夜を下関で過ごしたのだが、そこは全体に灰色で活気がなく、ホテルのスタッフもやる気がなく、カーペットは染みだらけだった。料理を食べられるところが町のどこにもほとんど見つからず、ホテルの食堂でさえも薄汚れていて中国語のメニューしかなく、英語で教えてくれる人などいなかった。私はなんとかして地元のスープを注文したが、それも正体不明の野菜のかけらがいくつか入った熱湯の上に油が浮いているようなものだった。私は通りで買ったポップコーンを食べて空腹を満たした。

ともに大きな湖に面しているが、寂れた下関に対して魅力的な大理、というのが私の記憶にあった。しかし今、バスの窓から外を見ても、当時から覚えているものは一つもないようだった。バスは湖沿いの道を行き、小型のスポーツカーが何台もゆったりした速度で走り去っていった。すぐ向こうには街灯や鉢植えの花が並ぶ散歩道があって、水辺には何軒もカフェがあり、裕福そうな人びとが大勢いた。道の反対側には上品なアパートがあって、バルコニーが湖と遠くの山々に面していた。快走船の類こそ見えなかったが、もう少しでスイスのジュネーヴ湖のほとりにいるような気分になりそうだった。「これが下関だよ」と隣にいた中国人男性が教えてくれた。事実、すぐに英語と中国語で地名が書かれた看板が見えてきた。大きなオフィスビルやショッピングセンター、高層のホテルなどを過ぎ、約二〇分後にはとうとう大理の巨大な城壁の前に到着した。

大理の一部は、バンコクのカオサン通りやカトマンドゥのタメル地区のように、若い欧米人観光客が自然と集まる場所につくり替えられていて、それはすぐに見て取れた。ただし大理の場合は中国らしさも出ていた。二〇年前には素朴なゲストハウスが数軒あっただけの場所に、今は十数の小さなホテルにレストラン、カフェ、毛沢東時代の土産物から海賊版のCDやDVDまでなんでも売っている店があった。これらはみな、町の主要な通りから少しだけはずれた「洋人街」周辺にあった。「バッド・モンキー」というバー、「大理一うまいフィッシュ&チップス」を出すという酒場「フェニックス」に、ピザ屋が何軒もあった。バンコクやカトマンドゥと異なり、どこも清潔で健康的で、売春や物乞いの姿も見当たらず、すべてが整然として管理が行き届いていた。まるでどこかの中央当局が「欧米人だけのための通りをつくろう。欧米人が欲しがりそうなものは、フィッシュ&チップスからピザまで、なんでも出そう。ただし清潔にしておくこと。麻薬もなし、売春もなしだ。そして欧米人はそれ以外の人から離しておくこと」という指示でも出したかのようだった。実際そんなことだったのだろう。洋人街は大成功で、欧米人向けのビジネスは付近の路地にも広がっており、旅行会社や、ツアー案内所や自転車を貸す店があった。ある午後、旅行者でいることに疲れた私は何か慣れたことがしたくなって、無料で映画が見られるカフェに入った。一階のカフェには貸し出し用DVDが置いてあり、二階の居心地のよい居間に大型の薄型テレビがあった。窓からは晴れた外の様子がよく見えた。ほかには誰もいなかった。こうして私は三ドルほどで、おいしい中華料理の昼食をとり、食後は大きなソファに坐って、ビールを飲みながら二度目の『サイドウェイズ』を観るという、のんびりした数時間を過ごした。

洋人街には欧米人の観光客がたくさんいたが、洋人街の外に出ると圧倒的に中国人観光客のほうが多かった。毎日、多くの中国人観光客が大理に押し寄せる。ほとんどは下関にある人間味のない近代的なホテルに泊まり、日帰りで大理に来るのだった。大理では歩行者が神様で、最近修復されたばかりの城壁内にはバスは入れず、車もほとんど入れなかった。一九九〇年代初めに私が見た昔の大理は映画の撮影セットとして改装されたかのようだった（実際、映画撮影もよく行われている）。南側の入り口には（私が初めて来たときには気づかなかった）大きな門があって、幅の広い石畳の通りが中央広場に至り、そこにはポップコーンの売店があった。この通りはさらに二キロほど延びていた。店舗兼家屋の建物はどれも正面が木製で、傾斜した屋根に濃い青色の瓦が葺かれていた。

大理はペー人とペー自治州の中心となる都市なのだということがさかんに宣伝されていた。ペー人は雲南の「少数民族」に指定されていて、この地域を含む雲南省内に合わせて二〇〇万人ほどいると推定されている。独自の言語を持つが（ペー語はビルマ語とチベット語両方と遠い関係にあるとされる）、ペー人の大半は北京語とのバイリンガルであるか、北京語しか話さない。大理ではいたるところに、薄い白の綿製ズボンに、刺繍をしたパステル色の上着という、本物のペー人衣装だといわれるものを身につけた女性がいた。彼女たちは観光客向けの店（ほとんどの店がそうなのだが）で土産物を売ったり、大きめのレストランで給仕をしたり、ホテルの受付係をしたり、数ある観光名所で入場券を売ったりしていた。

歴史上の長い間、ビルマの北東方の隣国は中国ではなく、独立した雲南の王国で、大理はその都だった。この王国は八世紀から十三世紀まで相当な勢力を持ち、ときによって西方のチベットや、中国の唐や宋と同盟した。その騎馬隊は今日のビルマ深くまで入り、中世の都パガンの建設に力を貸していた可能性もある。雲南の人びとが自分たちをなんと呼んでいたかはわかっていない（「雲南」という言葉は比較的新しい）。中国はこの王国の指導者を「南の王」を意味する南詔《なんしょう》と呼び、これが王国の名前にもなった。

雲南は古代に漢の部分的な支配下に入ったこともあったが、三世紀には最後まで残っていた中国の駐留軍が撤退し、雲南には多種多様な先住民族が残った。そうした民族のなかに現代のビルマ人や今日の雲南の少数民族の先祖の一部がいて、いろいろな言語や地方語を話していたはずだ。九世紀には中国の民族誌学者、樊綽《はんしゃく》が雲南地方のさまざまな民族を描写する『蛮書』を取りまとめた。(1) それによれば、雲南にはさまざまな種類の「ウー人」つまり色黒の南方の野蛮人がいた。多くは牧畜民で、ヤギや羊を飼い、チベットとの境界から暑く乾燥したビルマまで、数ある川の流域に沿って少しずつ南下していった。野蛮人のなかには「山の大自然のいたるところに大勢が暮らしている」民族もいた。「勇敢で荒々しく、すばしこく、活発で（…）白やまだらの馬を育て、野生の桑の木を使ってたいへん見事な弓を作った」民族もいた。また別の民族には「乳とクリームだけを好み」「太っていて色白で、ぶらつくのが好きな」女性がいた。中国人からすれば、彼らはあまり衛生的ではないとしても、陽気に見えた。モー人として知られた部族は一生手や顔を洗わずに過ごすのだといわれていた。「男も女もみな、羊の毛皮を着ている。酒を飲み、歌い、踊るのを好むのが慣習である」

スペインがイスラーム勢力に征服されたころ、南詔の支配者は大理に本拠を置き、近隣の六つの首長国を一つの国にまとめたのち、多様な部族社会の動員に取りかかった。(2) 南詔は初めから軍国主義的な国で、全方向に積極的に拡大していった。中世初期のこの時代、アジア東部は中国とチベットという二大勢力に支配されていた。チベットは急に現れ、すでに最盛期に達していた。しばらくの間、南詔は自分たちと同じくらい攻撃的なチベットとともに戦った。そして中国が国内で起きた反乱で傷めつけられていた七五五年、チベットと南詔は手を組んで中国の都市を襲撃した。

のちに、中国はチベット・南詔同盟を切り崩すことに成功する。そして中国にとってチベットの拡大は大きな頭痛の種だったので、中国はチベットを包囲する作戦に出た。チベットの西方のテュルクとアラブ、南方のインド、そして南東方の南詔をまとめて、チベットを粉砕する大連合を組もうとしたのである。「野蛮人に対しては野蛮人を用いる」というのは中国の昔からの信条だった。現在のビルマ国境の近くで南詔と中国の合同軍がチベット軍に勝ったときには、チベット側にはサマルカンドという遠くからの捕虜や、アッバース朝のアラブ人、『千夜一夜物語』のハールーン・アッラシードの宮廷から来た男たちがいて、これらが雲南の丘で、二万着の鎧《よろい》とともに引き渡された(3)。中国は南詔に感謝し、南詔の使節団を日本よりも高位の国の代表として扱い、軍用の象を儀仗兵として出して歓迎して異国の品々を贈り与えた。

そのころ勢力の絶頂期にあった南詔は南のビルマにも侵攻し、イラワディ川流域の城壁もろくにない町を荒らした。遠くベンガル湾の砂浜にまで達していた可能性もある。もっとも強気だった時期には中国との同盟も破棄し、中国の支配下にあったハノイを攻め、山を越えて四川に入り、成都を襲った。この間、本拠地は大理にあり、そこでは南詔の指導者がトラの毛皮にくるまれて玉座に坐っていた。それは「もっとも高く奥深い山に棲むたいへん立派なトラの毛皮で、色は赤と黒、縞は濃く光沢があった」。

南詔は最後には滅亡するが、それは外圧力より内紛のほうが原因だった。九〇二年に王族全員が権力闘争で消され、新しい王朝が誕生した。その王朝は南詔ほど派手ではなかったが、引き続き大理に都を置いた。そのころまでに雲南社会には仏教が根づいており、大理の王たちも仏教を強力に後援するようになった。大理の都も仏教学習の中心地となった。ビルマとのつながりも強く、パガンにビルマの王国が誕生したのも大理の影響下でのことだった可能性が高い。そしてビルマを経由してインドとも関係があっただろう。当時インドはヒンドゥー王国と仏教王国に分かれていて、ムスリムに侵略される直前だった。

大理の王は国をガンダーラと呼んだ[4]。これは今日のアフガニスタンにあるカンダハールと同じ言葉で、今も文語ビルマ語ではガンダーラといえば雲南を意味する。ガンダーラは、アレクサンダー大王の時代に現在のパキスタン・アフガニスタン国境地域にあった半ば神話的な仏教国だった。ガンダーラはその後もずっと、深い学問の地で、賢者によって統治され、平和で信仰心の強いところだと言い伝えられていた。大理の王たちは自らを、紀元前三世紀にインドを統治した仏教大王アショーカの子孫と称することまでした。そして自分たちの国を、インド中部からセイロンやヴェトナムにかけて存在し、互いに友愛関係にあった仏教国家の一つに数えてもいた。

大理はまたミティラーとの関連も強調した。ミティラーはブッダの里でもあった商業と宗教の重要な中心地で、「倉庫は満杯、一万六〇〇〇人の踊り子がおり、価値ある宝石が豊富」という、古代インド世界にとって今のニューヨークのような場所だった[5]。ほかにも仏教の大聖地が雲南の地に比喩的に移植された。たとえば、洱海湖の対岸にある山は有名な鶏足山だということになった（本物はインド北部にある）。ここでは出家者マハー・カーシャパが弥勒菩薩の到来を待っているとされる。その隣には、これもブッダの高弟アーナンダの聖遺物が入れられた仏塔や、第一回結集《けつじゅう》〔仏典の編集会議〕が行われた洞窟があるとされる。このようにして大理はインドの聖地の複製のようになった。のちのビルマの王たちもそうだが、大理の王たちも自らの起源をインドに見出したがり、自分たちはインドでもっとも偉大な王、アショーカの子孫なのだと主張した。ペルシアの学者ラシードゥッディーンは、ガンダーラの王はマハラジャと自称していたと書いている。

大理ではさまざまな仏教の教派が盛んになった[6]。なかでも、日本語では禅として知られるチャン仏教に人気があった。中国の仏教世界で禅は、七世紀に、経典と注釈集や像の生産、哲学的議論や儀式を繰り返すばかりでは、救済に至るもっと実際的な道筋がふさがれてしまうという懸念を指導者たちが持ったことから始まった。彼らは理論化や体系化をすべて大いに嫌い、何かを書き記すことさえ拒否することが多かった。彼らの言うことは故意に暗号のようになっていて、教え方も「変わった言葉と変わった行動による」と知られていた。のちにベンガルとチベット両方から渡ってきたタントラ仏教のほうが優勢になった。こちらを率いていたのは、もともとはヨガや秘儀の名人だったアザリで、神通力を使えると考えられていた。アザリはビルマではアリと呼ばれ、異端的な行動や性生活の放縦さで評判が悪かった。

昔の雲南は、知識や刺激を多方面から受け入れ、中国世界とインド世界をつなぐ場所だったのである。

大理の三塔寺では、観光客が衣類掛けから好きな中国の衣装を選び、カメラマンの前でポーズをとっていた。いくらか払えばその写真を買い取ることができる。三塔寺は昔の大理王国でもっとも重要な祈りの場だった。同時代に唐の皇帝が長安に建てた大雁塔に似た建築様式で、隣にある崇聖寺はタントラ仏教の学びの中心地だった。

しかし今、門の周りは衣装を着けた人たちで混雑していた。彼らは悟りを求めているのではなく、絵のような仏塔を背景に写真を撮りたいだけだった。晩夏の暑い日で、家族連れの多くは半ズボンをはき、男や少年たちは野球帽をかぶっていた。仏塔そのものまでの参道は長く、両側には芝生がうねり、冷たい飲み物やアイスクリームの売店がいくつかあった。そして大理ではどこでも聞こえる、楽しく遊びに来ている人びとの絶え間ないざわめきもあり、刈りたての芝生がにおうなか、遠くで芝刈り機の音がしていた。

三つの仏塔の奥には改修されたばかりの寺があり、巨大な金の観音菩薩が祭られていた。ここにも小さい土産物店があった。しかし混雑する外と比べると、中には数人しかおらず、家族連れがぶらぶらし、線香を供えたりしていたが、拝むためなどというより遊びでそうしているようだった。

大理にはほかにも観光地があった。私はそのうち主な二つには行かなかった。一つは南詔風情島《ナンチヤオフオンチンタオ》で、もう一つは天龍八部影視城《ティエンロンバーブーインシーチョン》という映画村だった。両方とも、仲むつまじい家族としての中国の中で雲南が持つ個性をわかりやすく提示してあるところで、大きな収入源でもあった。

民族の伝統を伝えるためにテーマパークを造るという手法が今の中国ではかなり広まっている。[7] もっとも有名なのは北京にある中華民族博物院で、そこには博物館と遊園地があり、訪れる漢人客は少数民族の格好をするのである。中華民族博物院には当初、民族的優越主義を意味する英語の名称がついていたが、これはすぐに変更された。似たような事業が各地で行われ、南詔風情島も一九九〇年代半ばにできた。（香港の近くの）深圳に中国民俗文化村ができたのと同じころである。

最近できたテーマパークはより参加型になっている。ビルマやラオス、タイでは、人びとは新年（現地の暦による新年は太陽暦の四月）を数日間かけて祝い、互いに水をかける。雲南南部のダイ人も同じ伝統を持っていて、この珍しい光景を見にダイ人居住地域に行く中国人観光客が前々から増えていた。するとある明敏な実業家がこれに目をつけ、一年のうちに数日間でも人を呼ぶものなら一年中やっても人が来るだろうと判断し、人間保護区域ともいうべきものを作った。そこでは毎日がダイ人の正月で、訪れる人は四つある村のうちの一つに泊まり（従業員はダイ人の格好をしている）、絶え間ない水のかけ合いやお祭り騒ぎなど、永遠に続く正月の行事を見物することができる。

もはや民族に関する側面を持ちさえしないテーマパークもある。大理に滞在中、私は現地の観光ガイドブックで「小人王国」のことを読んだ。「小人王国」は昆明から四〇キロのところにある世界蝶生態園に入っていて、そこでは身長が七〇センチくらいから一三〇センチまでの人が八〇人ほど、さまざまな衣装をつけ（必ずしも民族の衣装ではない）、歌を歌い、珍しい楽器を演奏し、テクノ音楽に合わせてブレークダンスをし、いろいろな芸を披露して観光客を楽しませるとのことだった。大理近郊にはディズニーランド風の大型遊園地も近い将来にできる予定だ。これらはすべて、観光客市場が大成長している中国のレジャー中心地になろうという雲南の計画に含まれていく。

現在の観光客の波が起きる七〇〇年前、雲南にはモンゴル人、テュルク人、そしてイスラームという、すっかり異なる波が来た。モンゴルは十三世紀に雲南を征服し、それまで独立王国だったところが初めて中国政府の支配下に入り、今日まで続く雲南の「中国本土《プロパー》」への統合の過程が始まった。モンゴルによる征服はまた、モンゴルが支配していたユーラシア全域から驚くほど多様な人びとの流入を招いた。彼らは主にムスリムだった。

侵略軍はモンゴル人の指揮下にあったものの、武官の多くと兵士のほとんどはテュルク人か、それよりもさらに西から来た人びとだった[8]。たとえば、ビルマに侵攻した部隊には、ホラズム朝ペルシアの兵士が一万四〇〇〇人もおり、本来の自分たちの司令官に率いられていたといわれている。雲南に派遣された守備隊には、サマルカンドやブハラ、メルブ、ニーシャープール出身のテュルク人もいた。また遠くはヴォルガ川下流域から来たキプチャクやブルガールといった部族民もいた。雲南を征服したのはモンゴルの将軍ウリヤンカダイで、彼の指揮下にはアッバース朝やロシア南部、ウクライナからの捕虜兵がいたと考えられている。

さらに遠くから来た移民もいた。今日オセット人として知られるサルマタイのアラン部族はモンゴルに降伏し、チンギス・ハーンの警備のために一〇〇〇〇人の兵士を提供した。アランの指導者ニコラスの息子も雲南征服に参加し、北コーカサスの兵士がビルマ国境地域に配置された。

モンゴル皇族の一人、フゲチが「雲南王」になると、それまで国を支配していた段一族は大理にとどまり「マハラジャ」と名乗ることを許された。新しく入ってきたムスリムの支配者たちは大理に本拠を置き、非常に強力になった。もっとも有力だったのはブハラ出身のサイイド・アジャッル・シャムサッディーン・ウマルだった。彼は、自分はブハラ首長の子孫だと言い（彼の一族はカイロ出身だったとする見方もあるが）、一二五〇年代後半にはモンゴルの統治体制の中で頭角を現すようになっていた。バグダードと中国で任務に着き、一二七〇年代に雲南の最高行政官となった。今日、雲南に住むムスリムはサイイド・アジャッルのことを、雲南の人びとを「鎮め、安心させた」慈悲深い支配者で、雲南のムスリム社会の創始者だと考えている。

サイイド・アジャッルは、公式には雲南行政省の政治局長だった。中世にもこのような官僚的な肩書きがあったのだ。中国の記録によれば、サイイド・アジャッルは新しい農業技術を導入し、灌漑システムを造り、生活水準の向上を図った。ムスリムだったが、儒教寺院を建てたり再建したりし、儒教の教育システムを生み出した。同時代に雲南にいた儒教研究監督官によれば、サイイド・アジャッルの努力によって「オランウータンやモズたちが一角牛や不死鳥となり、毛や皮ではなく上着と帽子を身につけるようになった」。中国周縁では同様の文明化事業が数多く行われたが、それがムスリム（それも実質的にはトルコ系ムスリム）の指導下で行われたのは雲南だけだった。

こうして雲南はイスラーム世界に知られるようになった。一二七九年にサイイド・アジャッルが死ぬと、息子が後を継いだ。彼は五年間統治し、ビルマへの侵攻を率いた。その弟も運輸長官となり、一家の影響力が確立された。雲南にはまだ漢人が少なく、拡大するムスリム社会は長距離貿易でも手腕を発揮するようになった。十四世紀初めにはペルシアのユダヤ系大歴史家ラシードゥッディーンが、大理地域はすっかりムスリムの地になったと言ったほどだった。

このころ、世界全体でイスラーム、具体的にはトルコ系イスラーム勢力が拡大していた。ほんの一〇〇年後にオスマン帝国がコンスタンティノープルを奪うのだが、そのときにはすでに彼らの遠い親戚が中央アジアとインド北部の平野部を一掃していたのである。サイイド・アジャッルたちが雲南で勢力の絶頂期を迎えていたころ、ヒマラヤ山脈の反対側では、トルコ人の騎馬兵がガンジス川流域を疾走し、ベンガルの縁にまで到達した。この二つのトルコ語世界を分けているのはビルマだけだった。

当時のビルマは立ち入り危険区域で、もっとも豪胆な商人や冒険者しか入らなかった。インド洋に行くためにビルマを通った雲南のムスリムもいたが、これは主にメッカに行く巡礼者だった。一二八〇年代に雲南にいたマルコ・ポーロは大理より先にはいかなかった。彼は中央アジアの不毛な砂漠地帯を越えて中国に来たのだったが、帰りは海路で、中国南東部からジャワを経由しペルシア湾に行った。マルコ・ポーロでさえも陸路でビルマを越えることを避けたのだった。それほど雲南とインドとの間に広がる土地は近づき難かったのである。これは地理上の事実で、数世紀間もそのままだったのだが、今になってやっと変わり始めている。


大理の街を行く人びとは南中国系の顔つきをしていた。東南アジアでは昔からよく見かけ、最近ではバンクーバーからメルボルンまで世界中の都市で見られる顔つきだ。しかしときに、それとはすっかり異なる、チベット国境地域や上ビルマの人らしい顔もあった。彼らはもっと色黒で、骨ばっていて、髪はぼさぼさだった。服は仕立てが悪くぶかぶかで、濃い色だったのがあせていた。彼らは観光客ではなかった。というより、時空を超えてそこにいるタイムトラベラーのように見えた。私が二〇年前に大理に来たときには彼らのような人ばかりがいたのに、今は彼らは、カメラを首に下げたTシャツとスニーカー姿の人の海に溺れているように見えた。

昔の大理から残っているものがまだいくつかあった。ある午後、私は歩行者用の大通りをはずれて細い小道に入った。行くと、大きな木が陰をつくっている昔ながらの中庭に出た。そこでは、白髪や白髪交じりの年老いた男や女が、麻雀をしたりお茶を飲んだりしていた。洗濯で色あせた人民服を着て黒の布靴を履いている人がほとんどだった。デッキチェアーに坐り、のんびりとタバコを吸ったり小さなペーパーバック本を読んだりしていた。中庭の奥にはコミュニティ・センターがあった。それは観光客がどっと増える前からあり、今もその影響を受けず、誰も使っていないビリヤード室と読書室があった。読書室には本が数冊とかなり古いコンピューターが一台あり、アインシュタインの額入り写真が飾られていた。

通りをさらに進み、なお細い路地に入っていくと、荒れ果てた簡素なゲストハウスがあった。一七年前に私が泊まったところかもわからなかった。そのときは冬で、私は第一人民ゲストハウスか第二人民ゲストハウスに泊まりたいか訊かれたのだった。当時は誰もが人民服か、古着の軍服を着ていた。私はまさに大理で、そのあとのカチン領域での冒険で使うために人民解放軍の外套と帽子を買って、周りに溶け込めてうれしかったのだった。近くの山々は雪で覆われ、大理はロッキー山脈に抱かれた小さな町のように、人里離れすばらしく平和なところだった。

そんな懐かしい思い出に浸る時間は続かなかった。角を一つ曲がると、私はまた歩行者のたいへんな雑踏の中に戻っていた。何百もの人が楽しそうに互いに声を張り上げ、携帯電話で大声で話し、アイスクリームを食べ、タバコを吸い、手をつなぎ、ちょくちょく立ち止まっては写真を撮っていた。私はチェ・ゲバラとボブ・マーレーのポスターが壁に飾ってあるカフェに入り、途方もない値段のコーヒーを頼んだ。大理は裕福になり、その過去は忘れ去られていた。

一三六八年に中国の新しい王朝、明がモンゴルに打ち勝つと、モンゴル人は故郷である北方の草原地帯に退却したが、大理を含む雲南ではその後しばらく支配権を保持しようとした。しかし明はそれを断固として認めず、雲南に使節を送り、モンゴルに降伏を要求した。こうした使節団は一三六九年から一三七五年の間に五回も送られた。モンゴルは拒否し、使節の一人を殺しまでしたが、明は武力で雲南を併合しようと三〇万人の兵士からなる巨大な遠征隊を送った。

モンゴルはすぐに敗れた。すると今度はかつての支配者家系で、モンゴル支配時代も形式上の地位を保持していた段一族が自治権を求めたが、明の将軍たちはこれも認めなかった。段家の長と二人の息子が捕まり、中国の都市、南京に連れて行かれた。息子の一人は万里の長城にある辺境軍務地に送られ、もう一人は揚子江の港町の役人となるよう命じられた。これで、十世紀に南詔を支配し、四〇〇年近くにわたって大理を仏教の中心地として維持してきた王族の家系が絶えた。

彼らの代わりに、明の洪武帝は沐英《もくえい》を「雲南鎮守」に任命した。(9) 沐英はすぐれた将軍で、雲南に残っていたモンゴル勢力に対する作戦を率いていた。沐英はまた洪武帝の養子でもあり、洪武帝が権力を握る前はともに貧しい生活を送っていた。沐英は、遠隔地だが重要な辺境の統治を任され、一般の軍や文民の行政官より一段上の地位に置かれた。この地位は世襲制となり、数十年のうちに沐一族は雲南各地に土地を持ち、たいへん裕福で有力になった。

モンゴル時代と同様、明による征服とともに移民の流入が起きた。しかし今回はペルシア人、テュルク人、中央アジア人ではなく、初めて漢人がおびただしい数で入ってきた。さまざまな種類の漢人がいた。まず明の侵攻とともに来て、そのまま南西の守備に就いた兵士とその家族が三〇万人近くいた。土地を求めて来た農民や、商人、政治的に追放された者や犯罪者もいた。こうした植民地化によって明時代には合わせて一〇〇万人以上が雲南に移入してきた可能性がある。これは公式の人の移動としては中国史上もっとも大規模で持続的なうちに入る。明に続く清の時代に移入はさらに加速し、新しい経済的機会、とくに採鉱産業やビルマとの貿易にあやかろうとたくさんの人が入ってきた。彼らは北部の言葉を一緒に持ってきたので、今日雲南で主に話されるのは北京語の一種である。移入民の多くは厚かましくて押しが強く、土地や採鉱の権利を私物化していった。こうした動きを帝国の役人もそそのかした。一七七五年から一八五〇年までに雲南の人口は約四〇〇万人から一〇〇〇万人に膨れ上がった[10]。そのころの雲南には、漢人の新参者、それ以前に移入していたムスリムの子孫、さまざまな先住民族という、三つのまったく異なる種類の人びとが住んでいた。そして一八五〇年後半には彼らの間で争乱が勃発する。

雲南の漢人入植者と、以前からいたムスリムと非ムスリムの住民との間では何年も前から衝突が起きるようになっていて、そのたびに政府の役人は漢人の側についていた[11]。一八三九年、政府が組織した民兵団によってムスリム一七人が虐殺された。一八四五年には中国の秘密結社が三日間暴れ回り、多数のムスリムが死傷した。転換点となったのは一八五六年、中国中心部で太平天国の乱という大規模な内戦の嵐が吹き荒れ、各地で清軍が太平天国軍と戦っていたときだった[12]。その年の五月、地元の役人が中国人住民とともに昆明で組織的な虐殺を行い、女性や子どもを含むムスリム七〇〇〇人を殺し、モスクを破壊、雲南全域でのムスリムの根絶を呼びかけた。それは、中国南西辺境の人口構成を永遠に変える大量殺害作戦の始まりだった。

ムスリムも反撃した。漢人に対する報復行為があり、九月にはムスリムの率いる民兵団が大理を攻め取った。杜文秀《とぶんしゅう》という指導者のもと、ムスリムは新しい独立王国の設立を宣言し、杜文秀は「スルターン・スレイマン」と名乗るようになった。政府軍が主要な都市を失い、中国中心部からの補給や連絡の手段を保持しようと苦闘するなか、再建された雲南国が存続する可能性がありそうにも思われた。この反乱は「パンゼーの乱」として知られる。パンゼーというのは雲南のムスリムを差すビルマ語に由来する。

当時、杜文秀は三十代半ばだった。彼はビルマ国境に近い保山《パオシャン》という町の名家の出身で、漢文で教育を受け、科挙を受ける準備までしていた。いまや彼は自らを大元帥であり、信じる者すべてのスルターンだとし、支配領域内にマドラサを建て、アラビアの教えを奨励し、初の中国語のコーランを印刷した。またビルマの王ミンドンに使節を送った。ミンドンは雲南の反乱者に同情した（ミンドンは反乱者たちこそ雲南の真の「先住民」だと見なしていた）が、中国を恐れ、大理政権に対して貿易制裁を科した。杜文秀はカルカッタにも使節を送り、さらにイギリスによる承認と武器提供を期待してロンドンに息子の「ハッサン王子」を送るまでしたが、希望はかなわなかった。

一八六〇年代後半には、独立王国の存続の可能性は低くなっていた。太平天国軍は鎮圧され、清軍は雲南の奪還に力を集中させることができた。ムスリム支配下の町が一つまた一つと打ち破られ、住民が虐殺された。とうとう一八七二年のクリスマスには、フランスの砲兵に支援された清軍が大理の郊外に迫り、古都を包囲した。杜文秀は投降することに決めた。そうすれば大規模な虐殺が起きるのを防げるかもしれないと判断したのだった。一八七三年一月十五日、杜文秀は最上等の衣に身を包み、籠に乗って清軍司令官のもとに向かった。途中、彼は致死量のアヘンを飲み込んだ。妻と子たちも服毒自殺をした。杜文秀は清軍の陣地に入るころにはすでに死んでいたとする資料もある。そうではなく、まだ生きており、支持者の命を救うよう嘆願したという資料もある。いずれにせよ杜文秀は斬首され、その首ははちみつ漬けにされて皇帝のもとに送られた。

その後、何人が殺されたかはわかっていない。清軍に情け容赦はなかった。中国政府は一万人が処刑されたとしている。大理の人口五万のうち三万人が殺されたという説もある。洱海湖を泳いで渡ろうとして数百人が溺れた。山に逃げた人は清軍の騎馬隊に追われた。その後数十年もの間、雲南に旅したヨーロッパ人はその地方が荒れ果てているのに気づいた。多くの町が破壊され、都市でも人口が激減していた。何千人ものムスリムがビルマにも逃げ、ビルマには今でも相当な数のムスリムが、とくにシャン丘陵やメイミョー、マンダレーにいる。そして雲南では、漢人が人口に占める割合が決定的に増した。

杜文秀の家は博物館になっている。晴れた日の午後、そこに行ってみると、その家は瓦屋根で中庭があり、典型的な十九世紀の裕福な中国人の家のようだった。子どもたちが棒アイスの汁を床に滴らせるなか、錆びついた武器が展示されていた。何部屋かには、反乱についての説明書きが付いた地図や写真が置いてあった。それらによれば杜文秀が率いたのはムスリムによる反乱ではなく、「革命的貧農による蜂起」ということになっていた。

大理にはほかにイスラーム的な遺産はほとんどないようだった。泊まっていたホテルの側入口の向かいに、細い路地に沿ってハラールのレストランが何軒かあった。看板などはアラビア語で書かれていて、中にはスカルキャップをつけた男や頭にスカーフを巻いた女がおり、先の年老いたタイムトラベラーたちと同様、すぐ外にいる観光客たちとは別の、しかし並行して存在する宇宙にいるようだった。大理の過去はきれいに包装し直されていて、テーマパークや改修された聖地なども、より統一された社会を演出するのに必要な小道具なのである。かつての入植者たちもそうだったのかもしれないが、最近の観光客の流入は、古い南西部が、台頭しつつある新しい中国に欠かせない一部としてつくり替えられるのを助けているのである。

古い文化の消失を残念に思わないでいるのは難しかった。しかし、それを中国人のせいにするのも難しかった。観光は地元の経済を活性化して雇用を創出し、貧困削減も助けていた。それに、雲南に根づこうとしているのは中国固有の何かというよりは、世界的な消費者文化の一面にすぎなかったのだ。この消費主義はアジアのほぼ全域で勢いを増していて、アジアではシンガポールや香港で初めて建てられた巨大なショッピングモールが、大陸の奥のほうにある雲南のような地にも建てられるようになったことが、その勢いを象徴していた。

私は数百キロ離れた国境の向こう側にあるもの、つまり貧しいビルマと、そこで起きている反乱、停戦、そして対反乱作戦のことを考えた。そこでは道路やダムが建てられ、大規模な鉱山開発も行われている。でも、状況をつくり替えるのはむしろ中国人観光客の流入と、それに密接に結びついた消費主義となるのではないかと私は考えた。雲南に来る観光客数は、中国の水準から考えればまだ少ないほうである。しかし数年のうちには数千万人に増える可能性もある。そのうちのどれくらいがビルマにまで足を延ばすようになるだろうか？　十九世紀後半、アメリカ西海岸での観光推進に重要な役割を果たしたのは、カリフォルニアへの列車を運行していた鉄道会社だった。中国－ビルマ間にできる鉄道は商品貿易を促進することになっているが、商品貿易につられてマスツーリズムが続くかもしれない。

ビルマが最終的にどのようにして平和になるのかというのは、ビルマの分析筋が長年考察してきたことである。ビルマ軍が勝利するのだろうか？　それとも彼らの敵である少数民族反乱軍が勝利するのだろうか？　しかし、もしどちらも勝たなかったらどうだろうか？　これから数十年は何も起きず、代わりに十数の新しいショッピングモールに観光名所、テーマパークができ、中国からの観光客がもたらす外貨によってビルマ北部全体が変身したらどうなるだろうか？　形式的な平和ではなく、暮らし方の変化がもたらされたとしたら。これは私がそれまであまり考えていなかったことだった。それはもしかしたら新種の辺境なのかもしれない。

いま、私はビルマにとても近いところにいた。大理からビルマ国境までの間には山がちな県が二つあるだけで、そこには国境の反対側にいる民族と関係の深い民族が暮らしている。一九四〇年代に雲南に住んでいたロシア人のピーター・グーラートは、この地域の「奥深い峡谷や氷に覆われた山々は」何世紀にもわたって「国々のゆりかごでもあり、死の床でもあった」と書いた。こうして生まれ、そして消えていった国の一つに、麗江《リーチアン》の町を中心としたナシ人の古い王国があった。その王国はジェームズ・ヒルトンが一九三三年に出した小説『失われた地平線』に出てくる理想郷のモデルだとされる。私は次にそこに向かった。

シャングリラ

中国というのは、東部の海岸から、平均標高が三七〇〇メートルを超える世界の屋根、チベット高原まで、千数百キロをかけて上っていく長い階段のようだ。雲南は地理的には雲貴高原の一部で、そこは山脈や深い峡谷が集まった、中国にとってチベットに達する直前の一段である。サルウィン川、メコン川、そして揚子江はどれも、雲南の西にある冠雪した山々からどっと流れ下る。サルウィン川はまっすぐ南に向かい、モールメインでベンガル湾に注ぐ。メコン川はタイ、ラオス、カンボジア、ヴェトナムを蛇行し、揚子江は東に向かい中国の中心部を通って上海に至る。四つ目の大河、ブラーマプトラはチベットからまず東に向かうが、雲南省で向きを逆に変え、アッサムをかたち作ったあと、カルカッタの近くでインド洋に注ぐ。

これらの大河が雲南を外の世界と密に結びつけていてもよさそうなものだ。しかし実際にはそのようなことはなかった。どの川も航行可能な部分が少しずつしか続かないからだ。狭い峡谷や水量の多い大滝のせいで、ごく最近まで雲南には徒歩かラバで行くしかなかった。雲南の実に多様な民族の多くは、それぞれの社会がある山の上で暮らし、自分たちにしかわからない言語で話し、普段は外の人間とはほとんど接触しなかった。

大理からは、冬は凍えるほど寒い峠を越えてチベットに向かう古い隊商道が北に延びていた。麗江《リーチアン》の町はその行路上の重要な中継地点だった。私はバスで麗江に行った。かつては二日か三日かかる行程で、しかもつい一九五〇年代までは、隊商は山賊の襲撃を警戒しなければならなかった。しかし今は、中国には国を端から端までつなぐ広大な高速道路網があるので、大理から麗江までは安全で簡単に行ける。中国では一九八八年になって初めての高速道路ができた。その後九〇年代半ばまでには数本しか完成しなかったが、現在では、中国の高速道路の総延長は世界第二位の四万キロで、一位のアメリカに迫る勢いだ。私が乗ったバスは、座席は坐り心地のよいリクライニングシートで、前方の画面で映画が上映された。到着までに三時間もかからなかった。

麗江のある平野は四方を山々に囲まれ、自体が一つの小世界のようだった。小豆色の畑がずっと広がり、頑丈そうな小さな家があった。衛星放送受信アンテナを付け、オートバイやスクーターが前に止まっている家もあった。道端にはバラやサクラソウなどの野生の花が咲いていた。標高は約二二〇〇メートル、ヒマラヤ地方の雰囲気が漂い、空気は冷たく新鮮で、数キロ離れた山々の頂は雪に覆われていた。

一九四〇年代に共産党が権力を握るまで、麗江を支配していたのはナシ人だった。(1) ナシ人は中華人民共和国が公式に認める五六の「少数民族」の一つである。人口は三〇万人未満ととても小さく、これは多数派の漢人（一二億人以上）だけでなく雲南のほかの少数民族の人口と比べても非常に小さい。ナシ人の言語であるナシ語は、言語学者によればチベット・ビルマ語族に属する。チベット語よりもビルマ語に近いと考えられており、そのことが、今ではすっかり忘れられているが大昔にはビルマと関係があったことを伝えている。

今日のナシ人の先祖は北方のどこか、チベットのはずれの岩だらけの地から麗江周辺に来た可能性が高い。ナシ人はごく最近まで茶馬古道を通じラサと、さらにラサを経由してインドと、貿易関係を持っていた。平野部の農民はコメと野菜を、高地の住人はトウモロコシと小麦を作り、ヤギや馬、ヤクを飼った。

ナシ人は、十三世紀にフビライ・ハーン率いるモンゴルの騎馬部隊が宋に対する挟撃作戦の一環で麗江地方に入ってくるまでは完全に独立していた。当時モンゴル帝国は勢力を増しているところで、朝鮮半島からシルクロードのオアシス都市、さらにはペルシアとアラブ世界までの広大な地域を支配していた。またステップ地方の反対側では、ハンガリー王とのドイツ騎士団の合同軍を破り、ドナウ川を渡ってウィーンの城門にまで到達していた。中国では北部全域を征服していたが、揚子江からヴェトナムまでの南部は宋がまだ押さえていた。モンゴルと中国は四〇年にわたって戦った。

とうとうフビライ・ハーンは戦術を変えた[2]。彼は、宋を征服するにはまずその裏をかいて四川盆地を掌握しなければならないと考えた。そして四川盆地で中国軍に勝つには、先に四川の南西にある山間部を支配下に置かなければならない。ナシ王国はそこにあった。というわけで一二五三年、モンゴルの大軍が氷に覆われた峠を越えて南に向かった。麗江の北で大渡河《タートゥフウ》を渡り、途中にあった首長国を併合していった。モンゴル軍は勝利するたびに武官の誰かにその場に残るよう命じた。残された武官は現地の女性と結婚し、それから始まった首長の家系は、母系社会の中で数少ない父系として二十世紀まで残っていた。

その後、モンゴル軍は現在麗江があるところまで来た。ナシ人の先祖は世の風向きを見て取り、モンゴル軍に支援を申し出て、ヤギの皮で作った筏をやり、主な集落であるダヤンの「玉龍橋」まで案内した。ナシの指導者だったムー一族の長はモンゴルに服従し、地位を保持することを許された。モンゴルはナシ人への感謝の印として、連れてきた楽団の半分をその地に残し、できたばかりの属国に音楽を贈った。

私はバス停からタクシーに乗って「古城」の入口まで行った。タクシーを含めほとんどの車両は中に入れなかった。片手には交通量の多い四車線道路があり、主に車の部品や建設資材を売る近代的な店が並んでいた。反対側には茶色の小さな木造建物がずっと軒を連ねていた。どれも雨戸があり屋根に飾りが付いている伝統的な中国風の家だった。石畳の通りに沿って大きな装飾門をくぐると、中にはさらに木造家屋が密集していた。数メートルおきに街灯の柱が立ち、赤いランタンや古いガス灯が吊るされている。ドイツ騎士団との戦いを終えたばかりのモンゴルの騎馬隊が、今にも角を曲がってやってきそうだった。

麗江古城は再建された町である。一九九六年二月にマグニチュード七・〇の地震によってそれまであった町の大半が破壊され、二〇〇人が死亡し、一万四〇〇〇人がけがをした。そのうちの多くが重傷だった。また三〇万人近くが半壊した家を出ざるを得なくなった。余震も数百回起きた。麗江は新しく建て直されることになり、一九八〇年代から九〇年代前半にかけて建設された脆いコンクリート製の中層ビルの代わりに、頑丈な低層建物と、伝統的な一戸建てが建てられた。世界銀行の援助により古城も再建され、古そうな通りや橋、運河が新しく造られた。一九九九年に麗江古城は世界遺産に登録された。その後まもなく、中国で国内観光ブームが始まった。

私のホテルは静かな路地にあったが、すぐ近くでは大勢の中国人観光客が目抜き通りを行き来していた。古城は大理と似て、映画撮影所兼テーマパーク風に造られており、中国人観光客はそこを歩き回り、食事や買い物をしながら、遠く不思議な場所に来たように感じるというわけである。全長二キロほどの目抜き通りには何十軒もの土産店があった。一方の端には再建された「玉龍橋」があって、観光案内書によれば、そこはまさにモンゴル軍がポニーをつなぎ、野営した場所なのだそうだ。そのすぐ隣には巨大な木製の水車があった。水車はもっと小さいのがほかの場所にもいくつかあった。運河も多く、歩道橋で渡るような大きいものもあれば、排水溝ほどの細いものもあった。水は透き通るようにきれいだった。水だけでなく、数カ所にある公衆トイレを含むすべてがまったく汚れておらず、建物に使われている木さえも最近艶出しをされたように見えた。異国風の雰囲気を出すために、店員はみな、ほとんど女性だったが、ナシ人の衣装をつけていた。鮮やかな青のスモックのような上着に黒い布靴を履き、フランダース派の絵に出てくる頭巾のような帽子をかぶっている。店では地元産の紙や銀、革製品、そして麗江の名産物である茶やヨーグルト、チーズなどが売られていた。

最初の二日ほど、私は主に古城の中だけを歩いた。目抜き通りは中央広場につながっていて、そこからまた大きな通りが二本ほどと、細道がたくさん延びていた。観光客は、外見からは大半がアジアから来ているようで、それも（私の推測では）中国人が圧倒的に多かったが、彼らは大通りからあまり離れなかった。ほんの少しそれたところにある細道にはほとんど人がいなかった。

ナシ王国は中世からずっとムー一族が支配していた。十七世紀から十九世紀にかけての清時代、この地域では茶貿易が非常に盛んで、ナシ王国とムー一族の全盛期でもあった。彼らはチベットから雲南にかけての辺境地域でもっとも有力で、チベット世界と中国世界をつなぐ橋のような役割を果たしていた。王族一家は中国文化や儒学の古典に精通し、中国語で詩や随筆を書き、一家の図書室にはそうした彼らの作品が収められていた。ナシ人は中国人ではなく、中国に支配されてもいなかったが、支配階級は中国文化圏内にしっかりと引き込まれていたのである。

王族の宮殿だったところは博物館になっていた。ここも地震で大きな損傷を受け、再建されたのだった。北京にある紫禁城の縮小版のようで、中庭から幅の広い白塗りの階段、開かれた謁見室、何層にもなった屋根までが紫禁城と同じに見えた。主なちがいは玉座にトラの毛皮が掛けられていることくらいで、全体的に中国風の光景の中でそこだけが異色だった。観光パンフレットには宮殿のことが「ムー邸」と書かれていた。宮殿と呼ぶと、ナシ王国がかつて独立国だったことを強調してしまうからなのだろう。中国の目から見れば、ムー一族は遠く離れた中国皇帝によって一帯の統治を許された地元の支配家系なのだった。

ナシ人は、何世紀も前から伝わる独特のすばらしい表記法を持っている(3)。通常、ナシ人は絵文字のような、子どもが書きそうな単純な象形文字を使って言葉を表す。たとえばおとなしそうなトラの絵文字は「トラ」を表す。より抽象的な概念、たとえば「結婚」は家の中に棒が二本重ねられた文字で表される。目抜き通りにいくつもある小さな店ではナシ文字が書かれた巻き物や、額に入れて飾れる版画、絵葉書やTシャツなどが売られていた。

しかし、どの店員も客を呼び込むのに関心がなさそうで、店内でテレビを見たり何か食べたりしていた。私は初歩的な中国語で話しかけてみたが、本物のナシ人はいなかった。彼らは大理など雲南出身の中国人かペー人だったのだ。仕事で、金を稼ぐために麗江に来ているのであって、ナシの格好をしているのは観光客に受けがいいからだそうだった。

一日目に私が一度だけ「本物の」ナシ人を見たのは中央の広場でのことだった。そこには年老いた男が四人、みなまばらな白髪頭で、二人はべっこう縁の眼鏡をかけ、一本の木の周りにあるベンチに坐っていた。人民服に紺の外套を着込んで、杖をわきに置き、午後の日光を浴びながら話をしている。ときおり別の老人が通りかかると、みながうれしそうに挨拶を交わした。彼らは共産主義革命が起きたころにティーンエージャーか成人したてだったはずなので、昔の麗江を覚えているだろう。そのころ、この広場には中国人も観光客もおらず、たまに、山賊の出る峠を敢然と越えてきたばかりのチベット人の馬の売買人や茶商人が宿を探して通りかかるくらいだっただろう。

いま、広場は人でいっぱいだったが、四人は周りの人の渦を意に介していないようだった。私はそっと近づいてベンチの一つに腰を下ろした。男性の一人がつっかえつっかえの北京語で、どこから来たのかと訊いてきた。私は中国語で「ビルマ」と答えた。男性はにっこりして、「ビルマ」と繰り返したが、ビルマという言葉はとくに意味を持たないようだった。ナシ人とビルマ人が共通の祖先を持っていることに疑いはない。ビルマ人の祖先の一部は、麗江の人びとと同じチベットとの境のほうから来ているからだ。麗江からビルマ国境までは百数十キロしか離れていなかったが、チュニスとティンブクトゥとの間にあるサハラ砂漠のように、間にある山々はたいへんな障壁だった。伝説にさえも、こうした大昔の関係についての話は出てこなかった。

ちょうどそのとき、ナシ人の服を着たさまざまな年代の女性たちが数人、広場の中心に集まってきた。そしてラジカセを地面に置き、ナシ音楽らしきものに合わせて踊りだした(といっても体を前後に揺らしているだけだったが)(4)。中国人観光客は大喜びで、数百台のカメラがシャッターを切った。

広場の反対側にも見世物があった。背が高くてとても色の黒い、どう見ても中国人ではない男性が、チベット風の毛糸の帽子とひざ丈のフェルトブーツを履き、馬のそばに立っていた。その隣では別の男性がタカを持って立っていた。観光客は料金を払えば、馬に乗るかタカを持つかして写真を撮ることができた。ある中国人観光客はこう言った。「新婚旅行で特別な場所に来たくて、麗江にしたんです。ここは楽園のようで、普段住んでいるところとは全然ちがうし、馬に乗った人たちはすばらしい」

観光客向けにいろいろなレストランがあった。私は中央広場から遠くない「ブルー・パパイヤ・カフェ」に二回ほど行った。メニューには地元の名物料理も載っていて、各料理の効能が書かれていた。「血行促進、目覚め、鎮痛、ほてりの解消」が期待できるという料理もあった。また「麗江ハムと鶏肉にオニノヤガラ火鍋」もあった。この辺りでは鍋料理がよく食べられるらしく、メニューには「オニノヤガラとは深い山の谷に生え、桑の木に寄生するラン科の多年草である」との説明があった。また「昆虫・イモ虫料理」にまるまる一ページが割かれていて、「ハチのさなぎにトンボのから揚げ」などの料理があった。ヤクの肉とレモンを、水生キノコの一種に載せたものもあった。そこまで冒険したくない人のためには「ベジタリアン・ピザ」もあった。

その後、細い路地を歩いていると、レモン色の短いドレスを着た、はっとするほど美しい若い女性がいた。彼女はモデルで、石壁を背景に写真撮影が行われていたのだった。麗江は、近代的なオフィス街ではない背景が欲しい、あるいは歴史的な場面を再現する必要がある場合に、ファッション撮影関係者や映画製作者がよく使うのだそうだ。以前は中国ではなかった都市が、中国の過去すべてを表現するようになったのだった。

かつてのナシ王国が出現した世界は、今はもう存在しない。ナシ王国が樹立されたのは、ビザンティウムや、ヴァイキングのヨーロッパ侵略、十字軍、アッバース朝などの時代である。すぐ東には同族からなる大理王国があり、今日の雲南の大部分を支配していた。数百キロ南方には最初期のビルマ人の祖先がいて、新しい民としてイラワディ川流域に足場を築き始めていた。そして西方には強大なチベット帝国があり、中央アジアの砂漠都市まで広がっていた。

北方のモンゴルの近く、現在の甘粛省にはずっと大きなタングート人の王国があった。(5) タングート人は、ナシ語と同様、チベット語とビルマ語両方と関係のある言葉を話したとされる。タングート王国は千年前、シルクロードを通じた中国本土と中央アジアとの陸路貿易を支配していた。これには、当時モンゴルの攻撃をかわそうとしていた中国にとってなくてはならなかった軍馬の取引も含まれていた。タングートは中国的なものに引き寄せられていたのも確かだが、独自の民族性を保とうともした。タングートの王は十一世紀初め、隣国の漢人との区別をつけるため、全国民に、ややいかめしい、剃りを入れた髪型に変えるよう命令を出した。タングートは自分たちが中国の影響下に入りつつあることをわかっていたが、独立を保ちたかったのである。彼らは敬虔な仏教徒でもあり、自分たちの国を「白く高潔な民の偉大な国」というような意味のすばらしく異国風な名で呼んだ。タングートの滅亡はモンゴルとともに来た。彼らはチンギス・ハーンを怒らせたのだが、その後、チンギス・ハーンはタングートの首都を包囲している最中に死んでしまった。モンゴル軍は侵攻を続け、タングート軍を圧倒し、数十万人を殺して王国民を激減させた。そのため二十世紀になってロシアとイギリスの考古学者が砂漠の深い地中に埋まっていた彼らの都市を発見するまで、タングートについてはほとんど何も知られていなかった。

もっと時間をさかのぼると、チベット・ビルマ語族の人びとと、その東にあった中国文明との関係はさらに希薄になる(6)。二〇〇〇年前、今日雲南がある地域の大部分には、現在の昆明を中心として、今もよく理解されていない滇《てん》という青銅文化があった。当時の墓は一〇〇年前に初めて見つかった。その存在は漢には知られていて、同時代の役人で歴史家だった司馬遷によれば、中国がヴェトナムと戦った際に滇は進んで中国と同盟した。中国がインドに通じる南西行路を探していた紀元前一世紀、滇は中国からたいへんな軍事的圧力を受け、最終的に現在のビルマ国境にごく近いところに中国が前哨を置くことを認めた。

滇人は文字による記録を残さなかったので、彼らが何者だったのか正確にはわかっていない。しかし考古学者たちは滇人の墓から、見事な銅鼓や、戦争や人間の生贄の様子が刻まれた彫像など、彼らの文明の証拠となる物を発見している。銅鼓のなかには彼らの東方のライバルである弁髪の昆明人が、勝ち誇る結髪の滇人に捕まり斬首される様子が表面に描かれたものもある(7)。

さらに過去のこととなると、この地域にどのような文明があり、それがどのような運命をたどったかはますます不可解になる。一九八六年、麗江から遠くない四川西部の三星堆《サンシントウイ》という村で、建設作業員が偶然、複数の墓穴を発見した。中には質の高い青銅や翡翠、金の製品が数千点、巨大なものも交じって、象牙や石の道具とともに入っていた。大きな目に突き出た鼻をした不気味な面もあった。出土品が注目されたのはその古さだけではなく（紀元前一二〇〇年ごろのものと推測された）、その様式がまったく知られていないものだったからだった。その時代の中国文明は、北東に千数百キロ離れた黄河流域に限られていたというのがそれまでの定説だった。しかしここ南西部にもう一つ、まったく別個の文明があり、両者につながりはなかったらしい。この発見までは、四川は雲南と同様、ギリシア文明時代のスカンジナビアのように文化的に遅れた、野蛮な部族の世界だったと見なされていた。現在のチベット・ビルマ語族の人びとのなかには三星堆人を先祖に持つ人もいるのではないかという推測もあるが、確かなことはほとんどわかっていない(8)。三星堆文明は、夜郎や滇など、二〇〇〇年前に貴州や雲南で栄えたチベット・ビルマ語族王国の直接の祖先だったかもしれない。しかし、文字による記録は見つかっていない。それは失われた文明なのである。

ほかにも謎がある。麗江からは牧草地が北に延び、三星堆遺跡のある四川西部を経て、東トルキスタンとも呼ばれる今日の新疆の砂漠世界に至る。現在、新疆にはトルコ系の言葉を話すウイグル人と、最近移入した漢人がいる。しかし中世までは、この地域に住む人びとはインド・ヨーロッパ語族のトカラ語という、中国語よりもイラン語や、英語にさえ近い言葉を話していた。身体的な特徴や衣服に西方の（ほかに適切な言葉がないので使うが）「白人」との類縁性がある人びとのミイラが見つかったのもここである(9)。中国政府は、この地域に以前は複数の異なる民族がいたことを強調したくはないし、古代中国の縁にインド・ヨーロッパ語を話す人が相当数いて、中国が独自に開発したと考えたい戦闘馬車技術も実はインド・ヨーロッパ人が持ち込んだのかもしれないという新説にも出回ってほしくない。

大プリニウスによれば、タプロベーン（セイロン）がクラウディウス皇帝に送った使節団が中国のほうにある「セレス」という場所に言及し、そこの住民は「通常の人間よりも背が高く、亜麻色の髪に青い目をし、話すときに粗野な感じの音を発した」と述べた[10]。これがタリム盆地にいた古代コーカサス人のことではないかという推測もある。本当のところは誰にもわからない。現在のウイグル人の多くはトルコ系の言葉を話すが、こうした古代からの住人との混和の結果かもしれない身体的特徴を持ってもいる。このような古代人の遺伝的特質はもっと南の雲南やビルマ国境地方でも見られるという説もある。

チベットにも、何千年も前の先史時代に人の移動が残した痕跡がある。学者たちは長い間、チベット高原はあまりに標高が高く近づきにくいので、他地域と比べて人間の居住が遅くまで始まらなかったと考えていた。しかしごく最近の研究で、一万年前に劇的な気候変動が起きた際に麗江から遠くないチベットの一部地域に人が避難していたという、それまでの通説とはすっかり異なる事実が明らかになった。また、現在チベット語やビルマ語、またナシ語などそれらに近い言語を話す人びとは、近隣のアジア地域の人びととだけでなく、ベーリング海峡を通じて、「新世界」に旅したシベリア人の最後の一波とも関係があるかもしれないという説もある[11]。

今は消えた民族や文明が中世の王国を興し、そのあとにモンゴル支配があり、近代になって初めて漢人が到来した。

ある夜、私は麗江で「必見」とされる観光名物、ナシ古楽団の演奏を聴きに行くことにした。楽団員は老年の男性で、ナシ人もおり、ほとんどは八十代である。ナシ古楽団は、今は「中国南部の人里離れた山麓に」しか残っていないが、「かつて中国中で盛んだった、何世紀も前から伝わる儀式的音楽を誇り高く守り続ける楽団」と宣伝されていた。私は入り口で券を買い、ツアー先で楽団の演奏を聴いたノルウェーのハラルド王や元香港総督のクリス・パッテンなどの有名人の写真が並ぶホールを抜けた。会場は広く、半分も埋まっておらず、私が着いたときには老楽団員がすでにステージに上がってきていた。絹の衣にスニーカーを履き、隙間風から身を守るためスキージャケットを着ている人も何人かいた。

楽団員の一人が中国語と英語で話し（観客には中国人ではなさそうな人も何人かいた）、冗談を交えながら曲を紹介した。私は中国の音楽についてほとんど知らないが、ナシ古楽団が演奏した音楽は私が聞いたことのある中国の伝統音楽ととくに変わらないようだった。しかし楽団員によれば彼らは特別な古い楽器を使っていて、フビライ・ハーンの軍隊とともにやってきた楽団の伝統を受け継いでいるとのことだった。また中世の曲を今も演奏するのは中国でも彼らだけだそうだ。文化大革命のとき、楽団員は楽器が破壊されないように地中に埋めなくてはならなかった。一九八〇年代後半にはふたたび公の場での演奏を始め、今は大人気だった。

観光客に人気の場所として、町はずれにある東巴《トンパ》博物館もあった。東巴というのはナシ人の神官や学者である。ナシには独特の変わった伝統があり、それはチベット土着のボン教と関係している可能性がある。東巴は伝統知識の番人で、重要な儀式を率いる役割を担う。東巴の経典や書物は東巴の象形文字で書かれており、千年以上前のものもある。歴史や薬学、天文学、文学、哲学に関する書物も数百点もあるが、英語に翻訳されているのはほんの一部にすぎない。

文化大革命の間、東巴は「牛の悪魔やヘビの精」として迫害されていたが、今は観光客の呼びものとして持ち上げられていた。博物館は活気がなく（私が行ったのは昼どきだった）見るものもあまりなかった。「儀式用の楽器」がガラスケースに展示されていた。叙事詩の一覧には、「牧畜民の移住」「黒と白の戦い」などがあった。博物館のある場所はナシ文化の聖地だとされていたが、私がいたときにはとくに神聖なことは起きていないようだった。中国人観光客が何人かいて、円錐形の帽子をかぶった東巴の神官に金を払い、名前やおもしろいことわざを東巴文字で書いてもらっていた。

麗江を訪れる観光客は、年間二〇〇万人以下だったのが、この一〇年で五〇〇万近くにまで増えた。この町が遊園地化するのを避けるのは難しそうだった。雲南には毎年数千万人の観光客が来ると推定されており（国内からの観光客が圧倒的に多い）、毎月のように新しい空港や鉄道、六車線の幹線道路ができている。観光産業は雲南省経済の五分の一を占めるようになっている。ついこの間まで非常な貧困や暴力的な抑圧があったことを考えると、人びとは見せ物を出したり、自分たちの文化が金儲けの手段にされたりするのを嫌がらないのかもしれない。本当のところはわからなかった。私は東巴の神官で英語を少し話す人に聞いてみた。すると彼は笑ってこう言った。「観光客がいなければ私には収入がなくなります。でも観光客のために東巴文字を書くのは本当に嫌です。自分たちの伝統への侮辱だと感じます」

麗江滞在二日目にやっと私は古城を出て「新市街」に行ってみた。最初の夜に玉龍橋と大水車のところまでは行っていた。そして、自分が旧市街の端まで来ていて、すぐ先にもっと普通の都市があることに気づいた。遠くに車や、「ケンタッキー・フライド・チキン」の明かりが見えたからだ。しかし目の前で大水車の写真を撮ろうと群がる人たちを見て先に進む気を失い、引き返したのだった。

しかし二日目には別の道から普通の世界に出た（映画『トルーマン・ショー』のジム・キャリーを連想した）。人通りが多く、民族衣装を着けた人は一人も見当たらなかった。晴れて涼しく、申し分のない天気で、前に見える標高五六〇〇メートルの玉龍雪山には雪雲がかかっていた。新市街はヨーロッパや北アメリカの普通の町と変わらず繁栄しているようだった。路上ではいたるところで男や女が焼いたじャがいもや、焼いた肉を棒に刺したのを売っていた。売る人のなかにはスカルキャップをつけ革ジャケットを着たムスリムのウイグル人もいた。みな互いに知り合いらしく、気楽に打ち解けている様子だった。数人で集まって話をしたり、互いに挨拶したりしていた。人びとの顔つきも古城とは異なり、もっと色黒で長く、チベット系に近かった。ビルマ人だったとしても不思議はない顔つきの人も多かった。大きな駐車場ではナシ人かチベット人の男や女が何台もの巨大なトラックに、野菜を詰めたかごを積んでいた。近くの店はジーンズを、別の店は台所用品を売っていた。また別のCD屋からはテクノ音楽が大音量で流れていた。

ナシ王国は、二十世紀にアメリカ人の植物学者ジョゼフ・ロックと、白系ロシア人の医師ピーター・グーラートの二人が付近に住み、一帯を旅して回るまで、欧米には知られていないも同然だった。(12) ロックはオーストリア人の従者の息子で、若いときから航海をするようになった。世界中を旅したのち、ハワイにたどり着き、訓練をいっさい受けないまま、地元の植物学の権威としての地位を確立した。現地の植物について本を三冊書いた彼は、一九二〇年代にハンセン病を治す植物を探しにビルマに行った。

ロックが麗江を「発見」したのはビルマ–雲南国境地域を旅しているときだった。ロックは麗江からさらに奥にあるムリ、チョニ、ユンニンなどの王国にまで行き、現地の植物を調べては何千もの標本をヨーロッパの庭園に送った。一九三三年には『ニューヨーク・タイムズ』紙の記者に対し、ナシ人のことを「世界に生存するなかでもっとも変わった民族か部族である」と述べている。また、アメリカ人の小説家ジェームズ・ヒルトンが書いた『失われた地平線』に出てくる「シャングリラ」は、同じころにロックが『ナショナル・ジオグラフィック』誌に寄せた記事がきっかけとなった。ロックがのちに書いた『中国南西部の古代ナキ王国』（原題 *The Ancient Na-Khi Kingdom of South-West China*）は、おかしな脱線や、何ページにも及ぶ系図があったりして、ハーバード大学出版会が出したなかでもっとも異色の本のうちに入るだろう。詩人のエズラ・パウンドはロックのファンで、彼の詩篇にはロックの著作が反映されている。

別の二人の西洋人が警告を無視してさらに遠く、雲南と四川の境にある涼山のほうまで行っている。当時そこは山賊や、友好的でないイという部族がいるので恐れられていた。その二人とは元アメリカ大統領の二人の息子、テディ・ローズヴェルトとカーミット・ローズヴェルトで、一九二八年に狩猟旅行で来ていたのだった。二人はパンダを見た初めての欧米人のうちに入る。また、パンダを仕留めた初めての欧米人にもなった。そのパンダは年老いたオスで、人間を恐れることを知らず、「撃たれたときには一声も発しなかった」。パンダはのちに剥製にされ、シカゴのフィールド自然史博物館に送られた。

麗江の北の地方には、モソという、ナシと近い関係にあるが、より質朴な人びとが住む地域がある。[13]中国人は昔から、遠い南西地方に女戦士がいることや、男女平等社会があることに魅せられてきた。またその地の住民が性的に放縦だという話にもさらに興味津々だった。モソは性的な放縦さでとくに評判で、このことも今は観光客の金を集めるために利用されている。

モソ社会は母系で、伝統的に女性は強い、場合によっては支配的な立場につく。モソは拡大家族ごとに暮らし、数世代が一つの家、しばしば一つの大部屋で生活する。しかし年長の少女や若い女性は自分の「寝室」を与えられ、特定の男性に心惹かれれば、その男性を招き入れることができる。私的なことで、日が暮れてから行われる。

女性は好きなときに何度でも愛人を替えることができるが、通常は決まった相手との関係が長く続く。男性も女性も自分の家族と一緒に暮らし、男女の関係に経済的な側面はなく、互いの金や財産に対する権利はない。これは「走婚《ゾウフン》」と呼ばれる。子ができると、父親が誰かわかっていても、父親は子育てには責任をまったく負わないことが多い。子は母親の家族に属し、母親とその家族が、母親の兄弟など男の家族も含めて、子どもを育てるのである。

文化大革命の間、モソは「走婚」をやめて「普通に」結婚するよう圧力をかけられた。そのとおりにした人も多かったが、その後また伝統が復活した。

漢人自身は厳密に父系だが、モソのこうした慣習は、南西の野蛮人の姿として漢人の間で以前から語られてきたことによく合っているので、それほど驚くべきことではないのだろう。十四世紀初め、中国の役人で平定局の高官だった李京は自分の見聞きしたことを書き残した。彼によれば、麗江の南では女性が「眉毛とまつ毛を抜き、髪を二つの髷《まげ》に結う」。また男性ではなく女性のほうがほとんどの仕事をしていた。李京によれば処女性は重んじられず、女性は自由に男性と関係を持ってよかった。結婚しようとする女性にとっては処女であることが不利に働くことさえあった。彼らは「犬や豚のように放埒」で、女性が結婚する前に死ぬと、葬式では彼女と性関係を持った男性全員が旗を掲げた。一〇〇以上の旗が上がれば、その女性はことに美しかったと考えられた。両親は「こんなにたくさんの男に愛された娘がこんなに若くして死のうとは」と言って悲しむのだった。

その一〇〇〇年前、マルコ・ポーロが同じく雲南にあるガンドゥという王国の性文化について書いていた。


この国の女性に関する慣習について書いておかなくてはならない。この国の男性は、自分の妻か娘、姉や妹、その他家族のどの女性が外国人を含め男性に恥辱を受けても、悪いことをされたとは思わず、むしろそうした性的交渉を幸運だと見なすのである。(14)

今日、雲南の観光関係の役人はこの性的放縦の評判を喜んで利用している。モソ地区の中心にある瀘《ルー》沽《クー》湖の岸辺には、英語で「女の王国」と書かれたポスターが貼ってある。中国語でも、以前は「女国」と書かれていたのだが、役人たちがそれでは十分に魅力的ではないと判断したのか、「女儿《ニュイアル》（娘）国」に変えられた。

ある夜、私は麗江の「レンブラント・カフェ」で、観光客として訪れていた数人の若い中国人男性と会った。彼らは私に濾沽湖の魅力と、異国風の女性とフリーセックスへの期待について話してくれた。一人はこう言った。「そこには走婚という慣習があるんです。私もぜひ走婚ができればいいと思っています」。そこまで楽観的ではない人もいたが、全員、雲南の少数民族女性は中国人女性と異なると考えていた。「明日、様子を見に行くつもりです。もしかしたら女儿国で何かいいことがあるかもしれません」

私が雲南に行く一年以上前に、チベットで中国政府の支配に対する広範な抗議行動が起きていた[15]。二〇〇八年三月、ラサで数百人の僧侶が、すでに拘束されていた僧侶の釈放を求めたことから始まった。すぐに拡大し、暴力が使われるようになり、チベット人が漢人や漢人の所有物を襲った。当局が驚いたことに、抗議行動はラサや中国政府がチベット自治区とする地域内に収まらず、もっとずっと広いチベット語圏に拡大した。モンゴルに近い甘粛省の一部や昔のシルクロード沿いでも流血の騒動が起き、南は雲南のすぐ近くの四川でチベット人僧侶が警察と衝突した。こうした対立の勝敗は最初から決まっていて、そのあとには一斉逮捕と投獄が来た。

チベットは数世紀前から中国の歴代王朝と複雑な関係にある[16]。中世までは、チベットは一つの独立した帝国だったか、複数の小さな独立国の集まりだった。モンゴルがユーラシアのほぼ全域を支配していた時代、チベットはモンゴルの間接統治下に入り、モンゴルの宗主権を受け入れたが、中国やロシアのようにモンゴルに直接統治されたことはなかった。しかしチベットとモンゴルは密接なつながりを持ち、モンゴルの指導者の多くは最終的にチベット仏教に改宗した。今日、自分がなんらかの宗教を信じているという意識のあるモンゴル人はほぼ全員がチベット仏教徒である。

中国がチベットに対して実質的に主権を行使し始めたのは近代に入ってから、清朝でのことだった。当時の中国には、ヒマラヤのすぐ反対側のインドにいたイギリスを遠ざけておきたいという思惑もあった。満洲人もチベット仏教徒で、チベット文化を最大限に尊敬していた。そして二十世紀初め、中国が大混乱に陥っていたとき、チベット地域の東部は、多くがチベット人ではない複数の有力者の支配下に入った。同時にチベット高原そのものでは、ラサを拠点とする政権が独立を宣言した。

この独立時代は長くは続かなかった。共産主義者が中国を掌握した一年後の一九五〇年十月、人民解放軍がチベットに侵攻、小さなチベット軍を圧倒した。それから中国はチベット側を懐柔しようとし、住民を適切に扱い、インフラを改善して金や物資を配り、ダライ・ラマの地位も奪わず、彼を北京に迎えまでした。これは当時中国が雲南など非漢人地域でとっていた政策とよく一致していた。一九五一年、チベットと中国の代表は十七カ条協定を結び、その協定のもと、中国はチベットの自治権を尊重しつつ平和的にラサに入った。

協定はチベット本土と見なされていた地域についてだけ有効だった。カムやアムドといったチベット東部では自治権について話し合いもされず、中国による統合に向けた動きは当初、地元から頑強な抵抗に遭った。まもなく、カムのチベット人戦士はＣＩＡに助けを求め、内内に援助を受けるようになった。当時ＣＩＡはビルマ−中国国境地域で中国国民党の残党を武装しており、冷戦下で新しくアメリカの敵となった中国を不安定化させる機会をねらっていた。一九五九年に蜂起はとうとうラサに達して公然の内乱に発展し、数千人もしくは数万人が死んだ。ダライ・ラマ自身もインドに逃げ、以来亡命者としてインドで暮らしている。

この五〇年間というのは、歴史上初めて中国政府がチベットを直接統治した期間である。漢人と共産主義者の視点に立てば、直接統治によってチベットには新しい道路や学校、病院をはじめとして現代のあらゆる恩恵がもたらされ、チベットにとっていいことがたくさんあった。うまい汁を吸ってばかりだった地主の力が取り除かれ、その他の「封建的要素」も粉砕された。神政国家だったのがより平等な「人民民主主義」になり、台頭しつつある超大国にチベット人が市民として参加する機会もできたというわけである。

しかし、多くのチベット人の見方はすっかり異なる。ダライ・ラマが亡命したあとの一九六〇年代には文化大革命があり、チベット仏教の僧院が、非常に貴重な芸術品や写本などを有するところも含めて破壊され、僧侶も還俗させられ、チベット文化全体が無益よりも悪いとして「闘争の対象」になった。どのくらいの数の人が殺されたか、正確なことは誰にもわからない。最近の経済成長によって多くの人の生活水準が高まったが、それは、今も熱心なチベット仏教徒である人びととはまったく異質の価値観や世界観を持つ異国勢力の進歩と見なされている。

二〇〇九年七月、中国ではまた別の民族が抗議行動の波を起こした[17]。中国最西端の新疆にいるウイグル人である。ウイグル人はトルコ系の言葉を話し、中世初期に今の新疆にあたる地域に移住してきた[18]。今日、ウイグル人は言語と宗教だけでなく、民族性に基づく外見によっても漢人とは区別される。見た目からは、共通の先祖を持つアナトリアにいるトルコ人とまちがえられそうなウイグル人が多い。また、彼らの前にこの地域に住んでいた古代インド・ヨーロッパ語系の人びととも血がつながっている可能性が高い。かつてウイグル人は敬虔な仏教徒だった。一時期は領土がカスピ海から満洲にまで広がり、当時シルクロード沿いで栄えていた仏教芸術や研究に大いに貢献していた。一部はのちにマニ教徒になり、中世後期には大多数がイスラーム教に改宗した。そこからすばらしいイスラーム学の伝統が生まれた。ウイグルはチベットと同様、清時代に中国の支配に屈することになる。

そしてこれもチベットと同じく、清朝が倒されて中国が無政府状態に陥るとウイグルはふたたび独立しようとし、一九三三年には最西端の町カシュガルを拠点に「東トルキスタン共和国」の樹立を宣言するまでした。しかしこの国は短命に終わった。ソヴィエト連邦が自らをロシア帝国の正当な後継者だと見なしたのと同様に、中華人民共和国も清が治めていた遠隔地の全域に支配を及ぼそうと決めていた。ウイグル居住地域には石油や天然ガスなどの鉱物資源が豊富だったので、何百万人もの漢人が奨励されて新疆（「新しい辺境」）に移住した。こうして一九四九年には漢人が人口の約七パーセントしか占めていなかったのが、今では四〇パーセントにまでに増えた。ウイグル人はまもなく、自分たちの古くからの土地にいながらにして少数派になるだろう。

最近の騒動は実は中国南東部、香港の近くで起きたことが発端となっていた。二〇〇九年に、玩具工場で働くウイグル人と中国人との間で衝突が起きたのだった。このことが、以前から民族間の緊張が高まっていた新疆に伝わり、まずは平和的な抗議行動が数日間行われ、それから省都ウルムチ（人口はウイグル人と中国人がほぼ半々）で暴動が起きたのだった。中国の民間人や所有物が襲撃された。二〇〇人近くが死に、騒動やその後の弾圧で一〇〇〇人を優に超える人がけがをした。それは体制にふたたび動揺を与えるものだった。共産党幹部にとって、民族ごとに分裂したソヴィエト連邦の二の舞になることほどの悪夢はなかったからだ。

雲南でも、チベットや新疆で最近起きたような、民族間の対立による暴力が起きるだろうか？　その可能性は低いように見える。

今日の雲南では、さまざまな少数民族がチベットや新疆よりもずっとごた混ぜになっている。チベットでは、住民のほぼ全員がチベット人か、最近移入した漢人のどちらかだ。新疆でも、ほぼ全員がウイグル人か漢人である。ところが雲南には数十の少数民族の人びとが省全域に散らばっている。数キロの範囲内にイ人、ペー人、ハニ人、その他の民族の村が入ることがありうる。さらに、少数民族のアイデンティティがはっきりしない場合もあり、たとえばイ人などは多くのサブグループで構成されるが、そのなかには自分たちがイ人だと思っていないようなサブグループも含まれる。また、雲南の民族的辺境は、西方のラサやカシュガルの辺境よりも数世紀古いため、たとえばチワン人のように非漢人に分類される民族の多くが主流の中国文化に同化していて、その同化の度合いはチベット人やウイグル人よりもずっと高い。十九世紀に雲南最後の大規模反乱を起こしたムスリムも今日では数が大きく減っており、雲南ではこの四半世紀、中国支配への抵抗は起きていない。

中国政府は雲南の少数民族を満足させておくことに熱心に力を注いでいる。新規のインフラ整備に数十億人民元が費やされ、収入は上がり貧困率は下がっている。少数派の文化が攻撃されることはなく、文化的な自由も近い過去と比べれば格段に大きくなった。地元の役人には地域社会の人材が登用される。そして中国本土では数十年にわたって厳密な「一人っ子政策」が実行されているのに対し、雲南の少数民族は何人でも子どもをつくることができる。

たしかに、観光客や新しい収入にあふれている麗江で騒動が起きるとは考えにくかったし、小さなナシ王国がいつの日かふたたび独立するというのもなかなか想像がつかなかった。

しかし歴史がまっすぐ進むことはめったにないし、これまでにも予想外の進展が起きたことがあった。一九八〇年代に、コーカサス地方のグルジア、アルメニアやアゼルバイジャンのような小国がソ連から独立し、その後国内のさらに小さな民族集団からの抵抗を受け、ヨーロッパや国連の仲介や平和維持軍による介入を招くことになるとは、誰が予想しただろうか? 中国の安定は第一に最近の驚異的な経済成長が基盤となっている。その経済成長が急に止まるようなことがあれば何が起きるか、確かなことは誰にもわからない。

ビルマ国境に近づくと、互いにかなり異なる二つの現実が溶け合っている状況がある。片方は戦争で疲弊し、軍事支配下にあり、民族同士が対立しており、もう片方は資本主義になったばかりの中国共産党の単独の支配下にあり、消費主義と観光によってつくり直されつつある。私はこの旅を終えてしばらくしてから、ビルマの少数民族の自決権を長年求めてきたシャン人の友人と話をした。国境の反対側で「パウポー」の生活水準が急速に向上していることをビルマ国内のシャン人がどう思っているか尋ねると、彼はこう言った。「ビルマ国内のシャン人は、中国側の状況にますます魅力を感じるようになっている。雲南では少なくとも開発が行われているので、そちらのほうを見習うべきなのかもしれないと言っている」。見習うべきかもしれないとは? 中国文化の引力はいつでも強かったが、今は過去最大の強さになっていた。

しかし、逆にビルマでの戦争や紛争のほうが中国を引き込む可能性もある。それにビルマの状況はますます複雑になってきていた。そして二〇一〇年には、国境上の町瑞麗《ルイリー》の近くで起きた事件が中国政府に大きな衝撃を与えることになる。

インド洋への道

私は麗江から大理に戻り、そこからかつてのビルマ公路で、現在は国道六五線となっている道をバスで行った。この地域は数世紀もの間、中華帝国の支配が及ぶ限界だったのだが、その理由がよくわかった。バスはいくつもの山並みを越えた。標高四五〇〇メートル以上でふもととの標高差が二七〇〇メートルもある山もあり、私たちは山裾を回り込んだり、トンネルで突っ切ったりして進んだ。ときどき見晴らしが利くことがあり、これから行く道が、ずっと下のほうの青々として森林に覆われた山の斜面に、傷口のように長くぎざぎざと刻まれ、表面下の灰色の岩を見せていた。また、山と山の間を通るときは両側に緑色の壁しか見えないこともあった。たまに、石やれんがでできた粗雑な造りの小屋が急斜面の上にぽつんと立っていた。バスには運転手が二人乗り込んでいた。一人は小太りの中年男性で、彼はスピードを出し、先をのろのろと進む車両、主に荷をいっぱいに積んだトラックだったが、これらをすぐに追い越した。もう一人は毅然とした様子の若い女性で、無表情で男性よりも慎重に運転した。男性が運転するときには中国のポップ音楽が前方のスピーカーから大音量で流された。女性が運転するときには頭上の画面で映画が上映されたが、音は消されていた。

道のりのだいたい半分を過ぎた辺りで、世界でもっとも長い川のうちの二本、まずメコン川を渡り、二時間たたないうちにサルウィン川を渡った。そこから下りにかかった。全体で一五〇〇メートルほど下り、景色も高山のから亜熱帯の景色に変わった。無数の水田があり、棚田になっているところは巨大なエメラルド色の階段のようだった。湿度も上がり、道からバナナの木や竹やぶが見えるようになった。家も石造りではなくなり、木や竹を使ったものになった。その夜遅く、瑞麗《ルイリー》の町（人口一四万）に着いた。そこからビルマまではほんの数キロだった。

私は前に一度、一九九一年にカチン丘陵に行く途中、瑞麗に来たことがあった。当時、瑞麗は外国人観光客の受け入れを始めたばかりだったが、私は、ビルマの少数民族が支配する領域に入るためこっそりと国境を越える前夜に泊まったのだった。外国人が泊まれる唯一のゲストハウスは簡素なところで、各部屋も独房のよう、簡易ベッド風の寝床とビニールトップの小さなテーブルがあり、湯を入れたポットが置いてあった。

前に来たときから覚えているものは今や全然残っていないようだった。当時の瑞麗は貧しく遅れたところで、店が立つ通りが二本ほどあったが、ビルマ産の翡翠などの禁輸品のほかにはほとんど何も売られていなかった。HIVも流行していた。売春も一因ではあったが、それよりもヘロイン中毒の広がりのほうが大きな要因だった。中毒者がいたるところにいた。棒のようにやせ細った男や女がぼろをまとい、不潔で、歩道に横たわったり、壁に寄りかかったりしていた。

美容院もたくさんあった。そのころはまだ、画一性が強要された毛沢東時代が終わったばかりだった。上海などの大都市は流行を追うようになっていたが、瑞麗では東部のおしゃれな都市に追いつきたい気はあっても、それを散髪や、当時とても人気があったパーマを通じて実現させることができる人材がまだ育っていなかった。国境の向こう側では「ビルマ式社会主義」によって女性の髪型が制限されるということもなかったので、ビルマ人の美容師が何人か瑞麗に入り、ひと儲けしていたのだった。以前泊まったゲストハウスや、ビルマ人美容師の店がどこにあったかは覚えていなかったが、今はもうないだろう。町はすっかり変わっていた。二十一世紀の瑞麗は以前の瑞麗を圧倒し、いまやヤシ並木の大通りに、アルマーニの服やロレックスの腕時計を売るガラス張りの店が連なる町になっていた。近未来風のホテルが立ち、なかには二〇階建てのものもあり、南方に広がる青緑色のシャン丘陵を見下ろしていた。私のホテルは町でいちばんいいうちの一つで、一泊五〇ドルほどした。ホテルの前には、私が見たことのあるなかでもっとも長い黒のストレッチリムジンが止まっていた。

ホテルの受付係は誰も英語を話さず、明らかに外国人客に慣れていなかった。しかし、みな礼儀正しく友好的で、身振りを交えて北京語でゆっくり話してくれ、私は問題なくチェックインすることができた。受付の後ろの壁には時計が並んでいて、ロンドン、ラングーン、東京、北京、そしてニューヨークの時間に合わせてあった。片側にはかなり広いロビーがあって、大理石の床に黒いソファセットとガラスのテーブルが置かれていた。ソファセットの一つには半袖シャツ姿の男性が数人、タバコを吸い、ウィスキーを飲んでいた。彼らの話している言葉に聞き覚えはなかったが、ジンポー語（ビルマのカチン語と同じもので、この辺りの主要な言語の一つ）ではないかと思った。

赤い制服を着たベルボーイが部屋に案内してくれた。部屋はアジアの多くの人が好むように、冷たく（室温も低く）人間味がなかった。ベルボーイが出て行ってから私はホテルの案内書を見てみた。基本的なシングルルームとダブルルームのほかに（私の部屋は「デラックス」という名のシングルルームだった）、スイートルームも何種類かあった。いちばん高いのは「アドミニストレーター・スイート」というもので、写真には、木と革の回転椅子と大きな木の机、その奥に本棚があって本が数冊入っていた。私の部屋のテレビは新品だったが中国語のチャンネルしか映らなかった。階下には、中国のホテルに必ずあるマッサージ室にとどまらず、マッサージ専用の階まであった。

瑞麗はビルマ－中国国境の越境点としては最大である。瑞麗川という、この辺の国境線でもある濁った川のほとりにある。中国－ビルマ国境は長く、アメリカ－カナダ国境（アラスカの部分を除く）の三分の一ほどの長さ、あるいはアメリカ－メキシコ国境の三分の二ほどの長さがあり、ほぼ全域が山地だが、瑞麗周辺の平野だけが例外である。現在では公式の国境検問所が数カ所あるほか、非合法の国境通路も多い。ビルマと中国どちらの政府も国境を管理下に置いているとはいえない状態で、両国政府だけでなく、ビルマ側にいるさまざまな民兵団や元反乱軍集団、監督がなかなか行き届かず手に負えないこともある現地の自国軍兵士や役人など、多種多様な勢力が、国境の実質上の管理にかかわっていた。

この辺りでは基本的には瑞麗川が国境だが、川を渡ったビルマ側には今も中国の領土となっている一切れの土地があり、瑞麗の町と橋でつながっている。そこは姐告《チエカオ》というところで、「旧市街」と呼ばれていると聞いたが、古いものは何もなさそうだった。むしろ姐告全体が一つの屋外ショッピングモールのようで、中心部に広場があり、店やレストラン、オフィスが連なる区画が四方を囲んでいた。ビルマの店も多く、私がビルマで見たどんな店よりも繁盛しているように見えた。翡翠など宝石を売る店もあったが、それに限らず洗濯機やコピー機から子どものおもちゃまでなんでも手に入るようだった。私が行ったのは平日の午後で、中央広場は大混雑していた。ビルマのロンジーを身につけている人もいたが、洋服を着ている人の多くがビルマ語を話しているのも聞こえた。広場の中心には「ミャンマーへようこそ」と書かれた大きな看板があって、中国人観光客がその前で写真を撮っていた。雲南の国際貿易の三分の二以上が瑞麗を通過する。そこは雲南が金を稼ぐ場所なのである。

背の高いビルマ人の異性装者の集団が、ぴったりしたブラウスにミニスカートとハイヒールというはでやかな姿でうろうろしていた。モンラーには有名なビルマ人「ニューハーフ」のキャバレーがあったのだが、最近モンラーでカジノが取り締まられた関係で、モンラーにいた異性装者の一部が仕事を探して北方の瑞麗に来たのだろうかと私は考えた。また、あちこちの広告版がKTVというものを宣伝していて、それが「カラオケテレビ」の略称であることがあとでわかった。主要な駐車場には、タクシーや立派なセダン、四輪駆動車、エアコン付き大型バスが止まっていた。そんななか、着古したロンジーをはいたみすぼらしい格好のビルマ人が、迷子にでもなったような顔をしているのを何度か見かけた。ビルマの外に出たのが初めてだった人もいただろう。その人たちにとって、中国は未来の光景のように思われたにちがいない。

ぱっと見たところ、瑞麗は豊かな新生中国のれっきとした一部分であるようだった。瑞麗の不動産の値段は上海や北京と変わらないといわれていた。しかし瑞麗の町はまだ比較的小さく、私は一時間ほどで中心部のほとんどを歩いてしまった。紺と白の制服に赤いスカーフをした子どもが笑いながら自転車を乗り回し、わき道では年老いた男や女がマージャンをしていた。みなのんびりした様子で、緑茶を飲み、ヒマワリの種を食べていた。熱帯の暖かい日光のもとでは瑞麗は繁栄し、落ち着いているようだった。

瑞麗にはビルマ人も多く、彼らはそれほどのんびりしていなかった。みすぼらしく取り乱した格好をし、まちがった場所に来てしまったかのように居心地が悪そうで、すぐにそれとわかるビルマ人もいた。最初の日に私が交差点で見た二人連れの男は、着替えを入れたビニール袋を抱え、紙切れを見て、どちらに曲がればいいのかと頭をかいていた。ビルマ人のごろつきもいて、彼らは日に焼けて野生的で、不安そうだった。ある夜、明るい街灯の下で道を渡ろうとしていると、隣に若いカップルがいた。ビルマの田舎の人の格好をし、次に何をするか、泊まっている家に戻るのか、別のところを見つけるかを大声で言い争っていた。もっと裕福そうなビルマ人もいて、彼らはＤＶＤプレーヤーや、新しいゴルフクラブのセットを探しながら、幸せそうに歩き回っていた。

すぐにビルマ人とはわからない人たちもいた。瑞麗の街中で、周りは中国人ばかりだと思っていたら、聞こえてくる会話から、前後にいる男性たちが実はビルマ人であることに気づいてひどく驚いたことが何度かあった。彼らはズボンに靴にポロシャツを身につけていて、まるでわざと変装して現地の住民に紛れてでもいるかのようだった。しかし、それを言えば私も同じようなものだった。

インドかパキスタン、バングラデシュ系の顔つきのビルマ人もいた。(1) 一九九〇年代の初め、厳しい抑圧が原因で、主としてベンガル系のムスリムであるロヒンギャ人十数万人が、ビルマ西部からバングラデシュに追いやられたのだが、数百人ほどは反対方向に向かって瑞麗にたどり着き、以来定住し、独自のモスクまで建てたのだった。このほか、単に南アジア系のビルマ人もいた。おそらくラングーンかマンダレーが出身で、ほかのみなと同様、金を稼ぎに来たのだった。二日目の午後、私はハラールのレストランで食事をした。隣のテーブルにいた男性に話しかけたところ、彼の一家はパンジャーブ人（現在はパキスタンとなった地域が出身）だが、彼自身はマンダレーで生まれたとのことだった。彼は細長い顔に髪は長めで、大皿に盛られたケバブを食べていた。瑞麗には、オートバイを買い、友達に会うために二日ほどいるのだと話してくれた。

なんと私は動物学が専門なんですよ。でも動物学の学位を持っていてもどうしようもないでしょう。私の家族は会社を、ちょっとした会社をやっているんですよ。中国人を相手に輸入業をして、なんとかやってきました。ここ、中国国内で顧客を見つけようと思いついたのは私でした。でも今回は本当にオートバイを買いに来ただけで、買ったら帰ります。

私は彼に、瑞麗と、中国全般についてどう思っているか訊いてみた。

まあビルマよりは開発が進んでいるといえるでしょう。でもつまらなくもあります。私はマンダレーのほうがいい。マンダレーがもう少しだけ栄えていたらいいと思います。そのうえ動物園があれば、私にとってはすばらしいことです。それか、私の家族であのサファリパークというのを造れたらと思います。サファリパークについては何かで読みましたが、動物が歩き回っていて、人がその中を車で通るのに料金を取るんです。

男性は最後のケバブを食べ終わり、店員にお茶のお代わりをくれと合図した。「それが私の夢です」

瑞麗は以前、麻薬と売春で悪名高かった時期があった。(2) 近隣地域では数十年前からケシが栽培されていたが、一九九〇年代に入るまでは、アヘンはずっと南のタイ国境まで運ばれ、そこでヘロインに加工されてからバンコク経由で欧米の市場に送られていた。しかし九〇年代前半から、国境のすぐ向こうにいるビルマの民兵団が自力でヘロインの生産を始めた。タイの仲買人を切り捨て、拡大しつつあった中国の世界とのつながりを利用したのである。瑞麗は麻薬貿易の中枢となった。中国では麻薬密輸罪は死刑になるが、ビルマ人麻薬密輸人は思いとどまらなかった。彼らはほんの数日かけて麻薬を昆明に運ぶだけで二年分の賃金を稼げたのだ。そしてヘロインと売春婦とともにエイズが入ってきた。十三世紀に、モンゴル人の騎兵がビルマ‐雲南辺境から(何世紀も前からそこの風土病だった)黒死病を中国内陸の都市に運んだ。黒死病はステップ地方を横切ってヨーロッパにまで広がり、ヨーロッパで数千万人が死亡した。一九九〇年代に中国のＨＩＶエイズ問題の発生の源となったのも同じ地域、とくに瑞麗だった。HIVは、すでに感染率が着々と上がってきていたビルマから中国に入ってきたのだった。一九八九年には瑞麗のヘロイン使用者一五〇人がHIV陽性であることが明らかになった。彼らは中国で最初に確認された感染者だった。

瑞麗は一時期、荒々しく危険だというイメージどおりの町だったが、私が訪れたときには夜でもそんな様子はほとんどなかった。その二年ほど前に、中国では全国でカジノの取り締まりが行われ、瑞麗でも警察が夜の歓楽施設の多くを閉鎖した。また売春や麻薬などに対しても厳重な取り締まりがあり、翡翠や木材の合法あるいは非合法の貿易を通じて瑞麗が次第に富んできたことと相まって、瑞麗は表面的にはもう少しまともな町になった。ビルマでしか採れず、中国市場で非常に人気の高い「インペリアル・ジェイド」の売上だけでも年間一〇億ドルは優に超える。ヘロインの生産量は減り、中毒者が街中で公然と静脈注射をすることもなくなった。ある建物の外壁には「キューティー・クラブ」を宣伝する巨大なポスターがあって、ビキニ姿の女性にヘビが巻きついていた。その隣で大きな建物が取り壊されていた。ナイトクラブのようにも見えたが、それが「キューティー・クラブ」だったのだろうか。

瑞麗の町自体は比較的裕福になったが、周辺地域は繁栄しているとはまだとてもいえなかった。雲南は一人当たりの収入はビルマの二倍だったが、それでも中国でもっとも貧しい省の一つであり、瑞麗の中心部のように開発が進んでいる地点も貧しい農村地帯に囲まれていた。瑞麗の街中には大きな家や壁に囲まれた邸宅があり、どの家の前にも値段が高そうな車が止まっていて、バドミントンコートがある家もあるが、そこから一時間も歩かないうちに周辺の生活水準は目に見えて低下する。小さな集落では水が不足し、そこに暮らす農民はビルマと変わらないくらい貧しそうに見える。

中国政府は二〇〇〇年に西部開発戦略を始めて以来、こうしたより貧しい内陸地域でのインフラ開発のために莫大な金額を費やしてきた。(3) 雲南経済は相当な恩恵を受け、GDPも二〇〇〇年代初めは約二四〇億ドルだったのが二〇〇九年には四倍の九一〇億ドルになった。昆明では野心が高まっていた。私が瑞麗を訪れた約二カ月後、雲南の知事、秦光栄《しんこうえい》が「ユーラシア陸橋」の建設を提案した(4)。これは超現代的な線路で、（香港と広州に近い）珠江デルタから雲南とビルマを通ってロッテルダムに至る。知事の説明によれば、中国のアフリカへの輸出市場が拡大しており、今は広東から海でカイロに行っているが、陸橋を使えば六〇〇〇キロも短縮されることになる。

実際、あまり遠くない将来にオランダ行きの貨物列車が瑞麗のすぐそばを通るようになるのかもしれない。しかし、今のところは瑞麗の関心や懸念の範囲はずっと狭い。ここで開発といえば、何よりもまずビルマ市場のことなのである。瑞麗は、この辺境地域全体で開発が進んでいることの証拠というよりは、繁栄する中国の東部海岸の前哨地であり、ビルマへの足がかりなのだ。この二〇年で、容赦ない伐採によりかつては緑の多かった山々が丸裸にされ、徹底的な灌漑と大規模水力開発事業によって環境破壊も起きた。一般市民からの反発が大きくなるにつれ、伐採するための森林やダムを建てるための川を探す中国企業は国境の向こうのビルマに目を向けざるを得なくなっており、瑞麗はこうした新たな資源開発からいっそう富を増している。

しかしビルマへの進出には、麻薬や、HIVエイズだけでなく国境地域にはびこるマラリアといった病気など、特殊な問題がついて回った。また、ビルマには多くの中国人移民がいるという問題もある。ビルマ人は彼らのことを中国からの入植者のように見がちだ。彼らは中国当局にとっても懸念の種である。中国でもナショナリズムが高まっているいま、ビルマ在住中国人の安全が少しでも脅かされると中国全体で反響を呼んでしまう。二〇〇九年末に数人の中国人がビルマで拉致され身代金が要求された事件があったが、これが中国では全国で大きく報道された。またビルマで反中暴動が起きれば中国政府にとってたいへん厄介なことになる。通常なら、こうした問題は国境の向こう側にいる政府と共同で解決を図るものである。しかしビルマには特殊な事情がある。もちろんビルマ政府というものは存在する。しかしそのほかに、どの政府の支配からも独立している非政府軍隊がたくさんあるからだ。

長い間、瑞麗川流域はビルマ－中国間の自然な国境とされてきた。[5] ビルマ王国の権威の限界と、中華帝国の縁を示していると言われてきたのである。しかしこれは現地住民にとっての現実というよりは、ビルマの廷臣や中国の官吏たちの勝手な思い上がりだった。現在の国境の両側はもともと、ここではダイと呼ばれるシャン人の領域で、地域ごとに世襲の首長が統治し、文化的にも言語的にもその領域を分ける明確な境目はなかった。南西のマンダレーのほうに向かうとビルマの王や宮廷文化の権力や影響が強くなり、北東方面では、モンゴル人、中国人、満洲人がそれぞれ率いる中国の歴代王朝が直接統治の範囲を広げ、強化しようとしていた。

今日、ダイ人は中国が公式に認める民族の一つで、雲南には一〇〇万人以上がいる。この地域だけでなくもっと南のラオスやタイとの国境近くにもいて、そこの話し言葉や慣習は国境のビルマ側の「パウポー」のとほとんど区別がつかない。中国側では、こうした複雑な状況下にある国境地域には中央政府の支配力が中途半端にしか及んでいなかったのだが、共産主義革命が起きてからは、この地域を中国に統合しようという動きがずっと強くなり、暴力を伴うことも多かった。

一九五〇年代までは、ファン・ユーチというシャン人のソーブワー（藩王）がこの地域を統治していた。[6] 彼は一九四二年にC・Y・リーを私設秘書にしようと思いついていなければ歴史に名前が残らなかっただろう。C・Y・リーは一九一七年に湖南で著名な学者の一家に生まれた。西南大学を卒業し、四三年にアメリカに移住、イェール大学で美術学修士号を取った。それから書いた『フラワー・ドラム・ソング』という小説はベストセラーとなり、五八年のロジャース&ハマースタインによるミュージカルの原作となった。一九四〇年に大学を出てから移住するまでの間、リーはソーブワーの私設秘書として芒市《マンシー》（瑞麗の隣の町）に住んでいた。

芒市に到着した新秘書リーはこう書いた。

うれしいことに、芒市は私が想像していたような、貧困にあえぐ荒地ではなかった。五〇〇〇平方キロほどの面積の小さなユートピアで、豊かな平原とゆるやかな丘陵に恵まれ、小さな村々が竹藪に囲まれている。水田が柔らかな緑の敷物のように何キロも広がり、そこここに巨大なバンヤンの木や、高く細いパパイヤの木が立っている。丘の向こうには山々がそびえ、頂は亜熱帯の群青色の空に上る霞のようだ。赤色の仏教寺院が竹藪の陰からのぞいている。芒市は東洋の水彩画でいっぱいの画廊のようである。

そのとき四十一歳だったソーブワーは、ビルマ世界と中国世界が両側から迫ってくるのを感じていた。彼は、芒市が近代化し、両国の懸け橋となることで将来が開けると考えていた。これを念頭に、ソーブワーは芒市の小さな町を、マンダレーから昆明に至る新しい道路を行く人たちが立ち寄りたくなるような場所に仕立て、上海の商人が所有する喫茶店や公衆浴場を開いた。また「近代化作戦」の一環として彼はビュイックの新車で視察を行い、家に帰ればローストビーフやフライドチキンを食べた。

ソーブワーは（すでに結婚していた）、そろそろ最初の妾を取ろうと決め、妾を選ぶためにリーを連れてラングーンに行った。まず車でビルマ公路を通ってマンダレーまで行き、そこから列車を使った。ラングーンの高級ポン引きたちは彼を歓迎した。ソーブワーはいろいろなパーティに招かれ、クラブや競馬場を回った。彼はリーにこう言った。「ビルマではソーブワーでいるとこのように有利なことがある。腐った肉にアブが寄ってくるように、たくさんの女を引き寄せる」。ソーブワーは、美人で巻き髪のユーラシア人女性アイダに会い、彼女に決めた。アイダはアイルランド人の船乗りと中国人の踊り子の娘だったのだが、ソーブワーはそれでは王族の相手の血統としてふさわしくないと感じ、アイダの両親をイギリス人の大佐とモンゴルの王女ということにした。アイダはバドミントンとブリッジをし、フランス語も少し話した。子どものころ、怪力男だったヒンドゥー教徒から教わったのだ。カーキの半ズボンとハイヒールを履いた彼女に話しかけるときソーブワーは「アイダ、ダーリン」と呼びかけた。近代化努力の一環で唯一覚えた英語だった。

この世界は突然終わる。一九五三年、その四年前から権力を握っていた共産主義者がこの地にやってきて、ソーブワー制度を廃止した。ソーブワー一家と、大勢の地元住民がビルマに逃げた。のちの文化大革命のときにはシャンやダイの宮殿はすべて取り壊され、多くの僧院やパゴダも破壊された。僧侶も強制的に還俗させられて重労働を課された。残ったシャンの貴族はひどい暴力を振るわれるか殺された。こうして昔からの世襲支配階級は消えてなくなった。しかしビルマ側には、それに代わる新種の領主や有力者、中間商人などが現れた。彼らは今もいる。

瑞麗のすぐ南にはワ丘陵と、ワ州連合軍（UWSA）の支配地域がある。一九七〇年代と八〇年代、ワ人の民兵団は、中国の援助を受けてビルマ政府に抵抗するビルマ共産主義反乱勢力に加わっていた。一九八九年に共産主義反乱が終わると、ワ人民兵団は中国の暗黙の支持を得て再編成され、UWSAとなった。現在のワ人指導者たちは中国語を流暢に話し、中国官界と密接な関係を持っている。何人かは国境の中国側、雲南省のワ人自治県の出身だ。ワの軍高官や有力な実業家は民族としては漢人と同じである。八九年にワ勢力がビルマ政府との停戦に合意したとき、ビルマ側は開発援助を行うと約束し、欧米政府や国連機関に支援を求めた。しかし欧米政府や国連機関からの支援は来ず、代わりに中国が救いの手を差しのべ、道路建設などのインフラ整備を行い、貿易や投資を奨励した。かつてケシ畑だったところの一部には中国向けのゴム農園ができている。中国はまた、病気は国境に関係なく広がることをふまえ、国境を越えた保健事業の実施も促進した。しかし根本的な問題が残っている。ワ自身はすでに十分武装しているが、数年前から雲南の軍需品工場から非公式の、場合によっては違法な支援を得て、武器の生産を始めた。雲南の役人による関与の度合いはわかっていないが、ワが製造した武器がインドに達し、インド北東部の反政府勢力の手に渡っているという情報がある。いまや雲南では漢人による支配が固まってきているが、中国政府はビルマにも手を伸ばすとなると、雲南のとよく似ているがより「生番」に近い「野蛮人」だけでなく、統治体制の一部であるはずなのにときに勝手なことをし、辺境地域独特の流儀を持つ自国の役人ともうまく付き合わなくてはならない。

過去には辺境の領主たちが戦争の原因になったことがある。一七六〇年代には、ビルマ王と中国の皇帝の両方に一応の忠誠を誓っていたシャンの藩王同士が衝突し、ビルマと中国の間の武力紛争に発展した。きっかけは中国人商人が殺されたことで、中国が賠償を求めたのに対し、ビルマはそれに応じない現地の支配者を支援した。清は四年間のうちに巨大な部隊を四度もビルマに侵攻させ、この地域をなんとしても征服しようとした。最終的にはビルマ側が勝利したが、中国・ビルマ関係は数十年間も損なわれた。

逆に辺境の人物が両国の懸け橋となったり平和構築に重要な役割を果たしたりしたこともある。[7] たとえば、最近明らかになったばかりの驚くべき事例として、ウー・シャンシャン、あだ名を「短足のトラ」という男の話がある。ウーは漢人で、雲南東部の貧しい家に生まれた。一七四〇年代に彼は財を成そうとワ丘陵に来て、いくつかある大きな銀山の一つで商売を始めた。すぐに金持ちになり、のちには雲南知事の腹心の友として徴税官に任命された。このころ、ビルマ王国と中国の貿易はまだ盛んではなく、ウーと雲南知事は、二国間の貿易が拡大すればもっと儲かるはずだと考えた。しかしどちらの政府も商業関係の改善にあまり関心がないようだったので、二人は自ら介入することにした。ウーは、なんと中国皇帝の使節のふりをしてアヴァのビルマ王のもとに行った。ビルマ側は中国から注目を受けたことを喜び、うれしがった。ウーが中国に戻る際にはビルマからの使節団も同行し、一行は北京に行って丁重な応対を受けた。結局はこの使節団の「交換」はたいした成果を上げなかったが、それはビルマ国内で紛争が起きて、ビルマ側が必要な手続きなどをする余裕がなくなったからだった。ウー自身は最後には（新任の雲南知事によって）罪がばれて逮捕された。

こうした事例が示すのは、ビルマ－中国辺境の発展に現地の人びとも長年役目を果たしてきたということである。今日この辺境は実質的に開かれ、接触や取引が近代史上もっとも盛んに行われるようになった。それによって国家の支配から離れたところに新しく動的なネットワークが生まれてもいる。たとえば、台湾や香港の在外中国人社会から国境地域の町までをつなぐ現地の漢人ネットワークなどがある。また、ビルマ－中国国境をマンダレーや昆明だけでなくタイのチェンマイやバンコクともつなぐ商売をし、ときには中間商人としての役割を果たす、シャン人やダイ人といった非漢人のネットワークもある。[8] シャン人あるいはダイ人は、雲南では中国文化に大きな影響を受け、中国のやり方に従い、長い間中国語の影響を受けてきたダイの地方語を話す。国境に近い地域では、ビルマやビルマ文化の影響を強く受けている。もっと南では、タイとのつながりに強く作用されている。また三国すべてに親類を持ち、拡大する市場を利用するのに最適な立場についている家族もいる。

現地の住民や現地での動きが、中国政府からの指令と同じくらいの影響力で、現れ始めた場景をかたち作っている。そしてその場景は世界という舞台にも登場しようとしている。

十五世紀に、宦官の鄭和《ていわ》が率いる大艦隊がインド洋を何周か巡り、アフリカの東海岸に達した[9]。もっと遠くにまで行っていた可能性もある。艦隊には長さ一二〇メートル、幅がもっとも広いところで四五メートルという、当時のスペインやポルトガルの船の二倍の大きさの船もあった。このほかにも水を積んだ船や、三万近くの兵士を乗せた輸送船もあった。この航海は中国の権力というより威信を劇的に提示したもので、インド洋の各国民に衝撃を与えて恐れさせ、ありがたく服従させるのが目的だった。鄭和は雲南‐ビルマ国境地域出身のムスリムで、航海先のアジアやアフリカから、皇帝の動物園のためのキリンなどさまざまな品や、西洋世界の情報を持って帰った。しかし一世紀後にヨーロッパが送り出した遠征隊が、以後長期にわたる貿易や征服の足がかりになったのと異なり、中国の遠征は、アメリカの月への飛行計画のように一回限りで終わった。当時の中国の安全保障当局は、モンゴル系オイラトやトルファンのウイグル王国といった厄介な敵に直面していた内陸辺境のほうに力を集中させたかったのだ。中国はこれ以降、二度と外洋海軍を発達させようとはしなかった。

しかし今は話がちがう。この二〇年で中国の海軍は拡大してきた。中国は真の世界的海軍力の象徴である航空母艦は自前のものはまだ持っていないものの、(ロシアから購入した)駆逐艦や、原子力のも含めた潜水艦の艦隊を増強中である。中国はまた、アメリカの太平洋艦隊を脅かす性能を持つ世界初の対艦弾道ミサイルを試しているとされる。二〇〇八年末、中国は新しくつけた力を見せつけるため、ソマリア沖で海賊と戦っていた国際任務部隊に参加することにし、最強の艦船と、武道に熟練した特別攻撃隊員を送り込んだ。その一年後には、退役した中国海軍大将が、インド洋西部に海軍基地を常置することを提案した。海賊に対する戦いを通じて、未来の中国の姿を見せているということだ。

一七九三年、中国の乾隆帝は、イギリスから来ていた使節、ジョージ・マカートニ卿に対し、中国は外界からはとくに何も望まないと言った。しかし今日の中国は産業革命の燃料にするための原材料、とくに石油と天然ガスの確保に必死である。中国には石油があるが、生産量よりも消費量のほうが大きい。一九九三年までは石油の輸出国だったが、その後、輸入量が激増した。今では年間一億七〇〇〇万トン以上を輸入しており、このままいけば（推測的な見積もりにすぎないことは認めるが）二〇年以内にその五倍も輸入することになるかもしれない。このほかにも中国は銅、鉄鉱石、レアアースのほか、輸出市場への容易なアクセスも必要としている。

こうした原材料はすべて中東やアフリカのほか、オーストラリアや環太平洋の国々から来ることになるので、中国政府にとってインド洋に航路帯を持つことの重要性がぐっと増す。瑞麗から海に出るには、マンダレーを通りアラカン丘陵を越えて、ラムリー島に中国人エンジニアが建て始めている真新しい港まで行くのだが、今では車で二四時間ほどしかかからない。石油・天然ガスパイプラインも、そのあとに建てられる予定の鉄道や高速道路も同じルートを通る。数年内に、ベンガル湾では中国の影響力が歴史上もっとも強く感じられるようになるだろう。

一見すると、こうしたことが計画どおりにいかないと考える理由はない。二〇年目を回った欧米の対ビルマ制裁は緩和される気配はなく、アメリカやヨーロッパが競争に加わる可能性はない。ビルマは中国が友好国でいてくれることへの感謝を頻繁に表明するし、中国もビルマにとって重要な外交面での支援を続けている。欧米政府と異なり、中国政府はビルマの政治体制のことなどまったく気に留めていない。中国は東南アジア全域のあらゆる政権と良好な関係にあり、その政権が民主的でも共産主義でも権威主義でもいろいろ混ざったものでも構わず、すべてと積極的に商業関係を持っている。中国が気にするのはビルマが安定しているかどうかだ。中国政府の役人はこの懸念をよく口にするし、それもただ繰り返しているだけではない。ビルマで内戦が数十年続いたあと、今はほとんど戦闘が起きていないことに、中国政府は世界のほかのどの政府よりもよく気づいているのかもしれない。ビルマが新しい憲法と総選挙に向けて動いているのを見て、中国は非常に満足した。また、自分たちが進める経済事業が、本来は中国のためのものとはいえビルマにも助けになっていることや、一部の欧米政府が行う人道援助よりも大規模なインフラ整備のほうが長期的にはビルマの役に立つだろうということも感じていた。しかし二〇〇九年には両国間にある種の緊張感が漂うようになっていた。

そこにコーカン事件が起きた。[10] コーカンというのは国境のビルマ側、瑞麗から東に数十キロのところにある小さな漢人居住地域である。コーカンの住民は、国境の雲南側の住民と同様、数世紀をかけて少しずつ中国の他地域から入ってきた開拓者や盗賊の子孫である。独特の訛りのある北京語を話し、伝統的に、一帯を旅する隊商が使うラバを供給してきた。もっと最近では、コーカンはビルマの比較的有名な麻薬王の多くに麻薬を提供し、一九七〇年代から八〇年代にはコーカンの民兵団はビルマ共産党の反乱軍に加わっていた。一九八九年にビルマ共産党が崩壊すると、コーカンの民兵団はそこから離脱し、「ミャンマー民族民主同盟軍」に再編された。同軍は少数民族武装勢力として初めてビルマ政府との停戦に合意し、二〇〇九年には停戦してから二〇年もたっていた。

二〇〇九年八月に突然始まった戦闘は中国政府にとって青天の霹靂だった。コーカン軍は長いこと麻薬取引や銃器の密輸、さらには銃などの製造にまで関与していたのだが、ビルマ軍はコーカンが不法な武器製造を行っていたことを口実にしてコーカン地区に突入し、新しい支配体制を発足させた。コーカン軍の上層部で対立が深まっていたのだが、それがビルマ軍の目には逃したくないチャンスと映ったのだった。

軍事介入はとくに血なまぐさくもなく、数日間で終わったが、それでも一九九〇年初頭以来ビルマ軍が国境地域で行った最大の軍事作戦だった。全員漢人の難民約三万人が中国側に逃げ、中国の国境で起きたものとしてはヴェトナム戦争の終わり以来最大の難民流入となった。不意を突かれた中国政府はひどく憤慨した。

以来、コーカン事件は中国政府の思考に大きな影響を及ぼしている。それまで中国は、コーカン地区を含めて、民族ごとの民兵団が支配する地域のことを便利な緩衝地帯だと見ていた。雲南の役人や実業家はそうした地域を中国の縮小版のようにつくり替え、自分たちがビルマ辺境地域で影響力を行使するための足がかりとして利用していた。中国側は、ビルマ軍政を支援しながら各民兵団とも友好関係を持つということにあたかも矛盾がないかのように振る舞っていたのである。瑞麗で、ある男性が私にこう言った。「中国は両方にえさをやり、みんなの兄貴分でいるのが好きなのです」。しかしこうした姿勢がどのような結果を招くかまでは誰も考えていなかった。中国政府は雲南の地方政府に方針の決定を任せていたので、雲南の治安部隊がビルマ側の武装勢力との日常的な接触をしていた。

しかし、ビルマ軍が場合によっては実力行使も辞さないということで、国境地域が中国政府が考えていたよりもずっと不安定であることがわかった。ビルマ政府の行動が予測不可能であることもわかった。また、ビルマへの対応をもう雲南政府に任せておくわけにいかないことも明らかになった。雲南当局は、コーカンが今にも侵略されるという警告をしなかったも同然だった。ビルマを通るパイプライン建設などに数十億ドルが投資されているなか、より積極的に対策を講じることが必要となっていた。こうしたことに加え、二〇年もの間中国が好き勝手にできた状況がいつ変わってもおかしくないという感覚がじわじわと迫ってもいた。

このころ、オバマ大統領の新しい「関与」政策のもと、ビルマ軍政とアメリカ政府が関係改善を図っていた。すぐに大きな改善は見られなかったのだが、ビルマがアメリカと和解するかもしれないと考えただけで中国政府は非常に不安になった。中国語の専門雑誌『現代国際関係』では雲南大学の研究者、ルオ・シェンロンとワン・アイピンの二人が、コーカンに対する攻撃はビルマ軍政が中国に対して絶妙なタイミングで発した、ビルマがいつまでも中国の言いなりになるとは思うな、という警告だったのだと主張した。(11) 二人は二〇〇九年十二月付の寄稿で次のように述べた。「コーカン事件は、ミャンマーの軍事政権が外交政策を調節し、中国だけに向き合うのではなくアメリカやインドなどほかの大国とも頻繁に接触を始めるつもりだと欧米に伝えるために行われた」。この論文によれば、ビルマは中国・アメリカ関係がますます険悪になっていると考え、アメリカ政府に対して自分たちが「同盟国としていかに役に立つか」を示したかった。さらにコーカン軍が麻薬密輸に関与していることはよく知られていたので、ビルマは、アメリカがコーカン地区での麻薬生産を減らすことにもまだ関心があるとも推測した、というのだった。実際には、アメリカ政府にそんな関心があったことを示すものはほとんどない。しかしこの二人の学者はアメリカにはたしかにそのような関心があったとし、その証拠としてコーカン事件の数週間後にニューヨークで国連総会が開かれた際、アメリカの外交官とビルマのテインセイン首相が会ったことを持ち出した。その後、十一月にシンガポールで行われた地域サミットでは、オバマ大統領が直々にテインセイン首相と握手をした。そのような行為があったのは一九八〇年代以来だった。中国側は不審に思った。中国でよく知られていることわざに「夜郎自大」というのがある。「夜郎が（漢の強大な力を知らずに）自らを過大評価する」というような意味で、尊大に振る舞ったり空威張りしたりする者について用いる。夜郎は中国の南西端にあった古代王国で、インドとインド洋への貿易路をまたいでいた。夜郎の王は、自分を漢の皇帝と同等に考えていた。これが中国の目には滑稽に映ったのだった。ビルマは二十一世紀の夜郎で、大胆にも中国、インド、アメリカを互いに競わせようとしているのだろうか？ 中国の指導部は、ここで道を誤れば失うものが大き過ぎると感じた。そして二〇〇九年末から二〇一〇年にかけて、迅速に行動に出た。

こうして中国政府はビルマとの関係づくりに力を入れ始めた。ビルマ軍と、対する最大の抵抗勢力、ワ州連合軍との関係に細心の注意が払われるようになった。ワ側は、新憲法の体制を受け入れて国境警備隊になれというビルマ側の要求をはねつけていた。両者の間で本格的な戦争が始まるのを恐れた中国政府はひっそりと介入し、停戦を維持するよう両者に圧力をかけた。ビルマとワとの間で戦争が起きれば中国にとっては第一級の災難となる。そんなことがあれば、中国語を話す難民が数万、あるいは数十万人単位で雲南に流入してきて、その様子が北京や上海のテレビで放送されることになる。そして戦闘が長引けば、中国はどちらを支援するのかという問題が出てくる。そしてより重要なのは、アメリカ政府がその状況を利用し、ビルマ軍政に救いの手を差しのべ、そうしているうちにビルマを味方に引き入れてしまうのではないかということだった。中国政府としてはそんな危険を冒すわけにいかなかった。

まもなく中国はビルマ軍政との関係を固め、軍政のアメリカとの一時的な接触があくまで一時的なもので終わるようにするため、最高指導者たちを続々とビルマに送るようになった。有力な中国共産党政治局員で、将来は国家主席になる可能性の高い習近平《しゅうきんぺい》〔二〇一三年に国家主席に選出された〕が二〇〇九年十二月に訪れた。温《おん》家宝《かほう》首相が二〇一〇年六月に続いた。ほかの政治局員や省知事、党書記などによる訪問もあった。数十もの経済協定が結ばれ、いっそうの協力が約束された。

中国のビルマ軍政への支援は、スーダンやジンバブエなど欧米と反目する国への中国の支援と一緒にされることがある。中国がビルマでの経済的な存在感を増していることも、中国がほかの多くの貧しい国、とくにアフリカ諸国との関係を急速に拡大していることと同列に見られてしまう。これらの国々もビルマと同様、中国に原材料を提供できるので、中国はそうした国々でもほかの問題を差し置いて自国の経済的利益を優先させているように見えるのだ。

しかしビルマは、活気の出てきた中国内陸部のすぐ隣にある唯一の国として、ほかの国々とは質的に異なっていた。漢人のビルマへの移入も空前の規模で起きている。それは中国人の移出としては史上最大規模で、数百万単位だと推定されている。国境線もぼやけてきている。両国の間には長く複雑な歴史があり、それも常に友好的だったわけではまったくなかった。中国はビルマに指図する立場になく、ビルマのナショナリズムがしばしば中国を標的にしてきたこともよく理解している。それにビルマ国内で中国に対する反発が起きたり、国境地域で衝突があったりすれば中国に深刻な影響が及ぶ。ベンガル湾に面するビルマは、まもなく中国南西部からの海への進出路、そして二十一世紀の中国が必要とするエネルギーを運ぶ導管となる。賭け金は高くなる一方だ。

総選挙の投票日が近づき、停戦合意もまだ守られていた二〇一〇年後半、ビルマは、中国がますます目を光らせるなか、中国のほうに着実に傾いているようだった。八月には中国の戦艦が初めてラングーンに入港した。その一週間後にはビルマ軍政トップのタンシュエ将軍が中国を訪れ、たいへんな礼遇をもって迎えられた。中国の胡錦濤《こきんとう》国家主席は辺境地域の安定を呼びかけ、ビルマとの良好な関係を維持することは中国の「揺るがない政策」だと明言した[12]。

しかしアジアにはもう一人巨人がいて、こちらも舞台袖で控えている。タンシュエ将軍は北京を訪れる約二カ月前にも、国外になかなか出ない彼としては珍しく外国に行っていた。そのときはニューデリーを訪れ、中国でと同じように歓迎された。ビルマとインドの両国がこの訪問で何を示そうとしたかは明らかだった。ビルマ側は、中国との関係に依存しすぎないようにインドを使おうとしていることを示した。そしてインド側は、インドにとってビルマの戦略的重要性が増しており、中国がビルマに対する経済的支配を強めるのを黙って見てはいないということを示した。インドでもたくさんの経済協定が結ばれ、ビルマとインドとを陸路で結ぶ計画もまとまり、動き出した。インドのビルマとの歴史的つながりは中国のよりも深いし、それどころか十九世紀後半から二十世紀初めにかけてのほとんどの間、インドとビルマは両方ともイギリス領インドの一部だったのだ。タンシュエがニューデリーを訪問した直後、北京に行く前に、『エコノミスト』誌が「中国とインド　世紀の競争」という特集を組み、この二つの新しい勢力が世界政治をかたち作る運命にあると論じた。(13)インドもまた、見えてきたパズルの重要な一片だったのだ。

遠くからだと、中国のビルマへの進出は単純明快に見えたが、近くから見ると、辺境地域で起きていることは信じられないほど複雑で、両国の政府だけでなくその間にある多くの民族や歴史、互いの関係などが関与していることがわかる。そしてこれから見るようにインドでも、ビルマ国境のインド側にある地域は少なくとも同じくらい複雑で、そこにもかつて独立していた王国や高地集落、相反するナショナリスト的主張に、今も続く反乱がある。千年以上前、中国の皇帝はインドに抜ける南西行路を見つけようとして失敗した。しかしこの数十年で、かつては越えられなかった地理的そして政治的な障壁がいよいよ越えられようとしている。千年の歴史を持つ辺境が、ビルマと雲南の間にある丘陵地帯や平野部に達し、終わらない内戦と先が読めない政治情勢がある世界に滑り込もうとしている。中国とインドはいま、かつてないほどに互いに接近しているのである。

インド世界のはずれ

第3部

東へのまなざし

一九三八年、パンディット・ジャワハルラール・ネルーは中国を訪れ、蔣介石にこう言った。[1]「インドと中国が将来、協調していくことをますます考えるようになっている」。当時ネルーはインド国民会議〔インドの政党〕の指導者だったが、のちにインドの初代首相となる。ネルーは中国を友好国と見なし、植民地時代後のアジアを率いていくにあたり自然なパートナーだと考えていた。中国で共産主義者が権力を掌握したあとも、ネルーは両国が密接に協力するという構想をしっかりと持ち続けた。ネルーの指導のもと、独立したインドは新たに出現した冷戦構造の中で公式に中立を保ち、アメリカとソヴィエトどちらの陣営にも入らないアジアやアフリカの国々を中心とした非同盟諸国運動の強化に焦点を絞った。ネルーはインドと中国両方がこの「第三世界」で主要な役割を果たすべきと考え、中国がソ連陣営に属していることが明らかだったにもかかわらず、中国の周恩来首相が非同盟諸国運動の第一回会議に参加できるようにした。その少し前、ネルーは国連安全保障理事会の常任理事国にならないかというアメリカの提案を拒否さえしていた（インド政府は今になって安保理入りを強く望んでいる）が、それはアメリカが中国の共産主義政権にも同様の提案をしなかったことに抗議してのことだった。ネルーは首相になるまでの長い間、イギリスの植民支配に対するインドの非暴力運動を、マハトマ・ガンディーとともに、また彼に学ぶ者として、率いていた。そんなネルーはインドの外交政策について理想主義的な考え方をしていた。

中国の指導部の考え方はちがった。彼らは血みどろの内戦を経て権力の座に就いたのであり、その後もアメリカと戦い続けて朝鮮半島で停戦に至る。中国は領土の拡張を図っており、かつて清の支配が及んでいた地域を今度は人民共和国の領土として確立させようとしていた。そうして一九五一年にはインドにまで迫った。同年、中国人民解放軍はチベットに侵攻し、八年後にはそこでの蜂起を鎮圧した。避難を余儀なくされたダライ・ラマ十四世はインドで温かく受け入れられ、以来インドに暮らす。中国とインドは約二〇〇〇キロの国境を共有することになり、一九五〇年代後半には国境線をめぐる紛争から非難合戦が起き、緊張も高まっていた。中国とインドが力を合わせるというネルーの夢はしおれ、六二年に戦争が始まると完全に消えてしまった。この戦争は両国の見解に後々まで影響を与えた。

一九六二年の中印戦争は、過去半世紀に起きた多くの紛争と同様、植民地時代に画定された当時のイギリス領インドと清との間の国境線に端を発している[2]。一八二五年、イギリスの東インド会社がビルマの領土だったアッサムの支配権を握った。今日、アッサムはインド北東部の一州だが、十九世紀初めにビルマに占領されるまでの数世紀の間は一つの国として独立していた。その後イギリスの植民地支配下に入る。アッサムの北にあるチベットは清の支配下にあったが、アッサムとの国境線は不明確だった。当初これは問題視されていなかった。植民地政策の立案者たちは、初めのうちは手に入れたばかりのアッサムについてとくに方針を持っていなかった。しかしまもなくアッサムの高地地方の平野が、ちょうどそのころイギリスで好んで飲まれるようになっていた紅茶の栽培地として理想的であることがわかると、アッサムの重要性は増した。境界線としてはアッサムとチベットの間にあるヒマラヤ山脈が自然でわかりやすいと感じられた。しかし植民地の役人が調べてみると、ヒマラヤ山脈の南側の山麓地域にもチベット語を話す人びとや、チベット仏教徒がいることがわかった。タワングというところにはダライ・ラマ六世が生まれたとされる重要な僧院まであった。イギリスは、アッサムという、茶を豊富に産出することがわかった地域のすぐ近くにチベット人という外国勢力がいる事態を避けるため、なんとかしなければいけなくなった。

そこでイギリスは、自分たちが「外チベット」と呼ぶ地域（ヒマラヤ山脈の北側にあるチベットの主要部分で、首都ラサを含む）と、ヒマラヤ山脈の南側、アッサムの平野部より北にある山麓地域との区別を発見したことにした。のちにその山麓地域はイギリス領インドに併合されることになるが、イギリスは間接的な統治しか行わなかった。またチベット自体もイギリスにとってとくに重要ではなかったのだが、一八三〇年代以降、イギリスは中央アジア全域でロシアの影響力が大きくなっていることを懸念していた。ロシアはグレート・ゲームでのイギリスの競争相手で、イギリス領インドの戦略家たちはロシアがチベットを支配下に入れようと企んでいるのではないかと気をもんだ。イギリスはまた、清軍がイギリス領インドに迫ってくることも警戒していた。

一九〇四年、フランシス・ヤングハズバンド率いる遠征隊がやや尊大なやり方でチベットに侵攻し、軽くしか武装していない多数のチベット兵士を殺して、たいした成果もないまま退却した。しかし数年後に清が滅亡し、ダライ・ラマ政権が完全な独立を宣言すると、イギリス側はその新しい状況をすぐに外交面で利用することができた。まもなく領土に関する協定がチベットと結ばれた。その協定に基づく「マクマホン・ライン」（一九一四年に協定締結交渉にあたったイギリスの外交官ヘンリー・マクマホンの名前をとった）は、ヒマラヤ山脈の稜線をチベットとイギリス領インドとの国境としたので、チベット語を話す人びとが住む南側の山麓地域はイギリス側に入った。中国政府は抗議したが、どうすることもできなかった。これでチベット本土は一九一〇年代から一九五一年に中国に侵攻されるまで孤立し、独立を保った。また、アッサムの北に広がるチベット系地域についてはイギリスが間接的な統治を続けた。そしてイギリスが一九四八年にインドから去ると、このチベット系地域は「東北辺境地区」として、新生インドの領土の一部となった。

こうして、独立したインドと共産主義の中国は、いかにも紛争の種になりそうな国境線を継承してしまった。ネルー政権は中国政府との永遠の友好関係をめざしながらも、国境線はあくまでもマクマホン・ラインであるとして譲らなかった。中国のほうは、マクマホン・ラインを植民地時代の術策だとして認めなかった。もちろん中国側の主張は、清の支配下にあった地域は、その支配がどんなに弱く、短いものだったとしても、すべて現政府が継承するという構想に基づいていた。当初、国境問題は表面化しなかった。しかし一九五九年にダライ・ラマがインドに入ったことで、両国間関係にはそれまでなかったひずみが生まれた。中国政府は、マクマホン・ラインより南の山麓地域もすべて中国のものだと主張するようになった。

加えて、遠く西方のカシミールに近い吹きさらしの砂漠では中国軍が道路の建設を始めた。それはヒマラヤ山脈の反対側にあるアクサイチンというところで、中国はアクサイチンの領有権を主張する歴史上の根拠を何も持っていなかったのだが、それで思いとどまることはなかった。こうして中国とインドはアクサイチンの領有権をめぐっても争うことになる。そのころ、中国最西部の新疆までは道路が通じていた。アクサイチンは新疆までの道をチベットまで延ばすのに鍵となる地域だったのだ。当時は（今のように）中国本土からチベットに直接通じる道路はなかった。中国とインドはマクマホン・ライン問題とアクサイチン問題の両方について話し合ったが、外交では何も解決できなかった。国境沿いで衝突が起きた。ネルーは、中国がそのうち折れるだろうと考えていたようで、軍の高官が抗議したにもかかわらず「前進政策」をとり、マクマホン・ラインに沿って、あるいは場合によっては同ラインを越えて、極寒のヒマラヤの山中にインド軍を駐留させた。

一九六一年十二月、インド軍は南部にあるポルトガル領の飛び地だったゴアに侵攻し、インドに併合した。この一件が、インドの「前進政策」やダライ・ラマに対する公然とした支援と合わさり、中国の不安を増大させた。中国はまた、インドが、当時（ビルマにいる中国国民党勢力に加えて）チベットの反乱軍に精力的に資金や物資を提供していたアメリカとの関係を強化する可能性も懸念していた。中国政府はインドとの交渉の最終段階で、インドが中国のアクサイチン併合を承認するなら、インド北東部の係争地域を譲ってもよいという内容の提案をした。当時の中国はアクサイチンのほうを戦略的により重要だと見なしていたのである。しかし、この提案は拒否された。

一九六二年十月、中国は大規模な二正面攻撃を始めた。このときはキューバ危機の最中で、主要国政府の注目がそれているだろうことを中国はわかっていた。中国軍の複数の師団が機関銃や重迫撃砲を使い、何度かに分けて攻撃を行った。西の戦域（アクサイチン付近）では、中国軍がインド軍の果敢な防衛にもかかわらず重要拠点を落としていき、かつてラダック王国の都だったレーに向かった。レーは当時、インド支配下のカシミールに入っていた。東の戦域では、中国軍は長さ八〇〇キロの前線に沿って前進し、ヒマラヤ山脈の峠を下って十月二十四日にタワングを奪った。インド軍はまったく準備が整っておらず、兵士も中国軍の五分の一しかいなかった。それにインド軍はパキスタンとの国境地域の平野や砂漠で戦車を使って戦うよう訓練されていたので、極寒の山中で戦う用意がなかった。中国軍のほうはといえば、朝鮮半島でアメリカ軍と戦っていただけでなく、チベットでも戦闘経験があり、標高の高い陣地からもずっと容易に補給を受けることができた。

インドは、カルカッタやパンジャーブ地方などから軽戦車を含む援軍を急いで送り込んだ。しかし戦況は変わらず、十一月半ばには、中国軍は東戦域のインド軍の陣地をほぼすべて奪い、アッサム中心部の主要な町テズプルの郊外に迫っていた。まもなくテズプルの政府も、銀行にあった現金をすべて焼却し、精神病院の入院患者を全員解放してから町を放棄した。十一月二〇日に第四八インド歩兵旅団が大敗すると、どちらの前線にも組織としてのインド軍部隊がいなくなってしまった。インドは完敗した。翌日、中国は戦闘の中止を命じ、マクマホン・ラインまで退却した。

こうして中国は欲しかったものを手に入れた。新疆からチベットに至る道路の支配権を得たうえ、マクマホン・ラインの向かい側に、実際に、あるいは可能性としてあったインドという脅威も取り除いたのである。中国はインドの自尊心を傷つけもした。インドは大きな衝撃を受け、中国をたいへんな脅威として恐れるようになった。しかし、その後数十年間は両国ともほかのことに気を取られ、国境紛争は棚上げされることになる。中国はまもなく文化大革命という国内での出来事に激しく揺さぶられた。そしてインドはパキスタンとの戦争のほうに力を注いでいた。それに両国とも、やり方は大きく異なったとはいえ、巨大な新国家であるそれぞれの国をまとめようとしていたのである。中国が自国以外のアジアに焦点を合わせたのは、インドネシアやタイ、ビルマなどに、現地の共産主義運動を通じて中国式の共産主義を輸出したとき、また北ヴェトナムの南ヴェトナムに対する戦いを支援したとき、そして、のちにアメリカが支援する政府と戦うクメール・ルージュを支援したときだけだった。これらの地域では、インドはあまり影響力を持とうとしなかった。

当時、中国政府もインド政府も将来の経済的機会のことは考えていなかった。それに一九六〇年代から七〇年代の東南アジアにはとくに魅力的な市場はなかった。植民地支配の終了は多くの地域で暴力的な事態に発展し、東南アジアでは殺伐とした紛争や社会不安で破壊が進んだ。インドシナでは戦争で数百万人が死亡し、荒廃が数カ国に及んだ。インドネシアでは六六年のクーデター後に大量殺害が起きた。アチェでは長期にわたる反乱が起き、七五年にはインドネシア軍が、ポルトガルの植民地だった東ティモールに侵攻した。ビルマでは共産主義反乱が最高潮に達していた。そして七八年には大量殺害が起きていたカンボジアにヴェトナムが侵攻、ヴェトナムとその同盟国ラオスに対し、タイやインドネシアはヴェトナムが樹立した政権に異を唱え、地域全体が分裂した。また、島国シンガポールなどいくつかの狭い地域を除き、貧困の蔓延も続いた。

中国とインドというアジアの二大国が関係改善を始めたのは一九八〇年代になってからだった。パンディット・ネルーの孫でインド首相になったラジーヴ・ガンディーは八八年に中国を訪問したが、インド首相による訪問は五四年の祖父ネルー以来のことだった。中国のベテラン政治家、鄧小平はガンディーと会ってこう言った。「次の世紀にアジアの時代が来るとしたら、それはインドと中国が両方とも先進国になってからでなければ実現しないだろう」。その後、両国の高官が互いの国を行き来した。二〇〇五年、中国の温家宝首相がニューデリーを訪れた際、マンモハン・シン首相はこう言った。「インドと中国が力を合わせれば世界秩序をつくり替えることができる」。この発言には、インドと中国が世界の大国となるという古くからの野心がうっすらと現れていたが、地域経済への影響力という面では中国がすでにずっと先を行っていた。

私はインドを外国と感じたことがない。私の両親はビルマがまだインド帝国の一部だった一九三〇年代に生まれた。私の曾祖父は十九世紀末にカルカッタ大学で学んだ。私は幼いころ、祖父の書斎にマハトマ・ガンディーとパンディット・ネルーの肖像があったのを覚えている。私はイギリス支配下のインドでのビルマの位置づけに興味を持ち、それがきっかけでケンブリッジの大学院に進み、イギリス領インド史研究者のもとで学んだ。ラングーンに戻るたびに、自分の家族も含めて上の世代の人を探して話を聞いた。彼らは英語の話し方のほか、全般的に受けてきた教育の内容からしていかにもイギリス帝国の産物だった。一九八〇年代にはそうした植民地時代の遺産がかなり残っていた。

一九九五年に私は二カ月かけてインドを旅し、ヒマラヤ山麓のダラムサラからラージャスターンを抜けてボンベイへ行き、そして南インドを回った（たいへんありがたいことにダライ・ラマに謁見する機会を与えられた）。またニューデリーにはこれまで何度も短期間で行っている。主に仕事でだが、昔からの友人にも会う。二〇〇八年と〇九年に訪れたときには、世界の中でのインドの「台頭」が欧米でもインドでもいたるところでニュースになっていた。[3] インドの経済成長をたたえる、あるいはインドの台頭が欧米での現在や将来の雇用をどう脅かすかを警告する本や記事が毎日のように出ていた。いまやインドは核保有国で、軍は急速に近代化しており、インドのIT企業は世界でもっとも優れたうちに入る。二十一世紀の最初の一〇年間で、インドの株式市場は投資家に年間三五〇パーセントの収益を出していた。イギリス領時代のマハラジャ全盛期以来、欧米の社交界の行事で今ほどインドの百万長者や億万長者の姿が目立ったことはない。またインド人の作家アラヴィンド・アディガが『グローバリズム出づる処の殺人者より』でブッカー賞を受賞したばかりだったし、インドの宇宙局は「チャンドラヤーン」という無人探査機を月に送っていた。数百万人を貧困から解放しながらも、インドは民主主義国家であり続け、ときに騒動が起きるとはいえ、自由な社会でもあり続けていた。

デリーをふたたび訪れてみると、前回来た一九九〇年代と比べて少なくとも表面的にはほとんど何も変わっていないことが見てとれた。空港はちっとも感心できるものではなく、壁にはカビが生え、長蛇の列があった（その後、新しいターミナルが建てられたが）。サルが一匹で、あるいは数匹ずつ自由に動き回っていて相変わらずうるさかった。空港から町まで行くにも時間がかかり、道はごちゃごちゃしていて相変わらずうるさかった。しゃれたホテルも何軒かあったが、どれも法外な宿泊費を取る割に、アジアの超高級ホテルの水準からすれば特別すばらしいわけではなかった。ここ数年で粋なバーやクラブが開店し、町の中心部を離れると新しいショッピングモールや、オフィスと住居が入った複合ビルができていた。地下鉄もできたばかりで、世界のほかの都市にある地下鉄に引けを取らず、時間どおりに運行され、駅にはごみ一つ落ちていなかった。それでも、東の北京などで起きているような大胆な変化とは程遠かった。デリーではむしろ、いたるところに過去が残っているようだった。

　建築遺産を取り壊し、古い建物の代わりに世界のどこにでもある二十一世紀の高層ビルを建てた北京と異なり、デリー中心部にはイスラームとイギリスが遺したものが堂々と建っていた。中世には、いくつか短命のトルコ系のサルタン国がデリーを都としていた。[4] その後、デリーは中央アジアを征服したティムール、さらにムガル帝国の創始者バーブルの支配下に入った。デリーには今も巨大な「赤い城《ラール・キラー》」が残り、敷地内には装飾の施された東屋や、混雑する土産物市もある。また十六世紀のフマーユーン皇帝や十八世紀にアワド太守〔北インドの地方長官〕だったサフダルジャングの霊廟が建つ庭園もある。イギリスは、一九一〇年代から二〇年代にもとの都市の外側に「新しい《ニュー》デリー」を建てたのだが、その際こうした古い様式を参考に、周辺で採れるピンクや黄色の砂石を使い、帝国の建物にドームや飾り手すり、それにライオンやヘビ、ゾウの彫刻などを施した。このような建物の多くは一世紀前とまったく変わらず、ラージパト通り、別名キングスウェイに建っている。ラージパト通りはインド門から議事堂と政府庁舎を過ぎ、ラシュトラパティ・バワンという、かつてインド総督が住んでいた現大統領官邸まで延びる。

　もっと生活感のあるものも変わっていなかった。私はカーン市場に何度か足を運んだ。店が密集しているところで、小さいながらもとてもいい書店も数軒ある。一角には「マクドナルド」があり、ほかにも生地や輸入品のワイシャツを売る小さな専門店、果物屋に薬局、喫茶店が何軒かと、「ビッグ・チリ」というイタリア料理屋に、サンドイッチ店の「サブウェイ」もあった。ある狭い通路には壁一面にインドや外国の雑誌が並べてあるところがあって、すぐそばで若い女性が二人、うち一人は光るような緑色の目をしていたが、カーキ色の制服を着、それぞれのリー・エンフィールド・ライフルをほこりっぽい床に立てて、市場の警備をしているというよりは、ただそこに坐っていた。市場のわきの空き地では草が伸び放題で、足元にはむき出しの排水溝があり、頭上には電線が垂れ下がる。数匹の野良犬がうろつき、とても古そうなガソリンスタンドがあった。また、車は何世代にもわたってデリーの町を行き交ってきたヒンドゥスタン・モーターズ社製の白の「アンバサダー」が多かったが、それが運転手付きで、上品な服装の女性やそれほどでもない男性を送迎していた。カーン市場の地価は（国際的な不動産コンサルタント会社のクッシュマン&ウェイクフィールドによれば）世界で二四番目に高いらしい。もっとも高いのはニューヨークの五番街とロンドンのニューボンド・ストリートで、それらに比べればどこかの村の中心部くらいにしか見えないカーン市場はなんと、巨大な超近代的ショッピングモールのあるシンガポールのオーチャード・ロードと北京の王府井の間に入っていた。中国で感じるのは、すべてが作り直されていること、新しいものが古いものを圧倒しているということだった。ここインドでは、変化が起きる速度や過程はものが堆積されていく様子を思わせた。ゆっくりだが、こちらのほうが着実なのかもしれない。

とはいえ、壮大な予想もあることはある。インドは三〇年以内に中国を抜いて世界でもっとも人口の多い国になる可能性が高い。そしてインド経済もアメリカと中国に次ぐ第三位になると考える人もいる。一例としてアメリカの投資銀行、ゴールドマン・サックスは、これから数十年間でインド経済はほかのどの国の経済よりも速く成長し、現在の四〇倍に拡大するだろうと推測している。(5) そして中国と同様インドでも、すべての人ではないが、若い中産階級がとくに、将来について大いに自信を持っていた。私が会った一人の大学生はこう言った。「私たちの両親の世代は史上最高に退屈なものでした。祖父母の世代はすばらしかった。みんなが自由を求める闘士で、独立を求めて投獄された人もたくさんいました。それなのに私たちの両親の世代は現状に満足し、サラリーマンや官僚になったんです」。ビジネスクールに通い、起業家をめざしていると言う彼は背が高く細身で、あごは消えかけ、髪は黒く濃かった。この大学生は、今のインドは無限の可能性を秘めていて、古い保守的な考え方をしないようになっていると感じていた。彼からは、インド人であることへの高い誇りと、インドが今直面している問題は必ず解決されるという強い信念が感じられた。

しかし、インドが今直面している問題というのも相当深刻なものである。インドでは国の大半の地域で近代的なインフラがほとんど整っていないし、幹線道路から港、水道まですべてが不足しているので経済成長も不振だ。四億人以上が電気のない生活を送る。ほとんどの空港は、ビルマを含むアジア東部の空港と比べてはるかに状態が悪い。それに腐敗の蔓延、非生産的なお役所仕事、迅速で決然とした行動をとろうとするのをなんでも阻止する官僚的構造といった問題がある。

また、近年の成長で恩恵を受けるインドと、それにすっかり後れを取るインドとの間で格差が拡大してもいる。ノーベル賞を受賞した経済学者アマルティア・センはかつて、インドは国の半分がカリフォルニア州と同じ生活水準で暮らし、もう半分はサハラ以南のアフリカと同じ生活水準で暮らすような国になる恐れがあると警告した。中国では東から西に行くにつれて収入が下がる。インドでは逆だ。インドは現在、二本の大規模産業回廊を造る計画でいる。[6] 一本は北のデリーと西海岸のボンベイを結び、もう一本は南のマドラスとバンガロールとを結ぶのだが、投資総額は一五〇〇億ドルに上ると予測されている。すでに（西の）グジャラートや（ボンベイ周辺の）マハーラーシュトラといった州は急速に工業化しており、（パンジャーブのように）最近利益を出すようになった農業分野から恩恵を得ている州もある。またバンガロールやハイデラバード[7]は情報技術分野では世界レベルの中心地でもある。

しかし東に行くと様相はすっかり変わる。国の中心（バンガロールのすぐ東辺り）を見えない線が通っているかのようで、それを越えると経済を牽引するエンジンの推力が落ちる。別のインド亜大陸が出現するかのようだ。もちろん、収入に極端な差があるのは国の一部に限るというわけではなく、中国と同様、インドも全国に両極端が存在する。しかし、はっきりとした地域差があることも確かだ。たとえばグジャラートでは、二〇〇〇年代をほぼ通して経済成長率が一二〜一四パーセントだったのに対し、東のビハールやオリッサの成長率は概ね四パーセント未満にとどまっている。インド政府が、最近活気づいてきた毛沢東主義の反政府勢力に直面しているのはまさにこの地域であることにも納得がいく。この毛沢東主義勢力は（かつて反乱が起きた場所にちなんで）ナクサライトとも呼ばれるが、いまやインドの全行政区域のうち三分の二もの区域で活発になっていて、そうした区域の大多数は国の東部、ネパールから南に延び西ベンガルを通る背に沿っている。彼らは密林の広い一帯を支配下に置き、ボンベイやバンガロールの都会生活からはかけ離れた生活を送る原住民族の支持を受けている。

もっと東に行くとそこにもいろいろな問題があり、また異なるインドの姿が現れる。ビルマ辺境に接する「北東部」の各州はインドでもっとも貧しいうちに入り、毛沢東主義勢力よりも数十年古い反政府勢力によって荒らされている。約四〇〇〇万人が暮らす北東部はインドの政策立案者にとって長年の頭痛の種で、この地域の武装組織が毛沢東主義勢力と手を組むようなことがあれば、安全保障上の大問題となると見られている。インドの他地域では民族間の対立がかなりの程度、選挙政治の枠組みの中に収まるようになっているのに対し、北東部では民族ごとの暴力的な民兵組織や分離主義反乱勢力の存在がすっかり日常の一部になってしまっている。

このように、インドには中国を鏡に映したような状況があった。中国では貧しい省や「自治区」が西や南西にあるのに対し、インドでは貧しい州が東と北東にあった。そして中国とインドの両方にとってビルマがあり、潜在的な交差点として、また将来の経済成長の要因として、国境のあたりに見え隠れしていた。しかしこれから見るように、インドと中国にそれ以上の類似点はない。

一九九〇年代初め、インド政府は「東方」政策と呼ばれるものに着手した(8)。繁栄を増す極東の国々とのつながりを強化し、そこで新しい市場や味方を見つけようというのがインドの期待するところだった。当時の首相ナラシンハ・ラーオは、まもなくインドを世界でもっとも有力な新興経済国の一つにまで成長させることになる経済改革を始めたところだった。数十年もの間、インドの経済成長率は年間で数パーセントにとどまっていたのだが、それが変わりつつあり、ラーオ首相と財務相のマンモハン・シン博士のもと、商業や工業の発展の足かせになっていた規制が緩和され、その後二〇年続くことになる目覚ましい成長への道が開かれようとしていた。そして経済が活性化するにつれ、外国との関係も一新する必要が出てきた。

インドの西には、三度も戦争をした宿敵パキスタンがあった。パキスタンの先には後にタリバンの手に落ちるアフガニスタンがあり、その先にはシーア派指導者が支配するイランがあった。これらはみな歴史的にも文化的にもインドと深いつながりを持つ国々だったが、強い経済を保つには、インドは別の方面で新しいパートナーを見つけなければならなかった。

当時、インドのアジア東部との関係は非常に限られており、インドの政策立案者たちはその関係を強化することが重要だと考えた。韓国や台湾、シンガポールなどでは収入が先進国並みの水準にどんどん近づいていたし、マレーシアやタイなどもそのすぐ後ろに控えているようだった。またアジア東部では全域で武力紛争が終わりかけていて、(ほとんど)どこに行っても新しい繁栄の時代が到来しているようだった。また一九六〇年代と七〇年代には戦争と苦しみの代名詞のようだった東南アジアも、奇跡的ともいえる変身を遂げ、世界でもっとも平和で経済的に活発な地域の一つになっていた。東南アジア諸国連合（ASEAN）はもともと反共国家の連合として設立されたのだが、一九九七年にはかつての敵ヴェトナムを含む、地域内の全一〇カ国が加盟していた。観光や貿易、衛星放送によって地域内の人びとがかつてないほど互いに引き寄せられていた。東南アジアには中産階級が現れつつあり、それに属する数千万人もの人びとにとってはイデオロギーよりも消費主義のほうが大事になっていた。インド自身の経済が開かれ急速に成長するにつれ、東方との結びつきを強めることが次の一歩として自然であるように思われた。

そこでインドが提携する相手として自然なのは中国だった。[9] インドと中国の経済はある意味、互いに補完し合う関係にあった。中国の強みは製造とインフラで、インドのは情報技術と金融サービスだった。インドの現環境相ジャイラム・ラメシュは、中国とインドが密に協力し互いの経済発展を強化するという自身の構想を表す「チンディア」という造語まで考え出した。彼は多数のエッセイや演説で、インドと中国は従来の相互不信感を乗り越え、国境のいっそうの開放を受け入れるように考え方を変えることが必要だと主張した。[10] 実際、一九九〇年代前半以来、両国間の貿易は大きく伸び、ほとんどゼロだったのが二〇一〇年には六〇〇億ドル近くに達した。インドとの新しい通商関係に思い切った投資をするべきとの声が雲南にあるのと同じように、インドにも、中国との商業の将来を楽観視する向きもある。

しかしインドにはもっと慎重な見方をする人も多い。たとえば、輸送網が改善されれば安価な中国製品がどっと入ってきて地元の産業を圧倒してしまうのではないかという懸念がある。今日の中国は世界最大の貿易国で、二〇〇九年にドイツを抜いてからは世界最大の輸出国でもあり、輸出額は年間一・二兆ドルに達する。ところがインドの順位はまだ低く二一位で、年間一一四〇億ドルの貿易赤字を出しており、うち二〇〇億ドルは中国に対するものである。中国企業はすでにインドの消費者市場で成功しているが、インドが中国で同じような成果を上げているとはとてもいえない。インドが中国に輸出しているのは主に（全体の約半分を占める）鉄鉱石と、その他基本的物資である。

　貿易よりも根源的な懸念は安全保障に関するものである。インドでは、中印戦争から半世紀たった今も中国の思惑に対する不信感は各所で高いままだ。貿易量は増え、両国政府の要人が互いの国を訪問している。しかし国境問題は未解決のまま、チベットをめぐる見解の相違もあれば、インド洋周辺で中国が足場を築きつつあることへの懸念もある。またごく一般的な感覚として、これから先二十一世紀を通じて両国はライバル同士でいつづけるのだという認識もある。

　一歩下がって、インドと中国という古くからの文明が現代の国際社会の中でいかに異なる立場にいるかを見てみよう。中華人民共和国の領土には、中国語圏である「中国本土《プロパー》」の全域が（その地位が論議を呼ぶ台湾という例外はあるが）含まれる。香港とマカオはそれぞれ一九九七年と一九九九年にイギリスとポルトガルから返還された。さらに現在の中国には、西のチベットや新疆、北の旧満州や内モンゴルなど、かつて清帝国に属していた地域もすべて入っている。前述のとおり、雲南にも中央政府の支配がこれまでにないほど及ぶようになっている。ヴェトナム北部と（二〇〇〇年前に漢が支配していた）朝鮮北部、そして（唐時代に一時期中国の統治下に入ったことがあった）中央アジアのオアシス国家の一部を除くと、今の中国は過去に支配していた地域全域に加え、さらに広い地域を支配しているのである。

　インドの状況はまったく異なる。イギリス領インド帝国は最盛期には今日のパキスタン、インド、バングラデシュ、ビルマを含み、カイバル峠からマレー半島まで広がっていた。一九三七年にビルマがインド帝国から離脱し、残った領土からインド独立時に新国家パキスタンが生まれた。一九三七年以前の国境線を画定したのは植民地保有国だったとはいえ、ムガル帝国時代も（また古代のマウリヤ朝やグプタ朝の時代も）「インド」には現在のパキスタン、インド、バングラデシュの大部分が含まれていたのである。そしてこの半世紀の間、インドは国境を接するこれらの国々との外交にかなりのエネルギーを費やさざるを得なかった。

東南アジアでも、中国の経済大国としての力はインドをはるかにしのぐ。東南アジアは一〇の国からなり、人口は六億人でアメリカの二倍である。冷戦時代には、東南アジア諸国政府の多くは中国と関係がなかったか、あってもその関係は冷え切っていた。しかし一九九〇年代までに関係はかなり改善し、いまや中国は（近年アメリカを抜いて）東南アジアの最大の貿易相手で、二〇一〇年には往復貿易額が二〇〇〇億ドルに迫っていた。さらに中国は東南アジアの現地でも非常に有利な立場にあった。何世紀も前から、中国から起業家などがよりよい生活を求めて東南アジア各地に移住し、その多くが成功して裕福になっていた。彼らは太平洋を越えてアメリカに渡った移民と同様、中国南東沿海部の出身で、商売人としてすぐれていることで知られていた。バンコクやジャカルタ、マニラなどの都市では有力な商人階級を形成し、また東南アジアの金融の中心地として頭をもたげたシンガポールでも人口の大多数を占めていた。

毛沢東時代後の中国は在外の中国人実業家に手を差しのべ、逆に在外中国人実業家のほうも、故郷に投資したり海外での関係づくりを促進したりすることを通じて中国の経済成長の非常に重要な一部となった。こうして東南アジアは漢人が担う商業に相当程度支配されるようになり、急速に拡大する中国経済のほうにごく自然に引き寄せられた。事実、一九九〇年初め以来、中国への外国からの投資の六〇パーセントが（台湾、香港、シンガポール在住を含む）在外中国人によるものだった。二〇〇〇年代には、東南アジア諸国の経済は中国の動向に強く結びついていた。自動車からアイポッドまで、さまざまな製品の部品が東南アジア諸国で製造されてから中国で組み立てられ、欧米その他の市場に運ばれた。また、東南アジアの政財界の精鋭が上海など中国の産業大都市を訪れ、そこで見たものに感心して帰っていった。世界的な不況が来たときにも、欧米が危機に瀕するなか、中国のやり方がこれまでにないほど輝いて見えた。インドで東方政策が始まってから二〇年たったいま、インドと東南アジアとの関係は友好的でしっかりした基盤の上に成り立っているが、それでも明らかに優勢なのは中国のほうだった。

昔からずっとこうだったわけではない。過去二〇〇〇年のうちほとんどの間、東南アジアともっとも密接に結びつき、東南アジアが域外から受けた文化的、宗教的な刺激のもっとも重要な源だったのは中国ではなくインドだったことを覚えておかなければならない。東南アジアには、何世紀にもわたるインドとの交流からの影響が今も根強く残っている。それほど遠くない昔、東南アジアの国々はビルマからバリまで、ヨーロッパでは「遠インド」として知られ、学者には「インド化された東南アジアの国々」と呼ばれていた。その理由は明白だ。数世紀もの間、東南アジアはインド文明とのつながりを通じ、王政の概念から宇宙論や文学まで、たいへんな影響を受けてきたのである。

今日でさえ、古代の交流が及ぼした影響はあらゆるところに見られる。ビルマ、タイ、ラオス、そしてカンボジアの人びとの圧倒的多数は、自分は仏教を信仰していると言うが、その仏教はインドの宗教である。インドネシアのバリ島では住民の九〇パーセントがヒンドゥー教徒だ。イスラームはアラブ世界やペルシアから東南アジアに入ったが、それもインドを経由してきたのである。バンコクやプノンペンの王宮では、かつてマンダレーやジョグジャカルタなど各地の王宮で行われていたように、バラモン神官が式を司る。東南アジアの主要な言語は今もインド系文字に由来する文字で書かれるし、ほとんどの言語に非常に多くのインドの言葉が取り込まれている。政治的観念から近代的な発明まであらゆることを表現するのにも、インドの典礼言語であるサンスクリット語とパーリ語の言葉が使われる。またラーマーヤナなどのインドの古典は、インドだけでなく東南アジア各地でも現地の伝統の重要な一部と見なされている。東南アジアの芸術や建築はかつてのインドの様式を多分に取り入れているし、パガンやアンコール、ボロブドゥールといった偉大な考古学的遺跡を訪れると、東南アジアがインドとのつながりからどれほど大きな影響を受けていたかが実によくわかる。

東南アジアとインドとの関係がどのように始まったのかはわかっていない。以前は、古代にインドから植民開拓者がベンガル湾を渡り、野蛮人のいる荒地を文明化し、最初期の王国を樹立したのだと考えられていた。これは合理的な仮定ではある。記録のあるうちでもっとも古い東南アジアの王国の指導者たちはサンスクリット語の名前や称号を持ち、系図上は半神話的なインドの王朝に先祖を持つ者も多かった。またそうした王国の都にはインドの都と同じ名前がつけられ（たとえば、シャムの都アユタヤはラーマ神の伝説に出てくる都の名前に由来する）、インドのバラモン教の伝統に従って儀式が行われた。

かなりの数のインド人が東南アジアに来ることになったのは、金の新しい産出地を見つけるためだった可能性がある。紀元前の末から紀元後一世紀にかけて、インドと東南アジアとの貿易はベンガル湾沿いに点在していた港や国の間にほぼ限られていた。そのころのインドは主にペルシアや紅海など西のほうと貿易していた。南インドの港は貿易の中心地として栄え、ローマの船がモンスーンの風を利用して定期的にアデンからインドまで来ていた。こうしてインドは莫大な貿易黒字を享受していたが、そのためローマからは金が流出し、ローマは対策を講じた。まずネロ皇帝がローマの金貨に含まれる金の量を減らそうとした。さらに紀元後一世紀末にはヴェスパシアヌス皇帝が金の輸出を全面的に禁じた。(11) インドはその約一〇〇年前、中央アジアでの遊牧民の動きが原因でシベリアにあった主要な金の生産源を失っていたので、ヴェスパシアヌス皇帝による禁輸を受け、インドでは金不足が深刻になった。ここで東南アジアが解決策となる。香料や樟脳、香木の産地として知られるようになる前の何世紀もの間、東南アジアはインドではスワンナプーム、つまり「黄金の土地」として知られていた。それはインドの最初の東方政策だったのだ。

しかし最近の研究で、東南アジアはインドと接触する前から、「野蛮人のいる荒地」などではなく、すでに定住農業が行われ、複雑な灌漑システムがあり、長距離航海ができる船を持つ、活気あふれる場所だった可能性も出てきた(12)。貿易をしたいというのは東南アジアがインドに対して一方的に持っていた望みではなかったのだ。古代東南アジアの船乗りが広く遠く旅していたことに疑いはない。たとえば、アフリカ東海岸沖にある現在のマダガスカルの主な言語はマラガシー語だが、これはインドネシアの諸言語に非常に近い言語である。こうしたことも、今では忘れられてしまったが古代には長い航海が行われていたことを示している。

インドが金その他を求めて東南アジアを植民地化したというわけではなく、東南アジアとインドが互いに有益な関係を持つようになったのではないかと考えられる。東南アジアの国々、とくにその長や支配階級は、ベンガル湾の向こうにある偉大な諸国家のことを知るにつれ、畏敬の念を持つようになったのだろう。当時、東南アジアは中国とも一定の接触を持っていたが、インドが中国に取って代わっていく。二十世紀のフランスの学者ジョルジュ・セデスはこれを「世界史上でもっとも傑出した出来事の一つ」と言い表した(13)。東南アジアの初期の諸王国は、現在のビルマやカンボジアにあったものも含め、紀元後初めの数世紀に現れていた。これはインドにグプタ朝があったころで、インドが知識や刺激の源になった理由は容易に理解できる。

グプタ家がインド北部を支配していた当時は、知識や宗教、芸術が非常に発達した時代だった(14)。たとえば五世紀から六世紀には天文学者アリヤバータが活躍した。彼は代数学や三角法について多数の著作を残したほか、初めて地球の円周を計算し、現在わかっている値との誤差が〇・二パーセントしかない、きわめて正確な数値を出した。また、欧米で使用される十進法は、「ゼロ」の概念を含めてこの時期のインドでアリヤバータらが開発したものに由来している。これがほかの多くの知識とともにイスラーム世界を通じてヨーロッパに伝わることになる。同じものが東方の東南アジアにも伝えられた。言われてみればヨーロッパで使われる「アラビア」数字と、たとえばビルマやタイで使われる数字とが似ているようにも見えるのは、両方の数字に共通の起源があるからである。ほかにも多くの功績があった。アリヤバータとほぼ同時代の哲学者ヴァーツヤーヤナは、人間の性的行動に関する古典的な論文『カーマ・スートラ』を著した。またチェスでさえもともとはグプタの宮廷で考え出されたもので、王たちが対戦していたと考えられている。

グプタ家はヒンドゥー教を後援し再生させた。また仏教の儀礼や慣習も容認した。仏教はブッダが最初に教えを説いてから千年がたっていた当時もまだ盛んだった。こうして仏教とヒンドゥー教は互いに近づいた。ヒンドゥー教の世界では、新しく生まれたシヴァ派やヴィシュヌ派、バクティ運動が仏教的要素を取り入れ、多くの人がブッダをヴィシュヌ神の化身だと見なすようになった。インドからは今も昔も、多様な宗教的観念や慣習を刺激的な取り合わせで混ぜたものが生まれている。

その仏教にもさまざまな変化が起き、それまでになかったかたちをとるようになった[15]。グプタ朝の領域の北部は新たに興った大乗仏教の本拠地で、大乗仏教はそこからアフガニスタン、中央アジア、シルクロードを通じて中国、そしてさらに遠くに広がった。中国の巡礼者で僧の法顕は四世紀終わりから五世紀初めにかけてインドに赴き、ブッダの生誕地を訪れ、セイロンに寄ってから海路で中国に戻った。ほぼ同時期、インドの僧、鳩摩羅什は反対方向に旅し、中国に着くと仏教の経典の翻訳事業に取りかかった。彼は亀茲という中央アジアのオアシス国家に生まれ、当時仏教学の中心地だったカシミールで教育を受けていた。中国皇帝にも促され、彼はカシミール人の仲間二人とともに三〇〇点以上の著物を、中国語というすっかり系統の異なる言語に翻訳し、未来の中国、朝鮮、そして日本の人びとが仏教に触れられるようにした。

東南アジアにとっては、ベンガル湾に臨むインド東部沿岸も交流相手として重要だった。一九九〇年代初めに東方政策を導入したインドのラーオ首相は現アーンドラ・プラデーシュのヴァンガラという村で生まれたが、一五〇〇年前、東南アジアにとってインド文明への入り口となったのはまさにこの地域だった。初期にこの地域を支配したサータヴァーハナ朝は仏教だけでなくヒンドゥー教も保護した。ビルマが初めて仏教に触れたのはおそらくサータヴァーハナ朝が後援する僧院を通じてだっただろう。また中国でのちにチャン仏教と呼ばれるもの（日本では禅と呼ばれる）を創始した達磨《だるま》も、少しあとの時代に同地域に興されたパッラヴァ朝の王子だった。

東南アジアとインドの接触点は限りないほどあった。覚えておかなければならないのは、インドと東南アジアが互いに対してどのような位置にあったかである。一方のインドは、人口は当時から一億人と推定され、世界でも最大規模の都市をいくつも持ち、経済面でも知識面でも有力な大国だった。他方、ベンガル湾の反対側には東南アジアがあった。こちらはまだ密林に覆われ、人口はインドと比べればごく小さかった。当時存在していた小国家はそれなりに進歩していたが、インドという手本にとても強く惹きつけられたにちがいない。ビルマでは、イラワディ川流域の最初期の王たちは「ヴィクラム」や「ヴァーマン」と自称していた。「ヴィクラム」とは勇敢という意味で、グプタ朝を含めて同時代のインドでも多くの指導者が称号として使っていた。また「ヴァーマン」は保護者という意味で、パッラヴァ朝の指導者が好んだ称号だったが、ビルマだけでなくカンボジアの王たちも使った。それはインドに媚びようとしたというよりも、自国民に畏敬の念を抱かせるため、また世界でおそらくもっともすばらしい文明の一部であると感じたいという自身の欲求を満たすための壮大な模倣と応用の試みだった。

こうした古くからの結びつきを長い間誇りに思ってきたインド人も多い。偉大な学者で詩人のラビーンドラナート・タゴールはこう書いた。

私の国を知るには、彼女が自らの真髄を現し、そうして物理的な領域を超越したときに旅しなければならない。そのとき彼女は光り輝く雅量の中に自らの存在を示し、東の地平線を照らした。目覚めて驚いた異邦人たちは彼女を自分たちのものと認めた(16)……。

デリーで私は友人宅に泊まった。イギリス時代に建てられた家を見事に修復したもので、独立前には著名なインド人の法廷弁護士が所有していたのだった。正方形の中庭には噴水があり、裏手に広い庭があった。外は蒸し暑かったが、家の中では静かに空調が効いていた。私の友人は主人として完璧で、インド人と外国人両方の政治家やジャーナリスト、学者などさまざまな職種の客を家に迎えた。客はみな魅力的で、自分の意見をはっきり言った。

デリーにいた数日の間、私はビルマについて講演し、昔からの友人と会ったり新しい友人を作ったりし、食事どきにはいろいろな議論に加わった。また本の出版記念行事に行き、パネル討論にも参加した。デリーのエリート層は、性質も傾向も東方のエリート層とは根本的に異なっていた。イギリスやアメリカで学び、今もよく行く人も多かった。インドには休みで一時帰国していただけの人もいた。ビルマは遠く離れているように感じられた。またデリーのエリート層は少人数でもあった。私はとても狭い世界の中で交際している気がした。ある日に会った人が、私が前日の昼食か夕食で顔を合わせた人の名前を出すことがよくあった。カーン市場に行くと、書店に来たり用事をしに来たりした知り合いにばったり会うこともあった。私がいたのはデリー南部の、緑が多い高級な地区だったが、一〇億の人口を持つ国の首都というよりは、どこかの小さな町にいるような感じがした。

地域情勢の分析家と会う約束をしたのはカーン市場にある「サイド・ウォック」というレストランだ

った。その分析家とはそれ以前にも海外の会議で何度か会ったことがあったが、彼のほうが、極東地域の料理を出す「サイド・ウォック」を提案してきた。近代的で粋な店で、濃い色の木材がふんだんに使われ、照明は暗く、壁はむき出しのれんがだった。メニューには日本や中国、ヴェトナム、タイ、インドネシアの料理があり、とくに辛い料理にはトウガラシの絵が付いていた。

私たちはインド・中国関係について話をした。彼は、自分は適度に楽観的で、「中国という脅威」をインドが恐れるのは理解はできるが、その脅威は誇張されていると思うと言った。

どちらの国のメディアも、問題を誇張して見せるのが好きだ。両国間には問題もあるが、共通認識も十分にある。一九六二年〔中印国境紛争〕が再来することはないだろう。ただインドに中国研究者が足りないことと、北京語を話せる数少ないインド人が政府やメディアではなく民間で就職してしまうことは問題だ。現代の中国や、問題の複雑さについての理解があまりない。インドのアメリカとの関係と非常に対照的だ。そちらにも課題がないわけではないが、アメリカとは草の根の交流がずっと盛んだ。アメリカには数十万ものインド人が暮らしているので、本国のインド人にもアメリカに親戚がいたり子どもがアメリカの学校に行っていたりする人が多い。インド系アメリカ人の成功話なら誰でも聞いたことがあるし、アメリカ政治を見守るのも簡単だ。しかし中国についてはそのようなことがいっさいない。

ビルマについてもそのようなことはいっさいなかった。私がデリーで会った人の多くがビルマについて知りたがってはいた。しかしデリーはかつてトルコ、ムガル、そしてイギリスの支配下にあった都市であり、インドの支配者層は長らく進出を阻まれてきた世界の舞台に登場したくてたまらなかった。

二十一世紀の大国として台頭しつつあるインドの物語に、ビルマの出る幕はないも同然だった。私がデリーで会った人のなかには、ビルマに行ったことのある人はほとんどいなかった。中国では何人か、ビルマ語を少しでも話せる学者に会ったが、インドにはビルマ語を話せる専門家はいないと言われた。その代わり、親戚がビルマで生まれたとか、ずっと前にラングーンに住んでいたころから家に伝わるレシピがあるとか、ややわびしいつながりの話は聞いた。インドでは、ビルマについて宗教や文化の面で昔からある親近感や一般的な関心はあっても、それ以上の知識はなく、いま起きている変化にもほとんど注目がなかった。

十六世紀に中国とインドは世界経済の半分を占めていた。あと一世代のうちに、またそうなるかもしれない。台頭する二つの大国の間で貿易が拡大し、経済交流が活発になることそのものに反対する人はいない。可能性が非常に高いのは戦争でも敵意の増大でもなく、貿易関係や市民の交流の拡大だろう。二〇一〇年にビルマと中国はかつてのスティルウェル公路を再建することで合意した。第二次大戦中にアフリカ系アメリカ人によって建設され、瑞麗をインド北東部に結ぶ道路だ。今日、中国・インド間の貿易はほぼすべて海を経由している。しかし中国政府と雲南政府の計画どおりに開発が進めば、中国の南西部には石油・天然ガスパイプラインと高速鉄道が通り、マス・ツーリズムも可能となるうえ、インドの東端までも車で一日で行けるようになる。そうなったときに何が起きるかはわからない。中国はすでにビルマを変え始めている。国境がより開かれたら、インドにはどのような影響が及ぶのだろうか？　私はデリーから、千数百キロ離れたカルカッタに行き、そこからさらに遠いインド北東部の、インド共和国の国境ぎりぎりのところまで行った。

忘れられた分離

二〇〇〇年前、イギリス領インドは今のインドがとっているのとは別種の東方政策を持っていた。イギリス東インド会社は、沿岸部を拠点として次第に領域を拡げ、急速にインドの支配的勢力となり、インド南部とベンガルを統治するようになっていた。当時の首都は帝国の巨大都市になる途上にあったカルカッタだった。カルカッタはイギリス帝国の第二の都市で、商業や知識の中心地として活気にあふれていた。イギリスがマラーター同盟やパンジャーブのシク王国を破り、ムガル帝国の最後の皇帝を倒して、第二次世界大戦後までインド全域を支配する足がかりをつくった起点もカルカッタだった。

インドはイギリス帝国勢力の中核をなしていた。そのインドという大切な領土を安全に保有し続けるためには国境の警備が必要だった。西には、イギリスが直接統治したことはないが、数回にわたる（ときに非常に面倒な）介入によって抑制していたアフガニスタンがあった。また一八三〇年代には、イギリスからすると狡猾で侵略的なロシアが、中央アジアにしっかりと根を下ろしていた。このためロシアが南方のアフガニスタンに向かうのを止めるのがイギリスにとって要務となる。さらに西にはインドをイングランドとつなぐ海上交通路があり、一八六〇年代にスエズ運河が建設されてからは、イギリスはこれらの海上交通路を守ることを通じ（現イエメンにある）アデンを支配下に入れ、一八八〇年にはエジプトも占領した。第一次世界大戦後にはオスマン帝国の一部だったメソポタミアまで制圧し、同地はハーシム朝イラク王国となった。

イギリス領インドにとって、東に向くということは海上交通路を掌握することでもあり、それはつまりマラッカ海峡を支配下に置くということだった。マラッカ海峡の向こうにはイギリスの港だった香港を含む中国東部の市場があった。ナポレオン戦争終了時にイギリスはシンガポールを獲得し、まもなくジョホールからペナンまで、マレー半島に支配域を拡げた。東に向くことはまた、厄介なビルマ王国を支配下に入れることでもあった。十九世紀初め、ビルマ最後の王朝コンバウン朝は全盛期にあり、隣のタイを粉砕し、四度にわたる清軍による侵攻を阻んでいた。勢いに乗ったビルマは、西に進出してアラカンとマニプルという二つの小王国を併合すると、さらにブラーマプトラ川流域にある大きなアッサム王国まで併合した。東インド会社はこのような勢力を放っておくわけにいかず、三度のイギリス・ビルマ戦争が起きることになる。一八六〇年にはイギリスの支配域がベンガル湾を取り囲んでいた。インド洋はイギリス領インドの湖のようになった。

このときのインド洋世界はカルカッタを中心としていた。この世界が消えたことは二十世紀のアジアでおそらくもっとも重大な動きだったといえるだろう。匹敵するものがあるとすれば、中国での共産主義革命と、アメリカが太平洋勢力として台頭したことくらいである。そしてこの世界が消えたあとには、以前よりずっと細切れになった情景が残っていた。そこではあちこちで小さな戦争や民族紛争が起き、かつて一つの帝国だったところが四つの独立国に分かれ、その隣には過去最大規模となった中国が控えている。

私は一九九〇年代半ばにインドを旅したときにカルカッタにも行く計画だったのだが、行かずに終わっていた。何週間もの旅で疲れていて（予算に限りのあるバックパック旅行だった）、モンスーンの雨も心配で、バス路線図や列車の時刻表を一応調べたのだが（そのときは南インドにいた）、結局バンガロールから飛行機に乗ってデリーに行き、そこから当時住んでいたイギリスに帰ったのだった。それから一二年以上がたち、初めてカルカッタに着いたときには、以前からずっと本で読んだり想像をめぐらせたりしていた都市を早く見たい気持ちでいっぱいだった。

立派なイギリス時代の建物や人混み、貧しさ、新しいオフィスタワーや近代的なホテルがあったのは予想どおりだった。逆に予想していなかったのは、カルカッタがいかにラングーンに似ているか、だった。ちょっとやそっとの類似ではなかった。ときにはカルカッタが、ラングーン全体ではなくラングーンの中心部、インド帝国時代に建てられた地区とほとんど変わらないように感じられた。通りの営みなどは細かいところまでまったく同じだった。安い衣服や破れた本を売る小さな店から、切った果物やタバコを一本から売り歩く商売人、薄い青の格子模様のルンギー（いま私がつけているロンジーとまったく同じもの）を巻いた栄養状態の悪そうな男性、湯気の立つカレーやご飯を入れた大きな桶、路上に開いた穴、汚なさと湿度、崩れかけた黄色っぽいファサード、英語と現地語の曲がりくねった文字の両方で書かれた出来の悪い看板、そしてところどころベランダの植木に花が咲いているところまで。デリーや、ラージャスターンやパンジャーブにあるほかの都市が私にとって異質に感じられたのに対し、カルカッタは着いた瞬間から居慣れた場所だった。人びとの顔つきはビルマと異なるとはいえ、ラングーンにはベンガル出身者やインド系の人がかなり多いので、まったく見慣れないというのではなかった。カルカッタは明らかに、ラングーン中心部がまねようとした「母体」だったということに私は気づいた。とても居心地がよかった。

最近建設されたものは少なかった。一つは私が泊まった町はずれにある大きなビジネスホテルだった。町の中心部に近づくと新しい「サウス・シティ・ショッピングモール」があり、最新設備の複合映画館や「マークス&スペンサー」や「ナイキ」、「ボディショップ」などの国際チェーン店や、タイ料理や中華料理を出すレストランが入っていた。それ以外には中国式の開発はほとんど目にしなかった。ただ頭上の高いところにある広告板が、郊外にあるのであろう完璧な家と庭からなる造成地を宣伝していたが、そこに描かれているシンガポール風の生活様式は、下の汚い路上で営まれている生活とは別世界のようだった。

カルカッタは西ベンガル州の州都である。同州はアメリカのマサチューセッツ州と同じくらいの面積で、人口密度が高く、八〇〇〇万人が(うち一五〇〇万人がカルカッタとその周辺に)住んでいる[1]。フーグリー川に沿って南北に延び、海からも遠くない。中国が建設中の雲南省に至るパイプラインの出発点はビルマのアラカン州だが、そこも海沿いに五〇〇キロほどしか離れていない。

カルカッタは一九一二年にイギリス領インドの首都ではなくなったが、そのあと数十年間は商業や教育の面でアジアの中心地であり続けた。一九五〇年代から六〇年代初めまで、西ベンガル州はボンベイに次いでインドで二番目に工業化された地域だった。しかし、七〇年代にはカルカッタは明らかに衰退していた。新規投資はほとんどなく、行政サービスも悪化し、専門職に就いている中産階級の多くはカルカッタを離れ、インドのほかの都市や海外、とくにアメリカに移るようになった。同じころ、隣に新しく生まれた独立国家で、カルカッタ同様に人口密度が高いバングラデシュから、貧しい人びとが多数流入してきた。カルカッタは電力不足や労働者による騒動に悩まされた。インド共産党マルクス主義派が率いる「左翼戦線」が西ベンガル州の政権を取り、以来ずっと権力の座にあるので、カルカッタでは民主的に選ばれた共産主義政府として世界でもっとも長く続いていることになる。それはとくに過激な共産主義政府ではないが、商業を奨励するわけでもない。一九八五年にラジーヴ・ガンディーはカルカッタのことを「死にかけた都市」と呼んだ。最近では改革努力もされているが、西ベンガル州は全般的に、インド西部の諸州が享受してきた経済成長や活気を経験してきていない。インフラは貧弱で、投資環境に恵まれていると考える企業はほとんどない。二〇〇八年十月には自動車製造大手のタタ・モーターズが、カルカッタの近くに三億五〇〇〇万ドルをかけてプラントを建設する計画を白紙に戻した(2)。周辺の農民を代表しているという野党勢力が反対運動を起こしたのを受けてのことだった。

毛沢東主義派という脅威もあった。同派は主として西ベンガル州よりも西にある諸州で活発なのだが、西ベンガル州自体でもますます活動するようになってきている。二〇〇九年六月、マンモハン・シン首相は毛沢東主義派のことを「インド国内安全保障への最大の脅威」と呼んだ。翌二〇一〇年十二月、毛沢東主義派は西ベンガル州の西ミドナポールで大胆にも警察の詰め所を襲撃し、警察官二四人が死亡した。また同年五月には、カルカッタ郊外でボンベイ行きの列車を脱線させた。列車は貨物列車と衝突し、七六人が死亡、二〇〇人以上が負傷した。

こうした事件は起きた直後こそ国際ニュースでも取り上げられたが、世界最大規模の都市であるにもかかわらず、カルカッタはあまりニュースに登場しない。『ニューヨーク・タイムズ』紙を見てみてもカルカッタに関する記事は非常に少ない。二〇〇六年にはカルカッタ動物園のカメが死んだという記事があった(3)。死んだのはアルダブラゾウガメで、なんと最低でも二百五十五歳だったと考えられていた。十八世紀半ばにイギリスの船員がセーシェル諸島から持ってきた四匹のうちの一匹で、東インド会社のロバート・クライヴ卿に贈られたものだった。クライヴは一七七四年に死んだが、カメはそのあとも長い間生きたのだった。

カルカッタにいた数日の間、私は何度も長い散歩をし、またおいしいベンガル料理を何回か食べることができた。ベンガル料理は魚やエビの料理にご飯というのが基本で、ビルマと同様、右手で食べるのである。こうした食事の際の会話は、町の北部にあるイギリス時代のザミンダール〔大地主〕の大邸宅のことや、ウー・ヌ〔独立後ビルマの初代首相〕やクリシュナ・メノン〔インドの政治家。一九五二年から六二年まで同国の国連大使を務めた〕といった一九五〇年代の政治家、トラの保護、オクスブリッジの歴史家たち、そしてその年のモンスーンについてだった。私にとって馴染みのあることばかりだった。私が招待された家々は、ラングーンの上位中産階級のややカビっぽい家をまさに思い出させた。頭上にはパンカー（扇風機）があり、気の利く使用人がいて、本棚からは本があふれ、白黒写真が飾ってあり、見えない台所からカレーのにおいが漂ってくるのである。

そして私はラングーンを思い出すにつれ、カルカッタがラングーンがたどらなかった道であるように思えてきた。カルカッタは民主主義国家の中心地の一つで、政治はごたごたして競争も激しく、まだ過去とつながっているエリート層も残っていた。物質的な繁栄という意味ではラングーンとそう変わらなかったが、知的生活はラングーンよりもずっと豊かで、ラングーンというカルカッタの妹分のような都市が長く享受できていない政治的自由があった。私の滞在中にもインド共産党のデモがあり、田舎から来た男女がバスを連ね、鎌と槌のついた赤い旗を振りながら目抜き通りの一つを進んでいた。その後マイダン公園で演説を聞き、不満を訴え、スローガンを唱えるのだ。

私はラングーンのペグー・クラブ（植民地時代の社交の場だったが、長い間放置されて今は取り壊しの危機にある）が、いまカルカッタにあるベンガル・クラブのようになっているのを想像した。ベンガル・クラブはやや貧相なクラブで、それほど高くない料金で宿泊でき、図書室と理髪室がある。ケンブリッジ大学の副総長がカルカッタを訪れればそこで講演をし、カルカッタ在住の卒業生と会うのだろう。元インド植民地官僚でのちにケンブリッジで社会学研究をしたJ・S・ファーニヴァルが創始者のビルマ研究学会はとうの昔になくなったが、言語学者ウィリアム・ジョーンズが始めたベンガル・アジア協会はまだあって、近代的な別棟が最近建て増された。カルカッタにあるイギリス領インド帝国の建物は手入れされていて美しかった。今は西ベンガル州知事公邸である旧総督府公邸はカーゾン総督の一族の屋敷、ケドルストン・ホールを模したものだ。しかし、ラングーンのビルマ知事公邸は取り壊されてしまった。東インド会社の本部だったライターズ・ビルディングは、今は西ベンガル州政府庁舎になっている。ラングーンにある旧政府本部も外観は同じように立派ではあるが、使われず寂しげで、二〇一〇年に競売にかけられた。カルカッタにあるヴィクトリア記念堂は、白大理石でできたイギリス帝国の博物館とでもいえる巨大な建築物で、女王の大きな像まで立っている。他方ラングーンでは、少しでも植民地時代を思い起こさせるようなものは消され、通りの名前も変えられている。カルカッタの住民がラングーンの住民よりもイギリス時代を好ましく思っていると感じたわけではないが、カルカッタ市民は民主主義によって、過去を受け入れて発展の基礎にすることができる余裕を保持していた。

カルカッタは私の一家ともつながりのある場所だった。細かい経緯は不明なのだが、私の曾祖父の一人は若いころの一八八〇年代にカルカッタで学んだ。私の家族のなかには、その曾祖父はインド系で、彼の祖父がその三〇年前に、ビルマの中でベンガル州にいちばん近いアラカンからイラワディ・デルタに移ってきたのだと言う者もいる。曾祖父はムスリムで、一家は有力な地主だった。曾祖父は大学を卒業すると植民地官僚としてしばらく働き、のちにデルタに戻って家業を手伝った。当時カルカッタはラングーンからあまり遠くなかった。カルカッタからイラワディ・デルタを抜けてラングーンへ、そこからペナンとシンガポールに行く（カルカッタ・バマー汽船会社の）蒸気船の便があって、これが曾祖父を知的生活面で世界につなぐ命綱のようなものだった。彼はカルカッタの書店から本を注文し、新聞や雑誌を購読した。そして一九〇五年に結婚した曾祖父が、新婚旅行で私の曾祖母を連れて行った先はイギリス領インド帝国の首都、カルカッタだった。

私の曾祖父個人が特別にカルカッタとつながりを持っていたわけでは決してない(4)。そのころはビルマもベンガルもイギリス領インドの州で、ベンガルはビルマに地理的にもっとも近く、ビルマがもっとも密接な関係を持っていた地域だった。何百人ものビルマ人学生がカルカッタや、その近くの避暑地ダージリンの学校に行き、そのまま大学に進んだ者も多かった。さらに重要なことに、十九世紀終わりから二十世紀初めにかけて相当数のベンガル人がビルマに移入した。単純労働者も現ビルマ－バングラデシュ国境周辺などにいたことはいたが、大多数が実業家や公務員、専門家だった。ビルマの学校教師や、ラングーン大学の講師や教授にもベンガル人が多かったので、その後数世代にわたってビルマ人はベンガル訛りのある英語を話しながら育った。カルカッタはまた、イギリス領ビルマで確立していったさまざまなコミュニティが進出の拠点としたところでもあった。たとえばラングーンで栄えたマールワーリ人やユダヤ人の商人のコミュニティなどがそうである。ジャーナリストや作家もいた。その一人ショロトチョンドロ・チョットパッダエは二十世紀前半にもっとも人気のあったベンガル人小説家で、一九三〇年代にはラングーンに住み、公共事業局で事務員として働きながら執筆を始めた。彼の作品はビルマでは知られていないがベンガルでは今もよく読まれている。

大物政治家が頻繁にインドからビルマを訪れていた時期もあった。マハトマ・ガンディーは何度も来た。一九〇二年に初めてラングーンを訪れ（当時彼はケープタウンに住んでいた）、インド人がビルマ人を踏みつけるようにしてイギリスの商人と手を組んでいるのを見た悲しさについてあとで書いている。（彼はまたこうも述べた。「ビルマ人女性の自由さと活力には魅了された。ビルマ人男性の怠惰に胸が痛んだのと同じくらい」）。ガンディーは一九一五年と一九二九年にも来て、どちらのときも、ロンドンで勉強していたころからの友人、P・J・メータ博士のところに泊まった。メータは、当時ラングーンに定住していた裕福なダイヤモンド貿易一家の息子で、ビルマ州議会委員会という、すぐにそれとわかるものとしてはビルマ初の政治団体を創始していた。ガンディーは各地を回り、演説には大群衆が集まった。ビルマのナショナリストたちはインドのナショナリズムの興隆に強い影響を受けていたので、ビルマ人学生や活動家、とくに脱植民地運動の急進派に属していた者たちも在住インド人に交じってガンディーに声援を送った。マンダレーでガンディーは、その二〇年前にロークマンニャ・ティラクがマンダレー刑務所に収容されたことを人びとに思い出させた。ティラクは強硬派の政治指導者で（アーリア人の起源は一万年前の北極点だとする『北極にあるヴェーダ人の故郷』（原題 *The Arctic Home of the Vedas*）というすばらしい本の著者でもある）イギリスによって扇動罪で投獄されたのだった。ビルマ人とインド人の群衆を前にガンディーはこう言った。「インドに『スワラージ（自治）』という真言を与えたのはティラクだった。そしてスワラージへの道はマンダレーを通るのだと、インドでは言われている[5]」

マハトマ・ガンディーはインド西海岸のグジャラート出身だったが、ビルマをよく訪れた著名なインド人の多くはベンガル出身だった。偉大な詩人で哲学者のラビーンドラナート・タゴールは、ノーベル文学賞を受賞した三年後の一九一六年に訪れた[6]。当時の『ラングーン・メール』紙の編集者ヌリペンドロ・チョンドロ・バネジーもベンガル人で、タゴールの受け入れ役となり、ビルマ人スワラージ活動家や、ラングーンのビルマ人、イギリス人、インド人、中国人の要人たちとの会合を設定した。タゴールは一九二四年にもふたたびビルマを訪れた。そのときは中国に行く途中で、彼はビルマのことをインドと中国の間にある懸け橋として見るようになった。二度の訪問時には、仏教や、より一般的に宗教と哲学について、そして遠い昔からインドとビルマとの間、またビルマを介してインドと東南アジアとの間にあった結びつきについて議論が交わされた。

太古の昔、いまインドとなっている地の大部分はゴンドワナという超大陸の一部で、このゴンドワナ大陸とユーラシア大陸とはテチス海という巨大な海で隔てられていた。そして数百万年かけて、のちにインドとなる部分がゴンドワナから少しずつ切り離されて北に進み、とうとうアジアにぶつかって海岸を隆起させ、ヒマラヤ山脈とチベット高原ができた。ヒマラヤ山脈の南ではテチス海がなくなり、代わりにインダス川とガンジス川の広大な氾濫原が現れた。以前ここはアフリカのサバンナによく似た草原で、ゾウやライオン、カバが生息していた。今は都市部と農村部が交じる地域で、現代のパキスタン、インド北部、バングラデシュにかかる。面積はビルマやアメリカのテキサス州より少し大きく、一〇億人かそれ以上の人が暮らしている。中国の東部地域を除くと、世界で人口密度がもっとも高いのはインダス・ガンジス氾濫原なのである。

この広大な氾濫原は帝国によって統合されていた時期もあったが、歴史上のほとんどの間は複数の王国に分かれていた。ベンガルもその一つだった。ベンガルはガンジス川の東の端とベンガル湾の頂点に位置するという地理的な要因によって、西はギリシア、トルコ、アフガン、ムガルという外国の侵略者に支配されていたデリー周辺地域と、その他のアジア地域ともつながっていた。

古代には、インド・ヨーロッパ語族の言葉（ヨーロッパのほとんどの言語と非常に遠い関係にある）を話していた人びとがガンジス川の反対の端、インダス川流域に住んでいた。(7) この言語から現代のヒンディー語、パンジャーブ語、ベンガル語、インド北部や西部で使われる多くの言語、そしてセイロン島のシンハラ語が生まれていく。古代の言語学者がこの言語を洗練させてつくったのがサンスクリット語で、これがヒンドゥー教や仏教の一部宗派の典礼言語となる。サンスクリット語と、サンスクリット語の基礎となった土着語、そしてヒンディー語やベンガル語といった現代インドの言葉との関係は、ラテン語と俗ラテン語、現代のフランス語やイタリア語との関係によく似ている。それらの言語はアーリア言語と呼ばれることが多い。これは千年前にそれらの言語を初めて話した人びとが「アーリア」人、つまり「高貴な人びと」と自称したことに由来する。

これらアーリア言語が（究極的には）ギリシア語やラテン語と関係しているとして「インド・ヨーロッパ」語族の存在を示し、比較言語学が始まるきっかけを作ったのは、十八世紀の博学者でベンガル・アジア協会の創始者であるウィリアム・ジョーンズ卿だった。彼の推論は今では立証されている。その後、（ギリシアやローマの神々と実によく似ている）ヴェーダ神を信じるアーリア言語話者による古代の侵略や果敢な移住についての説が出てきた。それらの説によれば、アーリア人は北方の地からやってきて、肌の黒いインドの原住民を打ち負かし、圧倒した。インドのカースト制度はこの原始時代の対立から生まれたもので、アーリア人侵略者は自分たちを上位にし、色黒の原住民を奴隷同然の下位に入れるか、「不可触民」として強制的に隔離したというのである。植民地時代の人種差別論者は、人種や肌の色による差別システムが古代からあったとされることを知って不満には思わなかった。

最近の研究はアーリア人移動説の一部に異議を唱えている。[8] アーリア人がもともと住んでいた北方の土地から実際に移動したという証拠はほとんどない。インド・ヨーロッパ語の広がりは、ヨーロッパでと同様（ヨーロッパではバスク語やフィンランド語といった例外を除いてすべての言語に取って代わった）、物理的な人の移動が原因だった可能性もあるが、農業の広がりに伴う文化的変化が原因だった可能性も同じくらいある。またカースト制度も以前考えられていたような昔から固定されていたものではないことがわかってきた。一般的に、歴史を通じて遺伝子と言語と文化の相互作用が以前考えられていたほど単純なものではなかったということが明らかになってきている。

確実なのは、約三〇〇〇年前から、最初期のアーリア言語を話し、ヴェーダの神々を崇拝する社会がガンジス川に沿って東に動き始め、今のウッタル・プラデーシュ州そしてビハール州に広がったということだ。それは神官を上位とする明らかな階級社会で、穢れや清めという概念を信じていた。北西方のアーリア人とアーリア社会は清く、東方で新たに見つかった人びとは穢れているという考え方だった。

清らかな人びとの住む地と汚れた人びとの住む地という両極端があるだけではなく、両方が混在すると見なされていた地域もあれば、とても近づけないと見なされた地域もあった。しかしこうした制限にもかかわらず、人や知識は東方、ガンジス川下流域への移動を続け、結果として「清い」と「清くない」の境を前進させ、先住の人びとを吸収するか、追いやるかしていった。紀元前一〇〇〇年代の末にはアーリア言語文明は多様化していた。放牧民と、小麦と大麦を栽培する農民が交ざり、もとは父系の長やヴェーダ教の神官が率いる社会だったものが、東方ではコメを作る農民の社会となり、王国や共和国として組織されていった。ゴータマ・シッダールタが生まれたのはこうした小さな共和国の一つ、カピラヴァストゥだった。彼がブッダとして悟りへの道を説いたのもこの地域でのことだった。

インド世界の端にあるベンガルはその後数世紀かけて仏教の大中心地となり、その影響はチベットから雲南やジャワまで、アジアの大部分に及んだ。仏教は非常に早い段階でベンガルに入ったと考えられている。ブッダが住み、教えを行っていたマガダ王国はベンガルのすぐ西にあった。紀元後七世紀にインドを旅した中国の巡礼者、玄奘三蔵《げんじょうさんぞう》は、その千年近く前にアショーカ王がブッダのベンガル訪問を記念してベンガルに仏塔を建てたと記している。玄奘三蔵自身が見た僧院のことも書いているが、それらの僧院には数千人もの僧侶がいた。

仏教が、復活して刷新されたヒンドゥー教、次にイスラーム教に押されて西方で勢いを失っていた時期にも、ベンガルは仏教の拠点であり続けた。八世紀から十二世紀にかけてベンガルを支配したパーラ朝の王たちは敬虔な仏教徒で、公式の文書の初めには決まってブッダと彼の教えのことを記した。仏教はインドの他地域で消えかけても、ベンガルではさらに数百年も続いただけでなく、教えについて新しい解釈を生み出すまでした。後々まで残るこの新解釈は、ヴァジュラヤーナあるいはタントラ仏教と呼ばれ、秘儀的な儀礼や慣習を特徴とする。[9] タントラ仏教からもさまざまな宗派が生まれ、ベンガルからビルマや雲南、中国まで極東全域に広がり、深く根を下ろすことになる。

インドのこの地域にあった偉大な仏教大学、ナーランダ大学とヴィクラマシーラ大学はアジア中で有名だった。ナーランダ大学は五世紀にできた古い大学で、パーラ朝の積極的な後援を受けていた[10]。全盛期には中国や日本、ペルシア、地中海東部という遠くからも研究者や学生が集まり、世界初の寄宿大学でもあった。一万人以上の学生と二〇〇〇人の教師がおり、約一二ヘクタールという広大なキャンパスには寮や教室、瞑想場、仏教寺院に、入念に設計された庭園や人口の湖まであった。玄奘三蔵は「展望台は朝靄に消え入るようで、上階の部屋は空にそびえている」と書いた[11]。ナーランダ大学は建築物としても傑作だったといわれている。図書館は九階建てで、タントラ経典が収められ、写字室も兼ね、古い書物が慎重に書き写されていた。カリキュラムにはサンスクリット文法や数学まであらゆる分野が含まれていた。今日のチベット仏教を構成するものの大半はナーランダで生まれた教えや伝統に由来している。

タントラ仏教全盛期には、ベンガルはチベットとその近くのネパールと密接な関係を持っていた。また海を越えてシュリーヴィジャヤ帝国ともつながっていた。シュリーヴィジャヤの王はスマトラやジャワ、マレー半島の大部分を統治し、マラッカ海峡と、東西の香料貿易も支配していた。この海上王国は数百年もの間、ベンガルから伝わる仏教の中継地であり、ナーランダに向かう中国からの巡礼者やインドからの学者を受け入れた。そのなかにはチベットでの仏教の広がりに決定的な役割を果たすことになるアティーシャもいた。

同時に、ベンガルのパーラ朝は仏教発祥の地マガダを支配していたことから、仏教の最大の保護者としての名声を高めることになった。パーラ朝は神聖な地の門番のような存在だった。ビルマやシュリーヴィジャヤなどから使節がやってきては僧院に寄進する許可を求めたり、古い寺院の修復を助けるために宝石をちりばめた財宝を船で送ってきたりした。

パーラ朝が衰退すると、新しく興ったセーナ朝は正統派ヒンドゥー教を保護したので、仏教も衰退した。そのあとにイスラームが到来した。十二世紀、すでにインド北西部を支配下に入れていたトルコ人やアフガン人の騎兵隊が肥沃なガンジス平野を駆け抜けてきた。なかでもトルコ系将軍ムハンマド・バフティヤールが率いる騎兵隊はベンガルに至るまでに数多くの町や都市を襲撃、略奪し、仏教の大学も破壊した。一万人の騎馬兵が、騎馬戦に慣れていない現地の王や住民をことごとく圧倒し、それはまさに電撃的な征服だった。侵略軍は、自分たちがどんな遺産を破壊しているのか知らなかったらしい。ある戦いに勝利したバフティヤール軍は、頭髪を剃った男を多数殺し、戦利品の中に大量の書物があることに気づいた。著名なアフガンの学者ジューズジャーニによれば、それで「その要塞と都市全体が勉学の場であったことがわかった」。彼らは有名なオーダンタプリの仏教大学をすっかり破壊してしまったのだった。

この征服以降の数世紀間、ベンガルは独立国ではあったが、支配者層はトルコ系ムスリムで、支配される方は、仏教徒も少しは残っていた可能性はあるが、主にヒンドゥー教徒だった[12]。十三世紀の終わりにマルコ・ポーロはベンガルについて、「もはやインドに近い」がインドとは区別され、住民はムスリムではなく「きわめて悪辣な偶像崇拝者」で「固有の言語」を話す、と書いた。トルコ系の支配者層は既存のベンガル系ヒンドゥー教徒の貴族階級に強く依存するようになった。出身地である中央アジアから人を連れてきたくても、ベンガルからは遠すぎたので、そうすることはできなかったのだ。こうしてトルコ、ペルシア、先住のベンガル、そしてヒンドゥーの要素が混ざって独特の社会ができていった。そこには東アフリカから輸入されたアビシニア人の奴隷までいて、一四〇〇年代末、政変が相次いでいた時期には、彼らが一時期権力を掌握する事態まで起きた。

ベンガルはインドのほかの地域から政治的には離れたままで、独自に発展した。イスラーム教が少しずつ広がり、とくに歴史的にヒンドゥー教徒の王の力があまり及ばなかった湿地の多い東部で定着し、最終的には多数派の宗教になった。ベンガルのサルタンも各地域で力を持つようになった。近くにあったクーチ・ビハール王国とカーマルーパ王国は併合され、オリッサやトリプラも属国になった時期があった。ベンガルはまた、アラカン王国とも密接な関係を持つようになった[13]。今日アラカンはビルマの西海岸にある州だが、十五世紀と十六世紀には独立した王国で、相当の勢力を持ち、王宮には仏教徒とムスリムがいたほか、遠くリスボンや長崎が出身の海賊や冒険家も来ていた。ベンガルはインド文明の重要な一部だ。しかしベンガルは、アフリカの角からジャワ海、さらにその向こうまで延びる広い地域とさまざまなかたちで結びついた、独自の長い歴史も持っているのである。

一九四七年にインドがイギリスから独立し、アジア全体で植民地帝国の時代が終わったとき、インドはチベットやビルマ、雲南、そしてベンガル湾を越えての古い文化的、経済的つながりを復活させることもできた。しかし実際には、むしろ既存のつながりが断ち切られるばかりだった。イギリス帝国というただ一つの国があったところに三つの独立国家が生まれ、チベットや雲南との国境も閉ざされた。インド北東部という、インドとのつながりがそこだけ希薄で、ほかのどこともほとんど連絡のない地域も新しくできた。こうした不自然で前例のない分離状態が解消の方向に向かい始めたのはごく最近のことである。

分離の第一弾は一九三七年に起きた。この年、イギリスはビルマをイギリス領インドから正式に切り離し、ビルマが独自の憲法と、一部が選挙による政府を持つことを認めた。これで、インドからビルマに無制御に人が移住してくる日々は終わった。それから約四年後、日本が東南アジア全体に猛攻撃を加え、ビルマにいた数十万のインド人が日本軍にぴったりと追われながら山を越えてアッサムに逃げた。戦争が終わっても、逃げた人の多くは情勢を読み取り、のちに権力の座に就くことになる若いビルマ人政治家がナショナリスト的な弁舌をふるうのを聞いて、ビルマには戻らないことにした。ビルマの独立時には新たに数万人ものインド人がビルマを離れ、一九六二年に極端にナショナリスト的な軍事政権が権力を握ったあとの六四年には、さらに四〇万人が国外追放された。ラングーン－カルカッタ間の汽船便はとうの昔になくなっていて、インドの私立学校や大学にもビルマ人学生はほとんど残っていなかった。若く冒険的なインド人にとってビルマが好機の地だった時代は終わり、おそらく二度と来ないだろう。

一九四七年八月にはベンガルが分離された。[14] イギリスがインドからの撤退を真剣に検討し始めていた一九四〇年代、長らくインドの主なナショナリスト勢力であったインド国民会議と、インド最大の少数派を代表するとしていたムスリム連盟との対立が激化し、ムスリム連盟は「パキスタン」という独立したムスリム国家の樹立を求めるほうに傾いていった。四六年にはカルカッタでヒンドゥー教徒とムスリムとの衝突が起きた。ムスリム同盟の指導者ムハンマド・アリー・ジンナーが「直接行動」を呼びかけ、他方でヒンドゥー教徒も集まって反パキスタンのスローガンを唱えるなか、約四〇〇〇人が死亡し一〇万人が負傷した。イギリスは複数の選択肢を提示し、なかには非常にゆるい連邦制度をつくるというのもあったが、結局はイギリスも帝国を分割し、インドの両端にあったムスリム多数地域をパキスタンという新しい国にすることに合意した。西部では、ムスリムやヒンドゥー教徒、シク教徒など一五〇〇万人近くが追い立てられ、その後続いた混乱や集団暴力のなかで優に一〇〇万人以上が死んだ。ベンガルでは西部ほどの混乱は起きず、暴力の規模もずっと小さかったが、それでも分離独立による影響は大きく、いつまでも尾を引いた。カルカッタはインド側に入り、新しくできた西ベンガル州の州都になったが、カルカッタの工場や港に依存していた後背地の大半は東パキスタン領となった。東パキスタンの首都はダッカだった。

イギリスは人口統計に基づき、ムスリム多数地域とヒンドゥー教徒多数地域との間に分離線を引き、その新しい国境ができることによって経済や将来の安全保障がどのような影響を受けるかはほとんど検討しなかった。植民地政策の立案者たちは、新独立国家となるインドとパキスタンは良好な関係を持ち、当然それまでと同じように商業取引も続けるだろう考えていた。しかし分離独立後すぐに紛争や戦争が始まると、カルカッタと、その後背地で今はパキスタンとなった農村部とを毎日往復して人や貨物を運んでいたフェリーや荷船が運航をやめ、バスや列車も走らなくなり、千年前からあった交流が途絶えてしまった。その代わりに新たな憎しみと、なかなか解決できない安全保障面での問題が生まれ、ベンガルという一つの地方だったところに完全に人工的な国境が引かれた(いまやフェンスが設置されている)。

そして四半世紀たたないうちにパキスタン自体が半分に分かれ、東側の部分がバングラデシュとして独立した[15]。きっかけとなったのは一九七〇年にパキスタンで行われた総選挙でシェイク・ムジブル・ラフマンのアワミ同盟が勝利したことだった。独立以来、二つのパキスタンの関係は非常にバランスの悪いものになっていた。西が東を支配していた。アワミ同盟の選挙運動は、東パキスタンが抱いていた被害者意識や、ベンガル語の使用が制限されたり、西パキスタンにいる支配者によって資源が搾取されたりすることへの怒りの上に立っていた。

選挙結果はパキスタン政府に大きな衝撃を与えた。選挙で勝利したアワミ同盟が連邦制の導入を強行するのではないかという懸念があった。連邦制になれば中央政府は防衛と外交についてしか権限を持たなくなる。また、西パキスタン人の多くにとって、ベンガル人の首相に支配されるというのは受け入れがたいことだった。加えて、東パキスタンには少数派ヒンドゥー教徒がかなりの数おり(一〇〇〇万人近くで、専門職に就いている人も多かった)、こうしたヒンドゥー教徒がそのうち幅を利かすようになることを恐れる西パキスタン人もいた。

陸軍総司令官でもあったヤヒヤ・カーン大統領は選挙結果に基づく議会の招集を延期した。まもなく東パキスタンではストライキや抗議行動が始まり、鉄道や空港が閉鎖された。警察やデモ参加者との間で毎日のように衝突が起き、ほどなくパキスタン軍が出動することになった。軍は空と海の両方から、扇動の温床となっていた大学を攻撃し、指導的な立場にいた政治家を逮捕した。軍はそれから農村部に向かった。数カ所でベンガル人の兵士が謀反を起こした。外国人ジャーナリストは国外追放され、とくに少数派のヒンドゥー教徒が暴力的な迫害の対象になった。恐怖に陥った人びとがダッカから逃げ、数百万もの難民がインドに流入した。

インドはこうした事態が提示する戦略的機会を逃さず、ベンガル人ゲリラの養成を支援し始めた。ゲリラ戦士たちはムクティ・バヒニと呼ばれ、元パキスタン軍士官を含めて約二万人いた。リチャード・ニクソン大統領の率いるアメリカはパキスタンに同情的だった。ニクソンは国家安全保障補佐官のヘンリー・キッシンジャーに「あのインド人たちはろくなもんじゃない」と言っていた。ヤヒヤ・カーンはニクソンとキッシンジャーが毛沢東と秘密裏に接触するのを助けていたのである。他方でインドはソ連との軍事的、経済的関係を強めていた。

一九七一年十月までに紛争は悪化し、国境地域では砲撃もあった。インド軍の一二の師団が東パキスタン近くに集まっていた。パキスタンのほうが先制し、カシミールにあるインドの陣地を攻撃した。インドは大規模な空爆で反撃した。またインド海軍がカラチを砲撃した。インドが勝利するのは初めからわかっていたことで、そうなるまでに数週間しかかからなかった。パキスタン軍よりずっと大きく、装備も充実していたインド軍は、ムクティ・バヒニの応援を受けながら四方向からダッカに迫った。時もインドに味方していた。パキスタンは中国の介入を期待していたのかもしれないが、冬の到来を目前に中国軍がヒマラヤ山脈を越えてくるのは不可能だった。逆に東パキスタンの地形は戦車部隊が前進するのに非常に適していた。十二月六日、インド政府は「バングラデシュ人民共和国暫定政府」を正式に承認した。

こうした背景を考えると、以来バングラデシュはインドとたいへん良好な関係を維持してきたのではないかと誰もが思うだろう。しかし両国の関係は冷えきっている。初めのうちはほどよく友好的だったが、まもなくバングラデシュのほうが敵意を抱くようになった。バングラデシュ人の多くは、インドのファラッカ・ダムが憎悪のとくに大きな原因なのだと言う。これはガンジス川に一九七四年に完成した巨大なダムで、ガンジス川の水を導水するのだが、それがバングラデシュの水供給に劇的な打撃を与えたというのである。七〇年代後半にバングラデシュで軍事支配が始まると両国の関係はますます悪化し、バングラデシュのナショナリズムは決定的に反インドとなった。またバングラデシュとパキスタンの軍や諜報部が互いとの関係を強めるようになり、バングラデシュ政府はこの二〇年、アッサム統一解放戦線などの反インド政府反乱組織に援助と保護を与えさえしてきた。二〇〇四年、インドのヤシュワント・シン外相はバングラデシュとの関係のことを、過去最悪で、パキスタンとの関係よりも悪いと述べた。

分離独立とその余波によってアジアのこの地域には厄介で解決の難しい遺産が残った。私はビルマで、中国の勢力と影響が近づいてくるのを見て、なぜインドからも同様のエネルギーや原動力が来ていないのか不思議に思った。カルカッタの東につくり出された特殊な地理事情、未解決の民族紛争、毛沢東主義派の反乱、そしてインド政府とバングラデシュ政府との険悪な関係などが理由の一部であるのは確かだろう。少なくともこの地域では、インドがとるのは主に防御の構えで、インドの戦略家や安全保障関係者は中国の動き、とくにビルマに対する動きを見て不安に感じていた。

カルカッタ中心部のフーグリー川沿い、ヴィクトリア記念堂からマイダン公園を隔てた向かい側にフォート・ウィリアムがある。一七八一年にロバート・クライヴが建てた堂々たる星型の建物群で、一世紀以上もの間、アジアでのイギリスの権力の象徴、いわば植民地時代のペンタゴンだった。今日、そこにはインド軍の三四の師団のうちの八師団、一〇〇万人以上の男女兵士のうちの四分の一近くが所属する東部司令部が入っている。イギリスの戦略家たちはここフォート・ウィリアムで、アフガニスタンのドースト・ムハンマドや、パンジャーブのマハラジャだったランジート・シン、ビルマのティーボー王まで、さまざまな敵に対する戦争を企てた。現代のインドの安全保障上の懸念点は植民地時代ほど多彩ではないかもしれないが、複雑さは変わらない。イギリスがロシア帝国の策略に気をもんでいた時代はとっくに終わったが、今のインドはその代わりに中国の意図や、中国が温かいインド洋に手を伸ばしていることについて当時と似たような不安を抱いている。

イギリスはロシアのチベット進出の可能性を心配していたのだが、現在チベット高原では、西はカシミールとの国境から東は雲南までの全域に中国の支配がしっかりと及んでいる。また中国はパキスタンとも非常に良好な関係を維持していて、二〇〇〇年初めから、中国国営企業がカラチの近くのグワダルに大きな港を新しく建設している。この港はカラコルム山脈の反対側の中国最西端と結ばれることになる。中国はバングラデシュとの関係を深める努力もしており、ここ数年では最終的に昆明をバングラデシュの主要港チッタゴンと結ぶ幹線道路を建設することに大筋で合意している。さらに中国はベンガル湾を越えてスリランカにも接触し、そこでも港を建設している。またネパールとは、ラサとカトマンドゥを鉄道で結ぶ案について協議を始めた。

ある視点から見ればアジア内の交流の活性化として歓迎できるものも、別の視点からだと、中国が今後さらに侵略的な計画を打ち出してくる前兆ということになる。二〇〇六年にアメリカ陸軍大学が出した「真珠の首飾り――アジア沿海での中国の台頭にどう応じるか」("A String of Pearls: Meeting the Challenge of China's Rising Power Along the Asian Littoral")という論文は、マラッカ海峡からアラビア湾にかけて海上交通路を確保しようという中国の努力が、そのうちにインド洋周辺で覇権を握る試みに変わるのではないかと問いかけた[16]。またインドの分析家も、急速に拡大する中国の商業関係や民間のインフラ整備事業がごく近いうちに軍事的な意味を帯びるようになり、インドの安全保障を直接脅かすのではないかと懸念するようになった。

中国国際戦略学会(CIISS)のウェブサイトに掲載されたエッセイで、中国語で「戦略」を意味するペンネームの寄稿者が、中国政府はパキスタンやバングラデシュなどの「友好国」の協力を得て、インドを二〇か三〇の独立国家に分裂させる努力をするべきだと論じた[17]。中国語で書かれたこのエッセイは次のように述べる。「中国が少し動けば、いわゆる『大インド連盟』を解体することができる」。中国はアッサム人、タミル人、カシミール人など「さまざまな民族」と力を合わせ、彼らが独立した国民国家を樹立するのを助けるべきである。なかでも中国政府は、インド北東部にある分離主義武装勢力で、アッサムのインドからの独立をめざしているアッサム統一解放戦線を支援するべきだ。またバングラデシュが西ベンガルと合体して一つのベンガル人国家をつくるのも助けなければならない、といった内容だ。これを、ただ一人の意見だとして意に介さない人も多かったが、他方で、このエッセイに書かれていることは、今はまだ主流ではないとはいえ、実は意外に多くの人が考えていることなのかもしれないという嫌な感覚を抱いた人もいた。

インド政府とアメリカ政府が冷戦時代に持っていた敵意をしまい、互いに歩み寄った背景にも、両国が共通して持つ中国の力に対する不信感がある。ジョージ・W・ブッシュ大統領の政権は、中国に対する民主主義の防壁になりうると見たインドと核協定を交わすことに力を入れ、二〇〇六年に合意に至り、これが〇八年に米議会によって批准された。〇七年にはインド、アメリカ、シンガポール、日本、オーストラリアがベンガル湾で過去最大規模の合同軍事演習を行った。「マラバール07」というコードネームで五日間に及んだ演習には、インド軍の戦艦七隻に加え、アメリカ軍からも原子力航空母艦ニミッツや、別の空母キティホーク、原子力潜水艦シカゴを含む一三艦が参加した。

そして中国と同様インドも軍備を拡大していた。とくに国の東側を重視し、二〇一〇年までにアッサムに三つもの軍団、つまり一〇万人の兵士と、高性能のスホーイ30戦闘機からなる飛行中隊を配置した。またビルマの南にある小群島で、インドがイギリス領インド帝国から継承したアンダマン諸島での海軍能力も増強している。

中国にとっての悪夢のシナリオは、アメリカかインドがマラッカ海峡を封鎖することである。しかしインドにとっての悪夢は、中国がインド洋で覇権を確立することである。そして中国の野心が大きくなるにつれ、ビルマの重要性も増してくる。

今から六〇年前、インドの内務大臣で議会の指導者だったサルダール・ヴァッラブバーイー・パテールはネルー首相に宛てた手紙の中で、「インドは、ビルマが中国と取引をする際により強い立場で交渉できるよう、ビルマともっと密接な関係を持つようにするべきではないだろうか」という疑問を呈した[18]。インドの政策立案者たちは一九九〇年代にも、東方のより小さな国ビルマが中国を中心とした軌道にどんどん引き寄せられていくのを見て、パテールと同じことを考えていた。

一九八八年にビルマで民衆蜂起が失敗に終わってからの数年間、インドはビルマの軍事政権に対してきわめて強硬な立場をとった。[19] インドのビルマ軍政に対する姿勢は世界でもっとも厳しかったかもしれないくらいだ。そのころ、欧米はビルマに制裁を科し始めたところだったが、インドはその先を行き、ビルマの反政府勢力に積極的に資金援助を行っていた。インドが支援したなかには、タイ－ビルマ国境を拠点として活動する亡命者や武装組織もあった。当時の首相はラジーヴ・ガンディーで、パンディット・ネルーの孫だ。ネルー家は数世代にわたって、ビルマ独立の英雄アウンサン将軍の家族と、一九五〇年代の首相ウー・ヌの家族という、ビルマでもっとも著名な二つの家族との私的な付き合いがあった。パンディット・ネルーは生前のアウンサンを知っていただけでなく、ウー・ヌの友人そして客として何度もビルマに旅していた。アウンサンの娘アウンサンスーチーは（母親がインド駐在大使だったため）インドで教育を受け、ビルマで始まったばかりの民主化運動の指導者として登場したところだった。ラジーヴ・ガンディーは、正しい側を支援した者として歴史に残りたかったし、インドはビルマの民主化闘争を支援するべきだと心から信じてもいたのである。インドは民主化運動への支持を公式に表明すると同時に、政治変革を実現させるために水面下でも動いた。

しかし一九九〇年代半ばにはインドはこうした強硬姿勢を改め、ビルマ政府に積極的に取り入ろうとするようになっていた。この政策転換には多くの理由があったが、おそらくもっとも重要だったのは、強硬政策が失敗したというごく単純なものだっただろう。ビルマの政権は一九八八年にあやうく倒されそうになったことから回復したのに、民主化運動家へのインドの支援は、ビルマを自由化に向かわせるのにほとんど効果を持たなかった。むしろ、インドは強硬政策をとったことによって、ビルマとの取引の場を中国にすっかり明け渡すことになってしまった。中国は急速に軍政にとって最大の友好国そして同盟国になりつつあった。インドの東方重視政策はもともと、自由化する自国の経済と「アジアの虎」

との商業面での関係を改善するためのものだった。九〇年代半ばには、インド政府は中国の動きをますます懸念し、極東との関係を固めたいと考えるようになっていた。ビルマとの関係が断絶し、中国に支配されたビルマが出現するというのは耐え難いことに感じられたのである。

当時も今も、インド政府関係者の多くが、ビルマの政権が民主的であるほうがよいと考えていることに疑いの余地はない。世界最大の民主主義国家であるインドが、民衆主導の民主化運動を支援し、そのことを対外的に示すことに、国内外からの支持を得るのは容易だっただろう。私がインドで会ったジャーナリストや学者の多くは、ビルマでの政治弾圧に心を痛めているようだし、インドがどうすれば助けになるかを知りたがる。また九〇年代後半から二〇〇〇年代初めにかけて防衛大臣だったジョージ・フェルナンデスのように、ビルマの民主化を根強く支持し続け、デリーの南にある自宅にビルマ人民主化運動家を何年間も住まわせていた政治家もいる。しかしインドが、少なくとも国境を接する隣国に関して、理想主義的だがまったく結果を出さない政策を採用し続けるべきと考えていた人はほとんどいなかった。中国だけでなくインドの分析筋はしばしば、欧米政府の対ビルマ政策を、よくて偽善的で、ビルマ国民に多大な被害を与えることさえありうるとして痛烈に批判していた。

中国に対する不安のほかにも問題があった。インド経済が成長するにつれ、外国の市場へのアクセスや将来のエネルギー供給の安定が喫緊の課題になっていた。ビルマは潜在的な貿易相手国であり、九〇年代に沖合で天然ガス田が見つかって以来、その経済的重要性も高まっていた。しかしそれよりもずっと重要だったかもしれないのが、両国間の長い国境線と、インド北東部の情勢だった。北東部では数十年も武装闘争が続いており、反政府武装組織の多くはインドからの分離を求め、ビルマ西部の森林を安全な拠点としていた。インドの安全保障関係者は、ビルマが中国の支配下に入ってしまうことを長期的な脅威として受け取っていただけでなく、反政府武装勢力の拠点を一掃するためにビルマ軍の協力が必要だという短期的な課題も抱えていたのである。九三年にインドは、アウンサンスーチーに有名なネルー国際理解賞を授与した。しかしその後政策をすっかり逆転させ、九五年にはインドとビルマの軍が国境の反インド政府武装勢力に対し「金の鳥作戦」という合同軍事作戦を行うまでになっていた。

以来、両国政府の関係はさらに深まり、首脳同士が訪問し、貿易も拡大、成長中のビルマのエネルギー分野にインドが大規模な投資をするなどしている。インドは中国を牽制することを一つの目的としてビルマに近づく決定をしたが、ビルマ軍政のほうも同じ理由でインド政府との関係を強化したいのである。

二〇一〇年七月、ビルマの最高指導者タンシュエがインドを鳴り物入りで訪問し、大歓迎を受けた。タンシュエはまずブッダが悟りを開いたブッダガヤを、次にブッダが初めて説教をしたサルナスを訪れた。その後、デリーで大統領とマンモハン・シン首相と会談し、ハイデラバードのITセンターとハイテク製薬工場や、カルカッタ近郊のタタ・モーターズの工場を視察した。両国政府は二国間関係強化の重要性を強調し、新たに複数の経済協定に調印した。これでかねてからインドが実現を願っていた、アキャブ（シットウェ）の港再建プロジェクトが進むことになった。またその港をインド北東部とつなぐ道路・水路網を建設することも決まった。タタ・モーターズが、超安価な「ナノ」車の製造工場をビルマに造ることにもなった。またパガンにある中世のアーナンダ寺院の共同改修工事まで始まった。しかし、こうした動きを通じてビルマはあらためてインドに傾いたのではなかった。タンシュエ将軍は、インド訪問の少し前に中国の温家宝首相をビルマに迎えたばかりだったし、二カ月後には自らが中国を訪れた。ビルマ軍の幹部たちは、明らかにアジアの二大大国それぞれとの関係のバランスをとり、そうすることで最大限の交渉力を身につけ、最大限の利益を得ようとしていたのだ。

一九五八年にパンディット・ネルーがアメリカ人ジャーナリストのエドガー・スノーに述べたところ

によれば、中印紛争の「基本的な原因」は、両国ともに独立したばかりで、新進気鋭の国家主義的な政権のもとにあるという意味で「新しい国家」であることだった[20]。ネルーは「両国は歴史上初めて、国境の反対側にいる相手に直接出会ったのだといえる」とも述べた。以前は「両国間には緩衝地域があり、それを挟む両国の境界は互いに遠く離れていた」。ネルーが主に指していたのは、緩衝地域だったが人民解放軍の手に落ちたチベットのことだ。しかしビルマも長く緩衝地域であったわけで、将来中国がビルマを全面的に支配するようなことがあれば、インド－中国間の緊張が今よりずっと高まっても不思議はない。二〇一〇年の時点では、ビルマに及ぼす影響力の面でインドがいつか中国に追いつくことができるかはわからなかった。それはインド政府の動きだけでなく、不穏な北東部にいる勢力やそこでこれから何が起きるかにも相当左右されるだろう。

国内の「国境」

地図で見ると、インド北東部は切り離されかけた手がインド本土から東に延びているように見える。「インド北東部」というのは比較的新しい呼称だ。通常はアッサムと、「七姉妹」のほかの六つの州、つまりメーガーラヤ、アルナーチャル・プラデーシュ、ナガランド、マニプル、ミゾラム、そしてトリプラを指す。インドの外にいるほとんどの人はこれらの土地の存在さえ知らない。実際、アジアの中でインド北東部よりも知名度の低い地域を思いつくのは難しい。

面積と人口という点では、インド北東部はとても取るに足らないとはいえない。面積はイングランドとスコットランドを合わせたくらいで、人口は四〇〇〇万人以上である。そこには実にさまざまな民族や言語があり、地方語の数はヨーロッパ全土で使われている言葉の二倍もある。またヒンドゥー教、キリスト教、イスラーム教、精霊信仰、そして仏教それぞれの信徒がいて、外見もスペイン人に見える人からシベリア人に見える人までいろいろだ。国境のビルマ側と同様、インド北東部には非常に人里離れた地域もあり、その他多くの民族の社会がある。さらにメイテイやナガ、アボル、ミリ、ボド、ガロ、クキなどがいる。つい最近の二〇一〇年十月には、ナショナル・ジオグラフィック協会による失われつつある言語についての研究の一環で、言語学者のチームがコロ語というまったく独特の言語を発見した。使用者はヒマラヤ山麓の谷にいる八〇〇人だけで、周辺地域で話されている言語とは、ペルシア語とポルトガル語ほども異なる。

　インド北東部は陸の孤島と言ってよい。一九四七年の分離独立で東パキスタンが誕生すると、この地域は海への自然な通路を断たれ、ダッカやシレットなど、何世紀にもわたって貿易相手だった主要都市からも切り離されてしまった。北東部をインド本土と結ぶのは「ニワトリの首」として知られる、ところによっては幅が三〇キロもないほどの細長い回廊〔シリグリ回廊〕である。またインド北東部の周りの環境も羨望の的というわけでもない。南と西には、貧しく人口密度の高いバングラデシュがある。北にはヒマラヤ山脈、そして東にはここも貧しく、数十年間も国際的に孤立しているビルマがある。そしてニワトリの首を通り抜けた先にあるのもソフトウェア会社にコールセンター、ボリウッドの大ヒット作品で知られるインドではなく、西ベンガル州の農村部とビハールという、インドでもっとも貧しく、おそらくもっとも無法で、周囲から取り残された地域である。インドからも外国からも観光に来る人はほとんどいない。インド国民でも、北東部の一部地域に入るには特別な「奥地境界線」入域許可証がいる。そして外国のジャーナリストが入域をほとんど認められないので、インド北東部のことが報道されることもめったにない。

　北東部には平野と高地の両方がある。数百万年前、今のインドがアジアにぶつかる前、当時のブラーマプトラ川はチベットからまっすぐ南に向かってテチス海に到達していた。しかしヒマラヤの隆起が始まると、世界最長の川の一つであるこの偉大なブラーマプトラは大胆な方向転換をしなければならなくなった。そうしてブラーマプトラ川はまず東に向かい、それから標高が四〇〇〇メートルを超える山々の麓を回り込んで西に方向を変え、ジャングルの中の急な峡谷を流れ落ち、ベンガル湾に注ぐようになる。

ブラーマプトラ川はデルタ地帯に至る前に長い平原を通る。アイルランドとほぼ同じ面積のこの平原が、北東部の主要州アッサムだ。水田や茶農園の中に小さな町や村がある低地の風景で、上ビルマとよく似ている。ただしアッサムにはカジランガ国立公園というすばらしい場所があって、そこには世界のインドサイのうちの三分の二が棲息する。野生のトラの生息密度が世界一高い場所でもある。そしてビルマのイラワディ川流域が丘陵や山にぐるりと囲まれているように、アッサムのブラーマプトラ川流域も高地に囲まれている。どちらの平野部も、そこに住む多数派（ビルマでは仏教徒でアッサムではヒンドゥー教徒）は、周辺の高地に住むキリスト教徒が多い住民とははっきり区別される。

ガウハティ（グワハティとも表記する）はアッサムの首都で、人口は一〇〇万を少し下るが、カルカッタの東では最大の（そして唯一とも言ってよい）都市である。カルカッタからは距離にして約五〇〇キロ離れている。これが中国なら、舗装されたばかりの高速道路か冷房付きの列車で数時間で行けるのかもしれないが、カルカッタとガウハティの間にはバングラデシュがあるので、そうはいかない。今日、カルカッタから陸路でガウハティに行くには、まず北に向かい、ニワトリの首を通ってからブラーマプトラ川沿いに東に進むという大きな遠回りをしなければならず、列車でも一八時間、車かバスならもっとかかる。

列車には遅れが多く、各種の武装集団や山賊に襲われることもある。私が行く少し前に、ラージダーニー急行の列車がガウハティに向かう途中で爆破された。「アディヴァシ民族解放軍」として知られる正体不明の組織の仕業だった。二〇一〇年九月にはニワトリの首を通っていた列車が、線路を渡っていたゾウの群れに衝突し七頭を殺してしまった。また土砂崩れも多い。というわけで、いくつかの選択肢を検討したあげく私は飛行機でガウハティに行くことにした。カルカッタでジェット・エアウェイズという比較的新しい民間航空会社の切符を買った。機内の雑誌には同社のニューヨーク便のぜいたくなファーストクラスの写真が載っていた。ファーストクラスでは一人ひとりに本格的なベッドとフラット画面テレビのある個室があり、好きなだけ食べ物や飲み物をもらえ、何百本もの中から映画を選べた。私が乗ったカルカッタからガウハティへの便にはそんなものは何もなかったが、十分快適だった。乗客の半分はビルマ人にも見える顔つきだったが、私は彼らがビルマ人である可能性は低く、おそらくアッサムやその奥の州の出身だということをわかっていた。

私はずっと前からアッサムについて読んだり考えたりしていた。ほとんどの人は、インドといえばまずデリーやボンベイ、タージ・マハルやラージャスターンの砂漠を思いうかべるだろう。しかしビルマ史を学んできた私は、最初に学んだのがインドの中では随分異色なこの北東部についてだった。十九世紀初め、ビルマのマハー・バンドゥーラという将軍が軍隊を率いて危険な峠を越え、かつては一大勢力だったアッサムを征服した(1)。アッサムの王家や役人、家来は捕虜となり、アヴァにあったビルマの王宮まで連れて行かれた。アッサムの王女の一人はビルマ王の妻に、その兄弟は大臣にさせられた。ビルマ人たちは、自分たちのとは異なるアッサムの風習やヒンドゥー教の儀式のことを知りたがった。こうしてアッサム人の捕虜の到着がサンスクリットの伝統についての関心があらためて高まるきっかけになった。しかし二〇年もたたないうちにイギリスとの戦争が始まり、ビルマが負けてイギリスがアッサムを併合すると、アッサムはビルマ史から姿を消した。ビルマの学校ではバンドゥーラのアッサム征服のことを教えるが、過去に収められた勝利のうちの一つとして大まかに取り上げられるだけである。アッサムそのものやそこに住む人びとについては何も教えられないし、ビルマの征服軍による破壊行為についてももちろん教えられない。植民地時代のビルマ史でもアッサムはほんの数ページ分登場するだけで、映画のたった一つのシーンに出てくる助演俳優のような扱いである。

私が知っているビルマ人にアッサムに行ったことのある人はいない。今後これは変わるのだろうか？　インドの東方政策の意義は何かと聞かれれば人によって答えはさまざまだろうが、この政策によってインドと中国を結ぶ、あるいはビルマ経由でインドを東南アジアと結ぶ新しい陸路ができるという点で、政策の成功にアッサムは欠かせない。ビルマや雲南と同じで、アッサムその他のインド北東部の諸州も、インドと中国という大きな人口密集地に挟まれている。ビルマと同様、かつては袋小路の奥にあったアッサムだが、今は新しいアジアの交差点に立っているのかもしれない。

　ガウハティの第一印象は都市というよりは田舎風の情景だった。大木に、ラングーンのどこにでもあるような未舗装の道、波状鉄板の屋根をした木造の小屋、野良犬。交通は量こそ多くないが無秩序で、スクーターやモーター付き人力車が、おんぼろトラックやヒンドゥスタン・モーターズ社の白の「アンバサダー」をよけながら走っていた。私はガウハティにあるなかではよいほうのホテルの一つ、「ブラーマプトラ・アショーカ」にチェックインし、ややカビ臭いが快適な部屋に通された。バルコニーがあって、空き地が見下ろせた。外では半ズボンをはいた少年たちがサッカーボールを蹴り回し、ところどころでほこりを上げていた。わきでは茶色の牛がまばらに生えた草を食《は》んでいた。そしてその向こうにはあのブラーマプトラ川が流れていた。川幅はとても広く壮大で、川岸は砂地、向こう岸は青緑色の低い丘に縁どられていた。

　ホテルのルームサービスのメニューはあまり食欲をそそるものではなかった。「液体の前菜」という見出しの下には「ヌードルスープ」「クリームスープ」「カナダ風チーズスープ」などが載っていた。ホテルの案内書によれば階下には「ウシャバン」という「レストラン兼喫茶店」があり、そこは「えり抜きの&とてもおいしそうなインド料理、中華料理、コンチネンタル料理」を出し、「町一番の『焼き物』を出すことで町中に知られている」ということだった。そこと、「シルバー・ストリーク――北東インド初のラウンジバー」というのを夕食の候補にすることにした。テレビでは、タイの大臣による訪問のニュースと、作るのに何日もかかる地元の菓子についての番組をやっていた。別のチャンネルでは民族衣装を身につけた人がスタジオで踊っているのが映っていた。

ガウハティの大部分は川の片側にあり、町の古い部分は川に沿っている。そこには今は政府高官が所有する植民地時代のバンガローもいくつかあった。イギリスは車で数時間のところにあるシロンという避暑地を行政の拠点にしていたので、イギリス領インド帝国の重要な中心地にありそうな大きな英国国教会や、ヴィクトリア様式やエドワード様式の庁舎などはガウハティにはほとんどなかった。古い建物の代わりに、もっと新しい、美しくない無計画な都市開発がされた跡があって、新しいが粗悪そうなコンクリートビルが林立し、合間に緑地が点々としていた。またヒンドゥー教寺院もいくつかあり、長方形の建物に、レモン絞りのような奇妙な形の円蓋が付いたアッサム独特の様式をしていた。

ホテルからそう遠くないところにパン・バザールがあった。ごみが散乱し、頭上には大量の電線がからまっていて、何も知らずに下を歩く人を捕まえようと待っている巨大なクモの巣のようだった。携帯電話機や通話サービスを売る者や古着を売る店があった。その後私は川のほうに向かい、ネルー公園のところにある、踊っている人の像がいくつかある横を通った。像は何かの民族衣装を着ているようで、私は昆明にあった、踊る「少数民族」の像のことを思い出した。その日は休日で、公園や川沿いの散歩道には手をつないだカップルや、子どもを連れて散歩する中流階級の家族がいた。近くの児童公園にはさらに多くの子どもがいて走り回っていた。通りの向かい側には「ドクターQ 北東部初の性科学療法」という看板があった。

ここ町の中心部にはコットン大学もあった。二十世紀の初めに建てられた大学で、アッサム州弁務長官ヘンリー・コットン卿の名前を取っているのだった。そのころガウハティは地方の小さな町だったので、比較的こじんまりとしたところだったのだろう。大学の門には「コットン大学一〇〇周年記念」と書いてあり、キャンパスにはイギリス領インド様式の小さな建物がたくさん建っていた。あとでわかったのだが、コットン大学にはペルシア語から物理まで、広範な分野の大学院研究科もあるとのことだった。

通りの向かいには遺跡があった。ここでは最近の発掘で、六世紀にまでさかのぼる集落の跡が発見されていた。入口には小屋があって、中をのぞくと三、四人の男性が小さなテレビでテニスのオーストラリア・オープンを見ていた。入場料を払えとは誰も言わなかった。私はテニスボールが打たれる音を聞きながら遺跡を見て回り、まだ見える古いれんがの基礎部分をたどった。ほかには誰もいなかった。掲示板に、現在ガウハティがあるところには古代都市プラーグジョーティシャプラがあったとの説明があった。

その夜、私は町はずれで食事をとり、帰りに小さな「サーティーワン」のアイスクリーム店のそばを通った。暗い、まともに舗装されていない道路沿いで、そこだけが電気がついて明るかった。前には車が一台止めてあり、店の中には家族らしい、ポロシャツを着た男性に半ズボンをはいた子どもたちがいて、まるでアメリカの郊外の生活の複製のような光景だった。私はガウハティでの中流階級の暮らしを想像した。汚い街中から離れたところに家があり、子どもは教会が運営する英語の学校に通う。たまに買い物をしにデリーやカルカッタ、もしかしたらシンガポールやロンドンまで行き、本や服やおもちゃを買って帰る。家には停電に備えて発電機があり、テレビやDVDを通じて常に外の世界の様子を横目で見ながら、ときどきこの「サーティーワン」に来るのがちょっとした楽しみである。それは私にとって馴染みのない生活ではなかった。

古代には、ガウハティ周辺を含むアッサム西部は「愛がかたちを取り戻した」地、カーマルーパとして知られていた。(2) その由来はこのようなものだ。ダクシャ神には娘がいて、その娘はシヴァという別の神と結婚した。ダクシャはシヴァが大嫌いで、結婚をよく思っていなかった。ある日、ダクシャは大がかりな生贄の儀式を行ったが、シヴァだけ招かなかった。娘は儀式に出たが、夫に対する父の仕打ちに取り乱し、自殺してしまった。シヴァは悲しみと怒りに狂い、恐ろしい舞を踊りながら世界を回った。死んだ妻の遺体をつかんだままだったのだが、それが五一個のかけらになって地に落ちた。

　ほかの神々は心配して、シヴァがまた恋に落ち、妻を忘れ、死の踊りをやめるようにインドのキューピッド、カーマデーヴァを送ることにした。計画は成功した。しかしシヴァは、今度はカーマデーヴァに非常に怒り、炎のような目で一目見てカーマデーヴァを灰に変えてしまった。カーマデーヴァは最後には命と体を取り戻した。それが起きた場所がカーマルーパという場所だった。

　シヴァの妻の遺体の一片、「ヨーニ」つまり性器がガウハティ近郊の丘の上に落ちたと広く信じられており、そこには女神カーマキーヤを祀る寺院がある。五一個のかけらが落ちた場所はインド、ネパール、バングラデシュに散らばっているが、すべて巡礼と崇拝の場所となっている。なかでもカーマキーヤ寺院はより重要とされる場所の一つで、タントラ教の有力な中心地である。ガウハティ滞在三日目に、私は友人とカーマキーヤ寺院に行ってみた。タクシーでカーブの多い道を上り、バスがたくさん止まっている大駐車場を歩いて横切って、中世後期に建てられた寺院の敷地に入った。過去には人間が生贄にされることもあり、今もヤギや、たまにサルが生贄にされていた。私も人がヤギを数匹連れているのと、小さな男の子が生きたニワトリを運んでいるのを見た。ガイドがまず私たちを、ガネーシャ神のためにプージャという儀式をするところに連れて行ってくれた。私は仏教徒で、ヒンドゥー教の儀式をまったく知らないわけではないが、プージャのやり方を見せてもらわなければならなかった。何百人もの信者が花やバター、線香を持ち、額に赤い粉を塗って、寺院の中心に向かっていた。「寺院の中でココナツを供えないこと」「携帯電話禁止」「電気管理室」などという掲示があった。長い列ができていて、それは寺院の内部に下りるための列だということだった。私たちは少し余分に金を払って「第五特別列」に並んだが、二〇分たっても列はほとんど動かなかった。私たちは丁重に抗議した。しばらく交渉した結果、もう五〇〇ルピーを払って今度はVIP専用口からすぐに内部に入ることができた。

中は暗く、湿度は一〇〇パーセントに近かったにちがいない。私たちは人の群れとしか言いようがないものに押しこまれたが、幸運なことにみな辛抱強く機嫌もよかった。じめじめしたにおいが立ち込めるなか、人の汗のにおいがつんと鼻を突いた。数メートル離れたところには奇妙な彫像があって、そのうちの一つは妊娠した女性が弓と矢を持ってかがんでいるものだった。私たちはそれぞれにライオンの装飾が施された二つの大きな銀の扉を通った。壁は石でできていて、何世紀もの間、今の私たちと同じような人の群れにこすられてきたためにすっかり滑らかだった。廊下はだんだん狭くなり、とうとういちばん下に着くと、後ろに大勢の人がいるなか、壁が四方から迫ってくるようで、何本か立っているろうそくが唯一の明かりだった。岩床がむき出しになっているところに湿った裂け目があり、霧のように水が噴き出ていた。もとは天然の泉だったのだろう。私たちはひざまずいて水を口にし、貴重な経験ができたことに満足しながら上りにかかった。

カーマキーヤの丘と泉がいつから聖地として崇拝されるようになったのかは誰も知らない。この地域の最初期の歴史もほとんどわかっていない。プトレマイオスは二世紀にアレキサンドリアで書いた『地理学』の中で、「ガンジス川の向こうのインド」に言及しているが、これはアッサムだけでなくビルマのことをも指している可能性がある。プトレマイオスによる評はあまりいいものではない。それによればこの地域の人びとは「色白で、鼻は平たく」「姿勢が悪く、無知で、洗練されておらず、額が広い」。

この土地は金が豊富で、トラやゾウが棲み、世界一のシナモンが採れるが、カバのような肌をし、投げ矢を軽々と投げられる盗賊や野生の人間が洞穴に住んでいる。
今日、インド中央部と東部にはところどころに、異なるオーストロアジア語族の言語を話す人びとがいる。たとえば、ムンダ語派の言語は、ヴェトナム語やカンボジア語だけでなく、あまり知られていないビルマのモン語やワ語とも遠い関係にある。研究者たちは、オーストロアジア語の使用者は古代にはもっと広がっていたが、後から人が移入してきたことによって今のように散在するようになったのだと考えている。[3] オーストロアジア語族の使用者の社会はなくなってしまったが、かなり進んでいた可能性がある。たとえば米作を指す彼らの言葉は、のちに入ってきたアッサム語やベンガル語などインド・アーリア語派の言語に取り入れられた。つまり、農業面でこの地域の先駆者だったのはこれらオーストロアジア語族の使用者だったかもしれないのである。

確実にわかっているのは、カーマルーパを含む今日のアッサム州西部には遅くとも紀元四世紀以降、仏教とヒンドゥー教両方の王朝が興ったということである。西方に遠くないガンジス川中下流域にインド世界の中心があったので、カーマルーパの王たちが隣の強国の王や宮廷に影響を受けていたことは疑いない。七世紀初めに中国の偉大な旅行者で仏教巡礼者の玄奘三蔵《げんじょうさんぞう》がアッサムに来たのもインド中部からだった。[4] 自身も信心深い仏教徒だったカーマルーパの王バースカラヴァルマンが、玄奘三蔵の知識と信仰心のことを伝え聞き、招いたのだった。玄奘三蔵は中央アジアやアフガニスタンの砂漠を通り、遠回りをしてインドに至っていた。アッサムにいたころには故郷を離れてから一〇年以上がたっていて、自分がふたたび中国の近くまで来たことについて切ない思いを抱いていた。同時に、そのままアッサムとビルマを経由して中国に旅するのはあまりに困難で危険だとも感じていて、結局来た道を戻ることになる。これはイラワディ川流域に初期の仏教国やヒンドゥー教国ができたころで、雲南で南詔《なんしょう》王国が現れる直前のことだった。アッサムから東に向かう行路は危険だったが閉ざされてはおらず、ベンガルから大理にかけての地域に住んでいた人びとの間では、一定の接触と商業取引があった。六〇〇年後、アッサムはアホムとして知られる人びとに東側から征服される。アホム人はしばらくアッサムを支配するが、彼らも十九世紀にまずビルマに、次いでイギリス東インド会社に制圧されることになる。

アホム人は今日のビルマにあたる地域から山を越えて来たのだった[5]。アホムは「アソム」と発音されることもあり、これは「アッサム」と同じ言葉である。またビルマ語の「シャン」や、かつてのタイの呼称だった「シャム」と同じ言葉でもある。発音のちがいで分かりにくくなることがあるが、十三、十四世紀に、互いに非常に近い関係にあったシャン系の言葉を話す人びとが、もともといた現ビルマ－中国国境地域から広範囲に広がり、南のタイではスコータイ王朝とそれに続くアユタヤ王朝を興し、東ではヴィエンチャンを形成、西ではカーマルーパを征服した。今日のアッサム、ビルマ北部、雲南西部、ラオス、そしてタイの大部分が、互いに関係の深い複数の支配者層によって治められていたのである。

アホムの最初の王はスカーパーだった。以来、十九世紀にとうとう王国が滅びるまでの数世紀の間、アホムの王たちは自らをアッサムのスワルガデオ、つまり「天の支配者」と呼んだ。アホムの王も宮廷も少しずつヒンドゥー教などインドからの影響を受けるようになり、二〇〇年後には宮廷の使用言語はアホム語ではなく、アーリア語派でベンガル語やヒンディー語に近いアッサム語に変わっていた。しかしアホム人は自分たちの起源が東方にあることを忘れたことはなく、ブラーマプトラ平原の上部に暮らしながらも、アホム人の生活は、ビルマなどにいるシャン人の生活とよく似ていた。また支配者側も、パイクと呼ばれる成人男子に賦役を課す制度など、ビルマから持ってきた統治方法をそのまま使用していた。アホム王国はまた、すぐ隣にあった山岳公国のジャインティアやカチャールなどと小規模な戦争をした。アホム王国の最盛期だった十七世紀はビルマ王国が拡大した時期でもあったが、当時ビルマは東のラオスやシャムのほうに注目していた。アホムを脅かす、それも国としての存在を脅かすような勢力が来たのは西からだった。デリーから来たムガル帝国勢力がベンガルにあったサルタン王国を滅ぼし、ブラーマプトラ川を上ってきていたのである。

当時の世界で、ムガル帝国より大きかったのはおそらく中国しかなかっただろう。インドでのムガル支配を始めたバーブルは、自分はチンギス・ハーンとティムール（クリストファー・マーロウの戯曲『タンバレイン大王』の主人公）両方の血を引いているとし、デリーを拠点にアフガニスタンを征服していた。バーブルの後継者たちは支配域をインド全域に拡大したが、アッサムは征服できなかった。アホム王国はムガル勢力の限界をかたちにしていたのである。ムガル帝国は、ほかのムスリム侵略勢力と数十年も敵対して疲弊したヒンドゥー教王国ばかりを相手に戦ってきていた。しかしアホム王国は戦いに疲れておらず、全盛期にあったので、ムガル側はまったく異なる種類の戦争をしなければならなかった。（ビルマなど）東方の政治体制の多くがそうだったように、アホムは土地の支配よりも人的資源の組織を重視していた。このためアホムは迅速に人を動員することができ、紛争の間も必要に応じて人びとを集団ごと動かすことができた。ムガル側はそのような国を相手にしたことがなかった。

ムガルとアホムは最初から互いに敵意を持っていた。ムガルはベンガルに拠点を置き、今のアッサム西部にすばやく入り、ガウハティの近くに兵士を配置して様子を探りながらブラーマプトラ平原を上ってきた。一六〇〇年代初めのジャハーンギールの治世のときには両国は密林の中や、ブラーマプトラの砂地の岸辺で毎年のように戦った。アホム側は、二〇〇年後にビルマがイギリスに対して使ったのによく似たゲリラ戦法をとり、竹で間に合わせの防御柵を作ったり、罠を仕掛けたり、経験豊富なマスケット銃兵を使って夜間の急襲を行ったりした。これでムガル側は士気をくじかれ、アッサム人のことを「色が黒く、胸の悪くなるような見た目」だと言い、彼らがいるのは魔女や魔法の地なのだと言った。インド西部の開けた砂漠に慣れていたムガル軍は、湿地の多い川沿いの地域で大砲や騎兵隊を進めながら、直面する困難をアッサムの異教徒が使う魔法のせいにしたのである。

最後の戦争は一六六一年に起きた。(6) ムガルのアウラングゼーブ皇帝は、ペルシアの石油商人の息子でデカン高原での戦争の経験が豊富なムハンマド・サイイド・ミール・ジュムラをベンガル総督に任命した。まもなくミール・ジュムラは騎兵一万二〇〇〇人に歩兵三万人、数百隻の武装船を率いて北に向かい、近くのクーチ・ビハール王国を併合し、ガウハティを奪ってから、川畔での大合戦の末にアホム軍を破った。ミール・ジュムラは一年のうちにアホムの都ガルガオンを掌握し、アホムの王と廷臣たちは退却した。ミール・ジュムラは「中国への道」を開くことを約束した。アホム側は反撃を試み、豪雨の中ムガル陣地をひっきりなしに攻撃したが、一六六三年にはアホムの王は停戦を懇願しなくてはならなくなった。娘のラマーニ・ガバールはムガル皇帝のハーレムに入り（のちに、アウラングゼーブの息子でベンガル総督となったアザムタラ王子と結婚する）、アホム王は王国の西部を譲渡しゾウや宝物を贈与することを余儀なくされ、ムガル帝国の配下となった。

これで戦争の終わりかと思われたが、ミール・ジュムラが突然病死し、ムガル帝国は後継の総督を任命しなかった。両国間の条約をめぐる紛争や戦闘が起き、アホム側が勝利しガウハティも奪還された。そして断続的な戦闘が一世紀半も続いたあとの一六六七年、アホムはライチット・ボルプーカンの統率のもと、アンベールのラージャ・ラーム・シン率いるムガル軍を完敗させた。

アホムはムガル勢力の限界を定めていた。デリー、あるいはカルカッタを中心にして考えても、インドでの支配力というのは通常、外国軍がヒンドゥークシ山脈を越えて攻めてくる西側から規定される。しかしここでは東側から地図が作られていた。一〇〇年後の一七六〇年代には、アヴァを都とするビルマ王国は、清がビルマを併合しようと立て続けに四度も侵攻してきたのを防ぎ、清帝国の南西国境を定めることになる。アッサムとビルマという二つの中間王国は、ムガル帝国インドと清朝中国とが互いに遭遇するという歴史的な出来事を良かれ悪しかれ防ぐことになった。そして十九世紀初めにアホム王国をとうとう倒したのはインドの勢力ではなく、ブラーマプトラ川流域の略奪をねらったビルマ王だった。

十八、十九世紀はビルマ王国が次から次へと軍事的勝利を重ねていた時期で、ビルマの将軍たちはカチン部族民の協力を得て、インドとの間にある氷に覆われた山々を越えてブラーマプトラ川流域に入り、アホムの防御を粉砕したのだった。初期のある襲撃のあとには数万人の一般のアッサム人がビルマ側のものとなり、現在のビルマ‐中国国境にある瑞麗のすぐ近くに移住するために運ばれて行った。困ったアッサムの天の支配者、チャンドラ・カンタ・シンは女きょうだいのヘーモ王女をビルマ王の妻とするため進呈し、大勢の従者の一行と軍用のゾウ五〇頭もともに贈った。

ビルマ王はこうした献上品を受け取りながらも侵略を続けた。ビルマの宮廷戦略家たちはアッサムの恒常的な併合と、可能であればそこからさらに西に進撃しインド中心部に入ることを夢見ていた。イギリス東インド会社が介入し、ビルマに宣戦布告したのはこの時点だった。血みどろの戦いを二年間続けたのち、イギリス側はイラワディ川を上り、ビルマを降伏させた。戦争を終わらせたヤンダボー条約のもと、勢いをそがれたビルマはアッサムの放棄を余儀なくされ、アッサムは拡大するイギリス帝国の一部になった。

初めのうち、イギリスは新しく手に入れたアッサムをどう統治するかはっきり決めていなかった。現地では「われわれは征服欲によってこの国に導かれたのではなく、敵がわれわれを困らせる手段を奪いたくて来たのである」と書かれたパンフレットを配り、「国民の要望に沿い、すべての階級の人びとの幸福を促進するように設計された政府をつくる」と約束した。しかし、結局イギリスはアッサムから退かず、それに対して抵抗運動が起きると、激しい報復を加えた。アッサム最後の王プランダール・シンは当初「上アッサム」の「保護下の王」として確保され、年に五万ルピーの予算を与えられていた。しかし王が破産するとイギリスは捜査を始め、宮廷が「汚職と不法行為の温床」であると認定し、一八三八年に王を追放した。こうして六〇〇年続いたアッサムの王国は滅亡した。

最初期の植民地行政官たちは、アッサムで、なかでも辺鄙な地域で初めて会った人びとについてあまりいい印象を持たなかった。一八五七年には、あるイギリス兵がアッサムについて次のように書いた。「このごろはとても広い区域に人の住居も姿もないことに慣れてきたとはいえ、もう少しで未開人とでも誰でもいいので親しくしたい気になってしまう。見かけについて言えば、私が今日見たような原住民などは実際、まさに未開人そのものである」(7)。その後、イギリスは茶を発見する。

アッサムからビルマ北部を経て中国南部にかかる一帯は世界で唯一、茶が自生する地域である(8)。一八二〇年代に東インド会社の社員ロバート・ブルースが、ガウハティから遠くない場所に茶が生えているのを見つけ、現地住民とともに一杯の茶を飲んだ。このころ、イギリスではすでに紅茶に人気があり、中国からの茶の輸入が同社の財政に大きな負担となっていた。ブルースの発見を受けてアッサム茶の標本がカルカッタ植物園に送られ、一八三五年にはアッサム茶会社ができ、その将来に大きな期待がかけられた。そしてヨーロッパ人に対し、アッサムに広大な茶農園を造り、ベンガルなどインドからの安い労働力を確保することが奨励されるようになった。初めのうちは、野生のトラやジャングル特有の病気をかわしながら密林を切り開くのは困難なことだった。しかし、まもなく茶産業は大きな利益を出すようになり、強めでこくのあるアッサム茶は（そして、のちには隣のダージリンの茶も）ブリテン諸島全域の家庭で飲まれるようになった。

アッサムにとっての茶は、ビルマにとってのコメと同じだった。[9] それはイギリス帝国の換金作物で、政府も民間も注目していた。あとになって茶のほかにも利益を生む商品、とくに石油や石炭などが見つかったが、イギリスのアッサム進出の原動力となっていたのは何よりも茶だった。チベットとの国境のほかには安全保障上の懸念はほとんどなく、そのチベット国境の問題もアフガン辺境の情勢に比べればたいしたことはなかった。植民地政策の立案者たちはアッサムの歴史や、多様な言語や生活様式のことはろくに気に留めていなかった。彼らはむしろ、アッサムを人口不足だが潜在的に有益となる地域だと見ていた。人が足りないのはビルマからの侵略軍による破壊行為だけでなく、カチャールなど近隣の小国に対して小規模の戦争をしてきたこと、そして十九世紀に入ってから起きた反乱が原因だった。しかし、インドでは人口不足の解消は容易だった。というわけで、イギリスはビルマで行ったのと同じように、インドの他地域からアッサムへの移入を奨励した。ビルマではこうした人口構造の変化による影響が数十年にもわたって大きな政治問題となり、一九三八年の仏教徒とムスリムとの間の衝突、四〇年代のインド人の脱出、そして六〇年代のインド系住民の国外追放につながった。アッサムでも、人口構造の変化をめぐる政治は今でも非常に重要な関心事である。

一八七〇年代以降、おびただしい数の労働者がインドの他地域からアッサムに連れてこられた。アッサム以外で生まれた人の数は一〇万人だったのが、二十世紀に入るころには人口二〇〇万人のうち六〇万人にまで増えていた。当初は移民の大半が、広範な飢饉に見舞われていたビハールの部族居住地域の出身だった。かれらはムンダ、サンタル、オラオンなど、長い間インド文明の周縁に存在していた民族の人びとで、多くが強制的にアッサムに連れて行かれたのである。これは強制移住事業としては史上最大規模のものだった。アッサムの茶農園の所有者はほとんどがスコットランド人だった。次いで土地の奪い合いが起こり、アホムの王やその他の要人、打ち負かされたムガルの将軍の埋葬塚までもが、栽培にことに向いているとして農園のための土地にされるという、文字どおり聖域がない争いが始まった。

貧しく土地を持たないムスリムのベンガル人もアッサムへの移住を促された。彼らはその後何十年もせっせと働くことになるが、そうした人びとによるたいへん骨の折れる労働の結果、森林や荒れ地が肥沃な農地に変わった。一九二〇年代には二〇万人ものベンガル人移民が一つの区域（ナガオン）に定住していた。ほかの人びとも移り住んできた。イギリスで教育を受けたベンガル人は茶農園の経営を手伝ったり、中級や下級の公務員や、（ビルマに移ったベンガル人と同様）現地で教師や弁護士、医師になったりしていた。一九〇五年にベンガルは一時的に、ムスリムが多数派の西ベンガルとムスリムが少数派の東ベンガルに分割された。これはカーゾン卿の「分割統治」策の一環で、増大しつつあった反英のナショナリスト勢力を抑えるためにとられた措置だった。しかし、これは逆効果となった。反英感情が噴出し、イギリスは分割措置を撤回せざるを得なくなった。またアッサムはたまたま東ベンガルに合併されていたのだが、これが原因で、アッサム独自のアイデンティティが将来どうなるのかについて現地の人びとの思いや懸念がかき起こされることになった。

そしてビルマでもそうだったように、イギリスによるアッサム支配の後半期には、アッサムを故郷と呼ぶ多種多様な人びとから、民族への帰属意識やナショナリズムについての、複雑で、ときには互いに矛盾する意見がわき出てくることになる。

私が訪れてからすぐの二〇〇九年十月三十日、アッサムでガウハティとほかの三つの町で仕掛けられた爆弾が連続爆発し、六一人が死亡、少なくとも三〇〇人が負傷した。あとになって犯人はボドランド民族民主戦線（NDFB）の一派と考えられるようになった。NDFBは一九八六年に結成され、ブラーマプトラ川北岸に「ボドランド」という独立国を樹立するのを公式の目的としていた。ボド人はアッサムにいる多様な民族の一つで、彼らの言葉は北東部のほかのいくつかの言語と関係性があり、突き詰めるとチベット語やビルマ語とも関係していた。NDFBは自分たちを古くからの土着の伝統の後継者だと見なしていた。そして目的を達成するためには罪のない一般市民を殺すのも厭わないのだった。

インド独立後の数十年はアッサムにとってあまりよい時代ではなかった[10]。戦時中にあったビルマや中国とのつながりは戦争の終わりとともに消えてしまった。またブラーマプトラ川下流域を通じ古代からあったベンガルへの貿易や輸送の行路も、分離独立で断絶してしまった。分離独立以後一年間は、ニワトリの首を通る鉄道さえも止められた。それからアッサムは長い間中央政府から放置されたあと、一九六二年には中国の侵略を受けた。孤立によって貧困が悪化し、アッサムの人びとの間では、インド政府の政策立案者やアッサム以外の地域にいる一般市民はアッサムの苦境のことなど気にかけていないという感覚が生まれた。アッサムの一人当たりGDPは、インド独立時には全国平均より少し高かったのだが、今ではインドでも最低のうちに入る。そして独立以来、ブラーマプトラ平原も隣接する高地も、部族の反乱によって揺り動かされてきた。

加えて、東パキスタンからバングラデシュとなった地域からの大量の（そして不法な）人の移入も継続している。これは何世紀も前からあった傾向が植民地時代に強まり、そのまま続いているのである。世界最大規模の人口増加が起きた東パキスタン／バングラデシュでは、一九四〇年代には人口が約四〇〇〇万人だったのが今日では一億五〇〇〇万人以上となり、土地その他の資源に途方もない負担となっている。そしてバングラデシュとインドの間には自然な境界がないので、何百万もの人が、植民地時代と同様、機会を求めてインドに移住してきた。アッサムではそうした移入民の多くが、新しい支持基盤を求める政党によって選挙人名簿に登録されたので、民主的に選ばれた体制への住民からの信用がなくなってしまった。全アッサム学生組合は一九七九年に「アッサム扇動」キャンペーンという、不法移民を選挙人名簿から一掃して国外退去させることをめざす運動を行って有名になった。キャンペーンではかつてのムガル帝国支配に対する闘争が露骨に引き合いに出された。

同じころ、アッサム統一解放戦線（ULFA）という武装集団が結成された。[11] ULFAの公然の目的は、彼らの言うインドによる「アッサムの植民地的占領」を終わらせ、「社会主義的独立国」を樹立することだった。ULFAは一九八〇年代に東方の反乱組織と接触するようになり、そのなかの一つ、ビルマのカチン独立軍（KIA）はULFAに武器を提供し訓練を助けた。ULFAはまた、インド東側の弱点を突きたがっていたパキスタンの諜報機関とも関係を持つようになっただけでなく、戦線の起源がバングラデシュからの不法移入への反対だったことを考えれば皮肉なことに、バングラデシュとも関係がつくられた。こうしてULFAはバングラデシュ国内やビルマ西部の森など政府の手が届かない地域に基地を設けた。アッサムの北にあるヒマラヤの王国ブータンにも長年基地を置いていたが、二〇〇三年にブータン軍が行った「一掃作戦」で強制的に退去させられた。

そのころには、長年にわたる不満の蓄積に金儲けの機会が重なった結果、アッサムにはさまざまな規模の武装団体が数十も生まれていた。ULFAとNDFBだけでなく、バラク谷統一解放戦線、カルビ・ロングリ北カチャール丘陵解放戦線、「ボド解放の虎」ほか多数が盛衰した。インド政府と停戦合意を結ぶ団体もあったが、たいていはそこからまた派生した勢力が自力で武装闘争を続けた。何千人もの無関係の市民が暴力の犠牲になった。武装組織の多くは、結成のもととなった不平の念がどんなに切実なものだったとしても、強奪集団と化す傾向にあり、テロリスト的戦術に訴えることも多い。

現在、ＵＬＦＡはビルマ国内の、マンダレーから北東に四〇〇キロほど離れたビルマ軍の支配が及ばない丘陵地帯にいくつか基地を置いている。インド－ビルマ国境は千数百キロの長さに及ぶが、きわめて脆弱で、警備らしい警備もされていない。中国人やワ人その他の武器密輸業者やブローカーからなる怪しげなネットワークが各地方の腐敗した役人と共謀し、雲南や、ビルマ国内のワ州連合軍（ＵＷＳＡ）支配領域から武器を持ち込んでいる。なかには中国軍が近代化の一環で捨て、さまざまな仲買人に違法に売却したのが最終的にＵＬＦＡなどインド北東部の武装組織の手に渡った、ＡＫ系や五六式のライフルなどもある。

ＵＬＦＡは長年バングラデシュにも基地を持っていて、司令本部もそこにあった。しかし二〇〇八年十二月にバングラデシュで選挙が行われ、シェイク・ハシナと彼女が率いるアワミ連盟が権力を握ると事情が一変した(12)。シェイク・ハシナは長く緊張状態にあったインドとの関係を改善するのに熱心で、二〇〇九年一月にはインドのマンモハン・シン首相と、貿易関係や輸送網の改善に関する広範なコミュニケに調印した。さらに劇的な動きとして、シェイク・ハシナはバングラデシュ国内で活動するＵＬＦＡの兵士を取り締まった。二〇〇九年十二月には、バングラデシュに住んでいたＵＬＦＡ指導者アラビンダ・ラジコワの逮捕を政府が「助け」、翌年五月には、ボドの分離主義勢力指導者のラジャン・ダイマリーが同じように逮捕された。二人はガウハティの刑務所に送られた。ＵＬＦＡの「最高司令官」パレシュ・バルアはまだ捕まっていないが、ビルマ－雲南国境のどこかにいることはほぼ確実で、瑞麗にいる可能性もある。

今日インド、バングラデシュ、ビルマそして中国の政府は、各国同士の「連結性」を改善する必要があるということをよく口にし、新しい道路や開かれた国境を約束するいろいろな協定に調印している。しかし暴力と犯罪行為による別種の「連結性」がすでに存在し、今後も拡大する可能性がある。

アッサムの状況を中国の雲南の状況と比べずにいるのは難しい。類似点はある。両方ともそれぞれの国の周縁にあり、人の集まる主な中心地から離れている。どちらもビルマと国境を接し、陸の孤島で、程度の差こそあれ、伝統的に主流とは異なる民族が暮らしてきた土地である。またどちらも、それぞれの国の他地域と比べて貧しい。しかし、それでも雲南ではこの数十年の間に相当な開発が行われ、ビルマその他の東南アジア地域への経済進出の動力になっているのに対し、アッサムは多くの問題を抱えたままで、暴力が続き、将来も不透明である。雲南では中国共産党と人民解放軍が容赦ない手段を使って強制的に省を統一し、反対勢力を鎮圧してきた。インド軍も反乱勢力に対して苛酷な反撃をしてきたが、インドは民主主義国家であり、選挙による体制や自由なメディアをつくり維持してきた。また、ときには反政府武装勢力との対話に応じるなど、中国にはとても考えられないような方法もとってきた。

中国にとって、すべての道はビルマに通じる。中国では、雲南－ビルマ間貿易の開始と、ビルマとの全般的な関係強化は、マラッカ海峡への過度依存に対する戦略的な防衛策であると同時に、陸地に囲まれた内陸部に海への出入り口を与えるための策だと見られている。経済的関与を最大限に行うという政策に否定的側面はない。しかしアッサムなどインド北東部では今も安全保障がもっとも重要な問題なので、この結果、開放を支持する意見と同じくらい、閉鎖を支持する意見も強いのである。

さらに、雲南では観光が経済発展に大きく貢献してきたのに対し、アッサムには海外からも国内からも観光客は少なく、経済への貢献度は低い。雲南のやり方を手本にするべきだという意見もある。ガウハティにいる私の知人はこう言った。

インド政府はもっと自信を持ち、雲南が地域の中心になろうとしているように、北東部が地域の中心地になるようにするべきです。前向きな変化と真の発展をもたらすものはそれしかないでしょう。しかしインドは自由化するのを恐れています。開放度を強め、中国との貿易が増え、ビルマ経由で中国に至る道路ができれば、中国を利することになると恐れているです。

あるベテラン政治家の妻はもっと平らな言い方で同じような話をした。

軍の高官たちは、もし中国に通じる道路の建設を認めたら、そのうち中国軍がその道路を使って入ってくるかもしれないと文句を言っていました。そこで私は、なぜいつも中国が来ることばかり考えているのか尋ねました。同じ道路を使ってインド軍が中国に行けばいいではありませんか。

遠くからだと、インド－中国間にビルマ経由で新しい道路や新しい関係ができるのは当然のことのように見える。新しいシルクロードができかけているのか、二十一世紀のグレート・ゲームが始まろうとしているのかもしれない。しかし、もう一つの要素が見落とされることが多かった。ビルマは、インドと中国の中で欧米でもっともよく知られた部分、つまりボンベイからタイやバリ、シンガポール、香港の海辺を通り上海や東京に至る海のアジア、そしてハイテク製造、きらびやかなファッションショー、ぜいたくな観光で知られるアジアを結ぶのではない。ビルマはインドと中国の広大な内陸地帯を結ぶことになるのである。外の世界からは見えにくく、貧しくて、暴力による紛争という背骨が一本通っている地域だ。

「私にとって、ビルマこそが欠けていた最後の一片でした」と、あるジャーナリストが私に言った。彼はアッサム出身で、海外に住んだこともあり、世界を広く旅していたが、ビルマには二年ほど前に初めて行ったばかりだった。私たちがいたのはガウハティにある小さなバンガローの居間だった。本棚は本や書類の重さで少しひしゃげ、開け放した窓からは外の涼しい風が入っていた。私たちはぐらつくテーブルについてジョニー・ウォーカー赤ラベルを飲んでいた。私は彼の言っていることがとてもよくわかった、というのは私にとっては雲南とともにインド北東部が「欠けていた一片」だったからだ。私もインド北東部や雲南の歴史を少しは前から知っていたが、ビルマの過去、現在、そして未来に密接にからんでいるこれらの地域についてもっと学ぼうと思ったのはこの数年のことだった。

私はガウハティに滞在中、インド北東部中から学者や学生、活動家が集まる会議にも出た。私はそのときまでにせいぜい二、三人のインド北東部出身者としか会ったことがなかったのだが、彼らの外見や物腰がビルマの人たちとたいへんよく似ているように見えてはっとした。会議では中国について、また中国がビルマ、そしてインド方面で計画していることについて意見交換があった。いろいろな見方があり、活発な議論が行われた。適切に管理されれば利点もあるのではないかと考える人もいた。逆の意見もあった。またインド北東部の将来全般や、インド連邦の中での北東部の立場、インド・ビルマ関係、そして少数民族の権利の将来についての議論も盛り上がった。参加者の一人は「中国ではこんなセミナーを開いてひたすら議論ばかりするなどということはしていないだろうね」と言った。中国が隣国の状況を非常に速く変えていること、そしてインド北東部自体も急速に岐路に近づいていることについてはみなが一致した。

アッサムではビルマについてある程度の関心があるのを感じた。インドのほかの地域では感じられなかったことだ。人びとはビルマ政治を熱心に追い、ビルマの民主化運動と、一定の自決権を求める少数民族の奮闘の両方に共感していた。カルカッタではビルマは過去の記憶の一部だったが、ここアッサムでは、ビルマの将来とアッサムの将来は互いにからみ合っているという直感が働いていた。

インドのまさに際にあるインパールに行くと、つながりを共有しているということの感覚はさらに強くなるのだった。

新たな交差点

インパールはインドの東端にあるマニプル州の州都だが、インパールもマニプルも評判がよくない。外国人がインパールに行くには「制限区域入域許可」という許可証が必要で、それも取りにくいものだが、昔から暴力と不安定が続くこの地を訪れようという外国人は少ない。「私が行ったときにはインド軍の中隊の警備がついてきたよ」と欧米の外交官が忠告として教えてくれた。私は本当はガウハティから陸路で行きたかった。その場合はバスで一日かけて、カーシ丘陵とジャインティア丘陵を越え、イギリス時代の避暑地シロンを過ぎ、かつて独立王国だったカシャールを通ることになる。こうした地名はほとんどの外国人にはなんの意味も持たないし、インド人でさえもほとんど知らないが、ビルマの歴史には深い関連がある地名なのである。しかしマニプルで外国人の渡航が認められるのはインパールだけということだった。したがって私はまたジェット・エアウェイズを使ってインパールに飛んだ。

インパール郊外は、高い木が立ち、舗装道路はよく整備され、遠くには森に覆われた山が見えて、快適そうだった。空港からの道には、開催されたばかりの「国際テントペギング選手権」〔テントペギングは馬術競技の一種〕の看板があって、馬に乗った男たちが緑の広場を駆け抜けている写真が載っていた。その先には観覧車のある小さな遊園地があり、二つほど通ったロータリーには地元の映画のポスターを貼った広告板が立っていた。小さな家と、草の生えた空き地が交互に現れた。交通量は少なく、青空の下、空気は涼しく新鮮だった。

しかし、町の中心に近づくにつれ、景色は牧歌的ではなくなっていった。数百メートルおきに検問所があり、ライフルを肩にかけた兵士が立っていた。なかには、第一次世界大戦様式のヘルメットをかぶり、土嚢に囲まれ、まるでソンム河畔で今にも突撃されるのを待ち構えているような兵士もいた。また、がれきが散らばり、戦場のように見える街角もあった。あとから聞いたところによれば、それは紛争が原因なのではなく、ただ選挙が近づいているので、地元当局が約束していた下水工事をしようとしているだけだということだった。それにしても全体としては人を不安にさせる光景だった。建物はだいたいが見苦しいコンクリートかれんがを積んだ粗雑な造りで、未完らしいものも多かった。車や古いバスに交じってたくさんのスクーターが無秩序に行き交うなか、やせた男たちが箱をたくさん積んだ荷車を引いているのも見えた。一軒のごく小さな店の上に「ファストフード」、別の店には「薬局」という看板があった。

マニプルがインドのメディアで取り上げられるのはほぼ必ず、暴力事件が起きたときだった。二〇〇八年の末には、カンレイパク人民革命党のコブラ任務部隊が地方議会を手榴弾で攻撃した。また別の手榴弾が知事の家の近くでも爆発していた。そこはインパールでももっとも安全であるはずの区域だった。その後まもなく、「カンレイパク共産党（軍事評議会）」という別の団体がスクーターに自家製爆弾を仕掛け、高級住宅街で爆発させた。

私は町の中心部にある簡素だが清潔なゲストハウスに泊まった。最初の夜、ときどき遠くに銃声が聞こえた。テレビをつけると地元のニュース番組が、反政府武装勢力の兵士が数人、警察に殺されたという事件を特集していた。警察側の話に反論する家族が取材に応じ、兵士たちは警察が言うように銃撃戦で死んだのではなく、逮捕され外に連れ出されてから射殺されたのだと感情的に訴えた。別の殺害事件の様子も映った。画面には発見された遺体が、目が見開かれているのもそのまま大写しになった。

しかし、インパールにいることへの私の不安はすぐに消えた。チャンネルを変え、スターワールドという衛星放送で「モースト・ショッキング」という番組を見始めてからだ。それは実際に起きた「手に負えない暴動」や「大騒ぎに大乱闘」の映像を集めたアメリカの番組だった。カリフォルニア州の郊外で起きたすさまじい銃撃戦や、テキサス州での脱走既決囚とハイウェイ・パトロールとのなんでもありの殴り合い、そしてヘビーメタルのコンサートで騒動が起き、数十人が血まみれになった様子などが映った。インパールは世界でもっとも安全な場所のようには思えなかったが、それでも私は、その番組で見たものの何分の一かも怖い目には遭わないだろうと思った。

マニプルは数世紀もの間、独立した王国だった。王国の中心部分は、インパール周辺のボウルの形をした小さな平原だった。マニプルの支配者や王の領域がそれより遠くには及ばない時期もあったが、逆に何百キロも離れたイラワディ川までの地域が支配下に入っていたこともあった。南にはトリプラという、マニプルと対抗する王国があったが、今はインド共和国の一州になっている。西には、今は地図から消えて久しいカシャールなどの小王国があり、その奥に一帯の有力国だったアッサムがあった。四方の山々にはナガやミゾなどの部族がいたが、彼らはそれぞれの首長のもとで暮らし、通常はどの王国の支配も受けていなかった。この地域は十九世紀半ばまでは、こうした小規模な国家組織のはぎ合わせに、各部族が自らを治める高地社会が散在するところだった。谷や丘ごとに使われる言語は、英語と日本語ほど互いに異なるものもあった。

マニプル王国は十八世紀初めに全盛期を迎えた。フランスはルイ十五世の時代で、オーストリア継承戦争が起きていたころ、ここインパールではガリブ・ネワズが周辺の部族を征服し、張り合っていたカシャールやティッペラの王たちを打ち破っていた。当時、マニプル周辺の平野ではインドの影響が拡大中で、ガリブ・ネワズも敬虔なヒンドゥー教徒になり、布教に力を入れていた。また宗教に情熱を傾けるのと同時に、インド文化のあらゆる側面にも関心を持ったので、インド北部から学者が招かれ、マニプルの支配者層にヒンドゥー教国家の宮廷の流儀を教えた。新しい儀式が採用され、カーストの決まりやインド風の称号も取り入れられた。またサンスクリット語の書物が、現地語であるメイティ語(周辺の丘陵地帯で使用される言語に近く、ビルマ語やチベット語と遠い関係にある)に積極的に翻訳された。新しい信教と周辺部族に対する勝利に勇気づけられたガリブ・ネワズは、騎兵隊を率いてビルマの領域深くにまで大胆不敵な奇襲を仕掛け、一七四〇年にはイラワディ川岸にまで達して、ぐらついていたアヴァ朝の崩壊を早めた。

ところが数十年後には形勢が逆転し、力を取り戻して復讐心を持った新しいビルマ王朝がマニプルを侵略した。[1] それも一度ではなく何度も来てはインパール平原を荒らし、数千人の捕虜を連れて帰った。そのなかにはマニプル宮廷の学者やヒンドゥー教の祭官、サンスクリットの学者がおり、その子孫は今でもマンダレー周辺に暮らしている。

ビルマのあとにはイギリスが続いた。[2] マニプルはアッサムとともに、一八二四年から二六年までのイギリス・ビルマ戦争で勝ったイギリスの戦利品となった。イギリスは、マニプルが敵ビルマとの間にある辺境国であった時期以外はマニプルにあまり関心を持たなかった。そして最後のイギリス・ビルマ戦争が終わった一八八六年にビルマ王国の残りが併合されると、そのわずかばかりの戦略的関心も失われた。広大な茶農園として新しい価値を見出されたアッサムと異なり、マニプルはイギリスにとって利益を生む機会をほとんど何も提示しなかったのである。

しかし、カルカッタにいる植民地支配者はマニプルを放っておいたわけではなく、政務官が派遣されてマニプルの宮廷を見守った。一八九一年に政変で王が倒されると、イギリスは介入し、企んだ者たちを逮捕しようとした。事態は劇的に進展し、（問題解決を図るためにマニプルを訪れていた）アッサムの弁務長官ジェームズ・クイントンが槍で突かれて殺され、政務官フランク・グリムウッドほか数人が斬首された。（夫と一緒にいるために人里離れたこの辺境の植民地までわざわざやってきていた）グリムウッド夫人だけがグルカの護衛隊に守られてなんとか逃げることができた。夫人はのちにこの苦しい体験についておもしろい本を書くことになる。イギリスは反撃し、当然勝利した。政変の首謀者はインパールのポロ競技場で絞首刑になった。新しい王が即位し、こうしてイギリスはマニプルでの存在を確立した。

その後の四〇年間、マニプルはインドの「藩王国」だったが、カシミールやハイデラバードのような重要な藩王国よりは格下に扱われた。それでもマニプルのマハラジャは大きな宮殿を建てることを許され、帝国会議や戴冠式のときにはカルカッタやニューデリーに招かれて藩王にふさわしい礼砲を受け、副王のテーブルにつくことができた。不穏もほとんどなければ、発展らしい発展もなかった。

そこへ第二次世界大戦が起こり、マニプルは突然、連合国と日本帝国の間の前線に置かれてしまう。

一九四二年初めに日本がビルマに侵攻すると、イギリス軍はまずカチン丘陵へ、そこからジャングルの中の峠を越えてアッサムにまで追いやられた。[3] それはイギリス史上もっとも長い退却だった。その後一年間は膠着状態となり、前線は今のインド－バングラデシュ－ビルマ国境とほぼ同じところにとどまった。しかし枢軸国が劣勢になりかけていた一九四四年、日本の司令部はマニプル経由でいちかばちかの攻撃をインドに仕掛けることにした。牟田口廉也司令官のもとに三つの師団が置かれ、これにインドの政治家で独立運動家のスバス・チャンドラ・ボースが率いるインド国民軍「アザド・ヒンド・ファウジ」が加わった。

ボースはケンブリッジ大学を卒業し、マハトマ・ガンディーやパンディット・ネルーとともにインド国民会議に加わり、議長を務めたこともあったが、憲政や、ガンディーが率いていた非暴力運動を嫌っていた。一時はマンダレー刑務所に収容されていた。その後ナチス・ドイツ、次いで日本に支援を求め、シンガポールでインド国民軍をまとめて日本の侵略直後にラングーンに渡った。彼はマニプルがインド全域の解放への第一歩になることを期待していた。

日本側の当初の攻撃の速さと激しさは、非常に有能なウィリアム・スリム司令官（のちに子爵）が指揮するイギリス側にとって予想外だった。連合軍はそれまでの一年間で大規模な増強を行ってアッサムとインド－ビルマ間の丘陵地帯とに勢力を集めていた。また、カルカッタとブラーマプトラ河畔の茶農園を結ぶ新しい道路もできていて、これが当時の前線沿いに点在していた丘上の小砦にまで延びていた。日本の攻撃を受け、イギリス・インド軍の第二〇および第一七師団は南にあった陣地から退却し、インパールに向かうよう命じられた。第二〇師団は無事にインパールに着いたが、第一七師団は孤立し、戦いながらやっとインパール平原に戻った。ビルマ沿岸のアラカン地方から、砲兵のいる師団が緊急に空輸された。

何週間も激しい戦闘が続いた。インパールの北ではコヒマでの戦いが決定的なものとなった。アッサム・ライフル部隊や第四ロイヤル・ウェスト・ケント隊の兵士が空輸され、攻撃してくる日本軍に対する苛酷な戦いに加わった。つかみ合いの格闘になることも多かった。四月のほとんどの間、コヒマの弁務副長官チャールズ・ポージーの邸宅の周辺は、テニスコートも含めて、猛烈な戦闘の舞台となった。これが「テニスコートの戦い」として記録に残ることになる。この間、日本の猛然とした攻撃にもかかわらず、イギリスはインパール周辺の丘陵を防御することができた。連合軍は、六月の末にはインパールーコヒマ間の道路を再開することができ、これでインパールの包囲が実質的に崩れることになった。日本の攻撃が峠を越したことは明らかだった。スリム司令官は最初から、日本軍を罠に引き入れ、粉砕してから反攻するという戦略を立てていたのだ。それが成功した。日本軍は数万人の兵士を失い、いまやスリム司令官の軍に追われながらイラワディ川のほうへ退却しなければならなくなった。一九四五年には連合軍がマンダレーを奪う。一九四五年五月にはラングーンもイギリスの手に戻っていた。

私はインパールの連合軍墓地を訪ねた。イギリス兵を中心に一五〇〇人がここに埋葬されている。多くはウェスト・ヨークシャー連隊とノース・スタフォードシャー連隊の兵士だった。無名の墓石もあり、それらには「一九三九年-四五年戦争の兵士」や「神のみぞ知る」と刻まれていた。胸が苦しくなるような思いが伝わってくるものもあった。「夫レジの大切な思い出、また会う日までね、ドリス」。また別のには「あなたのことを思っています。母と父より。二十二歳」と記されていた。ほかにカナダ人、オーストラリア人、インド人の墓もあり、「スディ・ミラジ・チンガンバ兵卒、東アフリカ陸軍団、所属不明」などアフリカ人のもいくつかあった。墓地の周りの庭園は、私がビルマ国内で見たことのある連合軍墓地と同様、美しく整えられていた。奥の壁際では幼い子どもたちが遊び、すぐ外では濃い灰色の子ブタが鳴いていた。隣にはクキ・バプテスト教会（KBC）があった。クキという部族は今ではほとんど全員がキリスト教徒だった。ちょうど礼拝が行われていて、歌声が聞こえてきた。インパールでは、ほかに戦争を記念するもの、マニプルがほんの少しの間だが世界という舞台の中心に立ち、「アジアのスターリングラード」とも言うべき場所だったことを示すものは何も目にしなかった。戦争が終わると同時にスポットライトも消え、連合軍と枢軸軍を運んだ道路はたちまち泥道に戻ってしまい、インドのこの地域とビルマ、そして極東とのつながりもふたたび断たれてしまった。

一九四八年を前に、マニプルは歴史的な岐路に近づいていた。[4] 一九四七年八月にイギリスがインドから撤退し、帝国はインドとパキスタンに分割された。去り行くイギリス領インド帝国側は、インドの新しい指導者たちとの暗黙の取引の一環で、マニプルなどの藩王国を、新しくできる二国のうちのどちらかに強制的に合流させることに合意したのだった。藩王国は数百あり、国といっても大地主の領土のような小さなものもあれば、ヨーロッパの国々ほどの大きさがあるものもあった。イギリス政府内やインドのイギリス官界のなかには、こうした藩王国との関係を保持し、新しく独立するインドから藩王国を分けておきたいとする保守的な意見もあった。つまり帝国を「パキスタン」「ヒンドゥスタン（インド）」「プリンセスタン」の三つに分割し、藩王国からなるプリンセスタンをイギリスの支配下に入れるというのである。しかしインド独立の日が近づくにつれ、この案は水泡に帰した。第一に、インド国民会議とムスリム連盟の両方にとって藩王国を特別扱いするというのはまったく受け入れられないものだった。とはいえ形式上は藩王国それぞれがイギリス君主と条約を交わしていたので、インドかパキスタンのどちらに入るにも各藩王の自主的な同意が必要だった。藩王たちは、どちらを選んでも自治権はそれまでどおり保障されると告げられた。大半の藩王国は、大国とその支配者の保護なしに存続するには小さすぎ、それをわかっている藩王たちはすぐに「加盟文書」に署名した。しかし独立国として存続できると考えた国もあった。フランスと同じ大きさで非常に裕福なニザームが統治していたハイデラバードや、アラビア海に面するトラヴァンコールなどがそうである。長い間、植民地政権に甘やかされていたこうした国の藩王たちは、最大限の圧力をかけられてやっと署名した。こうして新パキスタンの領域内にあった（数少ない）藩王国はパキスタンに入り、残りは新しいインド連邦に入った。ムスリムが多数派でありながらヒンドゥー教徒のマハラジャがいたカシミールはちょうど国境線にあり、インドもパキスタンも非常に欲しがった。カシミールをめぐる紛争はまもなく戦争に発展し、イギリス領インドを継承したインドとパキスタンという二大国の間で今も続く緊張関係の中心にある。

マニプルの藩王にも重い圧力がかけられた。マニプルがふたたび独立するとは想像しにくかったが、インパールにはそれでも独立を期待していた人もいた。また、マニプルが独立したビルマに入る可能性も議論されていた。(5) 一九四七年初めにイギリスはビルマから撤退することを決めた。ビルマのナショナリスト指導者たちと、「ソーブワー」と呼ばれたシャンの藩王その他の藩侯たちとの間では、一定の自治権が認められる新しい連邦国家をつくる合意ができた。マニプルは地理的にも文化的にもたしかにニューデリーよりもラングーンにずっと近かった。それはあまり愉快ではない歴史的な結びつきだったが、結びつきであることに変わりはなかった。しかし最終的にはマニプルのビルマ入りはなくなり、マニプルにはインドに入るという選択肢しか与えられなかった。というわけで、インド独立の数日後、マニプル最後の王はインドとは別の国でいる可能性をすっかり封じる文書に署名した。

インドに加盟しても中央政府とはごくゆるい連邦式の関係ができるだけだという望みも一部にはあった。王は、マニプルで初めて選挙で選ばれた政府に政治的権力を正式に譲り渡した。新しい憲法と、五〇人の議員からなる議会もできた。このような代表制度があれば自治権も保持しやすくなるのではないかと考えた現地の政治家もいた。これは一九四八年のことだった。すでに独立したビルマでは内戦が始まっていた。しかし、インド新政府は新体制の中でマニプルに特別な地位を与える必要性をほとんど感じなかった。そうしてマニプル最後のマハラジャ、ボダーチャンドラ・シンは相当の脅迫を受け（実際の状況は今もあまり明らかになっていない）、「自身とその継承者および相続者を代表して」インドとの完全な「併合」に合意した。これによりマニプルは「連邦直轄領」としてインド政府の直轄統治を受けることになった。インド連邦の正式な州になったのは一九七二年だった。

歴史上、デリーで生まれた政府の主権がこれほど東方にまで及んだことはなかった。インド政府の支配域は伝統的にヒンドゥスタンと見なされてきた領域よりはるかに広く、マウリヤ朝やグプタ朝、ムガル帝国の領域も越えて、イラワディ川流域や中国南西部との境にまでも届きそうだった。

インド政府はマニプルだけでなく北東部の高地地方の問題にも取り組まなければならなかった。そこには自分たちは「インド本土《プロパー》」とほとんど関係がないと感じていた数十もの異なる部族が混在していた。イギリス時代にはこうした地域はアッサムの一部として扱われていたが、ビルマの高地地方と同様、イギリスは現地の首長を通して間接的に統治していた。インパールの北にあるナガ丘陵や、南にあるルシャイ丘陵などがそうだった。そしてこれもビルマの高地地方と同様、以前は精霊信仰だった現地住民が圧倒的にキリスト教徒に改宗しており、インドが独立すれば自分たちはインドにすっかり吸収されてしまうことを懸念していた。多くは第二次大戦によって軍事化が進み、武器があり余っていた地域に暮らしていた。現地住民は、脱植民地運動とも与党となったインド国民会議とも関係を持っていなかった。一九四八年一月、アッサムの元知事ロバート・リードはナガランドを旅している最中にガンディー暗殺の知らせを受け取った。リードがのちに書いたところによれば、たいへんな「衝撃的な痛み」を感じたリードは、案内役だったコニャック・ナガの首長チャンライにこの悲しい知らせを伝えたところ、チャンライはガンディーのことを聞いたこともなかった。リードは、ガンディーは「イギリスがインドを去った原因となった」人物で、「インドを独立に導いたのはガンディーなのだ」と言った。するとチャンライはこう答えた。「そうですか。ナガにとってのこれだけの面倒を起こしたのがガンディーなのですね(6)」

まもなく、ナガは中央政府の権力を認めず反逆する(7)。その後の六〇年間で文字どおり数十もの部族武装勢力がナガにならい、インド軍や警察と戦ってきた。独立後のインドに関しては、国家に対するその他の反乱（とりわけ一九八〇年代に起きたパンジャーブのシク教徒によるもの）や、カシミールで続く紛争のほうがはるかに注目されている。インド北東部の武力紛争は国際的にだけでなく「インド本土《プロパー》」でさえもほとんど知られておらず、理解度となるとさらに低い。しかしこの紛争によって悲惨な状況が生み出されてきた。

実はインド独立前の一九四六年にナガ民族評議会が結成されていた。評議会は去り行く植民地当局に対し、まもなく分離されるインドにナガ丘陵を含めないよう求めていた。ナガの指導者のなかには、ナガが全面的な自治権を持ち、インド政府は防衛や外交その他の限定された事項だけを取り扱うならインドに入ってもよいという立場の者もいた。しかし先鋭的な立場をとったナガ人たちはインドとはいっさいの関係を持ちたくないとし、この意見がもっとも有力になった。闘争的ナガの指導者アンガミ・ザプ・ピゾはデリーに行き、パンディット・ネルーと話し合ったが、なんの合意にも至らなかった。インド政府側には独立の可能性など交渉する気はなかった。当時、ほかに重大な決断や問題解決を迫られていた政府の指導者たちにとって、遠隔の高地地方の自治権要求などは取るに足らないいら立ちの種にすぎなかっただろう。しかし、五〇年代初めにはナガによる武装反乱が本格的に始まっていた。ピゾは「自由ナガランド人民主権共和国」の樹立を宣言し、すぐにロンドンに逃げた。そこで彼は効果的な広報活動を始め、インド側が広範に残虐行為をしていると主張してネルー政府を非常に当惑させた。この反乱はビルマ－インド国境で起きることになる多数の反乱のうち最初のものだった。

まもなく紛争によって集落が丸ごと破壊されるようになり、住民が村ごと追いやられたり、何千もの人が死傷したりした。ネルー首相は比較的穏健派のナガ指導者たちとの協議に力を入れるようになり、そうした協議の結果、選挙による政府を持ったナガランドという州を創設することになった。インドではほぼすべての州に数千万もの人がいたのに対し、新ナガランド州の域内には五〇万人しかいなかったので、これは小さな譲歩ではなかった。以後、アッサムの丘陵地域にはほかにも小さな部族の州が生まれていく。これで現地の住民が満足感を得ることもあれば、新たな要求につながったり、承認や自治を熱望するさらに小さな部族の軍事化につながったりすることもあった。

ナガによる反乱は今日まで続いてきたが、本稿執筆時に主要な武装集団であるナガランド民族社会主義評議会(イサク－ムイヴァ派)とインド政府との間に停戦合意が成立していた。しかし、この数十年の間にほかにもたくさんの反乱が起きてきた。鎮圧されたり和平合意に至ったりした場合もあるが、それでも結局は新たな紛争が始まるか、もとの紛争が再燃することが多かった。マニプルにも、互いに競い合う武装組織が数十もあり、インドの治安部隊の力は州都インパールと、ビルマ国境のタムーまでの道路以外にはほとんど及ばない。カシミールでと同様、インド軍と準軍事組織であるアッサム・ライフル隊の活動には一九五八年の軍特別権限法が適用される。同法はインド兵に、疑いだけを根拠に「殺すために撃つ」ことや、令状なしで家宅捜索することを認め、訴追免除の特権を与える苛酷な法律で、多方面から非難されている。現在の北東インドは戦場というわけではなく、選挙が行われ、住民がほかのインド市民と同じ権利や自由を享受する、反乱とは無縁の地域も多い。しかし、無法地帯や武器による支配も広範囲に及んだままで、(マニプルも含め)ことに状態が悪い地域もある。こうした状況が投資や観光を遠ざけ、その結果、北東部は暴力的な動揺の地であるというイメージが広まっている。

根底にある原因は複雑だ。インド北東部の人びとが、連邦制の民主主義国家の中で相当程度の地方自治権を保持するという、ビルマの少数民族住民の多くが今も望んでいるもの(そして一部はそれを得るために武装までしているもの)をすでに享受していることを知っておくのも重要である。報道もビルマでは想像できないほど自由である。インパールではニュースをつければ画面に映る暴力の様子に驚くが、起きている暴力は丸見えであるわけで、そうした暴力に対する政府の責任についても熱く議論がされていた。しかしながら、ナガランドでもマニプルでもほかの地域でも、多くの住民が、インドは異国の勢力であり、自分たちはインド連邦の中の異邦人だという感覚を持ち続けている。インド独立運動の指導者で政治家のジャヤプラカシュ・ナラヤンは一九六〇年代にナガ丘陵を広く旅したが、こうした見方を反映して、のちに次のように書いている。インドは単なる国家ではなく文明なのであり、パキスタンはこの文明に含まれるが、遠い北東部は必ずしも含まれない。北東部はインドの他地域と歴史的にも文化的にもつながりがなく、最近になってキリスト教徒に改宗したことも、互いの差異をさらに強調することになったのだ、と。これまで何度も繰り返されてきた主張である。私が会ったナガの学生たちは、近いうちにナガランドで油田が発見されるかもしれないと聞いたことと、本当に油田が見つかればナガランド独立のための経済的基盤となるかもしれないことについて、期待を込めて話していた。私は彼らに、それは主権国家としての完全な独立のことを言っているのか尋ねると、彼らはそのとおりだと即答した。

貧困も問題の一部である。北東部の一人当たりの収入は、インド独立時には全国平均よりも高かった。北東部は石油や天然ガスなどの天然資源が豊富で、ブラーマプトラ川流域は世界でもっとも肥沃な土地のうちに入る。しかし今日では、北東部は大きく後れを取っていて、ボンベイやバンガロールのような経済的活力の新しい中心地に大きく水をあけられている。問題は金額ではない。一人当たりの額で比べると、インドの中央政府はほかのどの地域よりも北東部に金をかけている。北東部の人口は四〇〇〇万人で、国の人口の四パーセントでしかないが、連邦資金の一〇パーセントを受け取っている。しかしこの金は、しばしば腐敗し反応の悪い巨大な官僚社会を通って分配される。雇用の創出や開発の促進のためにほとんど何もしてこなかった官僚社会である。

関連して、アクセスの問題もある。前述のとおり、「インド本土《プロパー》」とアッサムとを結ぶ唯一の陸路は

「ニワトリの首」だ。しかしアッサムより東にある丘陵地帯の諸州は、陸路ではアッサムを経由するしかないので、いっそう孤立している。イギリスはインド全国に鉄道を通したが、ここにはない。上アッサムと上ビルマとの間の地域に鉄道があったこともない。さらに、これらの州は中国から数百キロしか離れていないにもかかわらず、中国との貿易はないに等しい。東方政策はもともと、インドの東方との貿易関係を強化するためのものだったが、インド北東部をビルマと中国への懸け橋として見直し、数十年間も続いた北東部の経済的孤立を解消するものではないかという見方も出てきた(8)。

二〇〇八年後半以降、インドとバングラデシュとの関係が改善していることを受け、バングラデシュがふたたびインド北東部をベンガル湾につなぐ導線となる可能性も出てきた。同時に、インドの中央政府も州政府もビルマが鍵になると見ていた。ビルマは、陸に囲まれた雲南に海への出口を与えた。同様に、インド北東部、とくにビルマにもっとも近いトリプラ、ミゾラム、マニプル、そしてナガランドを海につなぐことができるかもしれない。二〇〇八年にビルマとインドの政府は、ビルマ西海岸にある(シットウェとしても知られる)アキャブの古い港を再建し、そこを北東部につなぐ協定に調印した。計画ではカラダン川を内陸の水路になるよう整備し、カラダン川上流に新しく道路を建設し、これがインドの国道五四号線に合流する。そうすればマニプルなど北東部でもっとも奥まった地域から海に出る行路が大幅に短縮されることになる。

計画としては申し分なかったが、二〇一〇年末現在、「カラダン多様式通過輸送プロジェクト」と呼ばれるこの事業は進んでいない。北東部のインフラが全体的に改善されないうちはこの新しい行路がどれほど役に立つのかもはっきりしなかった。国道五四号線はアッサムのガウハティの近くまで数百キロも延びている(途中には「ウィスキーを飲んだら運転はリスキー」など、有用な看板がたくさんある)が、片側一車線のみで、重要な商業幹線とはとてもいえない。

インド北東部がビルマと直接貿易を行うことも考えられる。マニプルからマンダレーへ、そこから南のラングーンあるいは北の雲南へというものだ。インド北東部とビルマを合わせると一億人以上の市場なのである。今は貧しいが、いつまでもそうとは限らない。インド北東部にとって、国際的に孤立し、経済面で失策続きの軍事政権が隣にあることは有益ではなかった。しかしビルマにとっても、インドの中でもっとも紛争に悩まされ、顧みられない地域が隣にあることは有益ではない。インド-ビルマ国境では、武器の密輸や、麻薬からトラの部位まであらゆる物品の違法貿易が国境経済の大部分を占める。道路の新設やインフラ整備への投資も中国-ビルマ国境とは比べものにならないほど少ない。雲南からはまもなくマンダレーへの高速鉄道が通じるかもしれない。しかしインパールとマンダレーを結ぶのはただの田舎道である。インド北東部とビルマはある意味、長い間互いの問題を悪化させてきた。国境が開かれていくなか、インド北東部とビルマが今度は互いの発展を助けられるかが重要になってくる。

インパールは私にマンダレーを思い起こさせた。年が明けたばかりで、午後は晴れて暖かかったが、早朝にはみなセーターや化繊の上着を着込み、分厚いマフラーをしたり、毛糸の帽子までかぶったりしている人もいた。空気は乾燥してほこりっぽく、薪を燃やす煙とディーゼルのにおいが漂っていた。停電も頻繁だった。マンダレーと同じく、宮殿が町の中心にあり、正方形の敷地は高い城壁と掘に囲まれていた。

私はインパールに住んでいる作家と会って、ゲストハウスの近くのレストランで昼食をとったあと、彼と車で町の観光地を見て回った。宮殿そのものは廃墟と化していて、宮殿といってもせいぜい二〇〇〇平方メートルほどの面積にれんがが積み上がっているだけで、もとの構造を見分けることはできなかった。ここはイギリスに城塞として使われていて（マンダレーの宮殿がフォート・ダファリンになったように、インパールの宮殿はフォート・カングラと呼ばれていた）、植民地時代のバンガローが今も整然と並んでいた。なかにはスリム司令官がイギリスの第一四軍を率いてきたときに使っていたバンガローもあった。一九四〇年代前半にはイギリスその他の連合国の兵士が数千人もインパールとその周辺に住んでいた。そのほんの短い間、この数キロ四方の土地で何が起きるかに世界の大部分の将来がまさにかかっていたのだった。しかしそれまでのインパールは、上ビルマの比較的大きな町（ジョージ・オーウェルが住んでいたカターなど）に相当する、あまり重要ではない場所で、三〇年代には一三人の「ヨーロッパ人」（植民地時代にイギリスは白人のことをみなこう呼んだ）が住んでいた。テニスクラブはあったがゴルフコースはなかったことから、さすがのスコットランド人商人もイギリス領インド帝国のこの奥地までは到達していなかったことがわかる。

インパールでの二日目、私たちは地元の大学の構内も車で回った。そこにはインドで唯一の「ビルマ研究センター」があった。それは私がこれまでの人生で見たことのあるビルマ研究センターとしては二つ目だった。一つ目はアメリカのノーザン・イリノイ大学にあった。シカゴから車で二時間、数え切れないトウモロコシ畑や「マクドナルド」「ダンキンドーナツ」の店舗を通り過ぎて着くところだ。インパールのビルマ研究センターは論文を数本出版しており、インドの中で少なくともマニプルにとってはビルマが本当に重要であることを示していた。それも遠い場所や抽象的なところとしてではなく、過去を共有し、まちがいなく未来も共有するであろう、隣にある大きな国としてである。

インドのほかの地域で二週間過ごしたあとマニプルに来た私は、東南アジアに戻ったような気がした。女性の多くが伝統的なサリーを着ていたことを除けば、景色の中にも道行く人の見かけにも、ビルマやラオス、タイ北部のほとんどの場所と大きく異なるものは本当に何もなかった。インパールはデリーからは千数百キロ離れていたが、マンダレーからは約六〇〇キロしか離れていなかった。ある知人はこう言った。

インパールにいる誰かをマンダレーの真ん中にぽっと連れて行ったとしたら、その人は数日もすれば慣れるだろう。何から何まで同じだからだ。でも同じ人をウッタル・プラデーシュ［デリーの近くにあるインド最大の州］の町に連れて行ったら、慣れるのに何カ月もかかるだろう。

相違点は、重装備の警察官や軍のパトロールだった。兵士たちはパンジャーブなどインドの遠くの地域から集められていて、肌の色が異なり、わし鼻で、異国人に見え、自動火器を見せびらかしながら装甲兵員輸送車を乗り回していた。もう一つの相違点は、私の会った人のほとんどが、普通の店員からレストランの職員まで、流暢に英語を話したことだったのだが、これは北東部全域にキリスト教徒が運営するすぐれた学校があることの証しだった。事実、私がインパールで見た唯一の欧米人らしい見かけの人というのはレストランにいたアメリカ人の一家だったのだが、彼らはきちんとした身なりで、白髪の家長に連れられていた。私はその男性は宣教師にちがいないと思った。というのは「信仰ウォーク」と書かれたルーズリーフのバインダーと、「イエスのように導け」という題の大きなハードカバー本を持っていたからだ。

マニプルで起きる暴力は、もともとはインド政府に抵抗する地方の愛郷心に根差していたかもしれないが、独立以後の数十年でもっとずっと面倒なものに変わった。今は、政治的暴力とマフィアがするような不正な金儲けとの境が見えにくくなり、地域の民族集団同士が対立するようになっている。マニプルに住む人のうち、ヒンドゥー教徒で、メイテイ語というインパール平原の伝統的な地方語を話すのは人口の半分より少し多いくらいである。周辺の丘陵地帯にはほかの民族、主にナガ人（前述のとおりナガ人は北に自分たちの州を持っている）とクキ人（南のミゾラム州にいる人びとや、隣のビルマのチン丘陵の人びとと近い関係にある）がいる。こうした丘陵地域の住人はほとんどがキリスト教徒で、無数の部族集団やその下部集団に分かれ、それぞれが方言を持っている。またパンガルと呼ばれるムスリムも人口の七パーセントほどを占め、主にインパールとその周辺に住んでいる。この民族関係の複雑さは、地域外ではよほど果敢な新聞編集者でなければ説明したいとは思わないだろう。

それはビルマの縮小版のようだった。メイテイ人は昔から丘陵地帯の人びとに対して優越感を持ってきたが、これは平野部のビルマ民族やシャン人が山岳地帯のカレン人やカチン人に対して優越感を持っていたのと同じである。マニプルにいる各民族集団が持つ将来の構想もそれぞれ異なる。どの集団もインドでの現在の立ち位置に満足していなかったが、不満の共有は共同の行動にはつながらなかった。逆に多数の武装組織がどんどん現れ、州当局とだけでなく互いとも戦い始めた。たとえば、ナガ人の多くは現在ナガランド州となっている地域だけでなく、マニプル州の一部も入れた「大ナガランド」の独立を求めている。しかしそれに強く反対する人もいる。二〇一〇年初め、マニプル州政府はナガ分離主義指導者トゥインガレン・ムイヴァがマニプルにある自身の出身地を訪れるのを認めないことに決めた。認めれば、マニプル州の一部もナガのものだとの主張を後押しすることになってしまうと考えたのである。複数のナガ団体がこれに抗議し、インパールにつながる道路を封鎖したので、インパールの経済は休止してしまった。数週間後にインド政府が介入し、準軍事部隊を送り込んでからやっと封鎖は終わった。長く複雑な話を短くすると、インド共和国のこの小さな一角には、二五〇万人ほどしか住んでいないにもかかわらず、四〇もの反政府民兵団がある。一部はインド政府と戦っているが、ほとんどは互いと戦っているのである。

途中に検問所がいくつかあるものの、インパールの住民は国境を越えて約八〇キロ離れたビルマの町タムーに行くことができる。許可を得てさらに遠く、カボー平原を通ってマンダレーまで行った人もいる。このような渡航は最近になってできるようになった。私はインパールに住むある男性と話をしたのだが、彼は最近団体で観光旅行に参加して、マンダレーやその周辺のマニプルとゆかりのある場所を訪れ、十八世紀から十九世紀初めにかけての捕虜や移民の子孫であるマニプル系の住民とも会った。また、彼やほかの参加者は「ポーンナ」というビルマ王宮の祭官の衣装を着けて写真を撮ったりもした。ポーンナの大半はもともとマニプルの出身だった。男性は、忘れられていた過去とのつながりをそうして確認することができて満足だと言っていた。

ビルマについては相当な関心があるようだ。インパール滞在三日目の最終日、ホテルの部屋にいた私に電話がかかってきた。電話の相手は私と会いたいとのことで、自分は熱心なビルマ史研究家なのだと言う。「あなたの本を読みました、ぜひお会いして、ビルマの歴史について話をし、私の書いたものもお見せしたい」。私は、相手はビルマ研究センターの人かもしれないと思った。しかしもう荷づくりもして空港に行こうとしているところだったので、最初は断った。すると彼はふたたび、そして三度電話してきて、毎回とても丁寧だったがだんだんとしつこくなった。「ぜひお会いしたいのです！　あなたのホテルから数分しかかからないところにいます！」とうとう私は会うことにし、一階に下りて外の階段のところで彼を待った。

ちょうどそのとき、装甲兵員輸送車数台からなる大きな車列がホテルの前に止まり、武器を持って完全武装した兵士が飛び降りてきてホテルの周囲に散らばった。士官が一人、数人の男性を従えて早足で私のそばを通り過ぎ、玄関を入って中の階段を上って行った。私はホテルが捜索でもされるのかと思った。武装集団の兵士がホテルに隠れているのかもしれない。しかし先ほどの士官が、緑の迷彩服を着た小柄で筋肉質の男性だったが、急にまた現れて名乗った。「すぐにあなたに気づかず失礼しました！　お時間をどうもありがとうございます！」それが電話の男だったのだ。彼は治安部隊の大佐だということだったが、趣味でビルマ史の研究もしており、地元のマニプル・ビルマ歴史協会の会長なのだそうだった。私たちはそれから半時間、お茶を飲みながら彼が書いた論文を見たり、互いの国の関係を刷新する重要性について話をしたりした。それから彼は、町はずれで行われる対ゲリラ作戦に参加しなければいけないので、と詫び、待機していたジープにいそいそと飛び乗った。そして大佐の車列は、もくもくとほこりを上げながら走り去った。

私は空港から来る道でマニプル映画を宣伝する広告板を目にしていたのだが、同じような広告板がインパールの町中にあった。広告に載っている男性や女性は、ふっくらした顔に手の込んだ髪型をし、ビルマ人俳優と似ていた。ある夜、テレビでマニプル映画賞の授賞式を放送していたのだが、なんとインパールには独自の映画製作をする伝統が一九三〇年代からずっと続いていることをあとから教わった。二〇〇〇年に、革命人民戦線という反政府団体がヒンディー語映画の上映やヒンディー語衛星放送を禁じた（マニプルの反政府団体はこのような命令を出して実行させるほどの力を持っている）。ボリウッド映画は地元の文化を腐敗させ、みだらで、インドの「封建的価値観」の伝達手段であるというのだった（インド北東部の反政府団体は、ビルマの反政府団体と同様、左翼的で潔癖主義的な傾向がある）。革命人民戦線はすでにポルノや、娯楽としての麻薬とアルコールを禁じていたが、たちの悪いインド映画を上映する映画館は爆破すると脅したのだった。

このことが、意図的にではないとしても興味深い結果を招いた(9)。韓国ドラマの大流行である。韓国の衛星放送チャンネル、アリランテレビが広く普及しており、インパールでは毎晩何千人もの人がテレビにくぎ付けになっているそうだ。人びとは、韓国人は彼ら（マニプル人）と似ていて、韓国には「インド本土《プロパー》」との間にはない文化的なつながりがあると感じるのだという。それが事実かどうかは別として、韓国ドラマは大人気となり、若者は韓国の俳優や女優に憧れ、韓国のポップ音楽を聴き、ソウルの最新ファッションをまねている。

しかしインド中心部のファッションをまねようという傾向はない。マニプルだけでなく北東部の他地域、とくに最東部の人びとは、デリーやボンベイなど西方の都市に行くと、差別と感じられる扱いを受ける、と苦々しげに不平を言う。インドは非常な多様性を持つ国で、たとえば北インドと南インドの間では文化や言語、そして人の見かけまでが、ヨーロッパの二つの地域を比べた場合と同じくらい大きく異なる。それでも北インドと南インドの人は、ほぼ確実に、互いのことを「インド人に見える」と思うだろう。しかし北東部出身の人はよく中国や日本などの外国から訪れている人とまちがえられる。また人種差別的な冗談を言われたり、挑発していないのに暴力をふるわれたり、いろいろ嫌な目に遭ったことがあると言う人もいる。北東部にとっての「東方」とは、経済政策や政治戦略に関することにとどまらず、アイデンティティや新しい連携先を模索することにも関係していた。

別の方角に関係を見出そうとする人もいた。(10) インパールの南の丘陵地帯にブネイ・メナシェという一万人近い集団がいる。彼らは、自分たちはイスラエルの「失われた部族」の子孫だとし、ミゾ語という地方語を話す。彼らは自分たちの伝説の祖先マンマシがほかならぬヨセフの息子のマナセであると信じているので、ブネイ・メナシェと呼ばれている。彼らが歌い継いできた収穫の歌に、敵に追われて赤い海を渡るくだりがあることも、自分たちの起源がイスラエルにあることを明らかに示しているのだという。彼らによれば、三千年前にアッシリアに捕われていた祖先が逃げ出し、長い時間をかけてペルシア、アフガニスタン、チベット、中国に至り、そこからインド北東部に来た。この考えはキリスト教宣教師の指導下で始まった可能性がある。宣教師のなかには千年王国運動に傾いていた人もいたからだ。

ミゾ人の多くはウェールズ長老教会に改宗し、ペンテコステ派になった者も多い。また、キリスト教もユダヤ教も最近アジアに伝わったわけではないので、もっと昔に、なんらかの影響があった可能性もある。

ブネイ・メナシェの一部はすでに一九五〇年代から、彼らとしては神に導かれて、ユダヤ教への改宗とイスラエルへの帰国を決意していた。彼らはビルマにあるイスラエル大使館に支援を求めるようになった。イスラエル側には、ブネイ・メナシェの信じる「失われた部族」思想を相手にしない人も多かったが、移住を積極的に助けようとした人たちもいた。近年では、二〇〇〇人近くがイスラエルに移住して正統派ユダヤ教に改宗することを認められており、さらに七〇〇〇人が渡航を希望している。移住した人の大半は最終的にヨルダン川西岸と（入植者撤退前に）ガザ地区に行き着いた。そして二〇〇六年のレバノンでの戦争時には、なんとインド－ビルマ国境地域出身の男性少なくとも一二人がヒズボラを相手に戦った。

雲南－ビルマ国境地域と同様、この地域の人びとは地図上で動かされる駒であるだけではなく、自分たちの利益を考えて積極的に状況をかたち作っている。またブネイ・メナシェの例が示すとおり、自分たちが誰なのか、そして何になりたいかを知ろうとし、遠くまで答えを探しに行っていた。

一九五〇年十一月、当時内務大臣だったサルダール・ヴァッラブバーイー・パテールはネルー首相への手紙の中で、中国が北東部を通してインドにもたらす危険について注意を喚起した。(11)

私たちの知るチベットが消滅し、中国が拡大してこちらに迫ってきた結果、私たちがいま、どのような新しい状況に直面しているのかを考えなければいけません。歴史を通じ、私たちが北東の国境のことを心配したことはほとんどありません。北からのいかなる脅威に対しても、ヒマラヤ山脈が破ることのできない防壁となると見なされてきました。チベットも友好的で、私たちにとってなんの問題も起こしませんでした。中国も分断されていました。国内問題を抱え、国境についてインドを煩わせることはありませんでした。

中国はもはや分断されてはいません。統一され、強力です。（…）北部と北東部のヒマラヤ山脈沿いには、民族学的にも文化的にもチベット人やモンゴル人と変わらない人びとがインド領域内にいます。辺境が不安定な状態に置かれていることと、チベット人や中国人と類縁性を持つ人びとが国境のこちら側にいることには、中国とインドとの間で起こりうるもめ事の要素が全部入っています。（…）そうした地域に住んでいる人びとは、インドへの忠誠心や愛国心を持ったことがありません。

それから六〇年後のいま、インド北東部の住民が中国支配下に入ることを望んでいる様子はない。過去には武装組織が中国から訓練や援助を受けたことはあるが、それは便宜的な判断に基づいたのであり、中国政府への特別な親近感に基づいたものではなかった。事実、私が話をした人の多くが中国に対してむしろ恐れを感じていた。中国の重要性や影響力が増すにつれ、「インド本土《プロパー》」と中国との間に挟まれた小さな民族集団それぞれが独自のアイデンティティや伝統を維持するのは、容易になるのではなく、難しくなるのではないかというものだ。

経済的スチームローラーのような推進力を持つ中国は、天然資源を食いつくし、進路上にあるものはなんでも威圧し、誰にも止められないように見えた。人びとは私にこう言った。アメリカのような裕福な経済大国でさえも拡大する中国の勢力を警戒しているのなら、マニプルのようなところは、ほんの数年内に道路が完成して中国まで車で一日で行けるようになったら、いったいどんな希望を持てるというのか？

これはやや敗北主義的かもしれない考え方である。なんと言っても、これまでに見てきたとおり、中国は中国でたくさんの課題を抱えているし、雲南も、ビルマやインド北東部よりははるかに開発が進んでいるとはいえ、まだ貧しい。それに雲南にいる多くの少数民族集団が静止しているのは、近年の中国の驚異的な経済成長が大きな理由なのだが、その成長が続く保証はない。インド政府は二〇一一年初め、北東部に残るもっとも有力な反政府団体のうちの二つ、ULFAとナガランド民族社会主義評議会（イサク－ムイヴァ派）と和平交渉を始めた。六〇年も紛争が続いたあと、インド北東部になんらかの平和が本当に訪れたらどうなるだろうか？　北東部が民族的そして文化的な多様性を持ちつつ平和で民主的になれば、他地域にとって説得力のある手本になるだろう。中国は新規のインフラ整備にかけては右に出る者がないので、計画どおりにビルマを通る道路ができれば中国支配の時代がもたらされる可能性も高い。しかし道路というものは両方向につながるので、条件が少し変われば、雲南の将来を左右するのはインドか、あるいはビルマということにさえなるかもしれない。その可能性は、雲南がインドやビルマの将来を左右する可能性と同じくらいあるのである。

長らくインドと中国を隔てていたかつての辺境は消えかかり、その代わりに国と国が出会う新しい交差点が生まれようとしていた。

エピローグ

ラングーンから、状態のよい二車線の舗装道路がまずマルタバン湾を回り、小さな町や村、いつまでも続くかと思われる水田の広がりを過ぎてから、一キロ以上の幅のあるサルウィン川を渡る。そこからまっすぐ南下し、テナセリムの沿岸を走る。ビルマは凧のような形をしているが、長さが一〇七〇キロあるテナセリムはその細長い尾の部分に当たる。片側にはアンダマン海とベンガル湾という温かい海がある。対岸はマドラスだ。反対側には石灰岩の山並みがビルマとタイを隔てており、なかには標高が一五〇〇メートルを超える峰もある。近年、ここでは相当な規模の商業的伐採が行われてきたが、多くの山や、間に挟まれた狭い谷間はまだチークや竹などの密林に覆われている。そこには野生のゾウの群れやマレーバクが棲息し、絶滅の危機にあるインドシナトラも数十頭ほどは残っているかもしれない。モンスーンの季節には、この地域は豪雨に浸る。それ以外のときは晴れて、暑く湿度が高い。

人口約五〇万のモールメインはテナセリム沿岸最大の都市で、ラングーンからは車で五時間かかる。そこからの眺めはすばらしかった。海を前にすると、背後で土地が急に盛り上がり、目の前でゆったりした弧を描く大きな湾には大小の島が散らばっている。十九世紀初め、モールメインは一時期イギリス領ビルマの首都だった。それなりに重要な港で、アメリカン・バプテスト教会の宣教師たちはここを出発点として、付近の丘陵地帯にいるカレン部族民の改宗にかかったのである。今でも英国国教会、カトリック、メソディスト、そしてバプテストなど多くの教会がある。またヨーロッパ人の墓地もあるが、そこはまるでハリウッド映画の中のお化けの出る墓地のようで、生い茂る木の陰で暗く、墓石は崩れ、羽が泥やカビに覆われた天使の像が、繁茂する植物の間からのぞいていた。ある墓石は、刻まれた文字がほとんど読み取れないが、メアリー・エレノア・マルコムという女性とその娘ルーシー・ハリエットの死を記録している。マルコムは一八八六年に四十八歳で死に、娘はその一〇日後に十八歳で死んだ。ほかにも多くの墓石が若年の死を記している。おそらく病気が原因だろう。

　ラドヤード・キプリングは一八八九年に少しの間だけモールメインに滞在した[1]。彼の詩「マンダレーへの道」のもとになったのはモールメインだった。モールメインはまた、一九二〇年代にジョージ・オーウェルが帝国警察官として赴任していた場所でもあった。オーウェルのエッセイ『象を撃つ』はモールメインでの話で、書き出しはこうだ。「南ビルマ《ロワー》のモールメインでは、私はたくさんの人々に憎まれていた——たくさんの人々に憎まれるほど重要な存在となったことは、私の生涯でこの時だけである」(川端康雄編『オーウェル評論集1』平凡社ライブラリー)。第二次世界大戦中に日本が造った悪名高い鉄道も、バンコクから山を越え、「戦場にかける橋」を渡ってモールメインに向かうものだった。工事ではビルマ人とタイ人の労働者九万人と、連合国の戦争捕虜一万六〇〇〇人が死んだ。

　今日モールメインは静かな町で、ゆったりとした通りが碁盤の目状に延び、果樹やすらりと高いヤシの並木が続く。植民地時代の建物がまだあり、切り妻屋根で、正面の壁は白の化粧漆喰に装飾が施されている。政府庁舎として造り直された建物もある。一つは博物館になっていて、古代や中世の工芸品が何点かと、十八世紀から十九世紀の華麗な仏像がたくさん展示されている。「アトラン」という新しいホテルから九〇メートルほど離れたところにごく小さいインターネットカフェがあり、五、六人の子どもがコンピューターでゲームをしていた。最近の火事で、水辺にあった古い店の多くが焼失してしまったが、それを除けばモールメインは私が想像するオーウェルがいたころの様子とほとんど変わっていないようだ。高台には金色の尖塔が付いたパゴダが目立ち、そのほかにも、十九世紀の精巧な仏教寺院がある。これは追放されてモールメインに来たビルマの王女が建てた「マンダレー式」のもので、古いのでチーク材の壁はやや曲がり、非常に貴重な壁画も消えかかっている。モールメインの街中には、ビルマ人だけでなくインド人の顔つきの人もいた。植民地時代に多くのインド人移民がこの町に住んでいたことの名残である。屋内市場では、魚屋を切り盛りするのはみな女性で、その日に獲れたものを大きな籠に入れて売っている。

モールメインから南に約二九〇キロのところに、さらに静かなタヴォイがある。小さな町で、電気がないので夜は真っ暗だ。三方を山に囲まれている。チーク材でできた植民地時代のバンガローがいくつか残る。一つはかつてのイギリスの地方弁務官が暮らしていたかなり豪華なもので、庭にはランが咲いている。付近にはカシューやマンゴーを栽培する小さな農園がある。そして町の中心部から西に数キロ行けば海だ。絵に描いたような白い砂のビーチに、湯のように温かい波が静かに寄せる。遠くには小さな木造の漁船が浮かぶ。そこから約七〇〇キロ南にあるタイのプーケット島には、国際的な映画スターからヨーロッパの王族、大学入学前の学生や一日五ドルで暮らすバックパッカーまで毎年五〇〇万人もの観光客が押し寄せる。ここタヴォイと沖にある数十の島のビーチもプーケットのと同じくらいきれいだが、ほとんど人影がなく、まだ汚されていない。

それも長くは続かないかもしれない。ビルマとタイの両政府は二〇一〇年十月、テナセリム沿岸に巨大な産業複合施設を建設する計画を発表した(2)。基本的なインフラ整備に約八六億ドルが投じられる。その後、さらに五八〇億ドルが投資されることになっている。これにより深海港と、鉄鋼や肥料、石油化学のプラント、それに石油精製所ができる。新しい幹線道路が山を貫いてバンコクに至る。観光客用のリゾートも大規模なものができる。タヴォイは変革の起点になるのだ。

こうした開発が環境を破壊するのではないかというもっともな懸念がある。実際のところ、タイ政府は、この事業を支援する主な理由は、環境破壊を起こす産業をタイからビルマに移したいからだと言っている。また、現地の住民、とくにほとんど補償を得ずに土地を失うことになる小規模農民のことを心配する声もある。

しかし事業を推進する側は、タヴォイに新しくできる施設が「何百万」もの雇用を創出すると言う。ビルマの政府関係者や実業家たちも、タヴォイが中国初の「経済特区」として一九八〇年代に中国の大規模な工業化の先駆けとなった深圳のようになることを期待している。タヴォイ開発は東方で進む中国の計画ともつながっている(3)。中国企業はこれから数年で雲南からラオス、タイ、カンボジアまでまっすぐ南に延びる鉄道を建設したいと考えている。鉄道はさらにタヴォイ、つまりインド洋に達し、並行して幹線道路もできる。そうすると中国の珠江デルタからの商品をぎっしり積んだコンテナ船が、マラッカ海峡経由の遠回りをすることなく、タヴォイから直接ヨーロッパに向かうことができるようになる。また中東からの石油タンカーもタヴォイで積み降ろしができるようになり、精製された石油は山を越えてタイなどに運ばれる。タヴォイはまたインドにつながる連結地点にもなる。というのは、タヴォイまでの幹線道路はそのままモールメインへ、さらにビルマ中央部を通ってマニプルやアッサムにも延びる計画だからだ。

こうして新しい計画が立てられている間に、もっと前からあった計画も実行に移されている。北のアラカン沿岸の沖にあるラムリー島では、深海港と、そこから中国に至る石油・天然ガスパイプラインの建設が始まっている。予定では二〇一三年から、アフリカやペルシア湾からの石油が一日最大で五〇万バレル、このパイプラインを通って昆明に運ばれる。中国当局は二〇一〇年十二月、ビルマ政府にパイプライン使用料金として一日五万バレルの石油を提供すること、また中国とビルマが共同でマンダレーの近くに石油精製所を建設することを発表した。二〇一五年には、かねてから計画されていた高速鉄道がとうとう完成し、ラムリー島からマンダレーを経由して雲南まで、人や貨物が運ばれるようになる。ビルマは中国南西部のインド洋への裏口になるのだ。中国側はまた、中国国境からカチン丘陵を通りインドのアルナーチャル・プラデーシュ州に至る、かつてのスティルウェル公路の修復工事にも着手した(4)。

そしてインドもとうとう計画の実行を始めた(5)。(ラムリー島のすぐ北にある)アキャブの港を改良し、川と幹線道路も輸送路にしてミゾラム州につなぐ四億ドルのカラダン「多様式」プロジェクトなどがそうだ。二〇一五年には、カルカッタその他のインド東部の港や、インドネシア、マレーシア、シンガポールからの商品がアキャブ経由で、それまで陸の孤島だったインド北東部に運ばれるようになる。中国とバングラデシュの間でさえ話が前に進んでいる。二〇一〇年にバングラデシュのシェイク・ハシナ首相が昆明を訪れた際、両国は昆明とラムリー島を結ぶ新鉄道をバングラデシュのチッタゴンまで延ばし、バングラデシュに住む一億五〇〇〇万人を雲南とを結ぶことに大筋で合意した。将来、インドとバングラデシュの関係が改善すれば、この新しい回廊がさらに先のカルカッタにまで至る可能性さえある。たった数年前まではぼんやりとしか見えていなかったことが今では明らかな現実となっていた。長い間、東洋の二大文明を隔ててきたビルマが変身し、アジアの新しい交差点になりつつあったのだ。

ホテルは満室だった。二年前に泊まったのと同じ、ラングーン中心部にあるホテルだ。当時の宿泊客はといえば、ランドクルーザーで乗りつけ、ラップトップやフォルダーを抱えた国連職員やその他の援助団体職員と、中国などからのビジネスマンが数人だけだった。それが、今回は何百人もの観光客がいた。アジア人が主だったがアメリカ人やヨーロッパ人もたくさんいた。ロビーのわきにある、キッシュやケーキ、クロワッサンを売るガラス張りのカウンターがお菓子の家のように作り変えられていた。飾りを付けた段ボールが「家」の壁で、中にいる二人の女性は赤いサンタクロースの帽子をかぶっていた。その隣のカフェのウェイトレスも同じ帽子をかぶっていた。受付のそばには小さなクリスマスツリーがあり、ホテルのレストランでも、ローストターキーに数種類のワインという特別のクリスマス・ディナーが食べられるとのことだった。正面玄関の上には「メリークリスマス」と書いた横断幕がかかっていた。

私は、貸切りバスに乗ってきた、日に焼けて顔がまだらになった若いスペイン人たちと同時にチェックインしたのだった。あとで、韓国やタイ、イタリアからの団体観光客も泊まっているのに気づいた。それからの数日間で、私はそれまでに見たことがないほど多くの観光客を町中で見かけた。年配のオーストラリア人のグループが、男性は半ズボンをはき、女性も男性も帽子をかぶり、ストランド通り沿いの古い植民地時代の建物をじっくり観察していた。スコット・マーケットでは、リネンの服を着たドイツ人やフランス人の買い物客がビルマのロンジーや漆器を値切っていた。また裕福なアメリカ人もいて、彼らにはしばしば専用のガイドや車がついていた。主なホテルがすべて満室だっただけでなく、一日に六便あるバンコクからの飛行機もどれも満席だった。小さな旅行会社を経営している私の友人は、二〇一〇年から一一年にかけての「ハイシーズン」はビルマの観光産業史上もっともよいものになりそうだと言った。

ビジネスの好転を示すものはほかにもあった。新しいショッピングモールがいくつか完成したばかりで、ラングーンの主な幹線道路であるプローム通り沿いでは大きなマンションが建設中だった。いたるところで工事が行われ、不動産価格が急上昇していた。ヤンゴンの中でも人気の地域では、寝室が四つある家がいまや二〇〇万ドル以上で売られ、それを買い手は現金で購入していた。電力の供給も改善され、数十年ぶりに一日二四時間近く電気がつくようになった。これは新しくダムと小規模の天然ガスパイプラインができたことによった。町の中心部は混雑し、広告板が映画や衣服、化粧品、家電を宣伝していた。通りを走る車までもが少しよいものになったようで、四輪駆動車の新車や高級セダンが増えていた。

冷たい冬の日差しのもと、町中にクリスマスの飾りがあり、新年を祝うパーティーの予定も入ってくるなか、ラングーンが二年前のサイクロン・ナルギス直後よりもよい状態にあると結論づけるのは簡単だった。しかし、ラングーンという都市の表面だけを見ても、より一般的なビルマ経済の実態を正しくつかめるわけではなかった。たしかにそれまでなかった金がどっと入ってきていたが、全部の出所が同じ場合もあった。たとえば、中国への翡翠の輸出は二〇一〇年の一年と二〇一一年の初めまでで四〇億ドル以上もの収入をもたらした。その一部は税金として政府に収められるが、ほとんどは裕福な実業家の手に入る。そうした実業家はビルマ人か中国人で、その金で不動産に投資したり、高額の新車を買ったりしていた。しかし最上層にいるのが数十万人と仮定して、それを除いた大多数の市民の暮らしが少しでも改善しているかといえば、そうとは言い切れなかった。収入の格差も縮まるのではなく拡大している可能性が高く、誰に聞いても農村部だけでなくラングーンの労働者階級までもがいまだに深刻な貧困にあえいでいた。

二〇一〇年十一月七日、ビルマで二〇年ぶりの選挙が実施された(6)。そこに至るまでの過程は入念に仕組まれていたものだったので、予想どおり、連邦団結発展党（USDP）が圧勝し、争った議席の八〇パーセントを獲得した。多くの少数民族の政党もそれぞれの地域で善戦した（地方議会の支配権を勝ち取った党も一つあった）が、ほかの独立政党はみなたいへんな苦戦を強いられた。

ＵＳＤＰは財政面でも体制面でも他党と比べて圧倒的に有利な状態で選挙戦に臨み、すべての選挙区に候補者を立てた。他方で高額の登録料が原因でほとんどの独立政党はほんのいくつかの選挙区でしか戦えなかった。またラングーンを中心に投票操作があったとの主張が各所から出てきた。一握りの投票所を除いては国際監視団による視察もなかったのである。ＵＳＤＰの圧勝にはほかにも原因があった。ＵＳＤＰの指導部はほぼ全員が退役したばかりの軍人だったが、立候補者の大半は地方の有力者や経営者などで、初めから資金や支持基盤を持っていた。そして反体制派内でも意見が分かれていた。アウンサンスーチーの国民民主連盟（ＮＬＤ）は選挙に参加するかしないかをめぐって分裂し、参加するべきだという人たちが国民民主戦線を結成、残ったＮＬＤは選挙のボイコットを支持した。また、ただでさえ少ない反体制政党の候補者に投票したかもしれない人びとの多くが投票に行かなかった。

すると選挙の一週間後の十一月十七日に、六年間以上も自宅軟禁下にあったアウンサンスーチーが解放された。その後の数週間で彼女は数十もの外国メディアの取材を受け、「調和」の必要性といった以前からの主張をいくつも繰り返し、民主主義に向けた「平和的な革命」を呼びかけた。欧米の外交官が次から次へと彼女を訪ね、この先どうするべきかについて助言を求めた。しかしアウンサンスーチーは今ではビルマの政治運動の指導者というより国際的に偶像視される存在で、ほとんど崇拝の的となっていた。国内外の支持者にとっては、彼女が現実を変える能力を持っているかということよりも、彼女の個性や、一個人として犠牲にしてきたもの、人を奮い立たせる力、彼女が美徳とするものなどのほうが重要なようだった。アウンサンスーチーは、三カ月たってもまだ様子見を続け、新政府の結成を待ち、どういった戦略をとるか決めかねているようだった。

ＮＬＤから分裂した国民民主戦線は議会に活動の場を得て、欧米による制裁がほかの何よりも一般市民に打撃を与えているとして、制裁の解除を求めた。選挙に出たすべての独立政党と少数民族政党がこの訴えを支持した。しかし、アウンサンスーチーのＮＬＤは制裁の解除に反対だった。ＮＬＤは、制裁はアウンサンスーチーが将来政府と交渉する際に使える唯一の切り札なのだと主張する。ＮＬＤはまた、新政府といっても外見が変わっただけで、実際はタンシュエ将軍による支配が続いているようなものであり、新しく大統領制が導入され、野党の代表がいくらか入った議会ができるとはいっても、それらは実質的な権限をほとんど持たないと言う。こうしたＮＬＤの意見に対し、創設されるのが半文民政府だとしても、よりよい統治と経済運営の改善につながる第一歩となるかもしれないと反論する人たちもいた。彼らは、いずれにしても制裁が一般市民に及ぼした付随的悪影響は甚大であり、本来の標的である軍政に対して持った効果よりもずっと大きかったと主張する。元将軍のテインセインが新大統領に決まり、政府とともに二〇一一年三月に宣誓して就任した。テインセインはまず経済改革、汚職の撲滅、そして政治的和解が必要だと表明することから始めた。これを受けて一部では期待感が増した。一方で、まだ信用できないという人たちもいた。

　二年前に比べると中国についての議論もずっと盛んになっていた。中国がビルマ経済を握っていることについて全体的に不安があり、近く何かが起きるのではないかという意識もあった。しかし、一九五〇年代にソ連の経済力が伸びると確信を持って予測されていたこと、また八〇年代には、日本が世界経済を支配すると同様に予測されていたこと、あるいは一世紀前のことだが、アルゼンチンとオーストリア゠ハンガリー帝国が世界的勢力となるのは確実だといわれていたことを考えれば、将来の予測が不可能であることは明らかだ。現状を説明するのは難しくない。つまり、ビルマは中国に対して不安を持ち、国内では今も続く内戦による影響がある。中国は独自の事情で雲南から海をめざして南西方向に進出している。インドは北東部の安全保障問題に執心すると同時に、中国のビルマへの影響力の拡大についても懸念している。また、今日ビルマに対してより大きな影響力を持っているのが、北東部を通じてのインドではなく、雲南を通じての中国である理由も容易に理解できる。しかし今後の数十年で、インド、ビルマ、中国が互いにこれまでよりもずっと深い関係を持つようになれば、何が起きるかはまったくわからない。現在繰り広げられているような壮大な動きというのは、歴史上に先例がないのである。

こうした叙事詩的ともいうべき変移のなかで、ビルマの指導者たちは、中国政府から最大限に有益な取り決めを引き出し、ほかでも提携者や協力者となりうる相手を見つけ育むという、きわどい釣り合いをとり続ける。しかし今のところは中国に本当に対抗できる競争相手はいない。中国政府機関や国営企業は、ビルマに対して、パイプラインや道路、鉄道の新設だけでなく、数十億ドル相当の融資を提示しているほか、ＩＴや電気通信インフラの新規整備から電力網の大幅拡大まで、あらゆることについて支援を申し出ている。こうした中国の影響力に対して、ビルマ政府の一部には、欧米政府との関係を改善することでバランスをとりたいという意向がある。しかしアメリカもイギリスも、それぞれの政策をアウンサンスーチー個人の見解と非常に強く結びつけているため、制裁を続ける姿勢を崩さず、選挙も見せかけだったと強く非難した。また、その具体的内容をまったく明らかにしないものの、とにかくいっそうの政治改革を行わなければ制裁解除の検討さえもできないとした。選挙直前の二〇一〇年後半、タンシュエ将軍はビルマ軍の最上層部のほぼ全員を退役させ、代わりにそれまでよりずっと若い四十代後半から五十代前半の軍人たちを登用した。これで、欧米に行ったことのない世代が初めて軍を率いることになる。中国が彼らの訪問を大歓迎するのはまちがいないだろう。アメリカのジム・ウェッブ上院議員は二〇一〇年十月、アメリカはビルマが「中国の省」の一つになるのを許すべきではないと述べた。しかし欧米の政治家の多くは、ビルマを単なる勧善懲悪劇と見なしており、自分たちが人権抑圧に関して「厳しい」姿勢を見せるのに便利な争点として利用できればそれでよかった。彼らにとって、制裁という、いつまでも目的を達成しない政策が実際にどのような影響をもたらしたかは重要でないのだ。

では今後はどうなるのか? 欧米の制裁が解除されようとされまいと、ビルマは一応の経済成長を遂げるだろう。民主的といえる政府がしばらく実現しないことはほぼ確かだが、経済政策の改善や、援助と投資の増加はありうるだろう。貧困削減や雇用の創出、新世代の熟練労働者の養成なども一定程度なら達成できるかもしれない。ビルマは食物やエネルギーなど、二十一世紀に貴重とされる生産物がもともと豊富にある国であり、そうした資源を開発するための資金を中国が出す可能性は高い。不明なのは、それによってビルマの大半の人びとが少しでも恩恵を受けるかどうかである。

ビルマが持つさらに重要な財産は、中国とインドの間にあるというその戦略的な位置で、まさにこれこそが今後、国全体にとって途方もなく有意義な機会をもたらす可能性がある。しかしその機会を活用して一般市民に恩恵をもたらすには、根本的な転換が必要だ。つまり、数十年続いた武力紛争を終わらせること。支配者層が、ビルマの民族的そして文化的な多様性を、単に対処するべき問題として扱うではなく、国にとって好ましいものとして見ようとすること。数世代にわたってビルマの政策を決定してきた排外主義に代わり、コスモポリタン精神が生まれること。そしておそらくもっとも重要なものとして、国民からの信用と信頼を受ける強く効果的な政府ができること。

ビルマと周辺地域の未来についてはいろいろな筋書きが考えられる。一つの筋書きでは、欧米の制裁は解除されず、その結果、欧米の民主主義国家はビルマに対してほとんど影響力を持たなくなる。ビルマは地域内で唯一、欧米の市場に参入したり知識に触れたりできない国であり続けるが、中国に対しては一次産品の主要な供給国となり、中国をインド洋につなぐ回廊にもなる。これで短期的には中国の需要が満たされるが、長期的にはビルマで反中感情が膨れ、ビルマにとって本当に重要となるはずの、中国との友好的で互いに有益な関係を築く機会が失われる。同時に、中国のビルマに対する支配が強まることにインドその他の近隣国が不安を感じ、貿易は増えても、この不安が原因となって新しい競争が生まれたり、古い競争が再燃したりする。インド北東部やビルマ北部など地域内で起きている紛争は解決されず、ビルマ国内でも少数民族武装勢力との停戦体制が崩れ、武力紛争の新たなサイクルが始まり、そこに大国が介入してくるかもしれない。そのような不安定な情勢から雲南も影響を受け、武器や麻薬の密輸から伝染病の蔓延まであらゆる越境問題がさらに悪化する。ビルマは政治、経済、環境に関する数々の問題に適切に対応することができない。ビルマに交差点は生まれるが、それは危険な交差点である。

しかし別の、もっと幸せな筋書きもある。ビルマで実質的な進展があり、同時に欧米の制裁も迅速に解除される。開発もそれほど偏らず、環境破壊も最小限に抑えられ、国際社会がビルマの貧困削減努力を支援し、中産階級が出現してより民主的な政府ができる基盤となる。停戦体制が持続的な平和に変わり、少数民族が持つ不満についても解消に向けた取り組みがされる。インド北東部にも、独立後初めて平和が訪れる。繁栄するビルマは雲南にも恩恵をもたらすが、それは中国－ビルマ間のより平等な関係の中でのことになり、これが長らく休止していた両国間の文化面での交流の復活につながる。国境も再開され、政府同士の協力も可能になり、開かれた国境に付随する諸問題に共同で取り組むことができる。中国がインドと出会うビルマでは、文化や人びとが出会う、ほかに類のない場が生まれる。そこはアジア世界の新しい中心なのである。

ビルマでの発展は地域全体にとっての恩恵となるはずだ。ビルマが平和で、繁栄し、民主的になれば、アジア全体の流れを大きく変える力になるだろう。

謝辞

辛抱強く几帳面な校正をしてくれたドナルド・ソマーヴィル、本書のために秀逸な地図を作ってくれたアンドラス・ベレズネイ、そして手伝いに時間を惜しまずすばらしい仕事をしてくれたレベッカ・リーにたいへん感謝している。またフェイバーのジュリアン・ルース、ウィル・アトキンソン、マイルズ・ポイントン、レベッカ・ピアソン、そしてウォルター・ドノヒューにも謝意を示したい。とくに担当編集者だったウォルターは私の支えとなり、洞察に富む意見と提案をくれた。ファラー、ストラウス&ジルー(FSG)のジェフ・セロイ、キャシー・デインマン、カレン・メイン、そしてエリック・チンスキーにもお世話になった。四人とは、初めのころに本書についてたいへん刺激的な議論をしたことを今でもよく覚えている。FSGでの編集者で、最初から私を引っ張ってくれたポール・イーリーにはとくに深く感謝したい。詳細で深みのある助言は非常に貴重なものだった。また、本書の出版を可能にしてくれた私のエージェントのクレア・アレクサンダーには、いつも励ましてくれたこと、賢い提言をくれたことにとくにお礼を言いたい。

訳者あとがき

本書は *Thant Myint-U, Where China Meets India: Burma and the New Crossroads of Asia,* Farrar, Straus and Giroux, 2011 の全訳である。

著者のタンミンウーはビルマ（ミャンマー）人のビルマ史専門家で、一九六〇年代に一〇年間、国連事務総長を務めたウー・タン（ウ・タント）を祖父に持つ。著者自身も九〇年代から二〇〇〇年代にかけて複数の国連機関に勤めた。著書としては本書の前に、自身の博士論文を土台にし、近代ビルマの形成を描いた *The Making of Modern Burma,* Cambridge University Press, 2001 と、自伝的な要素の入った *The River of Lost Footsteps: A Personal History of Burma,* Farrar, Straus and Giroux, 2006 がある。どちらも未邦訳である。

そのこともあって、タンミンウーは日本語ではまだ見慣れない名前だが、ビルマに関する英語の報道記事には日常的に登場する。ビルマや近隣国の歴史をふまえて、ビルマの現状やさまざまな問題に関する見通しについて洞察に富んだ分析をし、わかりやすく解説する専門家として定着しているのである。また、執筆活動を続けるかたわら、ヤンゴン・ヘリテージ・ソサエティの会長としてビルマの歴史的建造物保存に取り組むほか、テインセイン大統領の諮問評議会の評議員や、ミャンマー平和センターの特別顧問を務めるなど、ビルマで現在進行中の自由化改革の主流にいる人物でもある。

そんな著者による最新作として本書が出版されると、ビルマ研究者や民主化運動支援者の間でたちまち話題になった。テインセイン政権が急に改革路線に舵を切った背景にどのような事情やねらいがあったのか？　ビルマをめぐる中国やインドの思惑とは？　近隣国がビルマ各地で進める大型開発は、地域にどのような影響を及ぼすのか？　歴代のビルマ政府を悩ませてきた民族問題はどう解決されていくのか？　本書は、中国とインドが出会うビルマという舞台に、歴史を通じてどんな役者が登場してきたのかを顧みつつ、今後その舞台でどんな筋書きが演じられるのかを推測する。

本書が刊行された二〇一一年初秋は、ビルマへの一般的な注目が高まっていた時期でもあったので、本書はしばらく毎日のように新聞や雑誌で取り上げられていた。普段はビルマ問題に関心のないアメリカ在住の義兄が、「話題の本らしいので」と、わざわざ一冊買って私に郵送してくれたほどだ。国際的に、ビルマをめぐる盛んな議論や認識共有のもととなった本書が、日本でも出ることの意義は大きい。

中国とインドというアジアの二大文明に挟まれているその位置こそが、ビルマにとって最大の資産である。ビルマは、南アジアと東アジアをつなぐ活発な交差点として、自国だけでなく中国やインドの人びとにも恩恵をもたらす可能性を秘めている。これが本書の大前提だ。その潜在的な力を実現するには、ビルマ自身が安定し、繁栄することが不可欠となる。しかし、本書が書かれていた二〇一〇年前後には、ビルマはまだ軍事政権下にあり、複数の地域で内戦が続き、経済成長も不振、天然資源は豊富だが、それを売る相手が非常に限られるという先行き不透明な状況に陥っていた。

タンミンウーによれば、これは民主化を求める欧米が軍事政権に科した経済・金融制裁によるところが大きい。つまり、制裁の影響でビルマには約二十年間、欧米からの投資や援助などが入らなかった。その間、エネルギー需要が増える一方の中国の目には、ビルマは天然資源を提供し、インド洋への通用口として「マラッカ・ディレンマ」の解決策となりうる有用な隣国と映るようになっていた。

ビルマは中国に経済・外交面で依存せざるを得ず、その結果、中国がビルマを独占するような状態が生まれてしまった、というのである。

このビルマ・中国関係はきわめて不均衡であり、長期的にはどちらにとっても望ましい状況ではない。そこで欧米諸国が制裁を解除し、投資や開発援助を再開すれば、さまざまな開発事業に中国以外の国や機関が参加することでバランスがとれ、国際援助によって貧困削減が進む。少数民族との対話も進み、辺境地域での武力紛争が終わる。中産階級が出現し、より民主的な政府の基盤ができるのではないか。こうタンミンウーは論じる。

実際には簡単にはいかないだろう。事実、本書の「エピローグ」に描かれている筋書きの一部が、よいほうも悪いほうも現実になってきている。ビルマでは、二〇一一年三月末に軍事政権がなくなり、元軍人のテインセインが率いる新政権が発足した。本書が出版されてから一年のうちに、多数の政治囚が解放され、軍事政権が決して相対しようとしなかったアウンサンスーチーが選挙を経て国会議員になるなど、政治体制の面で大きな前進があった。テインセインはまた、経済や金融の制度も抜本的に改革する姿勢を見せた。これを受け、欧米政府もビルマ政府に歩み寄り、制裁の大部分を解除・停止し、米国企業による新規投資や、制裁の一環で止まっていた世界銀行などからの援助を解禁した。いまやビルマ市場は「アジア最後のフロンティア」ともてはやされ、企業の関心も高い。

しかし、国際社会からの援助や投資を通じて社会が全体として豊かになっていくのだとしても、その過程で一般市民が人知れず犠牲を払う事例が蓄積されていけば、新たな紛争の火種になりはしないだろうか。本書に何度も登場する、ベンガル湾からビルマを横断して中国に至る天然ガスパイプラインは、つい先日、完成した。しかしシャン州やアラカン州の地元住民は、建設によって農地を不当に奪われるなどの被害を受けたとして、最後まで事業に反対だった。満足な対応を受けたとの情報はない。また、シャン州北部のパイプライン周辺地域では、少数民族勢力と国軍との間で断続的に戦闘が起きており、パイプラインが無事に操業できるのかに不安が残る。

新政府発足後に新たに始まった紛争もある。二〇一一年六月には、タンミンウーもその領域を訪れたカチン独立軍とビルマ国軍との間で戦闘が再開、八万人以上が避難生活を送る。また二〇一二年半ば以降、ビルマ各地でイスラーム教徒に対する襲撃事件が起き、多数の死傷者を出したうえ、アラカン州では一〇万人以上が避難民となっている。

こうした不穏な動きは、ビルマが全体に変革を遂げていく中での小さな後戻りなのだろうか、それとも変革そのものに対する脅威なのだろうか。本書が「制裁は効果を出さなかった」と言いきったり、物理的な開発が進み、数字で測れる生活水準が上がりさえすれば少数民族による抵抗も収まると示唆したりしている点は当然、論議を呼ぶだろう。しかし、ビルマ政府もそうした認識に多分に基づいて動いているという限りでは、ビルマの今後や、日本のかかわり方を考えるにあたり、本書は大きな示唆を与えてくれる。

＊

本書の翻訳にあたり、原文の一部に認められた明らかな誤記については修正して訳出した。ただし、歴史上の事件による死者数などについては、推定される人数に諸説ある場合でも、原文のままの数字を用いた。

ビルマ近現代史に関する用語については根本敬先生（上智大学教授）から丁寧なご指導を賜った。また本書にはビルマ語だけでなく、中国語やアラビア語からベンガル語まで、多様な言語の人名等が出てくるが、それらの正しい表記についてご教示くださった方々にも厚くお礼を申し上げる。

翻訳作業中に支えてくださった箱田徹さん、佐伯奈津子さん、梶村美紀さん、守屋友江さん、特定非営利活動法人メコン・ウォッチのスタッフ、そして家族には感謝の念でいっぱいである。ほかにも多くの方に支援と励ましをいただいた。
最後に、白水社編集部の阿部唯史さんにはお礼を言いつくせないほどお世話になった。心から感謝している。

二〇一三年七月

秋元由紀

解説

中西嘉宏

中国とインドという二つの大国（同時に異なる個性を持つ二つの文明）のはざまにあるビルマ（ミャンマー）。世界地図を見ると、この国が両国（あるいは両文明）からの影響を受けてきたことは容易に想像できる。それだけでなく、なんともアクの強い大国に挟まれて苦難の歴史だったろうなと想像を働かせて、必要もない同情すら抱くかもしれない。

実際、ビルマ最後の王朝であったコンバウン朝は清朝の朝貢国だった。これは中華的な世界秩序の一部に組み入れられていたことを意味する。だが、かつて、あの元朝の侵攻に打ち勝った歴史もビルマにはある。紅茶で知られるインドのアッサム地方をビルマの王が制服したこともあった。大国に翻弄されながら独自の王朝が生き延びてきたのである。十九世紀に地球の反対側からやってきたイギリスの植民地となって、ビルマは英領インドに統合されてしまうわけだが（一九四八年に独立）、国全体が中国やインドの一部になったことはない。

この「はざまにある国家」という運命を十字路（crossroad）と表現した歴史家が、旅行記のかたちをとりながら、ビルマと隣接する中国とインドの辺境について考察したのが本書である。ただし、辺境とはいってても命がけの冒険ではないし、情緒的な旅でも、ジャーナリスティックな取材の旅でもなく、その点では、旅行記好きには物足りないかもしれない。その代わりというべきか、旅行先の歴史についての分厚い情報がこれでもかというほど語られ、深い洞察に満ちている。本書は空間と時間、双方を巡る旅の記録なのである。

訳者解説にもあるとおり、著者である歴史家タンミンウーはハーバード大学を卒業し、オックスフォード大学で歴史学を修めて博士号を得たビルマ史の専門家。元国連事務総長であったウ・タントを祖父に持ち、自身も職員として国連で勤めて世界各国を飛び回った実務経験を持つ人物である。その知識と経験は本書においても存分に活かされている。

さらに本書が大事なのは、いま混乱の最中にあるビルマの先行きを見通すことにも役立つところだろう。次第に不安定化していくビルマを活かすも殺すも中国、インド、タイといった周辺諸国だからで、ビルマの周辺と国境の向こう側を知ることは決定的に重要な作業である。

とはいえ、本書の原著が出版されたのが二〇一一年（日本語訳は二〇一三年）を考慮すると、今、この本を読むにあたっては、少し補正が必要かもしれない。その方が本書の意義がより高まるからである。ここでは、補正すべき点を三つ指摘しておこう。

まず頭に入れておきたいのは、本書が執筆されていた二〇〇〇年代末から二〇〇〇年代初頭は、ちょうどビルマが変わる直前だったことである。ビルマでは二〇〇八年に新憲法が成立し、二〇一〇年には軍事政権主導の選挙が実施されていた。選挙直後に民主化運動の指導者であるアウンサンスーチーが長い自宅軟禁から解放されるなど、近い将来、軍事政権からなんらかの移行があるだろうと予想されていた時期である。結局その後、軍事政権が終わり、改革があれよあれよと進んで、二〇一五年にはアウンサンスーチー率いる国民民主連盟が選挙で勝利し、その翌年には政権交代が実現している。経済成長があり、言論の自由も広がって、明らかに国が変わったのだった。

ところが、二〇二一年のクーデターで再びビルマ軍が権力を掌握。しかし、一度得られた自由や権利を奪われることに人々は抵抗した。軍に抵抗するデモは平和的なものから次第に武装闘争へと転化し、タンミンウーがまさにこの本で触れている中国やインド、タイ国境の少数民族武装勢力の一部も抵抗に加わったことで、武力紛争が全土に広がっている。現在の軍事政権はかつてと比べてずっと不安定で危うい。まさにその危うさを生み出しているのが国境地域であり、本書は不安定の歴史的な根源を知るのに大いに役立つのである。

第二に、地政学の変化も踏まえておいた方がよい。この国の国際環境も本書の初版が出版された後に大きく変わった。本書では米国のオバマ政権（当時）が対ビルマ政策を変えようとしているところまでは言及されているが、その試みが実を結んだのはもう少し後で、二〇一二年にオバマ大統領が米国現職大統領として初めてビルマを公式訪問したことが画期となる。これがグリーンライトになって、日本を含む自由主義圏の国々の政府や企業、国際援助機関がビルマの発展を後押しした。投資が流れ込み、念願の経済成長を達成する。

ところが、二〇二一年のクーデターを機にミャンマーを取り巻く国際環境は急速に反転した。米国や欧州連合（EU）、英国などはビルマ軍指導者や関係企業などに制裁を科している。かつてはビルマの軍政に融和的だった東南アジア諸国も、今は首脳会談に軍の最高指導者であるミンアウンフライン将軍を招いていない。中国やロシアは軍事政権を正統な政府として扱ってはいるが、武力闘争での敗北を重ねるビルマ軍は頼りなく見えるだろう。主権国家としての体裁をビルマの軍事政権が次第に失っていくなかで、中国やインドのような周辺国がもたらす影響は、本書が書かれたとき以上に高まっている。

最後の補正点は本書の読み方についてである。もしこの本と合わせて読むなら、最近（二〇二四年七月）亡くなった、米国の政治学者であるジェームズ・C・スコットの『ゾミア――脱国家の世界史』（みすず書房）がよい。原著は『ビルマ・ハイウェイ』より前の二〇〇九年に出ている。スコットは欧米列強によって植民地化されるまでのビルマ北東部やインド国境地域を含む広範な地域をゾミアと呼んだ（ただし、スコット自身の造語ではない）。ゾミアとは、歴史的に国家が統治してこなかった地域で、国家の支配から逃れた人々が暮らしていたという。タンミンウーが王朝や帝国のような権力を中心に歴史を描くのとは異なる視点がそこにはある。『ゾミア』の分厚さにたじろがずに挑戦してもらえれば、同じような地域を対象にした歴史でもこれほど違いがあるのかと驚くだろう。

タンミンウーは二〇二一年の政変後、米国の外交雑誌『フォーリン・アフェアーズ』（二〇二一年六／七月号）に「ミャンマーは崩壊するのか――破綻国家と連邦制の間」という優れた論説を載せて以来、目立った言論活動をしていない。現在はケンブリッジ大学の客員学者として世界史を教えながら、冷戦時代の国連に関する新しい本を執筆しているという。かつては活発に発信されていたSNSの更新も滞り、彼が指導的立場を担っていたヤンゴンの史的建築物の保護プロジェクト（Yangon Heritage Trust）も停滞しているようである。

今も彼のもとにはコメントや執筆の依頼が大量に届いているはずで、それらすべて断っているのだろう。まあ、でも慌てる必要はない。ビルマ情勢の不安定はまだまだ続くか、悪化しそうである。依然としてその結末は見えない。彼が口を開かなければならないときがいつか必ず来るだろう。それまで、本書をはじめとするタンミンウーの著書を読むことで知識を蓄えておくのも悪くない。「現代史アーカイヴス」にふさわしい一冊だと思う。

（京都大学東南アジア地域研究研究所准教授）

*

現代史アーカイヴス　第1期

重厚なノンフィクションが社会から消えゆく現在、
ピュリツァー賞はじめ記念碑的著作の文書館へ。
新シリーズ「現代史アーカイヴス」始動。

沈黙の山嶺《いただき》（上下）
第一次世界大戦とマロリーのエヴェレスト
ウェイド・デイヴィス 著　秋元由紀 訳　小関隆 解説

レーニンの墓（上下）　ソ連帝国最期の日々
デイヴィッド・レムニック 著　三浦元博 訳　訳者新解説

倒壊する巨塔（上下）　アルカイダと「9・11」への道
ローレンス・ライト 著　平賀秀明 訳

赤軍記者グロースマン　独ソ戦取材ノート 1941-45
アントニー・ビーヴァー、
リューバ・ヴィノグラードヴァ 編　川上洸 訳

アメリカを変えた夏 1927年
ビル・ブライソン 著　伊藤真 訳

ビルマ・ハイウェイ　中国とインドをつなぐ十字路
タンミンウー 著　秋元由紀 訳

疾走中国　変わりゆく都市と農村
ピーター・ヘスラー 著　栗原泉 訳

著者略歴
タンミンウー（Thant Myint-U）
歴史家。1966年ニューヨーク生まれ。ハーバード大学卒業、ジョンズ・ホプキンス大学高等国際関係大学院修了。ケンブリッジ大学にて博士号（歴史）取得。カンボジアや旧ユーゴスラビアの国連平和維持団や国連本部での勤務を経て、ヤンゴン・ヘリテージ・トラストの会長として歴史的建造物の保存に取り組むほか、2012年からミャンマー大統領の国家経済社会諮問評議会の評議員や、ミャンマー平和センターの特別顧問なども務めた。元国連事務総長のウー・タン（ウ・タント）は祖父にあたる。著書に *The Making of Modern Burma*（2000）、*The River of Lost Footsteps: A Personal History of Burma*（2006）のほか、邦訳書に『ビルマ 危機の本質』（河出書房新社、2021年）がある。

訳者略歴
秋元由紀（あきもと・ゆき）
翻訳家、米国弁護士。著書に、*Opportunities and Pitfalls: Preparing for Burma's Economic Transition*（Open Society Institute, 2006）、訳書に、ダリア・リスウィック『レイディ・ジャスティス』（勁草書房）、イザベル・ウィルカーソン『カースト』（岩波書店）、エディ・S・グロード・ジュニア『ジェイムズ・ボールドウィンのアメリカ』、イアン・ジョンソン『信仰の現代中国』、アリ・バーマン『投票権をわれらに』、マニング・マラブル『マルコムX（上下）』、コーネル・ウェストほか『コーネル・ウェストが語る ブラック・アメリカ』、ウェイド・デイヴィス『沈黙の山嶺（上下）』、タンミンウー『ビルマ・ハイウェイ』（第26回アジア・太平洋賞特別賞受賞）、ベネディクト・ロジャーズ『ビルマの独裁者 タンシュエ』（以上、白水社）がある。

《現代史アーカイヴス》
ビルマ・ハイウェイ
中国とインドをつなぐ十字路
二〇二四年一〇月　一日　印刷
二〇二四年一〇月二五日　発行
著　者　タンミンウー
訳　者 © 秋元由紀
発行者　岩堀雅己
発行所　株式会社白水社
〒一〇一-〇〇五二
東京都千代田区神田小川町三-二四
電話　〇三-三二九一-七八一一（営業部）
〇三-三二九一-七八二一（編集部）
振替　〇〇一九〇-五-三三二二八
www.hakusuisha.co.jp
乱丁・落丁本は、送料小社負担にてお取り替えいたします。
装　幀　北田雄一郎
組　版　閏月社
印刷所　株式会社三陽社
製本所　誠製本株式会社
Printed in Japan
ISBN978-4-560-09137-1

人名索引

あ行

か行

さ行

た行

な行

は行

ま行

や行

ら行

わ行

原注

とくに断りがない場合、現在のGDPと人口に関する数字はすべて『CIAワールド・ファクトブック2010』(https://www.cia.gov/library/publications/the-world-factbook/)に、また歴史上のGDPに関する数字はアンガス・マディソンのデータベース(http://www.ggdc.net/maddison/maddison-project/data.htm)による。

プロローグ

(1) Bin Yang, *Between Winds and Clouds: The Making of Yunnan (Second Century BCE-Twentieth Century CE)* (New York: Columbia University Press, 2009), p. 76; Nicola di Cosmo, *Ancient China and its Enemies* (Cambridge: Cambridge University Press, 2002), chapter 5; Charles F. W. Hingham, *Encyclopedia of Ancient Asian Civilizations* (New York: Facts on File, 2004), p. 409.

(2) 2000年代半ばに表面化した計画についてはたとえばDavid Fullbrook, 'China to Europe via a new Burma road', *Asia Times Online*, 23 September 2004; David Fullbrook 'Gas deal fuels China's plans for Myanmar', *Straits Times*, 2 February 2006; David Fullbrook, 'China paves way to Myanmar riches', *Asia Times Online*, 1 November 2006.

(3) ボンベイは1995年からはムンバイとしても知られる。同様に、カルカッタの公式英語名も2001年にコルカタに変更された。本書ではこれらを含むインドの地名については旧名を使用した。今でも旧名のほうがよく知られていることと、本書で扱う時代によって異なる地名を使うのを避けるのが理由である。

(4) 20世紀半ばの「アジア大戦争」についてはChristopher Bayly and Tim Harper, *Forgotten Wars: The End of Britain's Asian Empire* (London: Allen Lane, 2007).

第1部　裏口から入るアジア

◉夢みるイラワディ

(1) Elizabeth H. Moore et al., *Shwedagon: Golden Pagoda of Myanmar* (London: Thames & Hudson, 1999).

1989年にビルマの政権はBurma(ビルマ)をMyanmar(ミャンマー)に、Rangoon(ラングーン)をYangon(ヤンゴン)に変えた。これらは実は新しい地名ではなく、同じ地名のビルマ語版である。英語では普通は「Sweden(スウェーデン)」のことを「Sverige(スヴェーリエ)」とか、「Florence(フロレンス)」のことを「Firenze(フィレンツェ)」とはいわないこと、そして旧名の表記のほうが今はよく知られていることから、本書では現在公式とされるビルマ語版の地名ではなく、従来の英語の表記を使用した。

(2) W. Somerset Maugham, *The Gentleman in the Parlour* (London: Vintage, 2001), p. 6.

(3) Mark Baker, 'Downer Warns ASEAN on Burma', *The Age*, 2 July 2004.

(4) Archibald Colquhoun, *Across Chryse: Being A Journey of Exploration Through the South China Borderlands From Canton to Mandalay* (London: Scribner, Welford, 1883); *China in Transformation* (London: Harper and Brothers, 1912); *English Policy in the Far East: Being The Times Special Correspondence* (London: Field & Tuer, The Leadenhall Press, 1885); *Burma and the Burmans: Or, 'The Best Unopened Market in the World'*

(London: Field & Tuer, The Leadenhall Press, 1885).

(5) H. R. Davies, *Yunnan: The Link Between India and the Yangtze* (Cambridge: Cambridge University Press, 1909), p. 10.

(6) Milton Osborne, *River Road to China: The Search for the Source of the Mekong, 1866-73* (London: Allen & Unwin, 1975).

(7) ラングーンの歴史については Alister McCrae, *Scots in Burma: Golden Times in a Golden Land* (Edinburgh: Kiscadale, 1990); B. R. Pearn, *A History of Rangoon* (Rangoon: American Baptist Mission Press, 1939); Noel F. Singer, *Old Rangoon: City of the Shwedagon* (Gartmore, Scotland: Kiscadale, 1995).

(8) ネーウィン将軍の「ビルマ式社会主義」については Michael W. Charney, *A History of Modern Burma* (Cambridge: Cambridge University Press, 2009), pp. 107-47; David I. Steinberg, *Burma/Myanmar: What Everyone Needs to Know* (Oxford: Oxford University Press, 2010), pp. 62-80; Thant Myint-U, *River of Lost Footsteps: A Personal History of Burma* (New York: Farrar Straus Giroux, 2006; and London: Faber, 2007), chapter 12.

(9) 1988 年の蜂起については Bertil Lintner, *Outrage: Burma's Struggle for Democracy* (Hong Kong: Review Publishing, 1989); Maung Maung, *The 1988 Uprising in Burma* (New Haven: Yale University Southeast Asia Studies, 1999).

(10) 最近の政治面での動きについては Charney, *A History of Modern Burma*, pp. 148-200; Steinberg, *Burma/Myanmar*, pp. 81-147; Thant Myint-U, *River of Lost Footsteps*, chapters 2 and 13.

(11) サイクロン「ナルギス」については International Crisis Group,'Burma/Myanmar after Nargis: Time to Normalise Aid Relations', *Asia Report*, No. 161, 20 October 2008.

(12) ラングーンほかビルマ各地にあるインド人社会については Jean A. Berlie, *The Burmanization of Myanmar's Muslims* (Bangkok: White Lotus, 2008); N. R. Chakravarti, *The Indian Minority in Burma* (London: Oxford University Press, 1971); Renauld Egreateau, 'Burmese Indians in Contemporary Burma: Heritage, Influence, and Perceptions since 1988', *Asian Ethnicity*, Vol. 12, No. 1 (February 2011), pp. 33-54.

(13) Ruth Fredman Cernea, *Almost Englishmen: Baghdadi Jews in British Burma* (Plymouth: Lexington Books, 2007), pp. 1-49.

(14) Sir Charles Crosthwaite, 'The Chinese in Burma', *Straits Times Weekly Issue*, 24 May 1892, p. 11.

(15) Li Chenyang and Lye Liang Fook, 'China's Policies towards Myanmar: A Successful Model for Dealing with the Myanmar Issue?', *China: An International Journal*, Vol. 7, No. 2, September 2009, pp. 255-87.

(16) Ian Storey, 'New energy projects help China reduce its "Malacca Dilemma"', *Opinion Asia*, 14 May 2007; Marc Lanteigne, 'China's Maritime Security and the "Malacca Dilemma"', *Asian Security*, Vol. 4, Issue 2, 2008, pp. 143-61

(17) 近年の中国・ビルマ経済関係については Maung Aung Myoe, 'Sino-Myanmar Economic Relations Since 1988', Asia Research Institute Working Paper Series, No. 86; Lixin Geng, 'Sino-Myanmar relations: analysis and prospects', *Culture Mandala: The Bulletin of the Centre for East-West Cultural and Economic Studies*, Vol. 7.2, 2001; Toshihiro Kudo, 'Myanmar's Economic Relations with China: Can China Support the Myanmar Economy?', Institute of Developing Economies, Discussion Paper No. 66, July 2006; Poon Kim Shee, 'The Political Economy of China-Myanmar Relations: Strategic and Economic Dimensions', 2002, www.ritsumei.ac.jp/acd/cg/ir/college/bulletin/e-vol1/1-3shee.pdf.

◉パウポー

(1) 古代ビルマについては Bob Hudson, 'A Pyu Homeland in the Samon Valley: A New Theory of the Origins of Myanmar's Early Urban System', *Proceedings of the Myanmar Historical Commission Golden Jubilee International Conference*, January 2005; Bob Hudson, 'Thoughts on Some Chronological Markers

of Myanmar Archaeology in the Preurban Period', *Journal of the Yangon University Archaeology Department*, Rangoon; G. H. Luce, *Phases of Pre-Pagan Burma: Languages and History*, 2 vols (Oxford: Oxford University Press, 1985); Elizabeth H. Moore, *Early Landscapes of Myanmar* (Bangkok: River Books, 2007), pp. 86-248; Janice Stargardt, *The Ancient Pyu of Burma*, Vol. 1, *Early Pyu Cities in a Man-Made Landscape* (Cambridge: PACSEA, Cambridge, in association with the Institute of Southeast Asian Studies, Singapore, 1990), chapter 7.

(2) Hsue Hnget, *Straight Lines of Mandalay* (Mandalay: Northern Plain, 2003), pp. 163-4.

(3) ミンドン王とその治世についてはWilliams Barretto, *King Mindon* (Rangoon: New Light of Burma Press, 1935); Kyan, 'King Mindon's Councillors', *Journal of the Burma Research Society*, 44 (1961), pp. 43-60; Myo Myint, 'The Politics of Survival in Burma: Diplomacy and Statecraft in the Reign of King Mindon 1853-1878', unpublished Ph.D. dissertation, Cornell University, 1987; Oliver B. Pollak, *Empires in Collision: Anglo-Burmese Relations in the Mid-Nineteenth Century* (Westport, CT: Greenwood Press, 1979); Thaung, 'Burmese Kingship in Theory and Practice Under the Reign of King Mindon', *Journal of the Burma Research Society*, 42 (1959), pp. 171-84. ミンドン王による改革についてはThant Myint-U, *The Making of Modern Burma*, chapters 5 and 6.

(4) A. T. Q. Stewart, *The Pagoda War: Lord Dufferin and the Fall of the Kingdom of Ava, 1885-6* (London: Faber and Faber, 1972), pp. 76-9.

(5) Bernard Crick, *George Orwell: A Life* (London: Secker & Warburg, 1980), chapter 5（バーナード・クリック『ジョージ・オーウェル――ひとつの生き方（上・下）』河合秀和訳、岩波書店、2000年）; Htin Aung, 'George Orwell and Burma', in *The World of George Orwell*, ed. Miriam Gross (London: Weidenfeld and Nicolson, 1971), pp. 26-7.

(6) H. R. Robinson, *A Modern de Quincey: Autobiography of an Opium Addict* (2nd rev. edn) (Bangkok: Orchid Press, 2004).

(7) Clare Boothe, 'The Burma Front', *Life*, 27 April 1942.

(8) V. C. Scott O'Connor, *Mandalay and Other Cities of the Past in Burma* (London: Hutchinson, 1907), p.110.

(9) Roderick MacFarquhar and John King Fairbank (eds), *The Cambridge History of China*, Volume 15: *The People's Republic*, Part 2: *Revolutions Within the Chinese Revolution*, 1966-82 (Cambridge: Cambridge University Press, 1991), p. 243.

(10) George Ernest Morrison, *An Australian in China: Being the Narrative of a Quiet Journey Across China to Burma* (London: Horace Cox, 1895), p. 241.

◉ビルマ・ロード

(1) イギリスによるビルマの支配についてはJohn Cady, *A History of Modern Burma* (Ithaca, NY: Cornell University Press, 1958); F. S. V. Donnison, *Public Administration in Burma: A Study of Development During the British Connexion* (London: Royal Institute of International Affairs, 1953); J. S. Furnivall, *Colonial Policy and Practice: A Comparative Study of Burma and Netherlands India* (Cambridge: Cambridge University Press, 1948); G. E. Harvey, *British Rule in Burma, 1824-42* (London: Faber and Faber, 1946); A. Ireland, *The Province of Burma*, 2 vols (Boston: Houghton, Mifflin, 1907).

(2) ビルマ公路およびスティルウェル公路についてはWilliam Donovan, *The Burma Road: The Epic Story of the China-Burma-India Theater in World War II* (New York: Farrar Straus Giroux 2003)。レド公路での作業中、無許可離隊兵となったアフリカ系アメリカ人兵士の驚くべき話はBrendon I. Koerner, *Now the Hell Will Start: One Soldier's Flight from the Greatest Manhunt of World War II* (New York: Penguin, 2008).

(3) 1760年代の清朝による侵攻についてはYingcong Dai, 'A Disguised Defeat: The Myanmar

Campaign of the Qing Dynasty', *Modern Asian Studies*, 38:1 (2004), pp. 145-89.

(4) ビルマでの戦争については Louis Allen, *Burma: The Longest War, 1941-45* (London: J. M. Dent & Sons, 1984); Maurice Collis, *Last and First in Burma* (London: Faber and Faber, 1956); Viscount William Slim, *Defeat into Victory* (London: Cassell, 1956).

(5) Barbara Tuchman, *Stilwell and the American Experience in China, 1911-1945* (New York: Macmillan, 1970), pp. 280-1.

(6) 1942年4月16日付のフランクリン・ローズヴェルトからウィンストン・チャーチルへの手紙。Great Britain Diplomatic Files, Box 37, Franklin D. Roosevelt Presidential Library and Museum.

(7) Robert Lyman, *Slim, Master of War: Burma and the Birth of Modern Warfare* (London: Constable, 2004).

(8) ビルマ国軍については Maung Aung Myoe, *Building the Tatmadaw: Myanmar Armed Forces Since 1948* (Singapore: Institute of Southeast Asian Studies, 2009); Andrew Selth, *Burma's Order of Battle: An Interim Assessment* (Canberra, Australia: Strategic and Defence Studies Centre, Australian National University, 2000). ビルマ国軍の発展とビルマ政治での役割についてはとくに次を参照。Mary Callahan, *Making Enemies: War and State-building in Burma* (Ithaca, NY: Cornell University Press, 2003).

(9) 1990年代ビルマの概説は David Steinberg, *The Future of Burma: Crisis and Choice in Myanmar* (New York: Asia Society, 1990). ビルマの対外政策については Jürgen Haacke, *Myanmar's foreign policy: domestic influences and international implications* (London: Routledge for the Institute for International and Strategic Studies, 2006).

◉日暮れの王

(1) 低地地方と高地地方と関係についての新鮮な解釈は James C. Scott, *The Art of Not Being Governed: An Anarchist History of Upland Southeast Asia* (New Haven: Yale University Press, 2009).

(2) シャン史については Sai Aung Tun, *History of the Shan State: From its Origins to 1962* (Chiangmai: Silkworm, 2009), pp. 89-504; James George Scott, *Gazetteer of Upper Burma and the Shan States*, Volumes 1 and 2 (Rangoon: Printed by the Superintendent, Government Printing, Burma, 1900).

(3) シーポーについては Maurice Collis, *Lords of the Sunset* (London: Faber and Faber, 1938), pp. 167-71; Inge Sargent, *Twilight Over Burma: My Life as a Shan Princess* (Honolulu: University of Hawaii Press, 1994. (インゲ・サージェント『ビルマの黄昏――私の人生・シャン王妃』藤崎一雄訳、早稲田出版、2010年)

(4) *The Memoirs of Herbert Hoover: The years of adventure, 1874-1920* (New York: Macmillan, 1952), p. 91. ちなみにハーバート・フーヴァーはビルマを訪れたことのあるたった3人のアメリカ大統領のうちの一人である。1人目は南北戦争の英雄、ユリシーズ・グラントで、引退後の1870年代に世界旅行をしたときにラングーンに寄った。3人目はリチャード・ニクソンで、アイゼンハワー大統領の副大統領として訪れた。冷戦中の1953年のことで、左翼が多かったビルマ人学生の一部は強い反米感情を抱いていた。ニクソンを迎えるプラカードには「ウォール街の従者ニクソン、帰れ」というものもあった。ニクソンは靴を脱いで、靴下だけになってシュエダゴン・パゴダにも参った(ビルマの首相補佐官だった私の祖父が同行した)。またあるときは車列を止め、プラカードを掲げる学生たちと議論をした。

(5) 次の文献で引用されている。Shelby Tucker, *Burma: The Curse of Independence* (London: Pluto Press, 2001), p. 124.

(6) 内戦については Bertil Lintner, *Burma in Revolt: Opium and Insurgency Since 1948* (Boulder, CO: Westview Press, 1944); Bertil Lintner, *The Rise and Fall of the Communist Party of Burma (CPB)* (Ithaca, NY: Southeast Asia Program, Cornell University, 1990); Robert H. Taylor, *Foreign and Domestic Consequences of the KMT Intervention in Burma* (Ithaca, NY: Southeast Asia Program, Dept. of Asian Studies, Cornell

University, 1973). Martin Smith, *Burma: Insurgency and the Politics of Ethnicity* (London: Zed Books, 1991); Hugh Tinker, *The Union of Burma: A Study of the First Years of Independence* (London: Oxford University Press, 1961); Frank Trager, *Burma from Kingdom to Republic: A Historical and Political Analysis* (London: Pall Mall, 1966).

(7) 麻薬貿易の歴史についてはAlfred McCoy, *The Politics of Heroin in Southeast Asia* (New York: Harper, 1973)。より最近の動きについてはBertil Lintner and Michael Black, *Merchants of Madness: The Methamphetamine Explosion in the Golden Triangle* (Chiangmai: Silkworm, 2009).

(8) Shan Women's Action Network, *Forbidden Glimpses of Shan State: A Brief Alternative Guide*, November 2009.

◉新しいフロンティア

(1) 次で引用されている。Alan Rabinowitz, *Life in the Valley of Death: The Fight to Save Tigers in a Land of Guns, Gold, and Greed* (Washington DC: Island Press, 2008), pp. 145-6.

(2) Rolf Carriere. 'Responding to Myanmar's Silent Emergency: The Urgent Case for International Humanitarian Relief and Development Assistance', in Peter Carey (ed.), *Burma: The Challenge of Change in a Divided Society* (Basingstoke: Macmillan, 1997), pp. 209-10.

(3) 植民地時代後期の中国－ビルマ国境についてはBeatrix Metford, *Where China Meets Burma: Life and Travel in the Burma-China Border Lands* (London: Blackie & Son, 1935).

(4) さまざまな反政府軍や民兵組織と、それらのビルマ国軍との最近の関係についてはMary P. Callahan, *Political Authority in Burma's Ethnic Minority States: Devolution, Occupation, and Coexistence* (Washington DC: East-West Center, 2007); Tom Kramer, *The United Wa State Party: Narco-Army or Ethnic Nationalist Party?* (Washington DC: East-West Center, 2007); Martin Smith, *State of Strife: The Dynamics of Ethnic Conflict in Burma* (Washington DC: East-West Center, 2007); Zaw Oo and Win Min, *Assessing Burma's Ceasefire Accords* (Washington DC: East-West Center, 2007).

(5) Linter and Black, *Merchants of Madness*, pp. 79-85.

(6) Xu Ling, 'Wildlife trade on the China-Myanmar border', in *State of Wildlife Trade in China 2008*, TRAFFIC East Asia China Programme Report 2010) (http://www.traffic.org/general-reports/traffic_pub_gen34.pdf), p. 11. Adam H. Oswell, 'The Big Cat Trade in Myanmar and Thailand: A TRAFFIC Southeast Asia Report' (TRAFFIC Southeast Asia, 2010) も参照されたい。

(7) Juliet Shwe Gaung, 'Forced marriages driving human trafficking, UN says', *Myanmar Times*, Vol. 26, No. 512, 1 7 March 2010.

(8) Jonathan Shieber and Wan Xu, 'China Consortium Starts Work On Myanmar Hydroelectric Project', *Dow Jones Newswires*, 24 March 2010.

第2部　未開の南西部

◉マラッカ・ディレンマ

(1) Steven F. Sage, *Ancient Sichuan and the Unification of China* (Albany: State University of New York Press, 1992), pp. 106-16.

(2) 中国近代史についてはJohn King Fairbank and Merle Goldman, *China: A New History* (Second Enlarged Edition) (Cambridge, MA: Harvard University Press, 2006); Jonathan Fenby, *The Penguin History of Modern China: The Fall and Rise of a Great Power, 1850-2009* (London: Penguin, 2009); Immanuel C. Y. Hsü, *The Rise of Modern China* (New York: Oxford University Press, 2000); John Keay, *China: A History* (London: Harper Press, 2008); Jonathan Spence, *The Search for Modern China* (New York: Norton, 1990).

(3) 中国の最近の「台頭」については C. Fred Bergsten et al., *China's Rise* (Washington, DC: Peterson Institute for International Economics: Center for Strategic and International Studies, 2008); Martin Jacques, *When China Rules the World: The End of the Western World and the Birth of a New Global Order* (London: Allen Lane, 2009); John Kynge, *China Shakes the World: A Titan's Rise and Troubled Future - and the Challenge for America* (New York: First Mariner Books, 2007); Susan L. Shirk, *China, Fragile Superpower: How China's Internal Politics Could Derail its Peaceful Rise* (New York: Oxford University Press, 2007).

(4) 中国の言語については S. Robert Ramsey, *The Languages of China* (Princeton: Princeton University Press, 1987).

(5) 北京の歴史については Lillian M. Li and Alison Dray-Novey, *Beijing: From Imperial Capital to Olympic City* (New York: Palgrave Macmillan, 2007).

(6) Joseph Kahn, 'China, shy giant, shows signs of shedding its false modesty', *New York Times*, 9 December 2006.

(7) Cui Xiaohuo and Zhang Haizhou, 'Top military officers lash out at US espionage', *China Daily*, 3 November 2009.

(8) Jason Burke, 'India's deals with Sri Lanka heighten stakes in "Great Game"' with Beijing', *Guardian*, 9 June 2010.

(9) Ian Bremmer, 'Gathering Storm: America and China in 2020', *World Affairs*, July/August 2010. On China's relations with its neighbours, see David C. Kang, *China Rising: Peace, Power, and Order in East Asia* (New York: Columbia University Press, 2008), Chapter Six; David M. Lampton, *Three Faces of Chinese Power: Might, Money, and Minds* (Berkeley: University of California Press, 2008) pp. 164-206.

(10) *China Statistical Yearbook 2010*. 次も参照。'All the Parties in China: Comparing Chinese provinces with countries', *The Economist*, 24 February 2011 (http://www.economist.com/content/chinese_equivalents).

(11) 中国の対ビルマ政策については Li Chenyang, 'China's Policies towards Myanmar: A Successful Model for Dealing with the Myanmar Issue?', in *Myanmar: Prospects for Change* (Select Publishing: Singapore, 2010); International Crisis Group, 'China's Myanmar Strategy: Elections, Ethnic Politics and Economics', *Asia Briefing*, No. 112, 21 September 2010.

(12) 中国文明の拡大についてはたとえば次を参照。Peter Bellwood, 'Asian Farming Diasporas? Agriculture, Languages, and Genes in China and Southeast Asia', in Mariam T. Stark (ed.), *Archaeology of Asia* (Malden, MA: Blackwell, 2006), pp. 96-118; C. P. Fitzgerald, *The Southern Expansion of the Chinese People* (Bangkok: White Lotus, 1972); Jacques Gernet and J. R. Foster, *A History of Chinese Civilization* (Cambridge: Cambridge University Press, 1996), pp. 1-129; Charles Holcombe, *The Genesis of East Asia, 221 BC-AD 907* (Honolulu: University of Hawaii Press, 2001); Harold J. Wiens, *Han Chinese Expansion in South China* (Hamden, CT: Shoestring Press, 1967). 初期のインド洋への貿易路については次も参照。Li Qingxin (William W. Wang trans.), *Maritime Silk Road* (Beijing: China Intercontinental Press, 2000), pp. 7-29.

(13) 中国語の南方への拡散については Nicholas Ostler, *Empires of the Word: A Language History of the World* (New York: Harper, 2005), pp. 134-57.

(14) George van Driem, *Languages of the Himalayas: An Ethnolinguistic Handbook of the Greater Himalayan Region* (London: Brill Academic Publishers, 2002), p. 433.

(15) Edward H. Schafer: *The Vermillion Bird: T'ang Images of the South* (London: University of California Press, 1967).

◉雲の南

(1) Jim Goodman, *The Exploration of Yunnan* (Kunming: Yunnan People's Publishing House, 2002), pp.

251-264; Graham Hutchings, *Modern China: A Guide to a Century of Change* (Cambridge, MA: Harvard University Press, 2003) pp. 482-3.

（2）雲南の歴史と周辺地域とのつながりについての非常に詳しくかつ新鮮な概説は Bin Yang, 'Horses, Silver, and Cowries: Yunnan in Global Perspective', *Journal of World History*, 15:3 (September 2004). 次の文献のうちとくに第2章も参照。Bin Yang, *Between Winds and Clouds: The Making of Yunnan (Second Century BCE-Twentieth Century CE)* (New York: Columbia University Press, 2009).

（3）Tzehuey Chiou-Peng, 'Horse in the Dian Culture of Yunnan', in Elisabeth A. Bacus, Ian Glover, Peter D. Sharrock (eds), *Interpreting Southeast Asia's Past, Volume 2: Monument, Image and Text: Selected Papers from the 10th International Conference of the European Association of Southeast Asian Archaeologists.*

（4）Francis Allard, 'Frontiers and Boundaries: The Han Empire from its Southern Periphery', in Stark, *Archaeology of Asia*, pp. 233-54.

（5）Marco Polo (ed. and trans. Henry Yule), *The Book of Ser Marco Polo, the Venetian Concerning the Kingdoms and Marvels of the East* (Cambridge: Cambridge University Press, 2010), Vol. 2, p. 39.

（6）ヤオ人とミャオ人に対する中国の軍事作戦については Mark Elvin, *The Retreat of the Elephants: An Environmental History of China* (New Haven: Yale University Press, 2004), pp. 216-72.

（7）Piper Rae Gaubatz, *Beyond the Great Wall: Urban form and transformation on the Chinese frontiers* (Stanford: Stanford University Press, 1996), p. 79.

（8）次に引用されている。'The Legacy of Immigration in Southwest China, 1250-1850', *Annales de demographie historique* (1982), pp. 279-304.

（9）軍閥については Fenby, *The Penguin History of Modern China*, chapter 8; David Bonavia, *China's Warlords* (Hong Kong: Oxford University Press, 1995).

（10）Fenby, *The Penguin History of Modern China*, p. 147.

（11）Ernest G. Heppner, *Shanghai Refuge: A Memoir of the World War II Jewish Ghetto* (Lincoln: University of Nebraska Press, 1993), p. 45.

（12）Nicholas Tapp and Don Cohn, *The Tribal Peoples of Southwest China: Chinese Views of the Other Within* (Bangkok: White Lotus, 2003), pp. 11-18. 次も参照。Frank Dikotter, *The Discourse of Race in China* (London: Hurst, 1992), pp. 66-86.

（13）Chien Chiao and Nicholas Tapp (eds), *Ethnicity and Ethnic Groups in China* (Hong Kong: New Asia College, The Chinese University of Hong Kong, 1989).

（14）中国によるイ人居住地域の制圧について、同情的な見解は Alan Winnington, *The Slaves of the Cool Mountains* (London: Lawrence and Wishart, 1959), pp. 13-125. 共産主義時代直後の中国国内のワ人に関するウィニントンの見解は同 pp. 124-74. 次も参照。Erik Mueggler, *The Age of Wild Ghosts: Memory, Violence, and Place in Southwest China* (Berkeley: University of California Press, 2001); Stephen Harrell, 'The History of the History of the Yi', in Stephen Harrell (ed.), *Cultural Encounters on China's Ethnic Frontiers (Studies on Ethnic Groups in China)* (Seattle: University of Washington Press, 2006).

（15）Goodman, *The Exploration of Yunnan*, p. 214.

（16）David Atwill, *The Chinese Sultanate: Islam, Ethnicity, and the Panthay Rebellion in Southwest China, 1856-1873* (Stanford: Stanford University Press, 2005), p. 15.

（17）地域的な経済統合をめざす諸計画については C. Patterson Giersch, 'From Golden Triangle to Economic Quadrangle: Evaluating Economic Development Schemes From A Historical Perspective', www.ciaonet.org/wps/gpc01/gpc01.html; Thakur, Ravni, 'The Chinese Perspectives on the Kunming Initiative (BCIM): A Review of Recently Published Literatures', www.ceniseas.org/newasia/ravnipaper.doc; 'The Kunming Initiative for a Growth Quadrangle between China, India, Myanmar and Bangladesh', *China Report*, 14-17 August 1999, Vol. 36, No. 3, 2000.

(18) Malcolm Moore, 'China corruption trial exposes capital of graft', *Daily Telegraph*, 17 October 2009.
(19) William Chang, 'Will China Run Out of Water: The Country is Facing a once-in-a-century drought', *Forbes*, 9 April 2010; Patrick Chovanec, 'Here's What You Need To Know About The Devastating Drought In China's Shangri-La Region', *Business Insider*, 9 April 2010.
(20) 次も参照。Clifford Coonan, 'Silk Road back on map as China extends bullet train network', *Irish Times*, 17 April 2010; Ananth Krishnan, 'China plans S-E Asia rail links', *The Hindu*, 23 November 2010.

◉ガンダーラ

(1) Fan Cho, Man Shu: *Book of the Southern Barbarians*, trans. Gordon Luce, Cornell Data Paper Number 44, Southeast Asia Program, Department of Far Eastern Studies, Cornell University (Ithaca, NY, December 1961), pp. 90-1.
(2) 南詔については Charles Backus, *The Nan-chao Kingdom and T'ang China's Southwestern Frontier* (Cambridge: Cambridge University Press, 1981)。また、次の文献のとくに第6章を参照。Christopher Beckwith, *The Tibetan Empire in Central Asia* (Princeton: Princeton University Press, 1987).
(3) Beckwith, *The Tibetan Empire*, p. 157.
(4) Angela F. Howard, 'The Dharani Pillar of Kunming', *Artibus Asiae*, Vol. 57, No. 1/2 (1997), pp. 33-72.
(5) Upendra Thakur, *History of Mithila* (Darbhanga: Mithila Institute of Post-Graduate Studies and Research in Sanskrit Learning, 1956), p. 25.
(6) 中国の仏教については Edward Conze, *Buddhism: A Short History* (Oxford: OneWorld Publications, 1980), pp. 52-60, 99-103; Noble Ross Reat, *Buddhism: A History* (Fremont, CA: Jain Publishing, 1994), pp. 133-64; Andrew Skilton, *A Concise History of Buddhism* (Birmingham: Windhorse Publications, 1994), pp. 165-74.
(7) 'China's Han Flock to Theme Parks Featuring Minorities', *New York Times*, 24 February 2010.
(8) Jiangping Wang, 'Concord and Conflict: The Hui Communities of Yunnan Society in a Historical Perspective', *Lund Studies in African and Asian Religions*, Volume 11 (Lund: Lund University, 1996), pp. 42-52.
(9) John D. Lanlois Jr., 'The Hung-Wu Reign, 1368-1398', in Frederick W. Mote et al. (eds), *The Cambridge History of China: The Ming dynasty, 1368-1644, Part 1* (Cambridge: Cambridge University Press, 1988), pp. 130-9.
(10) James Lee, 'Food Supply and Population Growth in Southwest China, 1250-1850', *Journal of Asian Studies*, 41:4 (1982), p. 729.
(11) パンゼーの乱については David Atwill, 'Blinkered Visions: Islamic Identity, Hui Ethnicity, and the Panthay Rebellion in Southwest China, 1856-1873', *Journal of Asian Studies*, 62:4 (2003). 次も参照。C. Patterson Giersch, 'A Motley Throng, Social Change on Southwest China's Early Modern Frontier, 1700-1880', *Journal of Asian Studies*, 60:1 (2001).
(12) Jonathan D. Spence, *God's Chinese Son: The Taiping Heavenly Kingdom of Hong Xiuquan* (New York: W. W. Norton, 1996).

◉シャングリラ

(1) ナシ人については Charles F. McKhann, 'The Naxi and the Nationalities Question', in Stephen Harrell (ed.), *Cultural Encounters on China's Ethnic Frontiers (Studies on Ethnic Groups in China)* (Seattle: University of Washington Press, 2006); William Safran, *Nationalism and ethnoregional identities in China* (London: Frank Cass, 1998), pp. 20-5; Sydney D. White, 'Town and Village: Naxi Identities in the Lijiang Basin', in Susan Blum and Lionel M. Jensen, *China Off Center: Mapping the Margins of the Middle Kingdom* (Honolulu:

University of Hawaii Press, 2002). ナシ語については Ramsey, *The Languages of China*, pp. 264-8.

(2) Fitzgerald, *The Southern Expansion of the Chinese People*, p. 65; Frederick W. Mote, *Imperial China 900-1800* (Cambridge, MA: Harvard University Press, 2003), p. 441; Stephen R. Turnbull, *Genghis Khan & the Mongol Conquests, 1190-1400* (Oxford: Osprey, 2003), p. 61.

(3) Ramsey, *The Languages of China*, p. 266.

(4) Sara Davis, 'Dance or Else: China's Simplifying Project', *China Rights Forum*, No. 4 (2006), pp. 38-46.

(5) タングート人については Ruth W. Dunnell, *The Great State of White and High: Buddhism and State Formation in Eleventh Century Xia* (Honolulu: University of Hawaii Press, 1996).

(6) 中国人とチベット・ビルマ語を話す人々との最初期の関係については Christopher I. Beckwith, *Empires of the Silk Road: A History of Central Eurasia from the Bronze Age to the Present* (Princeton: Princeton University Press, 2009), pp. 43-8; David Bradley, *Proto-Loloish: Scandinavian Institute of Asian Studies Monograph Series No. 39* (London and Malmö: Curzon Press, 1979); Ilia Peiros, 'Lolo-Burmese Linguistic Archeology', unpublished paper, University of Melbourne, August 1996. 古いチベット・ビルマ語族の王国が「中国」という名の起源だった可能性については Geoff Wade, 'The Polity of Yelang and the Origins of the Name "China"', *Sino-Platonic Papers*, No. 188, May 2009 (http://www.sino-platonic.org/complete/spp188_yelang_china.pdf).

(7) Terry F. Kleeman, *Great Perfection: Religion and Ethnicity in a Chinese Millennial Kingdom* (Honolulu: University of Hawaii Press, 1998), pp. 19-61.

(8) van Driem, *Languages of the Himalayas*, p. 433; Lothar von Falkenhausen, 'The External Connections of Sanxingdui', *Journal of East Asian Archaeology*, Vol. 5, Nos 1-4, 2003, pp. 191-245.

(9) J. P. Mallory and Victor Mair, *The Tarim Mummies* (London: Thames and Hudson, 2000).

(10) Pliny the Elder, Natural History, chapter 27 (22) - Taprobane (http://www.perseus.tufts.edu/hopper/text?doc=Plin.+Nat.+6.24&redirect=true).

(11) Zhendong Qin et al., 'A mitochondrial revelation of early human migrations to the Tibetan Plateau before and after the last glacial maximum', *American Journal of Physical Anthropology*, published online July 2010; Bo Wen et al., 'Analyses of Genetic Structure of Tibeto-Burman Populations Reveals Sex-Biased Admixture in Southern Tibeto-Burmans', *American Journal of Human Genetics*, May 2004, 74 (5), pp. 856-65.

(12) Joseph F. Rock, *The Ancient Nakhi Kingdom of Southwest China* (Cambridge, MA: Harvard University Press, 1948); Peter Goullart, *Forgotten Kingdom* (London: J. Murray, 1955).

(13) モソ人については Eileen Rose Walsh, 'From Nü Guo to Nü'er Guo: Negotiating Desire in the Land of the Mosuo', *Modern China*, 31.4 (2005), pp. 448-86; Steven Harrell, *Ways of Being Ethnic in Southwest China* (Seattle: University of Washington Press, 2002), chapter 12.

(14) Marco Polo, *The Book of Ser Marco Polo*, p. 34.

(15) 'Fire on the roof of the world', *The Economist*, 14 March 2008; 'Tibetan riots spread outside region', *New York Times*, 16 March 2008.

(16) Patrick French, *Tibet, Tibet: A personal history of a lost land* (London: Harper Collins, 2003); Tsering Shakya, *The Dragon in the Land of Snows: A History of Modern Tibet Since 1947* (New York: Penguin Compass, 2000).

(17) Edward Wong, 'Riots in Western China Amid Ethnic Tension', *New York Times*, 5 July 2009.

(18) James Millward, *Eurasian Crossroads: A History of Xinjiang* (New York: Columbia University Press, 2007).

◉インド洋への道

(1) 瑞麗のムスリムについてはとくに次を参照。Berlie, *The Burmanization of Myanmar's Muslims*, pp. 69-77.

(2) たとえば次を参照。Anthony Davis, 'Law and Disorder: A Growing Torrent of Guns and Narcotics Overwhelms China', *Asiaweek*, 25 August 1995; Patrick Tyler, 'Heroin Influx Ignites a Growing AIDS Epidemic in China', *New York Times*, 28 November 1995.

(3) 'How much has Yunnan changed in the "Go West" era?', Go Kunming, 6 July 2010 (http://en.kunming.cn/index/content/2010-07/06/content_2215762.htm).

(4) Li Yingqing and Guo Anfei, 'Third land link to Europe envisioned', *China Daily*, 2 July 2009.

(5) 近世の国境地帯の多様な民族については C. Patterson Giersch, *Asian Borderlands: The Transformation of Qing China's Yunnan Frontier* (Cambridge, MA: Harvard University Press, 2006), pp. 21-9.

(6) C. Y. Lee, *The Sawbwa and His Secretary* (New York: Farrar, Straus, and Cudahy, 1959).

(7) Thaw Kaung, 'Palm-leaf Manuscript Record of a Mission Sent by the Myanmar King to the Chinese Emperor in the mid-18th Century', *Myanmar Historical Research Journal*, No. 20, December 2010, pp. 9-55.

(8) Chit Hlaing (F. K. Lehman), 'The Central Position of the Shan/Tai as "Knowledge Brokers" in the Inter-ethnic Network of the China-Burma (Myanmar) Borderlands', paper presented at Shan Religion and Culture Conference, 8-10 December, 2007, School of Oriental and African Studies, London University (http://eprints.soas.ac.uk/5293/2/10chitHlaing-Shan_Paper.pdf).

(9) Keay, *China: A History*, pp. 379-86.

(10) Thomas Fuller, 'Refugees Flee to China as Fighting Breaks Out in Myanmar', *New York Times*, 28 August 2009; International Crisis Group, 'China's Myanmar Strategy: Elections, Ethnic Politics and Economics', *Asia Briefing*, No. 112, 21 September 2010.

(11) Ben Blanchard, 'China casts nervous eye at erstwhile ally Myanmar', Reuters News Service, 25 January 2010.

(12) 'Hu Jintao Holds Talks with Chairman of Myanmar's State Peace and Development Council Than Shwe', Press statement, Ministry of Foreign Affairs of the People's Republic of China, 10 September 2010.

(13) 'China and India: Contest of the Century', *The Economist*, 19 August 2010.

第3部　インド世界

◉東へのまなざし

(1) *Selected Works of Jawaharlal Nehru*, First Series, Vol. I (New Delhi: Orient Longman, 1972), p. 465.

(2) 1962年の中印戦争については Ramachandra Guha, *India After Gandhi: The History of the World's Largest Democracy* (London: Macmillan, 2007), pp. 301-37.

(3) 近年のインドの経済成長については Edward Luce, *In Spite of the Gods: The Strange Rise of Modern India* (London: Little Brown, 2006); Mira Kamdar, *Planet India: The Turbulent Rise of the Largest Democracy and the Future of Our World* (New York: Scribner, 2007).

(4) デリーの歴史については Percival Spear et al., *Delhi: Its Monuments and History* (Oxford: Oxford University Press, 2008); H. C. Fanshawe, *Delhi - Past and Present* (London: J. Murray Hearn, 1902); Gordon Risley, *The Seven Cities of Delhi* (London: W. Thacker, 1906). インド史全般については John Keay, *India: A History* (New York: Harper Collins, 2000); Barbara D. Metcalf and Thomas R. Metcalf, *A Concise Modern History of India* (Cambridge: Cambridge University Press, 2006).

(5) Goldman Sachs, 'Ten Things for India to Achieve its 2050 Potential', Global Economics Paper 169 (http://www2.goldmansachs.com/ideas/brics/ten-things-for-india.html).

(6) C. Raja Mohan, 'Chennai-Bangalore industrial corridor launch likely', *Indian Express*, 25 October 2010.
(7) たとえば次を参照。Catriona Purfield, 'Mind the Gap - Is Economic Growth in India Leaving Some States Behind?', International Monetary Fund Working Paper WP/06/103, 2006.
(8) Ranjit Gupta, 'India's "Look East" Policy', in *Indian Foreign Policy: Challenges and Opportunities* (New Delhi: Academic Foundation and the Foreign Service Institute, 2007).
(9) インドと中国の比較と、アジア内の国家関係全般についてはたとえば次を参照。Brahma Chellaney, *Asian Juggernaut: The Rise of China, India, and Japan* (New York: Harper Business, 2006); Bill Emmott, *Rivals: How the Power Struggle Between China, India, and Japan Will Shape Our Next Decade* (New York: Harcourt, 2008); Tarun Khanna, *Billions of Entrepreneurs: How China and India Are Reshaping Their Future and Yours* (Boston: Harvard Business School Press, 2007).
(10) Jairam Ramesh, 'Northeast India in a New Asia', presented at *Gateway to the East: A Symposium on Northeast India and the Look East Policy*, Shillong, 16 June 2005 (http://w ww.india-seminar.com/2005/550/550%20jairam%20ramesh.htm).
(11) Andre Wink, *Al Hind: The Making of the Indo-Islamic World*, Vol. 1, *Early Medieval India and the Expansion of Islam, 7th-11th Centuries* (Boston/Leiden: Brill Academic Publishers, 2002), pp. 335-7.
(12) Himashu Prabha Ray, 'The Axial Age in South Asia: The Archeology of Buddhism (500 BC - AD 500)', in Stark, *Archaeology of Asia*, pp. 303-23.
(13) George Coedes, *The Indianized States of Southeast Asia* (Honolulu: University of Hawaii Press, 1996), p. xvi. サンスクリット語の東南アジアへの広まりについては次も参照。Ostler, *Empires of the Word*, pp. 199-207.
(14) グプタ朝インドについては Keay, *India: A History*, pp. 129-54; Romila Thapar, *Penguin History of Early India: From the Origins to ad 1300* (London: Penguin, 2002), pp. 245-363.
(15) 初期のインド仏教については Edward Conze, *Buddhism: A Short History*, pp. 1-44; Donald S. Lopez Jr., *The Story of Buddhism: A Concise Guide to its History & Teachings* (New York: HarperOne, 2001); Noble Ross Reat, *Buddhism: A History*, pp. 1-83; Skilton, *A Concise History of Buddhism*, pp. 13-149.
(16) 次に引用されている。Jawaharlal Nehru, *The Discovery of India* (Bombay: Asia Publishing House, 1947), p. 211.

◉忘れられた分離

(1) カルカッタの歴史については Krishna Dutta, *Calcutta: A Cultural History* (Northampton: Interlink, 2003).
(2) 'A new home for the Nano: Protesters force Tata Motors to abandon a car factory in West Bengal', *The Economist*, 9 October 2008.
(3) 'Tortoise That Saw The Rise And The Fall Of The British Empire Dies', *New York Times*, 24 March 2006.
(4) 植民地時代のベンガル・ビルマ関係については Dr Swapna Bhattacharya (Chakraborti), 'A Close View of Encounter between British Burma and British Bengal', unpublished paper presented at the 18th European Conference on Modern South Asian Studies, Lund, Sweden, 6-9 July 2004; S. R. Chakravorty, 'Bengal Revolutionaries in Burma', *Quarterly Review of Historical Studies*, 19:1-2 (1979-80).
(5) 次に引用されている。Penny Edwards, 'Gandhiji in Burma and Burma in Gandhiji', in Debjani Ganguly, John Docker (eds), *Rethinking Gandhi and non-violent rationality: A global perspective* (New York: Routledge, 2008).
(6) Bhattacharya, 'A Close View of Encounter between British Burma and British Bengal', pp. 42-9.
(7) Ray, 'The Axial Age in South Asia'; Ostler, *Empires of the Word*, pp. 174-99.
(8) Richard M. Eaton, *The Rise of Islam and the Bengal Frontier 1204-1760* (Berkeley: Univ. of California

Press, 1993), pp. 3-10.
(9) タントラ仏教については Conze, *Buddhism: A Short History*, pp. 61-9; Lopez, *The Story of Buddhism*, pp. 213-30; Reat, *Buddhism: A History*, pp. 70-5; Skilton, *A Concise History of Buddhism*, pp. 135-42.
(10) H. D. Sankalia, *The University of Nalanda* (New Delhi: Oriental Publishers, 1972).
(11) 次に引用されている。Lal Mani Joshi, *Studies in the Buddhistic culture of India during the seventh and eighth centuries* (New Delhi: Motilal Banarsidass, 1967), pp. 56-7.
(12) 中世のベンガルについては Eaton, *The Rise of Islam and the Bengal Frontier*, pp. 22-112.
(13) アラカンの歴史とベンガルとの関係については Michael Charney, 'Arakan, Min Yazagyi and the Portuguese: The Relationship Between the Growth of Arakanese Imperial Power and Portuguese Mercenaries on the Fringe of Southeast Asia', *SOAS Bulletin of Burma Research*, 3:2 (2005); Richard Eaton, 'Locating Arakan and Time, Space and Historical Scholarship', in Jos Gommans and Jacques Leider (eds), *The Maritime Frontier of Burma: Exploring Political, Cultural and Commercial Interaction in the Indian Ocean World, 1200-1800* (Amsterdam: KITLV Press, 2002); Harvey, *History of Burma*, pp. 137-49; Pamela Gutman, *Burma's Lost Kingdoms: Splendours of Arakan* (Bangkok: Orchid Press, 2001); Sanjay Subrahmanyam, 'And a River Runs Through It: The Mrauk-U Kingdom and its Bay of Bengal Context', in Gommans and Leider, *The Maritime Frontier of Burma.*
(14) 分離独立については Guha, *India After Gandhi*, pp. 3-34; Yasmin Khan, *The Great Partition: The Making of India and Pakistan* (New Haven: Yale University Press, 2007); Narendra Singh Sarila, *The Shadow of the Great Game: The Untold Story of India's Partition* (London: Constable, 2005); Alex von Tunzelmann, *Indian Summer: The Secret History of the End of Empire* (London: Simon and Schuster, 2007). ベンガルの分割による余波については Willem van Schendel, *The Bengal Borderland: Beyond State and Nation in South Asia* (London: Anthem Press, 2005), pp. 24-85.
(15) 1971 年の印パ戦争については Guha, *India After Gandhi*, pp. 449-61.
(16) Christopher J. Pehrson, 'A String of Pearls: Meeting the Challenge of China's Rising Power Along the Asian Littoral', Strategic Studies Institute, U.S. Army War College, 2006 (http://www.strategicstudiesinstitute.army.mil/pdffiles/pub721.pdf). 最近の中国・インド関係の概説は Willem van Kemanade, *Détente Between China and India: The Delicate Balance of Geopolitics in Asia* (The Hague: Netherlands Institute of International Relations, 2008).
(17) Ananth Krishnan, 'Does Beijing really want to "break up" India?', *The Hindu*, 16 August 2009.
(18) 1950 年 11 月 7 日付のパテールからネルーへの手紙。Bairaj Krishna, *India's Bismarck: Sardar Vallabhai Patel* (New Delhi: Indus Source Books, 2008), pp. 215-22.
(19) 最近のインド・ビルマ関係についてはたとえば Lall Marie, 'Indo-Myanmar Relations in the Era of Pipeline Diplomacy', *Contemporary Southeast Asia*, Vol. 28, No. 3, 2006; Sudha Ramachandran, 'India bends over for Myanmar's generals', *Asia Times Online*, 6 November 2007; Gideon Lundholm, 'Pipeline Politics: India and Myanmar', *The* [Bangladesh] *Daily Star*, 17 November 2007. ビルマをめぐるインド・中国間の競争については Khanna, *Billions of Entrepreneurs*, pp. 237-56.
(20) Edgar Snow, *Red China Today* (New York: Random House, 1962), p. 564.

◉国内の「国境」

(1) ビルマのアッサム侵攻については S. L. Baruah, *A Comprehensive History of Assam* (New Delhi: Munshiram Manoharlal Publishers, 1985), pp. 220-369.
(2) 初期のアッサムについては N. N. Acharyya, *Northeast India on [sic] Historical Perspective* (New Delhi: Omsons Publications, 2006); Edward Albert Gait, *A History of Assam* (Calcutta: Thacker, Spink, 1906), chapters 1 and 2; Promatha Nath Dutta, *Glimpses into the History of Assam* (Calcutta: Vidyodaya Library

Private, 1964).

(3) G. Chaubey et al., 'Population Genetic Structure in Indian Austroasiatic speakers: The Role of Landscape Barriers and Sexspecific Admixture', *Journal of Molecular Biology and Evolution*, Vol. 28, No. 2 (Oxford: Oxford University Press, 2010), pp. 1013-24.

(4) Richard Bernstein, *Ultimate Journey: Retracing the Path of an Ancient Buddhist Monk (Xuanzang) who crossed Asia in Search of Enlightenment* (New York: Alfred A. Knopf, 2001); Mishi Saran, *Chasing the Monk's Shadow: A Journey in the Footsteps of Xuanzang* (London: Penguin, 2005).

(5) アッサムの近代史とアイデンティティについては Yasmin Saikia, *Fragmented Memories: Struggling to be Tai-Ahom in India* (Durham, NC: Duke University Press, 2004), pp. 1-111.

(6) L. W. Shakespear, *History of Upper Assam, Upper Burmah and North-Eastern Frontier* (London: Macmillan, 1914), pp. 41-4.

(7) Saikia, *Fragmented Memories*, p. 50.

(8) Laura C. Martin, *Tea: the drink that changed the world* (North Clarendon, VT: Tuttle Publishing, 2007), pp. 154-62.

(9) Manilal Bose, *Social history of Assam* (New Delhi: Ashok Kumar Mittal, 1989), chapter 5; Saikia, *Fragmented Memories*.

(10) 独立後のアッサムについては Sanjib Baruah, *India Against Itself: Assam and the Politics of Nationality* (New Delhi: Oxford University Press, 1999).

(11) ULFA とインド北東部の反政府勢力全般については Sanjib Baruah, *Durable Disorder: Understanding the Politics of Northeast India* (New Delhi: Oxford University Press, 2005), pp. 145-80; Sanjoy Hazarika, *Strangers of the Mist: Tales of War & Peace from India's Northeast* (New Delhi: Penguin, 2004), pp. 167-248.

(12) Sushanta Talukdar, 'Rajkhowa arrested, brought to Guwahati', *The Hindu*, 5 December 2009; 'An Opportunity in Assam', *The Hindu*, 7 May 2010.

◉新たな交差点

(1) ビルマのマニプル侵略については Gangmumei Kabui, *History of Manipur*, Vol. 1, *Precolonial Period* (New Delhi: National Publishing House, 1991), pp. 194-291.

(2) 19 世紀半ばのイギリスがマニプルをどう見ていたかについては James Johnstone, *My Experiences in Manipur and the Naga Hills* (London: Sampson Low Marston, 1896).

(3) インパールについては William Fowler, *We Gave Our Today: Burma 1941-1945* (London: Phoenix, 2009), pp. 128-48; Robert Lyman, *Slim, Master of War: Burma and the Birth of Modern Warfare* (London: Constable, 2004), pp. 199-227.

(4) 藩王国のインド加盟については Guha, *India After Gandhi*, pp. 35-58.

(5) Lokendra Singh, *The Unquiet Valley: Society, Economy, and Politics of Manipur (1891-1950)* (New Delhi: Mittal Publications, 1998), p. 202.

(6) Saikia, *Fragmented Memories*, pp. 51-2.

(7) ナガの反逆については Guha, *India After Gandhi*, pp. 261-78; Hazarika, *Strangers of the Mist*, pp. 88-110.

(8) 東方政策とインド北東部については Sanjib Baruah, *Between South and South East Asia: North East India and The Look East Policy* (Guwahati, India: Centre for North East India, South and Southeast Asia Studies, 2004); also Amit Baruah, 'The Roads to Myanmar', *Frontline*, Vol. 18, No. 5, 3-16 March 2001; Amit Baruah, 'Northeast as Trade Hub', *The Hindu*, 20 September 2004; Mahendra Ved, 'A corner of India that holds the key to Asia', *New Straits Times*, 17 November 2007.

（9）Sunita Akoijam, 'Chopsticks in Manipur', *Himal South Asia*, September 2009.
（10）たとえば次を参照。Ian MacKinnon, 'Lost tribe dreams of return to Israel after 2,700 years in exile', *The Times*, 2 April 2005.
（11）1950年11月7日付のサルダール・パテールのネルーへの手紙。Krishna, *India's Bismarck*, pp. 215-22.

エピローグ

（1）Rudyard Kipling, *Sea to Sea and Other Sketches: Letters of Travel (1889)*, Vol. 1, No. 2 (New York: Doubleday, 1914).
（2）'An Industrial Project That Could Change Myanmar', *International Herald Tribune*, 26 November 2010.
（3）'A railway boom promises to tie South—East Asia together-and boost China's sway', *The Economist*, 20 January 2011.
（4）Shishir Gupta, 'China beats India to Stilwell Road contract in Myanmar', *Indian Express*, 6 January 2011.
（5）Nirmala Ganapathy, 'India, Myanmar quietly finalise Kaladan project', *The Economic Times*, 2 November 2007. 次も参照のこと。Renauld Egreateau, 'India and China Vying for Influence in Burma: A New Assessment', *India Review*, Vol. 7, No. 1 (January-March 2008), pp. 38-72; Renauld Egreateau, 'India's Ambitions in Burma: More Frustration than Success?', *Asian Survey*, Vol. 48, No. 6 (November-December 2008), pp. 936-57.
（6）'Myanmar's Post-Election Landscape', International Crisis Group Asia, Briefing No. 118, 7 March 2011.